现代水声技术与应用丛书
杨德森　主编

声呐电子系统设计导论

周　天　徐　超　陈宝伟　编著

科　学　出　版　社
北　京

内 容 简 介

本书回顾了国内外声呐技术和声呐系统的发展历程，阐述了声呐系统战技指标，分析了声呐方程和声呐系统组成要素，剖析了声呐信号产生与发射、接收调理、采样、并行信号处理、环境模拟等电路的工作原理、相关理论技术和工程实现要素，列举了声呐系统中典型的时域、频域与空域滤波算法以及主、被动声呐信号基本检测算法。书中给出了翔实的科研案例，向读者展示声呐电子系统实现的软硬件方案，从理论、技术、实现、测试及应用等方面全方位、全链条贯通示范声呐电子系统设计过程。

本书可作为从声呐基本知识学习向声呐专业技术进阶的参考书，同时可供水声工程相关专业高年级本科生、研究生以及从事声呐设计的技术人员阅读。

图书在版编目（CIP）数据

声呐电子系统设计导论 / 周天，徐超，陈宝伟编著. —北京：科学出版社，2021.3

（现代水声技术与应用丛书/杨德森主编）

ISBN 978-7-03-066369-6

Ⅰ. ①声… Ⅱ. ①周… ②徐… ③陈… Ⅲ. ①声呐—电子系统—系统设计 Ⅳ. ①U666.72

中国版本图书馆 CIP 数据核字（2020）第 198212 号

责任编辑：王喜军 高慧元 张 震 / 责任校对：樊雅琼
责任印制：吴兆东 / 封面设计：无极书装

科 学 出 版 社 出版
北京东黄城根北街 16 号
邮政编码：100717
http://www.sciencep.com
北京中科印刷有限公司印刷
科学出版社发行 各地新华书店经销
*
2021 年 3 月第 一 版 开本：720 × 1000 1/16
2023 年 1 月第三次印刷 印张：23
字数：464 000

定价：80.00 元

（如有印装质量问题，我社负责调换）

“现代水声技术与应用丛书”
编　委　会

丛书前言

海洋面积约占地球表面积的三分之二，但人类已探索的海洋面积仅占海洋总面积的百分之五左右。由于缺乏水下获取信息的手段，海洋深处对我们来说几乎是黑暗、深邃和未知的。

新时代实施海洋强国战略、提高海洋资源开发能力、保护海洋生态环境、发展海洋科学技术、维护国家海洋权益，都离不开水声科学技术。同时，我国海岸线漫长，沿海大型城市和军事要地众多，这都对水声科学技术及其应用的快速发展提出了更高要求。

海洋强国，必兴水声。声波是迄今水下远程无线传递信息唯一有效的载体。水声技术利用声波实现水下探测、通信、定位等功能，相当于水下装备的眼睛、耳朵、嘴巴，是海洋资源勘探开发、海军舰船探测定位、水下兵器跟踪导引的必备技术，是关心海洋、认知海洋、经略海洋无可替代的手段，在各国海洋经济、军事发展中占有战略地位。

从 1953 年冬中国人民解放军军事工程学院（即“哈军工”）创建全国首个声呐专业开始，经过数十年的发展，我国已建成了由一大批高校、科研院所和企业构成的水声教学、科研和生产体系。然而，我国的水声基础研究、技术研发、水声装备等与海洋科技发达的国家相比还存在较大差距，需要国家持续投入更多的资源，需要更多的有志青年投入水声事业当中，实现水声技术从跟跑到并跑再到领跑，不断为海洋强国发展注入新动力。

水声之兴，关键在人。水声科学技术是融合了多学科的声机电信息一体化的高科技领域。目前，我国水声专业人才只有万余人，现有人员规模和培养规模远不能满足行业需求，水声专业人才严重短缺。

人才培养，著书为纲。书是人类进步的阶梯。推进水声领域高层次人才培养对学科领域发展的支撑是本丛书编撰的目的之一。本丛书由哈尔滨工程大学水声工程学院发起，与国内相关水声技术优势单位合作，汇聚教学科研方面的精英力量，共同撰写。丛书内容全面、叙述精准、深入浅出、图文并茂，基本涵盖了现代水声科学技术与应用的知识框架、技术体系、最新科研成果及未来发展方向，包括矢量声学、水声信号处理、目标识别、侦查、探测、通信、水下对抗、传感器及声系统、计量与测试技术、海洋水声环境、海洋噪声和混响、海洋生物声学、极地声学等。本丛书的出版可谓应运而生、恰逢其时，相信会对推动我国水声事业的发展发挥重要作用，为海洋强国战略的实施做出新的贡献。

在此，向60多年来为我国水声事业奋斗、耕耘的教育科研工作者表示深深的敬意！向参与本丛书编撰、出版的组织者和作者表示由衷的感谢！

中国工程院院士　杨德森

2018年11月

自　　序

声呐系统是声学理论、声呐信号处理技术、换能器技术、电子技术等交叉综合而成的电子设备，现有的声呐相关教材和参考书主要侧重于理论和技术，对于这些理论与技术的工程实现方法涉及甚少。特别地，作者认为目前缺少一本专门针对声呐电子系统工程实现过程的著作，该过程涉及声呐发射机、接收机、处理机、模拟器等相关硬件电子系统分机，并且涉及基本的时域、频域和空域的声呐信号处理方法及软件实现，它们是高级声呐系统设计开发的基础。通过本书在水声基础理论、声呐技术与声呐系统之间建立桥梁，并且串联多门专业课程内容以加深读者对声呐电子系统整体的认识，是作者的初衷。

本书以工程水声学、信号处理理论和电子电路为基础，尝试从声呐总体工程师的角度建立三者间的关联，让硬件工程师知其然也知其所以然。我们在写作过程中重点从声呐方程着手，分析如何将声呐系统的战术指标对应到技术指标并分解为分机指标，再结合具体的电子电路形式提出各分机实现方案，并给出丰富的科研实例，给读者展示声呐电子系统实现的软硬件方案。

本书共 9 章。第 1 章为声呐系统概述，介绍声呐技术和声呐系统的发展、水声信号的特点；第 2 章介绍声呐系统的战术与技术指标，并重点分析声呐方程及参数；第 3～5 章分别介绍声呐信号产生与发射、接收信号调理、信号采样的技术原理和电路设计要素，并给出具体实例；第 6 章介绍声呐系统中典型的时域、频域与空域滤波算法以及主、被动声呐信号基本检测算法，并给出处理器实现实例；第 7 章介绍信号处理平台的组成与设计要素，并结合案例分析并行处理理论在声呐信号处理平台中的实际应用；第 8 章介绍噪声场、混响场及信号场模拟理论，并给出主、被动声呐信号模拟器设计案例；第 9 章结合团队多波束测深声呐研究积累，从理论、技术、实现、测试及应用等方面全方位、全链条贯通示范声呐电子系统设计过程。

本书是作者所在科研团队多年来共同的科研实践成果。在本书出版之际，感谢团队李海森、朱建军、杜伟东等同志，也感谢在团队工作和学习过的么彬、魏玉阔、鲁东、黄杰、阚成良、孙杨等博士和硕士研究生，他们的研究工作为本书提供了丰富的素材。本书成稿后，梁国龙教授在百忙之中仔细审阅了书稿，并提出了很多宝贵的意见和建议，在此致以诚挚的谢意。另外还要感谢王大成副教授、勇俊副教授对书稿细节的指正，感谢李明同学绘制了书中大部分插图。此外，本书研究工作得到了国家自然科学基金项目（项目编号：U1709203，41976176）、国家重点研发计划项目（项目编号：2018YFF01013400，2017YFC030600，2016YFC1402303）的支持，在此表示感谢。最后特别感谢李海森教授在作者从事该领域研究过程中提供的指导和帮助。

由于作者水平有限，书中难免存在疏漏之处，恳请读者批评指正。

作　者

2019 年 11 月

目　录

第 1 章　声呐系统概述

人类活动空间已经涉及的领域包括海洋、陆地、天空、外太空，也就是海、陆、天、空。图 1-1 是空间立体观测网络示意图。

图 1-1　空间立体观测网络示意图

人们根据海、陆、天、空不同传播环境的特点，选择不同的信息载体，并研制相应的探测及通信设备，如利用电磁波的卫星和雷达，以及利用声波的声呐等（图 1-2）。

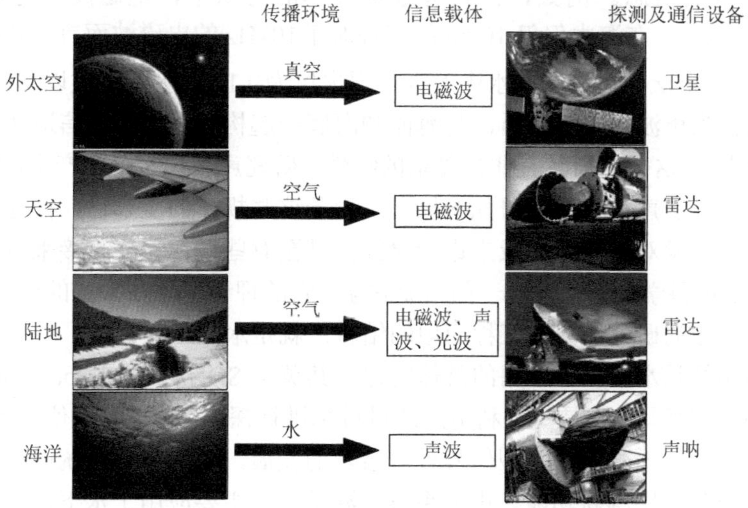

图 1-2　传播介质、信息载体和设备间的关系

从信息工程的角度来说，在海、陆、天、空等空间中，探测及通信设备种类多样，尽管它们所利用的介质和信息载体不同，但在信息系统组成框架上是一致的，都包括了信息的传感、处理、判决、执行等主要功能，如图 1-3 所示。当然对于主动探测系统，还包括信息载体的产生与发射。例如，正因为工作原理上的相似性，使用声波代替电磁波来探测水下环境的声呐又被称为“水下雷达”。

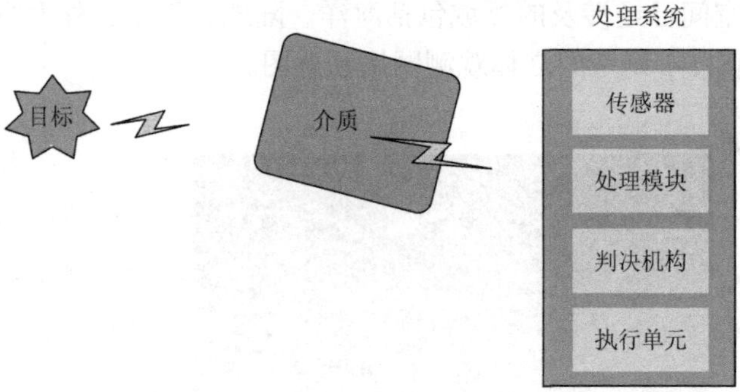

图 1-3　信息系统组成框图

1.1　声呐系统定义

水对电磁波具有很强的衰减作用，使光、无线电等电磁波在水中的穿透能力很有限。而声波是迄今为止唯一能在海水中远距离传播的能量形式，其在水中传播的衰减相对小得多，低频的声波甚至可以穿透海底几千米的地层，可处理得到其携带的地层信息。例如，在具有强传导率的海水中，电磁波的能量损失是 $1400 f^{1/2}$dB/km，在海中仅仅 100m 的行程对于10kHz 的电磁波而言，其损失也有 440dB，而10kHz 的声波在海水中的吸收损失仅为0.1dB（吸收系数以1dB/km 计）。

海水作为声波的传输介质，与海面和海底一起构成了声传播信道（称为“水下声信道”），这个信道具有非常复杂的特性。研究声波在水下的产生、传播和接收的规律，是水声科学基础研究的核心。由于这些规律的复杂性，往往需要开展大量的海上试验对理论研究成果进行检验，甚至有些规律最先直接来自于试验结果，因此水声科学又被认为是一门试验科学，它的理论建立在大量的试验基础上。水声科学领域的研究成果与工程应用的结合，就是水声工程。

声呐系统是水声工程应用的具体物化，其英文 SONAR，是 sound navigation and ranging 的缩写。它是一种利用声波对目标进行探测、定位和通信的电子设备，随着人工智能、大数据等新型信号处理技术的发展，现代声呐系统已经进一步扩展了目标分类识别等新功能。声呐系统起源于并且主要应用于水下，因此此处的目标多指水下目标（其实，B 超、空气声学系统、声学无损探伤系统等都可以认为是声呐)。声呐按其工作时是否发射声波，分为主动声呐和被动声呐，工作原理如图 1-4 所示。

图 1-4　声呐工作原理示意图

典型的主、被动声呐系统组成如图 1-5 所示，具体如下。

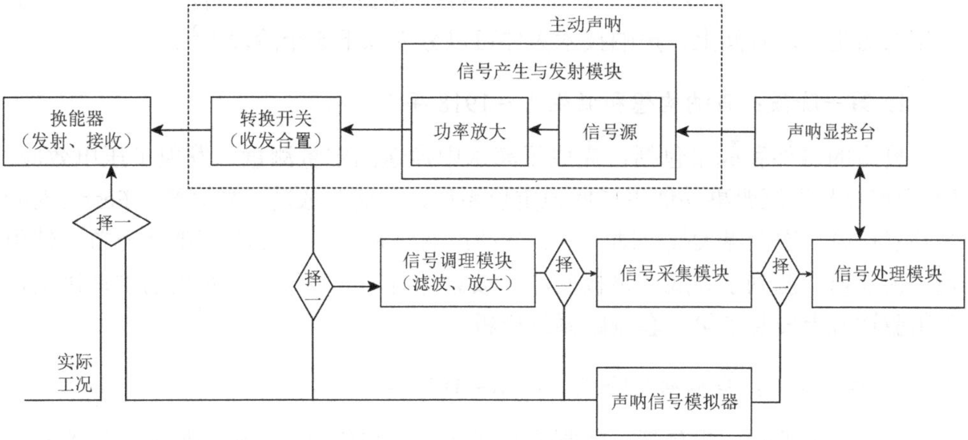

图 1-5　典型的主、被动声呐系统组成示意图

(1）声呐显控台：根据工作环境设置相应的声呐工作参数，并显示声呐处理结果。

(2）信号产生与发射模块：利用特定的软硬件产生声呐工作信号，并经过功率放大，驱动单/多通道换能器阵列发射。

(3）信号调理模块：通过滤波器（常见如低通、带通）进行干扰噪声等抑制，并经过增益控制放大，使得接收信号适合于模/数（analog/digital，A/D）转换器的工作范围。

（4）信号采集模块：基于采样定理和系统需求，利用A/D转换器将模拟信号转换为数字信号。

（5）信号处理模块：进行滤波、波束形成等时域、频域、空域处理，并结合声呐具体功能要求，针对性地采用特定处理算法处理接收到的声信号。

（6）声呐信号模拟器：为声呐系统提供良好可控的系统调试手段。

（7）换能器：完成信号的电声转换，对于收发合置声呐系统还需要转换开关电路完成对换能器收、发功能的切换使用。

声呐电子系统主要包括图1-5中换能器之外的部分，本书内容就主要围绕图1-5中电子系统各组成电路与相关技术分别展开。

1.2 声呐系统发展史

1.2.1 声呐技术发展

从声呐发展史看，军、民用需求催生了声呐的发展，声呐的发展又进一步牵引了应用需求。自1490年达·芬奇发现声管（听到远处船的声音）至今已有500多年的历史。从时间上，声呐技术大体可以分为以下5个阶段[1, 2]。

1. 第一阶段：声呐构想和诞生（～1918年）

典型的事件和成果包括：完成了海水中声速的定量测量、发现了压电效应；“泰坦尼克号”沉船事件催生了回声定位系统，并研制成功了费森登（Fessenden）振荡器；第一次世界大战推动了主、被动声呐研制工作，1918年朗之万首次使用超声换能器探测到了海底和钢板回波，玻意耳研制成功第一个实用的主动声呐，美国驱逐舰上安装了第一套测距系统样机。

2. 第二阶段：声呐初始阶段（1918～1939年）

典型的事件和成果包括：研制成功了测深仪和鱼探仪；磁致伸缩换能器和压电换能器相继问世；英国和美国组建了国家层面的大型水声研究团队，如1921年英国成立的应用研究实验室（Applied Research Laboratory，ARL），1923年美国成立的海军研究实验室（Naval Research Laboratory，NRL）；发现并解释了“下午效应”。

3. 第三阶段：声呐时代到来（1939～）

典型的事件和成果包括：第二次世界大战爆发，促进了水声传播和散射理论方面研究工作取得重要进展；对海水中的声吸收现象进行了解释并给出了经验计算公式；给出了计算声速的经验公式；发现了可以实现超远距离传播的声波定位和测距（sound fixing and ranging，SOFAR）声道；提出由水听器阵列组成全球声监视网络的概念，并构建了水声监听系统（sound surveillance system，SOSUS）；统计检测理论取得重要进展、FM 与波束形成等新型信号处理技术得到应用；随着计算机时代的到来，数字声呐逐步发展，新原理、新技术声呐快速发展，声传播模型等基础理论研究认识逐渐深入。

4. 第四阶段：铸剑为犁（声呐由军用转向民用）

典型的事件和成果包括：海洋仪器应用和海豚声呐技术。最先用于非军用目的的声呐是回声测深仪，然后是渔业声呐，继而在海洋勘探等方面有了许多应用，如海底、海洋植物群和动物群的分类、利用声速和温度的依赖关系建立全球声学温度计等。图 1-6 给出了声呐测得的“泰坦尼克号”沉船残骸图像；图 1-7 给出了多个大洋测温布放点获得的海洋温度分布测量结果。在海豚声呐技术方面，主要研究集中在结构机理及人工声源对海洋生物的影响等。

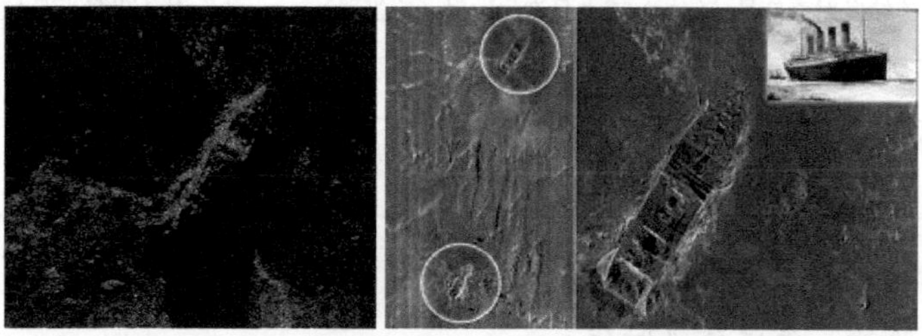

图 1-6　“泰坦尼克号”沉船残骸的声呐图像

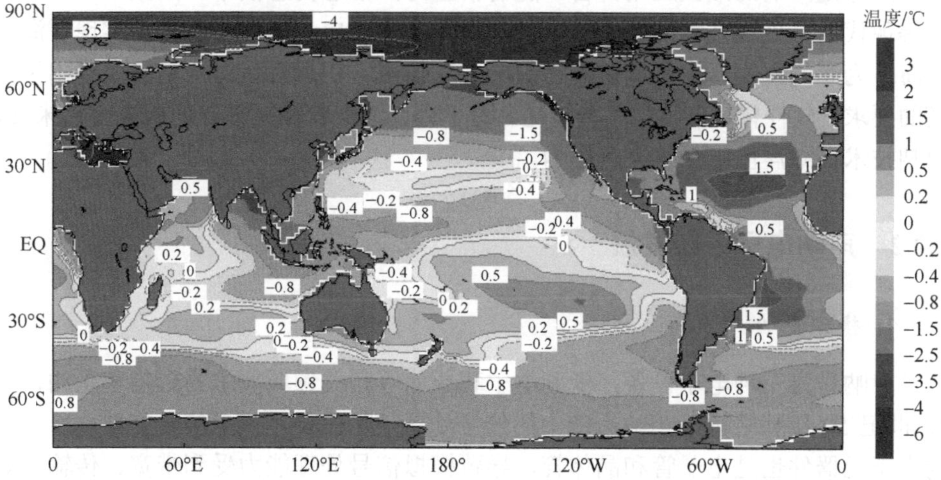

图 1-7　多个大洋测温布放点获得的海洋温度分布测量结果（彩图见封底二维码）

文献[3]也列举了声呐技术在军事应用之外的商业和工业领域的部分应用，如表 1-1 所示。不同的军事和商业用途决定了声呐工作频率的选择范围，如图 1-8 所示。

表 1-1 声呐技术典型应用

功能	军用	商用	
		工业	海洋学
检测	判断目标有无	鱼探仪/鱼群放牧	沉积层底质勘查
分类	判断目标类别	鱼种群估计	海洋环境监测
定位	测量目标瞬时位置、速度（绝对或相对）量，如距离（变化率）、方位（变化率）等	石油和矿产勘查	海底地形地貌
导航	决定、控制、和（或）操纵航向（包括障碍物及边界避让）	河流流量计	深海声速计
通信	发射和接收声能量及信息（替代有线连接）	声全息	应急电话
控制	使用声控释放装置	黏度计	地震模拟与测量
位置标定	连续发射声信号（信标）或者只询问发射（应答器）	声引导船舶靠泊系统	生物信号和噪声测量
测深	发射短脉冲，测量海底回波时间	超声研磨/钻探	声呐校准
声速计	使用向下斜入射的换能器对，测量水底回波的多普勒，已获得对底速度	生物医学超声	

5. 第五阶段：海洋信息时代

海洋是声呐的最大应用舞台。随着新型海洋信息传感技术和大数据、人工智能等现代信息处理技术的蓬勃发展，利用声及光、电、磁等信息载体实现对海、在海、为海的观测、探测和监测是国际关注热点。信息时代对声呐技术提出了更高的要求，软件化、一体化、智能化、跨平台、跨介质等新方向的研究方兴未艾，声呐技术在海洋世纪必将大有作为。

1.2.2 声呐电子系统发展

1. 模拟声呐

声呐作为一种电子设备，受到电子和通信等相关领域技术的影响和制约，在 20 世纪 50 年代之前，声呐系统中的信号处理技术主要是模拟信号处理，所使用的电子元器件也是电子管和晶体管，导致模拟信号处理能力受到带宽、传输、处理和存储的限制，系统功能水平较低。随着世界第一台电子计算机 ENIAC 的诞生

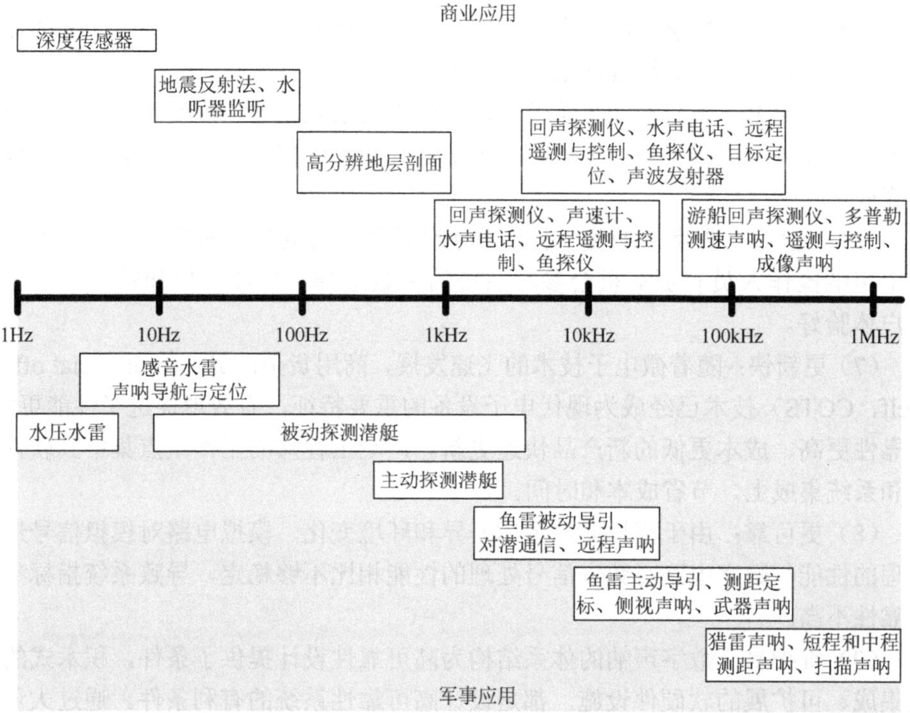

图 1-8　声呐典型应用选择的工作频率

以及 20 世纪 50 年代后期信号处理理论的形成和发展，声呐设计者逐步把数字信号处理技术引入声呐系统，特别是快速傅里叶变换（fast Fourier transform，FFT）、自适应滤波理论、时延估计、维纳滤波、卡尔曼滤波、最优阵信号处理理论等数字信号处理方法对数字声呐的发展起到了重要作用。

2. 数字声呐

声呐信号的数字化处理使得声呐的面貌发生根本变化，相比于传统的模拟声呐而言优势明显[4]。

（1）精度高：数字声呐中 A/D 前仍是模拟处理，A/D 之后信息处理全部是数字的，它们虽然也会引起误差，但相对来说容易估计和预测，从而避免模拟处理中的一些误差。

（2）运算强：新的水声信号处理技术发展迅速，算法复杂，必须要有高运算性能数字信号处理器件的支撑。

（3）接口便：对于数字声呐系统来说，只要采用标准的协议，就很容易为声呐配置需要的接口，板间连接和系统互联更为方便。

（4）集成易：数字声呐很容易实现模块化、系列化和标准化设计，能够显著降低设计周期，并且能够设计出更紧凑的系统。

（5）更保密：模拟声呐系统的处理功能主要依赖元器件级实现，而数字声呐的处理功能主要依赖于各类处理芯片内部运行的程序代码，核心处理技术对外可见度低。

（6）交互好：数字声呐便于构造易于使用的、直观的人机界面，且在工作过程中声呐操作人员有更多机会参与系统的参数选择、性能优化和辅助决策等，用户体验好。

（7）更新快：随着微电子技术的飞速发展，商用货架产品（commercial off the shelf，COTS）技术已经成为现代电子设备的重要特征，有效地促进了性能更好、可靠性更高、成本更低的新产品快速更新。声呐工程师的工作重点集中到软件开发和系统集成上，节省成本和时间。

（8）更可靠：由于模拟器件个体差异和环境变化，模拟电路对模拟信号进行处理的性能与数字电路对数字信号处理的性能相比不够稳定，导致系统指标参数可靠性不高。

（9）维护易：数字声呐的体系结构为高可靠性设计提供了条件，积木式的系统集成、可扩展的软硬件设施，都是设计高可靠性系统的有利条件。通过大量使用功能强大的数字信号处理器（digital signal processor，DSP）专用芯片，使得声呐的不同板级部件大为减少，为系统维修带来了极大的方便。

数字声呐的这些特点使得模拟声呐无法实现的一些功能得以实现，但是任何事物都不是十全十美的，信号的数字化处理也有自身的问题，例如，模拟信号的数字化处理会引进量化噪声，使频率成分变化，以及在数字传输、处理和存储等方面也存在相应的问题，对于多通道高频声呐，其数字化实现存在着 A/D 转换器件速度要求高、大运算量实时处理压力大等困难。但数字化是发展趋势，这些问题终会得到越来越好的解决。正是由于高速数字信号处理技术的迅速进步，21 世纪以来，国内外又提出了软件声呐的概念。

3. 软件声呐

高速数字信号处理技术的迅速进步，使声呐电子设备快速发展成为以通用 DSP 为核心的标准化产品。标准化是模块化、通用化、系列化的总称。模块化是标准化的基础。硬件标准化意味着声呐的功能与性能在干端完全由分布式算法及其软件实现。从这个意义上说，声呐已经软件化了。但是目前的声呐设计还是面向用途、基于硬件的，种类比较多，例如，按军事功能划分为警戒声呐、攻击声呐、侦察声呐、通信声呐、探雷声呐、导航定位声呐等，每种声呐对应于不同的设备，其设计不同、物理结构与操作界面不同、可靠性与可维修性的水平也不同。这种状况，既不利于缩短声呐装备的研制周期，也不利于提高装备使用与维护水平。

历史上，声呐的提出与早期发展，借鉴了雷达的思想与技术。20 世纪 90 年代以来，DSP 技术的迅速发展为电子设备提供了足够的实时计算能力，国际上开始广泛接受软件无线电的概念，雷达领域出现了软件雷达的提法，水声领域也开始关注软件声呐。软件声呐的内涵主要包括以下几方面[5]。

（1）在水声换能器与水听器阵（可能有多个）所能提供的全频段范围内，主要以软件形式设置并实现声呐功能，如警戒、定位、跟踪、识别、水下通信、水雷探测、鱼雷报警、环境监测等。也就是说，声呐设计是面向多功能需求、与硬件无关（目前主要指干端电路）。

（2）根据声呐检测定位的判决情况，可通过算法自适应地改变声呐系统参数（如主动声呐的重复发射周期或测程等），使系统使用性能最优化。而且这种改变是在系统运行过程中完成的，无须重新引导、下载或启动。

（3）系统由平台（硬件）与应用（软件）组成。平台与应用是相互独立的。算法与显示控制处理器平台是标准的，且一般以多 DSP 为主体、以嵌入式分布系统为特征。应用是构件化的，因而是开放的体系。构件的接口是规范的，因而可组装、可分布。构件是面向对象的，因而可重用。

（4）A/D 或 D/A 转换器靠近换能器湿端，即声呐系统的纯硬件模块仅占很小的比例。

以上第（1）点与第（2）点从系统功能与性能特征上描述软件声呐。第（3）点与第（4）点从系统组成特征上描述软件声呐。其中，第（3）点还强调了软件声呐的软件特征。

1.3　水声信号特点简述

海水作为声信号传播的介质，由于海洋结构的不均匀性、海水本身的运动、目标特性、声呐载体平台和目标间的相对位置变化等因素，声信号在水中的传播变得非常复杂。了解水声信号传播特点有益于对水声信号进行针对性的处理、提高声呐的环境适应性及保证其工作性能，主要包括以下几个方面[6]。

1. 多普勒效应

声呐与目标之间的相对运动会引起接收信号的频移。由于声波在水中的传播速度较慢（常见以 1500m/s 计），相对运动速度与声速可比，因此多普勒频移现象比较显著，比雷达严重得多。虽然多普勒效应给水声信号传输、接收与处理带来了困难，但其又携带了目标的运动速度信息。作为对比，表 1-2 列出了电磁波和水声两种信息载体及信道特点的对比示例。

表 1-2 雷达和声呐工作信道典型参数

参数	无线信道	水声信道
传播信道/波	无线电/电磁波	水/声波
传播速度 c	3×10^8 m/s	1.5×10^3 m/s
载波频率 f_c	1GHz	3kHz
波长 $\lambda=c/f_c$	0.3m	0.5m
通信带宽 W	1MHz	1kHz
相对带宽 W/f_c	1MHz/1GHz = 0.001（窄带）	1kHz/3kHz = 0.33（宽带）
发收距离	1km	10km
目标速度/传播速度 $M=v/c$	$v=30$m/s $M_{\text{radio}}=10^{-7}$	$v=10\text{kn}\approx5$m/s $M_{\text{water}}=3.3\times10^{-3}$
多普勒频移 $f_d=Mf_c$	100Hz	10Hz
符号速率 R	10^6 bit/s	5×10^3 bit/s
归一化多普勒频移 f_d/R	10^{-4}	2×10^{-3}
频带利用率 R/W	1	5
时延扩展 T_d	1～2μs	可至 100ms
相干时间 $T_c=1/(2f_d)$	5ms，$T_d\ll T_c$	50ms，$T_d>T_c$

2. 时变声速剖面

海水介质中的声速并不是常数，而是随时间、空间变化的，是深度与距离的时变函数，并且与地理位置和季节有明显的依赖关系。例如，Leroy 声速估算经验公式如下：

$$
\begin{aligned}
c=&1492.9+3(T-10)-6\times10^{-3}(T-10)^2-4\times10^{-2}(T-18)^2\\
&+1.2(S-35)-10^{-2}(T-18)(S-35)+D/61
\end{aligned}
$$

式中，c 为声速；T 为温度，$-2℃\leqslant T\leqslant 24.5℃$；$D$ 为深度，$0\leqslant D\leqslant 1000\text{m}$；$S$ 为盐度，$0.03\leqslant S\leqslant 0.042$。具有时变、空变特性的声速会导致声传播路径的复杂化，如图 1-9 所示。

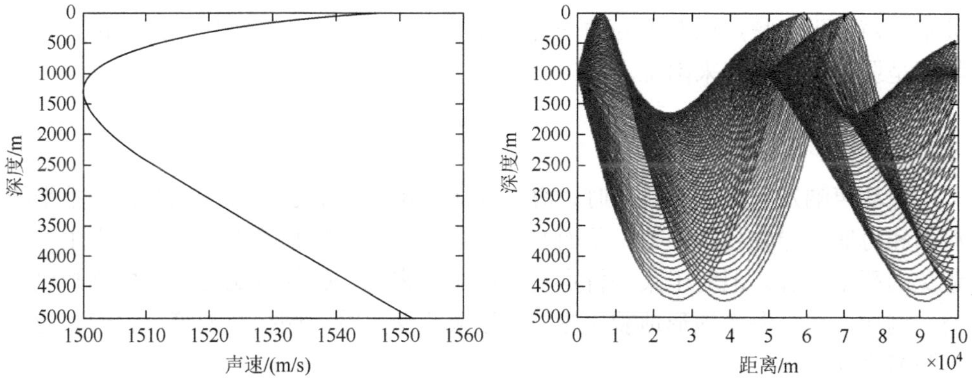

图 1-9　声速剖面及其导致的声传播路径示意图

3. 海洋上下边界

海面和海底是海洋的上下两个边界，声波与海洋边界的相互作用会引起复杂的、难以预测的折射传播，这种现象在浅海特别突出。

4. 信号色散

海水的运动以及海面、声呐平台和目标的运动，将导致水声信号传输的信道产生各种时间、频率和方位角的色散，其结果使得接收波形产生畸变和解相关。对水声信道开展研究能够使声呐系统和水声信道更好地进行匹配，能够获得更好的性能[7]。

5. 声吸收

声信号在海水中传播，由于海水的声吸收现象，声能在传播过程中发生损失。声吸收的本质归因于本身的剪切黏滞性、容积黏滞性和离子弛豫现象，主要与频率有关。

6. 声传播起伏

由于声呐和目标的动态特性以及海水介质微结构及内波的影响，在海洋信道中传播的声信号除了衰减、延迟和多普勒频移外，还存在波形畸变、解相关、波形起伏等复杂现象。

7. 海洋噪声

海洋本身充满了各种干扰源，它们可能来自航行的机械噪声、流体动力噪声、波浪噪声、生物噪声以及人为的干扰，降低了目标回波的信噪比，给水声目标，特别是弱目标探测带来困难。

8. 混响

主动声呐发射探测声信号时，海水介质中不均匀的悬浮颗粒以及粗糙不平的海面和海底会导致各种混响，从而对主动声呐工作，特别是近程工作，产生不可避免的严重干扰。但对于某些特定功能的声呐来说，强的混响对目标探测却更有益，例如，用于海底地形地貌探测的多波束测深声呐、侧扫声呐等，它们利用的正是海底混响信号。

第2章　声呐系统设计原理

现代声呐电子系统实际上是一个大规模、多功能的数字计算机。该计算机的设计依赖于湿端以及我们对海洋环境、水声传播特性的了解。所以声呐是水声物理、水声工程、信号处理、电子及换能器等领域互相结合的产物。

每一部声呐都有自己的特定使命，需求是声呐设计的基本推动力。在声呐设计过程中，首先要根据功能需求明确声呐的使命任务，制定战术指标，论证技术指标，落实分机指标，最终完成声呐系统设计。在此过程中，声呐方程起到了重要的串联作用，它是目前普遍采用的、用于声呐技术论证的重要工具，它把换能器、水声信道、噪声、混响、最佳检测和信号波形设计等概念贯穿起来，组成了一个有机的整体。

2.1　声呐系统的战技指标

指标是衡量系统性能的各项参数，战术指标和技术指标是常见的两类声呐指标，对应着声呐功能、性能两个方面的需求问题，是从不同角度说明需求的要点。战术指标是反映和表征战术性能的参数，如作用距离、观测扇面、精度、分辨率、速度、盲区等；技术指标是为了确保战术指标实现，声呐系统应具有的技术参数，如发射功率、脉冲重复周期、工作频率、带宽、发射电压响应、接收灵敏度、处理能力等。二者也会有共同项，如可靠性、可维性等。声呐使用部门更关注战术指标，声呐工程师更关注声呐技术指标，并根据技术指标综合分解落实声呐系统中换能器、发射机、接收机、信号处理机等主要分机的设计指标，为各分机设计提供输入依据。

2.1.1　声呐主要战术指标

1. 作用距离

作用距离指在一定条件（声源级、海况、衰减、目标等）下能有效发现目标并有效估计其特征参数的最大距离。

2. 观测方位角/俯仰角范围

方位角是水平面内的角度，俯仰角是垂直面内的角度，二者共同描述了声呐可以搜索的空间区域。

3. 盲区

盲区指在声呐作用距离之内，由于受到某些条件的限制而无法探测到目标的区域，从形成原因上主要可分为物理盲区（声线弯曲导致）、几何盲区（观测开角范围导致）、尾部盲区（尾流导致）、脉冲宽度盲区（发射时导致）和混响盲区（发射后导致）等。

4. 分辨率与分辨力

分辨率表示声呐系统对空间目标参数描述的精细程度，分辨力表示声呐系统对空间两个相邻目标的分辨能力。单目标探测关注分辨率，多目标探测更关注分辨力。常见有空间分辨率/力、时间（距离）分辨率/力等。

5. 定位精度

定位精度指确定目标空间位置（主要包括方位和距离）的最小误差。

6. 搜索速度

搜索速度指单位时间内可搜索的空间区域的大小。

7. 环境条件

环境条件指声呐工作时的安装平台、环境温度、海况、航速以及电磁辐射、干扰等。

8. 可靠性/可维性

可靠性/可维性主要包括：平均无故障时间（两次故障之间的平均间隔时间）（mean time between failure，MTBF）、平均故障时间（系统正常工作的平均时间）（mean time to failure，MTTF）和平均修复时间（发生故障到系统被修复所需的平均时间）（mean time to repair，MTTR）等。

2.1.2 声呐主要技术指标

1. 信号形式

根据主动声呐应用场合与功能的不同，可以采用信号形式、脉冲宽度、重复周期等，具体在第 3 章中涉及。

2. 发射声源级

直接影响声呐的作用距离，不仅与发射电路有关（详见第 3 章），而且还与发射换能器（阵列）的性能指标有关。

3. 工作频率/带宽

直接影响声呐的作用距离和距离分辨力，不仅与发射/接收电路有关，还与发射/接收换能器（阵列）的性能指标有关。第 3 章和第 4 章分别讨论发射电路和接收电路相关部分。

4. 接收灵敏度

接收换能器感知弱信号的能力，保证一定作用距离上更高的信号输出。

5. 检测域

结合作用距离等战术指标与具体信号处理方案给出的对接收机输入信噪比要求。

6. 波束宽度

对应保证空间分辨力，取决于基阵孔径相对于波长的大小。

7. 波束数量

波束在观测扇面内分布疏密程度，对应保证空间分辨率。

8. 采样频率

相邻采样样本的时间间隔，对应保证距离分辨率。

9. 处理能力

信号处理机完成声呐系统需要的信号处理算法（如 FFT、滤波等）的运算能力。

10. 接口能力

满足声呐系统信息流传输带宽要求的各环节数字接口类型。具体在第 7 章中涉及。

2.2 声呐系统分类

根据应用背景分类，声呐系统可以分为军用声呐和民用声呐。两者在核心技术上并无太多差异，并不意味着军用声呐一定比民用声呐先进，甚至国外某些军用声呐的趋势是采用 COTS 技术来加速声呐系统的研制和维护周期。实际上，两者主要差别是军用声呐需要适应更恶劣的工作环境，且其对外接口应易与军方现有的指挥系统融合等条件。

根据声呐性质分类，声呐系统可以分为主动声呐、被动声呐、主/被动声呐（如水下通信声呐，需要半双工/全双工工作于主动和被动模式）等。

按照声呐装备对象划分，声呐系统可以分为水面舰艇声呐、潜艇声呐、直升机吊放声呐、岸用声呐、鱼雷制导声呐等。

按照声呐湿端（换能器）安装位置划分，声呐系统包括舰艏声呐、共形声呐、舷侧声呐、拖线阵声呐、变深声呐和浮标声呐等，当然随着电子器件的发展，干端（电子系统）体积在减小，很多时候和湿端集成在一起，如高频成像声呐等。

按照声呐的用途划分，声呐系统可以分为探测声呐、导航声呐、通信声呐等类型，如图 2-1 所示。

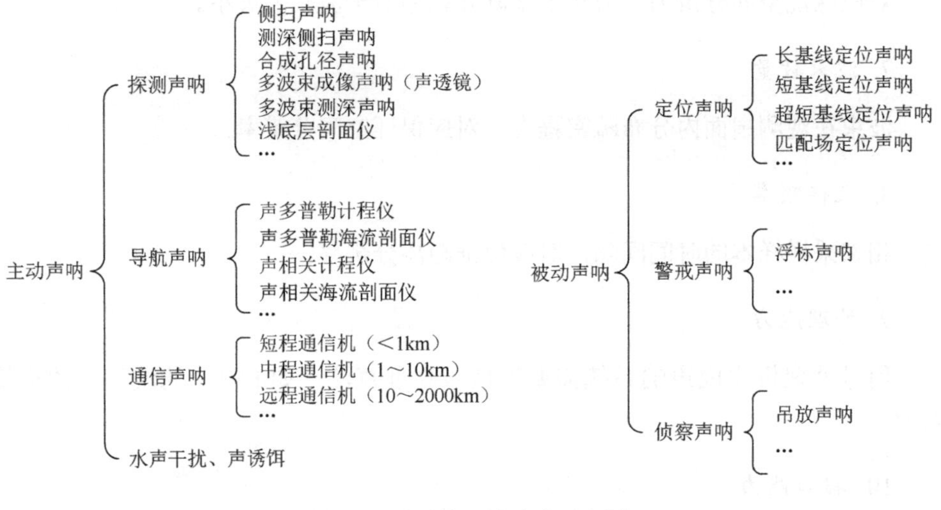

图 2-1　声呐按用途分类示意图

一个载体平台上的声呐往往有多部，各有各的功能，并且可以进行数据融合提升声学系统整体性能，图 2-2 所示为一个自主水下机器人（也称自治式潜水器，autonomous underwater vehicle，AUV）平台上搭载的多波束、通信、定位、避障等声呐。

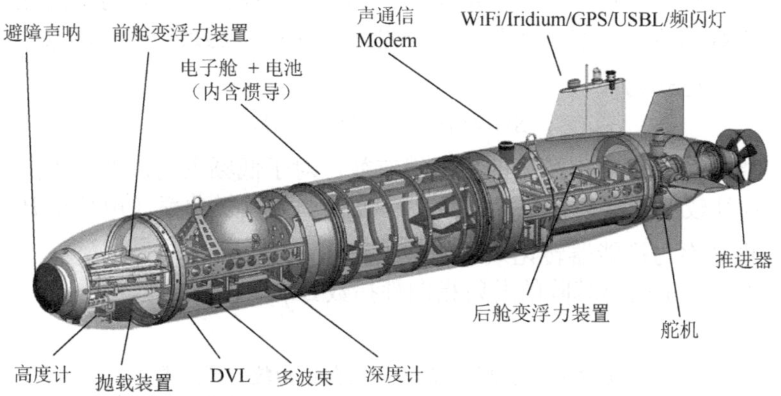

图 2-2　AUV 平台上搭载的声呐组成示意图

DVL：Doppler velocity logger，多普勒计程仪；GPS：global position system，全球定位系统；USBL：ultrashort baseline，超短基线

2.3　声呐方程分析

声呐方程是声呐性能预报和声呐设计的重要工具，它体现了声呐系统、探测目标和环境之间的内在联系。声呐方程包含了声呐系统设计过程中需要关注的主要技术参数，是声呐系统技术指标分析和确定的依据，也是声呐系统分机指标分配的依据[3, 4, 8]。

2.3.1　声呐方程参数

声呐方程中涉及的参数主要分为三类[4, 9, 10]。

1. 由声呐系统决定的参数

1）SL（主动声呐）：声源级

声源级用于描述主动声呐所发射的声信号的强弱，其定义式为

$$\mathrm{SL}=10\lg\frac{I_{r=1}}{I_0} \tag{2-1}$$

式中，$I_{r=1}$ 是沿辐射声源声轴方向，距声中心 1m 处的声强；I_0 是参考声强（在水声学中，通常取均方根声压为 1μPa 的平面波的声强，约等于 $0.67\times10^{-22}\,\mathrm{W/cm^2}$）。

假设一个辐射声功率为 P 的无指向性声源，据其声中心 1m 处的声强为 $I_{r=1}=P/(4\pi)$，因此，将其代入式（2-1），可以得到声源级的表达式为

$$SL = 170.8 + 10\lg P \tag{2-2}$$

为了有效提高主动声呐的作用距离，其发射往往具有一定的指向性（假设发射指向性指数为 DI_T），使其所发射的声能主要集中于感兴趣的空间某一方向，此时声源级的表达式为

$$SL = 170.8 + 10\lg P + \mathrm{DI}_T \tag{2-3}$$

发射指向性指数对声源级的提高很有效，对于低频主动声呐，受限于基阵尺寸，DI_T 往往较低，要想提高声源级，往往要增大发射功率（声功率 P 决定于发射机发射电功率与换能器转化效率的乘积）。

表 2-1 给出了简单基阵的发射指向性指数 DI_T 计算公式[11]。

表 2-1　简单基阵的发射指向性指数计算公式

基阵	发射指向性指数 DI_T	
线列阵	$10\lg n$	$10\lg(2L/\lambda), L: n\lambda/2$，线列阵长度
平面阵	$10\lg(mn)$	$10\lg(4Lh/\lambda^2)$
矩形阵	$20\lg n$	$20\lg(2L/\lambda)$
圆形阵	$20\lg n$	$20\lg(1.77d/\lambda)$
柱形阵	$3+10\lg(mn)$ m：1/3 圆周上的阵元数 n：狭板上的阵元数	$10\lg(5hdf_0^2)$ 或 $10\lg(11hd/\lambda^2)$ h：高度（m） d：直径（m） f_0：设计频率（kHz）

注：上面计算公式大部分是以阵元数目和间距 $\lambda/2$ 来表示的。

2）GS：声呐系统的空间增益

其用于描述接收阵列空间布阵带来的增益，它是由接收阵列形式（如一维阵型、二维阵型、三维阵型、线面组合基阵、圆形组合基阵等[12]）及阵列信号处理方式决定的，可以理解为：包括每个阵元的接收指向性指数带来的空间增益 GS_u 和阵列信号处理带来的空间处理增益（也称为阵增益）GS_p。噪声是各项同性时，GS 和全阵的接收指向性指数等价。图 2-3 给出常见的几种基阵形式。

（1）接收指向性指数 DI（GS_u）。

其定义为

$$\mathrm{DI} = 10\lg\frac{\text{无指向性水听器产生的噪声功率}}{\text{有指向性水听器产生的噪声功率}}$$

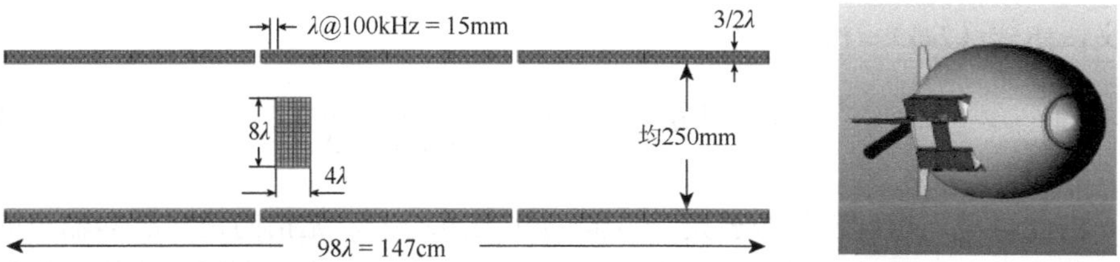

(a) 一维线阵(两长条中为相干合成孔径声呐接收基阵，中间为发射基阵)

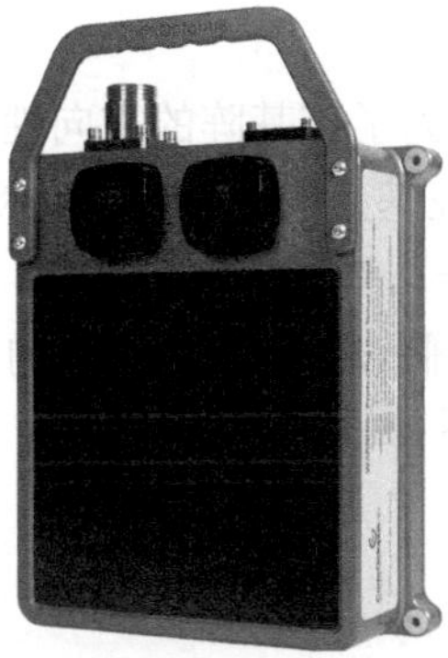

(b) 三维成像声呐基阵
(球冠形二维发射阵+二维接收平面阵)

(c) 三维避碰声呐基阵
(一维发射弧阵+二维接收平面阵)

(d) 圆柱阵

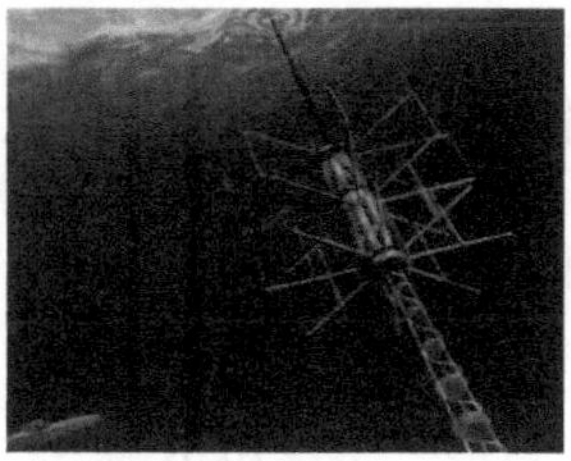

(e) 吊放声呐体积阵

(f) 球面阵

图 2-3　不同阵型基阵示意图

假设有两个接收水听器（阵元），一个有指向性，另一个无指向性，将它们置于单位立体角的噪声功率为 I_i 的各向同性噪声场中，此时，无指向性接收水听器产生的均方电压为

$$R_N = m\int_{4\pi} I_i \mathrm{d}\Omega = 4\pi m I_i \tag{2-4}$$

式中，m 是比例常数；$\mathrm{d}\Omega$ 是立体角。在同一噪声场中，由指向性水听器产生的均方电压为

$$R_D = m\int_{4\pi} I_i b(\theta,\varphi)\mathrm{d}\Omega = mI_i\int_{4\pi} b(\theta,\varphi)\mathrm{d}\Omega \tag{2-5}$$

式中，$b(\theta,\varphi)$ 是归一化的声束图案函数；θ、φ 是空间方位角。根据指向性指数

定义，由式（2-4）与式（2-5）可得

$$\mathrm{DI}=10\lg\frac{R_{\mathrm{N}}}{R_{\mathrm{D}}}=10\lg\frac{4\pi}{\int_{4\pi}b(\theta,\varphi)\mathrm{d}\Omega} \tag{2-6}$$

由此可见，指向性指数就是在各向同性噪声场中，无指向性水听器输出的均方电压和具有同样轴向灵敏度的有指向性水听器输出的均方电压的比值。类似于发射指向性指数，一些常见阵型的接收指向性指数也可参见表 2-1。对于非各向同性噪声场，可参考以上分析。

实际中的阵元都是有指向性的，其原因是：①为了使基阵的方向性得到改善，必须使每个基元具有所需的方向性；②如果要保证基元的无方向性，实际就是要求基元本身的尺寸比波长小很多，这一条件往往难以满足[12]。

此处提及了一个接收水听器灵敏度级的概念。假设接收水听器处的声压为 p，装置的开路终端电压为 V，则水听器的灵敏度级 S_{h} 定义为

$$S_{\mathrm{h}}=20\lg\frac{(V/p)}{(V/p)_{\mathrm{ref}}} \tag{2-7}$$

例如，已知水听器的灵敏度级为 $-200\mathrm{dB}$（$\mathrm{ref.\,0dB}=1\mathrm{V}/\mu\mathrm{Pa}$），假设入射平面波的声压级为 $80\mathrm{dB}$，则根据式（2-7）可求得其输出端的开路电压为 $1\mu\mathrm{V}$。

（2）阵处理增益（GS_P）。

使用接收阵列会带来多种好处，其中最重要的就是提高了信噪比。提高的程度可以通过阵增益来衡量。

阵处理增益的定义为[9, 13]

$$\mathrm{GS}_P=10\lg\frac{\mathrm{SNR}_{阵列}}{\mathrm{SNR}_{阵元}} \tag{2-8}$$

式中，$\mathrm{SNR}_{阵列}$ 是整个阵列输出信号的信噪比（signal to noise ration，SNR）；$\mathrm{SNR}_{阵元}$ 是单个阵元输出信号的信噪比，简单起见，假设所有阵元输出的信噪比均相同。

以常见的空间处理方法——延时求和波束形成为例，推导多元线阵的阵增益如下。

考虑一个由 N 个灵敏度相同的阵元构成的线阵，各阵元上输出信号用 $s_1(t)$, $s_2(t),\cdots,s_N(t)$ 来表示，通过延时相加处理得到的输出信号为 $s_1(t)+s_2(t)+\cdots+s_N(t)$，其平均功率为

$$\overline{S_{\mathrm{out}}^2}=\overline{(s_1(t)+s_2(t)+\cdots+s_N(t))^2} \tag{2-9}$$

同样，相加处理后噪声功率为

$$\overline{N_{\text{out}}^2}=\overline{(n_1(t)+n_2(t)+\cdots+n_N(t))^2} \tag{2-10}$$

略去 t，且假设 $\overline{s_1^2}=\overline{s_2^2}=\cdots=\overline{s_N^2}=\overline{s^2}$，$\overline{n_1^2}=\overline{n_2^2}=\cdots=\overline{n_N^2}=\overline{n^2}$，则输出信噪比可以表示为

$$\begin{aligned}\text{SNR}_{\text{out}}&=\frac{\overline{S_{\text{out}}^2}}{\overline{N_{\text{out}}^2}}=\frac{\overline{(s_1(t)+s_2(t)+\cdots+s_N(t))^2}}{\overline{(n_1(t)+n_2(t)+\cdots+n_N(t))^2}}=\frac{\overline{(s_1+s_2+\cdots+s_N)^2}}{\overline{(n_1+n_2+\cdots+n_N)^2}}\\&=\frac{\overline{s^2}}{\overline{n^2}}\frac{((\rho_s)_{11}+(\rho_s)_{12}+\cdots+(\rho_s)_{1N})+((\rho_s)_{21}+(\rho_s)_{22}+\cdots+(\rho_s)_{2N})+\cdots}{((\rho_n)_{11}+(\rho_n)_{12}+\cdots+(\rho_n)_{1N})+((\rho_n)_{21}+(\rho_n)_{22}+\cdots+(\rho_n)_{2N})+\cdots}\\&=\frac{\overline{s^2}}{\overline{n^2}}\frac{\sum_{j=1}^{N}\sum_{i=1}^{N}(\rho_s)_{ij}}{\sum_{j=1}^{N}\sum_{i=1}^{N}(\rho_n)_{ij}}\end{aligned} \tag{2-11}$$

式中，$(\rho_s)_{ij}$ 和 $(\rho_n)_{ij}$ 分别是第 i 个阵元与第 j 个阵元上信号以及噪声之间的互相关系数。

根据阵增益的定义（阵列处理输出的信噪比和单个阵元信噪比的比值取分贝），得到

$$\text{GS}_P=\frac{\overline{S_{\text{out}}^2}}{\overline{N_{\text{out}}^2}}\bigg/\frac{\overline{s^2}}{\overline{n^2}}=\frac{\sum_{j=1}^{N}\sum_{i=1}^{N}(\rho_s)_{ij}}{\sum_{j=1}^{N}\sum_{i=1}^{N}(\rho_n)_{ij}} \tag{2-12}$$

可见，阵增益取决于信号和噪声在所有阵元之间的互相关系数之和。当各阵元有幅度加权时，式（2-12）可以写为

$$\text{GS}_P=\frac{\overline{S_{\text{out}}^2}}{\overline{N_{\text{out}}^2}}\bigg/\frac{\overline{s^2}}{\overline{n^2}}=\frac{\sum_{j=1}^{N}\sum_{i=1}^{N}A_iA_j(\rho_s)_{ij}}{\sum_{j=1}^{N}\sum_{i=1}^{N}A_iA_j(\rho_n)_{ij}} \tag{2-13}$$

式中，A 为幅度加权系数；ρ_s 和 ρ_n 为接收阵列所在的信号场和噪声场的基本特性，同一个接收阵列放在不同的信号场和噪声场中就有不同的阵增益，同样，不同的阵列信号处理方法也会有不同的阵增益。延时求和波束形成的出发点就是使得各阵元上的信号以观察方向参考时间对齐，从而使得 ρ_s 达到最大值。表 2-2 给出单频和宽带，以及通道间信号无延时和有延时的情况下，信号场和各向同性噪声场中 ρ_s 和 ρ_n 的表达式。

表 2-2　信号和噪声互相关系数

	信号互相关系数 ρ_s	噪声互相关系数（各向同性） ρ_n
单频 无延时	$\cos\omega\tau_{\mathrm{w}}$	$\sin\dfrac{\omega d}{c}\Big/\dfrac{\omega d}{c}$
单频 有延时	$\cos\omega(\tau_{\mathrm{w}}+\tau_{\mathrm{e}})$	$\sin\dfrac{\omega d}{c}\Big/\dfrac{\omega d}{c}\cos\omega\tau_{\mathrm{e}}$
宽带 无延时	$\dfrac{\sin\left(\dfrac{1}{2}(\omega_2-\omega_1)\tau_{\mathrm{w}}\right)}{\dfrac{1}{2}(\omega_2-\omega_1)\tau_{\mathrm{w}}}\cdot\cos\dfrac{(\omega_2+\omega_1)\tau_{\mathrm{w}}}{2}$	$\dfrac{1}{\dfrac{(\omega_2-\omega_1)d}{c}}\left(\mathrm{Si}\left(\dfrac{\omega_2 d}{c}\right)-\mathrm{Si}\left(\dfrac{\omega_1 d}{c}\right)\right)$
宽带 有延时	$\dfrac{\sin\left(\dfrac{1}{2}(\omega_2-\omega_1)(\tau_{\mathrm{w}}+\tau_{\mathrm{e}})\right)}{\dfrac{1}{2}(\omega_2-\omega_1)(\tau_{\mathrm{w}}+\tau_{\mathrm{e}})}\cdot\cos\dfrac{(\omega_2+\omega_1)\tau_{\mathrm{w}}}{2}(\tau_{\mathrm{w}}+\tau_{\mathrm{e}})$	$\dfrac{1}{\dfrac{2(\omega_2-\omega_1)d}{c}}\left(\mathrm{Si}\left(\dfrac{\omega_2 d}{c}+\omega_2\tau_{\mathrm{e}}\right)-\mathrm{Si}\left(\dfrac{\omega_1 d}{c}+\omega_1\tau_{\mathrm{e}}\right)+\mathrm{Si}\left(\dfrac{\omega_2 d}{c}-\omega_2\tau_{\mathrm{e}}\right)-\mathrm{Si}\left(\dfrac{\omega_1 d}{c}-\omega_1\tau_{\mathrm{e}}\right)\right)$

注：ω 为 $2\pi f$；τ_{e} 为两个阵元间信号时延；$\tau_{\mathrm{w}}=(d/c)\cos\theta$ 为信号在两个阵元间的传播时间；ω_1 为信号下限频率；d 为阵元间距；ω_2 为信号上限频率；c 为声速；$\mathrm{Si}(x)=\int_b^x\frac{\sin u}{u}\mathrm{d}u$；$\theta$ 为信号和两个阵元连线的夹角。

从表 2-2 中可见，各向同性噪声场中，对于单频信号，当阵元间距 $d=\lambda/2$ 时，如果信号方向为基阵法线方向（即 $\theta=90°$），此时有，任意两个阵元上的信号互相关系数为

$$\rho_s=\cos\omega\tau_{\mathrm{w}}=\cos(\omega id\cdot\cos 90°/c)=1$$

任意两个阵元上的噪声互相关系数为

$$\rho_n=\sin\frac{\omega d}{c}\Big/\frac{\omega d}{c}=\frac{\sin(n\pi)}{n\pi}=0,\quad n\neq 0$$

将上面得到的信号和噪声互相关系数代入式（2-12），得到阵增益为 $\mathrm{GS}_P=10\lg N$，这就是工程中常采用半波长布阵的原因，此时阵元间的噪声不相关；当信号方向不是基阵法线方向（即 $\theta\neq 90°$）时，噪声互相关系数依然为 0，但此时两个阵元上存在时延，导致信号互相关系数不等于 1，从而降低了阵增益（对应了波束图中的主瓣外部分），可以采取时延波束形成等手段，补偿阵元间信号时延 τ_{e}，使得 $\tau_{\mathrm{w}}+\tau_{\mathrm{e}}=0$，从而 $\cos\omega(\tau_{\mathrm{w}}+\tau_{\mathrm{e}})=1$，保证阵增益依然是 $\mathrm{GS}_P=10\lg N$。文献[14]中给出了多种不同阵型的指向性函数和不同类型信号和噪声下的阵增益表达式。

另外，对于有幅度加权的多元阵，其阵增益会有变化，例如，一个 50 元的多元线阵，其阵增益和波束宽度会随着空间加权方式的不同而发生变化，如表 2-3 所示[15]。

表 2-3　不同加权方式下阵增益和波束宽度比较

加权	阵增益/dB	半波束宽度/–3dB	阵增益损失	波束宽度比
无	17	1.02	0	1
三角	11	1.46	–6	1.43
余弦	13.1	1.36	–3.9	1.33
汉宁	11	1.65	–6	1.62
汉明	11.6	1.49	–5.4	1.46

3）DT：检测域

其是整个接收机（包括信号处理器）最重要的指标，是在一定置信级下接收机输入端需要的最小信噪比。由检测域的定义可知，对于完成同样功能的声呐系统来说，检测域较低的系统，其获得的处理增益较高，性能也更好。

提到检测域 DT，必然会涉及接收机工作特性曲线（receiver operating curve，ROC）的概念，其定义为：将检测概率 PD 和虚警概率 PFA，以检测指数 d（一定的置信级下，要求的系统最小输出信噪比）为参变量，画在一张图中，如图 2-4 所示。

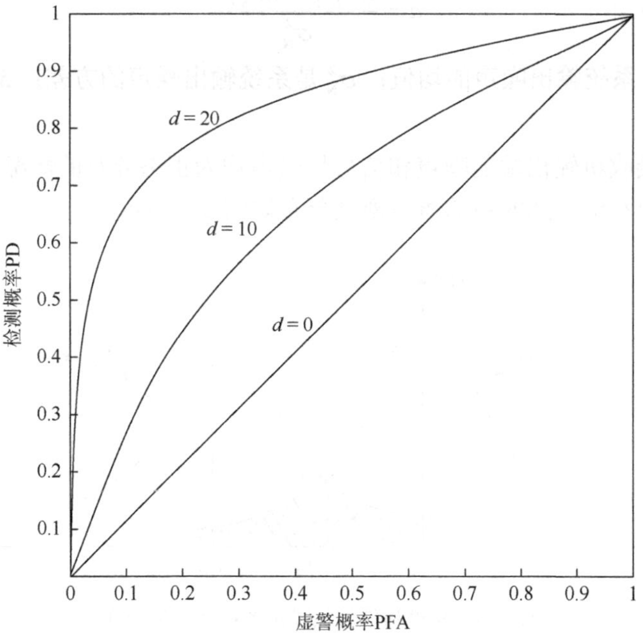

图 2-4　ROC 示意图

那么，输入信噪比（最小时称为检测域 DT）和输出信噪比（最小时称为检测指数 d）之间存在什么关系呢？文献[11]中给出了声呐接收机框图并对其进行了形象的说明（图 2-5）。

所有声呐接收系统都有图 2-5 所示的结构。在图 2-5 中，最小可分辨信号级（minimum discernible signal，MDS）是指基阵面上的信噪比。

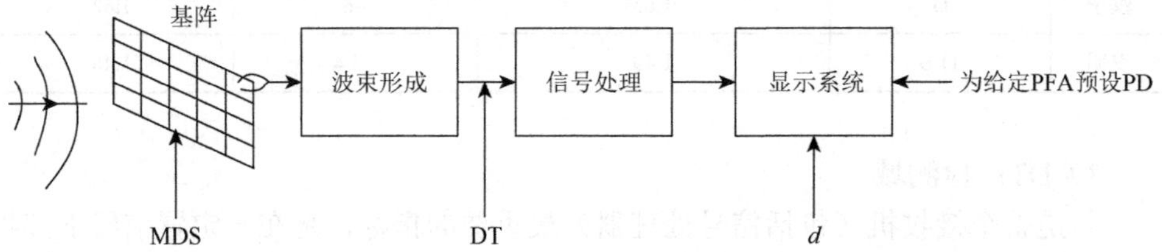

图 2-5　声呐接收机框图

大多数文献中对 DT 的定义是波束形成之后（有些文献是在信号处理之后，如参考文献[4]），在满足给定的检测概率 PD 和虚警概率 PFA 下，平均信号功率与平均噪声功率之比（以 dB 形式表示）。定义检测指数 d（信号处理系统输出功率信噪比）为[2]

$$d = \frac{(M_{S+N} - M_N)^2}{\sigma_N^2} \tag{2-14}$$

式中，M_N 是系统输出噪声的均值；σ_N^2 是系统输出噪声的方差；M_{S+N} 是信号加噪声的均值。

下面以接收机输出端的噪声和信号加噪声均为正态分布的情况为例进行进一步说明。噪声和信号加噪声的概率密度分布如图 2-6 所示。

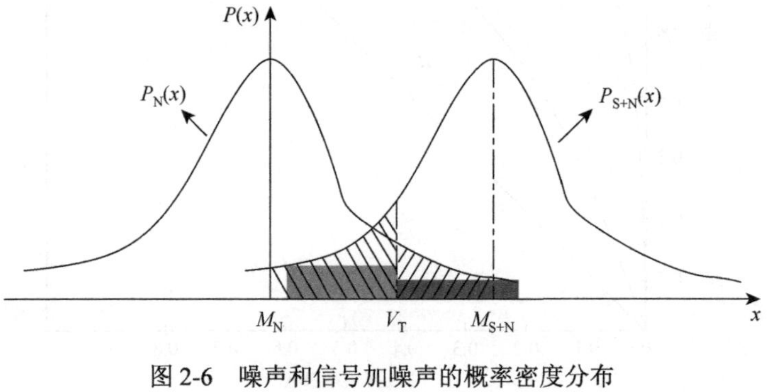

图 2-6　噪声和信号加噪声的概率密度分布

从图 2-6 中可得到虚警概率和检测概率表达式分别如下：

$$\mathrm{PFA}=\int_{V_{\mathrm{T}}}^{\infty}P_{\mathrm{N}}(x)\mathrm{d}x=\int_{V_{\mathrm{T}}}^{\infty}\frac{1}{\sigma_{\mathrm{N}}\sqrt{2\pi}}\exp\left(-\frac{(x-M_{\mathrm{N}})^2}{2\sigma_{\mathrm{N}}^2}\right)\mathrm{d}x \tag{2-15}$$

$$\mathrm{PD}=\int_{V_{\mathrm{T}}}^{\infty}P_{\mathrm{S+N}}(x)\mathrm{d}x=\int_{V_{\mathrm{T}}}^{\infty}\frac{1}{\sigma_{\mathrm{S+N}}\sqrt{2\pi}}\exp\left(-\frac{(x-M_{\mathrm{S+N}})^2}{2\sigma_{\mathrm{S+N}}^2}\right)\mathrm{d}x \tag{2-16}$$

由式（2-15）和式（2-16）可见，检测概率、虚警概率与门限值、噪声的均方值、信号幅度以及概率密度分布函数有关。如果将PD和PFA以系统输出信噪比为参变量，画在一张图（ROC图）中。当系统输出为具有不同的概率密度分布函数的噪声和具有不同的概率密度分布函数的信号加噪声时，接收机的ROC是不同的。

由式（2-15），可以求得门限V_{T}。将其代入式（2-16），并结合PD，可以得到$M_{\mathrm{S+N}}$，代入式（2-14）即可求得系统的检测指数d。

由图2-6可以看到DT和d之间相差的是信号处理带来的处理增益。由于该处理环节主要是接收信号处理系统在时间上的积累而取得的，因此在文献[4]中将其得到的处理增益表示成GT。检测指数d和MDS之间的差异在于空间增益GS和时间处理增益GT，即$\mathrm{MDS}=d-\mathrm{GS}-\mathrm{GT}$。也把$\mathrm{GS}+\mathrm{GT}$称为声呐系统处理增益，其与输入信噪比是相关的。一般来说，在输入信噪比较小时，系统处理增益较大，随着输入信噪比的增加，系统增益开始下降[4]。

文献[16]总结了几种典型检测方式下的GT计算式（表2-4），部分推导过程见第6章。

表2-4　典型应用下的时间处理增益

检测方式（在图2-5的信号处理部分中实现）		GT
被动声呐	基于平方积分处理的被动宽带检测	$\sqrt{BT}$
	基于平方积分处理的被动窄带检测	$\sqrt{T/\beta}$
主动声呐	噪声限制条件下回波波形确知的匹配滤波处理	$2BT$
	噪声限制条件下回波波形未知的平方检波积分处理	$\sqrt{BT}$
	混响限制条件下平方检波积分处理	0

注：T为积分时间（s）；B为接收机带宽（Hz）；β为窄带处理的分析带宽（Hz）。

以上各式应用存在一些限制条件，包括小的信噪比、平稳的高斯噪声、目标与接收点相对速度为零、主动声呐回波不因多途而展宽等，当这些条件不满足时，处理增益将下降，即意味着检测阈DT会提高。另外需要注意的是，在进行主动声呐GS

推导时，不同文献中关于输入信噪比中噪声功率的定义不同，有的是1Hz带宽内的噪声功率[9]，有的是接收机带宽内的噪声功率[2]，从而导致GS存在B倍的差异。

2. 取决于被探测目标的参数

SL（被动声呐）：辐射噪声源的指标声压级（离辐射声源1m处所接收到的声压）。

辐射噪声源取决于被动声呐关注的检测对象。舰船、潜艇、鱼雷、AUV、海洋动物等都是噪声源。

对于舰船、潜艇、鱼雷、AUV等人造机动平台而言，其自身往往还搭载各种声呐，它们的辐射噪声对对方的声呐而言是声源，对其自身的声呐而言又是一种干扰。前者因为距离较远可以看成点源，后者却不可以（大部分成分在远场中并不存在），因此从对方和自身不同的角度来看，平台辐射噪声表现出来的特性是不同的[4]。

以舰船辐射噪声为例，其来源主要可以分为三类。

（1）机械噪声。主机、辅机及各种设备的机械振动，通过安装设备的支架、管道及壳体向水中辐射。

（2）螺旋桨噪声。螺旋桨叶片在转动时周期性击水产生噪声，螺旋桨上或其附近空化和涡流声。

（3）水动力噪声。也被称为流噪声，平台在运动过程中，由不规则的、起伏的水流过壳体时所产生的摩擦声，以及通过壳体引起安装于壳体上附件的共振，又辐射回水中。

TS：目标强度（target strength），表示目标反射声波的能力[10]，其定义为

$$\mathrm{TS} = 10\lg \left. \frac{I_{\mathrm{scat}}}{I_{\mathrm{i}}} \right|_{r=1} \tag{2-17}$$

式中，I_{i}是入射声波强度；I_{scat}是距离目标声中心1m处的回声强度，通常是在目标的远场测量后，再按照一定的规律换算到离目标声中心1m处，得到$\left. I_{\mathrm{scat}} \right|_{r=1}$。

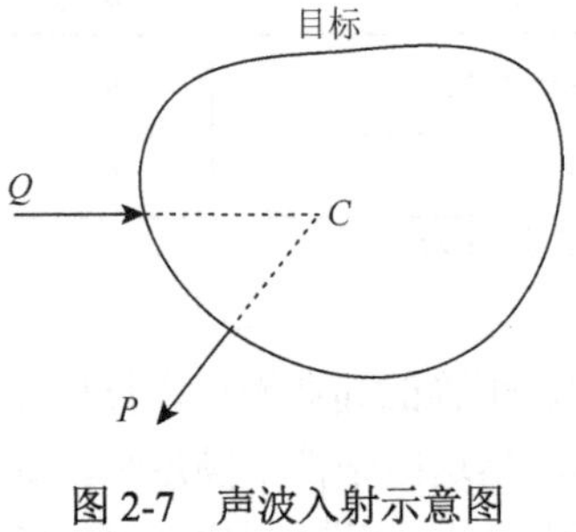

图2-7　声波入射示意图

图2-7中，QC是入射方向；C点是目标声学中心，它是一个假想的点，可位于目标外面也可位于目标内部；P是接收点，可能位于空间任何方位；CP为目标回声方向。收发分置情况下，I_{scat}是入射方向和回声方向夹角的函数；收发合置时，入射方向和回声方向正好相反（此时又称为反向散射），I_{scat}是入射方向的函数。

式（2-17）采用了1m 作为参考距离，使得除了水雷、鱼这样的小目标外，对许多水下物体来说，其 TS 往往为正值，这并不是说反射声强高于入射声强（不符合能量守恒定律），而只是因为选择1m 作为参考距离的结果，如果将参考距离选得远些，TS 就变成了负值。

表 2-5 给出收发合置情况下，几种简单几何体的目标强度理想估计值。当知道目标具体的结构细节时，可用计算机仿真计算得到更接近真实的目标强度值[15]。

表 2-5　简单几何体目标强度估算公式

几何形状	目标强度	方向	条件
球体（大）	$10\lg(R^2/4)$	全向	$kR \gg 1$，$r \gg R$
球体（小）	$10\lg(1082R^6/\lambda^4)$	垂直	$kR \ll 1$，$kr \gg 1$
椭圆体	$10\lg(bc/(2a))^2$	椭圆半长轴平行于 a、b、c	$ka,kb,kc \gg 1$ $r \gg a,b,c$
圆柱体	$10\lg((RL^2/(2\lambda))(\sin\beta/\beta)^2\cos^2\theta)$	在 θ 处垂直 r $\beta = kL\sin\theta$	$kR \gg 1$ $r > L^2/\lambda$
背弧面	$10\lg(R_1R_2/4)$	垂直	$kR_1,kR_2 \gg 1$ $kr \gg 1$
光滑凸面体	$10\lg(A_t/(16\pi))$	全向平均 A_t = 总表面积	尺寸和曲面大于 λ
矩形板	$10\lg(L_1L_2/\lambda^2(\sin\beta/\beta)^2\cos^2\theta)$	在角 θ 处垂直于 L_1 $\beta = kL_1\sin\theta$	$r > L_1^2/\lambda$，$kL_2 \gg 1$， $L_1 > L_2$
圆板	$10\lg((\pi R^2/\lambda)^2(2J_1(\beta)/\beta)\cos^2\theta)$	在 θ 处垂直 r $\beta = kR\sin\theta$	$r > R^2/\lambda$，$kR \gg 1$
三角形反射器	$10\lg(L^4/(3\lambda^2)(1-0.00076\theta^2))$	在 θ 处轴对称 L =边长	尺寸大于 λ
鱼	$20\lg L - 29.2$	L =鱼长	
鱼群	$20\lg L - 29.2 + 10\lg n$	n =鱼的数量	

注：$k = 2\pi/\lambda$，λ 为波长；R 为曲面半径；r 为离目标的距离；J_1 为一阶 Bessel 函数。

3. 取决于海洋环境的参数

NL：海洋环境噪声级。海洋介质中，存在大量的、各种各样的噪声源，它们各自发出的声波构成了海洋环境噪声。其定义为

$$NL = 10\lg\frac{I_N}{I_0} \tag{2-18}$$

式中，I_N 是测量带宽内的噪声强度；I_0 是参考声强。

海洋环境噪声主要包括以下几个部分[17]。

（1）$f < 1\text{Hz}$：静水压力、地震等引起的噪声。

（2）$1\text{Hz} < f < 20\text{Hz}$：海洋湍流。

（3）$20\text{Hz} < f < 500\text{Hz}$：航运噪声。

（4）$500\text{Hz} < f < 50\text{kHz}$：海面波浪噪声。

（5）$f > 50\text{kHz}$：热噪声。

这些噪声的分布具有如下方向性。

1）垂直方向

低频	高频
远处的航运噪声主导 水平方向低扰动	海洋表面噪声 局部风速主导 水平方向高扰动
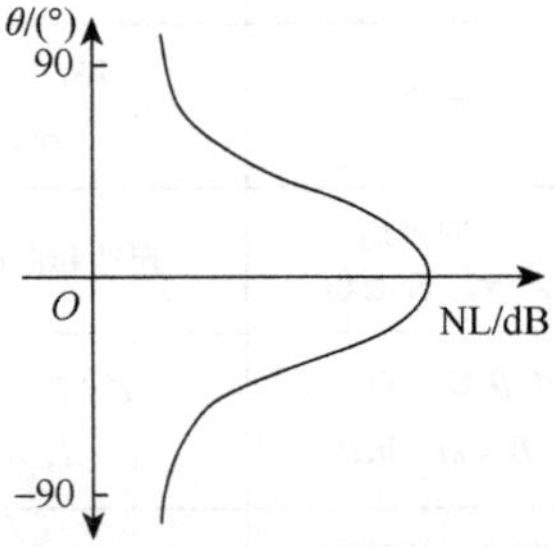	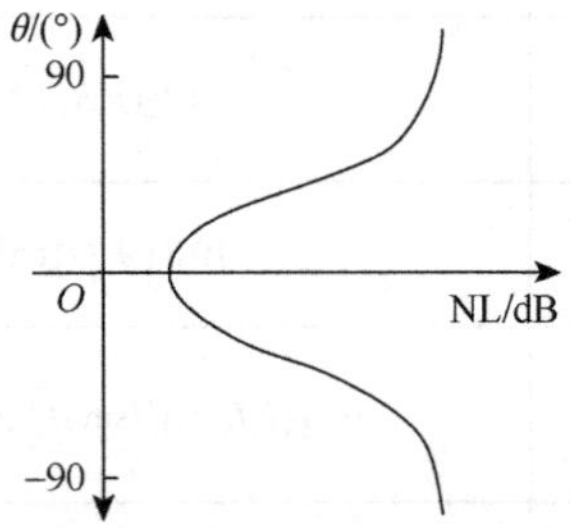

2）水平方向

（1）低频：在船行中心方向最高。

（2）高频：全向。

图 2-8 给出了典型的海洋环境噪声功率谱密度图[4]。这是由大量观测值统计平均得到的（对数坐标系）。在 10～100Hz 范围内是常数，在 100～10000Hz 范围内是斜线，每一个倍频程的谱值衰减 6～8dB，海况每增加 1 级，谱级提高 3～4dB。

图 2-8 中，纵坐标为单个频点对应的谱级：1Hz 带宽的声强级。以“对应于 1μPa 声压的声强”为参考[11]。有时候需要计算某一频段内的环境噪声级或者功率。例如，假设可以将海洋环境噪声功率谱密度规律建模成

$$K_n(f) = K_n(f_0)(f / f_0)^{-k/3} \tag{2-19}$$

式中，f_0 是参考频率；指数 k 表示每个倍频程的衰减值。如果 $k = 6$，意味着每个倍频程衰减 6dB。则每个频点的谱级计算如下：

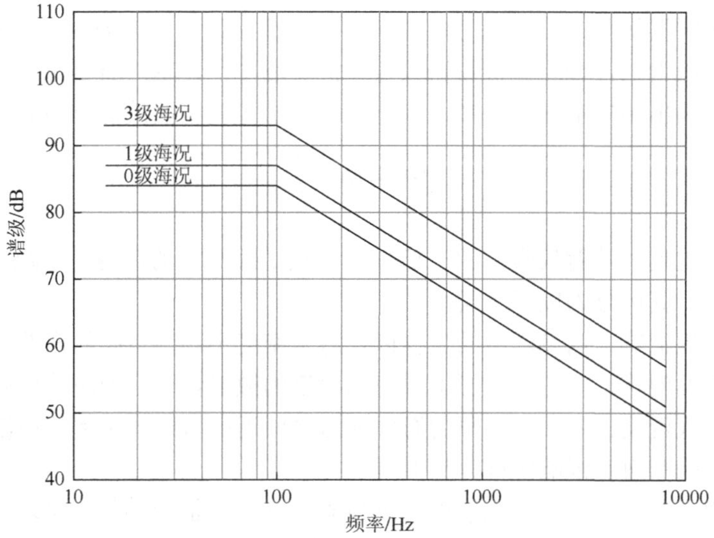

图 2-8　典型的海洋噪声功率谱密度

0dB = 1μPa

$$
\begin{aligned}
N(f) &= 10\lg K_n(f) \\
&= 10\lg K_n(f) - (10k\lg(f/f_0))/3 \\
&= N(f_0) - (10k\lg(f/f_0))/3
\end{aligned}
\tag{2-20}
$$

在频段 (f_1, f_2) 内噪声的总功率为

$$
J = \int_{f_1}^{f_2} K_n(f)\mathrm{d}f \tag{2-21}
$$

则频段内总的噪声级为

$$
\mathrm{NL} = 10\lg J = N(f_0) + 10\lg\left(\frac{f_0}{1-k/3}((f_2/f_0)^{-k/3+1} - (f_1/f_0)^{-k/3+1})\right),\quad k > 3 \tag{2-22}
$$

根据图 2-8，0 级海况时 1000Hz 处谱级为 66dB，假设声呐工作频段在 [500Hz,5000Hz]，则该频段内的噪声级可以由式（2-22）计算得到（ $f_1 = 500, f_2 = 5000, f_0 = 1000, k = 6$ ），NL = $66 + 30 + 10\lg 1.8$ = 98.5(dB)。假设用于接收的水听器灵敏度为 −194dB，则由于海洋背景噪声引起的输出电压为

$$
10^{\frac{98.5-194}{20}}\ V = 16.8\mu\mathrm{V}
$$

RL：混响级，由海洋中杂乱分布的散射体以及起伏不平的界面（包括海底和海面）的散射回波叠加而成（存在于主动声呐）。等效平面波混响级 RL 定义为:

设有接收水听器接收来自声轴方向的入射平面波，该平面波的强度为I，接收器输出端的电压为V，如将此接收器放置在混响场中，声轴对着目标，若在混响场中该接收器输出端的电压也为V，则此混响场的等效平面波混响级RL为

$$\mathrm{RL}=10\lg\frac{I}{I_0} \tag{2-23}$$

混响是主动声呐背景噪声的一部分，并且是限制主动声呐对近距离目标检测的主要因素。其可分为以下三类。

（1）体积混响：由海洋中的生物以及海水密度不均匀引起的声波散射。

（2）海面混响：由位于海面上或海面附近的散射体引起的声波散射。

（3）海底混响：由凹凸不平的海底或海底附近的散射体引起的声波散射。

海面混响和海底混响统称为界面混响。

为了定量计算混响，引入散射强度概念。它是表征混响的一个基本比值，定义为：在参考距离1m处，被单位面积或体积所散射的声强与入射平面波强度的比，并将此比值用分贝表示，即

$$S_{s,v}=10\lg\frac{I_{\mathrm{scat}}}{I_{\mathrm{inc}}} \tag{2-24}$$

式中，$S_{s,v}$为单位体积或单位面积的散射强度；I_{inc}为入射平面波声强；I_{scat}为单位体积或单位面积所散射的声强。和目标强度类似，它也是在远场测量后归算到单位距离处的。在计算RL时，常进行以下简化假设：

（1）声散射直线传播，传播损失可以用球面衰减加上体积吸收表达出来；

（2）任一瞬间位于某一面积上（或体积内）的散射体的分布是均匀的；

（3）散射体的密度相当大，从而在每一面积元ds或体积元dV上都有很多散射体；

（4）脉冲的持续时间相当短，从而可以忽略面积元或体积元尺度范围内的传播效应；

（5）忽略二次以上的散射。

基于以上假设，根据散射强度的定义，可以推算出体积混响和界面混响的混响级计算公式[10]。

体积混响级：

$$\mathrm{RL}_v=\mathrm{SL}-40\lg r+S_v+10\lg V \tag{2-25}$$

式中，S_v是体积散射强度；SL是声源级；$V=\dfrac{c\tau}{2}r^2\Psi$，其中，$r$为散射体到换能器间的距离（m），$c$为声速，$\tau$为脉冲宽度，$\Psi$为发射换能器的指向性和接收水听器的指向性等效合成束宽。体积混响散射元示意图如图2-9所示。

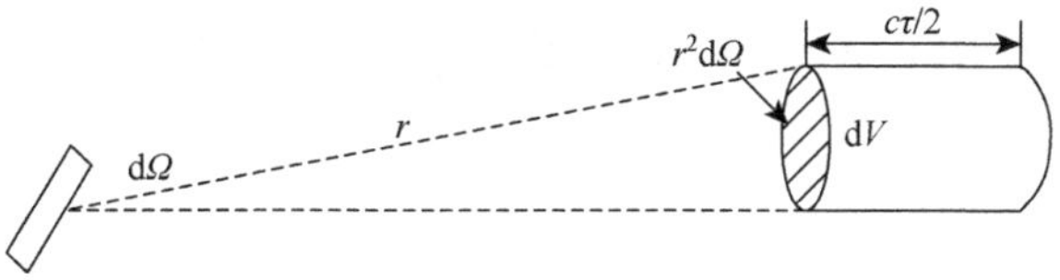

图 2-9 体积混响散射元示意图

界面混响级：

$$\mathrm{RL}_b = \mathrm{SL} - 40\lg r + S_b + 10\lg A_b \tag{2-26}$$

式中，$A_b = \dfrac{c\tau}{2}\Phi r$ 为混响面积，其中，Φ 为平面上的等效合成波束宽度；S_b 为海面或海底散射强度。界面混响散射元示意图如图 2-10 所示。

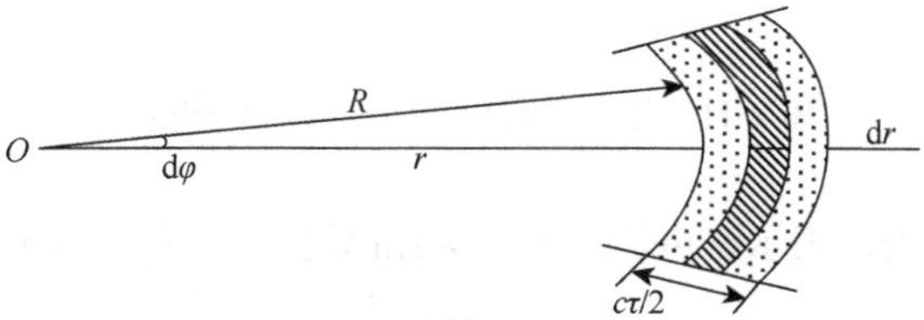

图 2-10 界面混响散射元示意图

常见阵型的等效合成波束宽度如表 2-6 所示[15]。

表 2-6 常见阵型的等效合成波束宽度

阵型	界面混响 $10\lg\Phi$ / dB 相对于 1rad	体积混响 $10\lg\Psi$ / dB 相对于 1rad
	$10\lg\left(\int_0^{2\pi} B_t(\theta,0)B_r(\theta,0)\mathrm{d}\theta\right)$ B_t：发射基阵波束指向性 B_r：接收基阵波束指向性	$10\lg\left(\int_0^{2\pi}\int_{-\pi/2}^{\pi/2} B_t(\theta,\phi)B_r(\theta,\phi)\cos\phi\mathrm{d}\phi\mathrm{d}\theta\right)$ B_t：发射基阵波束指向性 B_r：接收基阵波束指向性
全向性	$10\lg(2\pi)=7.98$	$10\lg(4\pi)=10.99$
水平线列阵	$10\lg(\lambda/(2\pi L))+9.2$	$10\lg(\lambda/(2\pi L))+14.2$
矩形阵宽 W，高 H	$10\lg(\lambda/(2\pi W))+9.2$	$10\lg(\lambda/(2\pi WH))+7.4$
圆平面阵半径 R	$10\lg(\lambda/(2\pi R))+6.9$	$10\lg(\lambda/(2\pi R))+7.7$

混响级 RL 是一个时间相关量，不仅取决于声源级，而且取决于发射后的时间。信号发射后，体积混响立即产生，而界面混响只有当脉冲前沿到达海面或海底时才发生，因此，体积混响是由大到小变化，界面混响却是从小到大，达到峰

值后再迅速下降[4]，体积混响和界面混响的平均强度如图 2-11 所示。

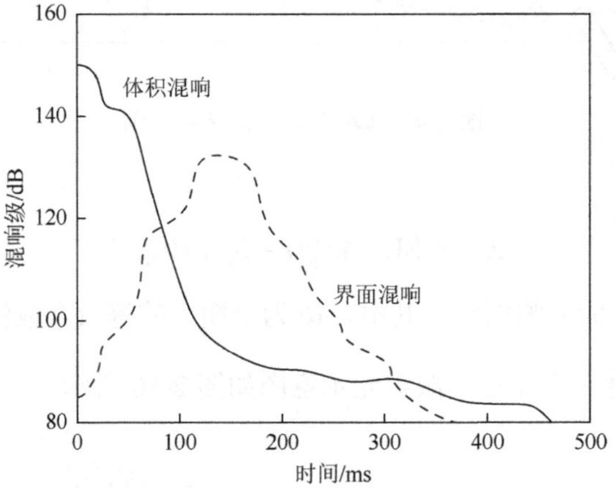

图 2-11　体积混响和界面混响的平均强度

TL：传播损失，表示在声信道中，从1m处到某一距离的传播损失。其定义为

$$TL = 10\lg\frac{I_1}{I_r} \tag{2-27}$$

式中，I_1是距离声源声中心1m处的声强；I_r是距离声源声中心r处的声强。式（2-27）定义的传播损失总为正值。

传播损失TL定量描述了声波传播一定距离后声强的衰减变化。其主要可看成由波阵面的几何扩展损失和介质吸收损失两者构成，可以表示为

$$TL = \alpha r + n10\lg r \tag{2-28}$$

式中，α为吸收系数；r为传播距离；n根据不同的传播条件有如下选择：

（1）$n = 0$：平面波，无扩展损失；

（2）$n = 1$：柱面波，波阵面按柱面波规律扩大，相当于全反射海底和全反射海面组成的理想波导中的传播条件；

（3）$n = 3/2$：计入海底声吸收情况下的浅海声传播，这是计入界面声吸收所引入的对柱面传播损失的修正；

（4）$n = 2$：球面波传播，波阵面按球面扩展；

（5）$n = 3$：声波通过浅海声速负跃层后的声传播损失；

（6）$n = 4$：计入平整海面对声反射的干涉效应后，在远场区内的声传播损失，这是计入声波干涉后，对球面传播损失的修正。

图 2-12 描述了球面扩展和柱面扩展示例。在离声源非常短的距离内，声波波阵面呈球面扩展；声波在传播时，若上下界面平整，散射和吸收损失可忽略不计，声波波阵面看作呈柱面扩展[18]。

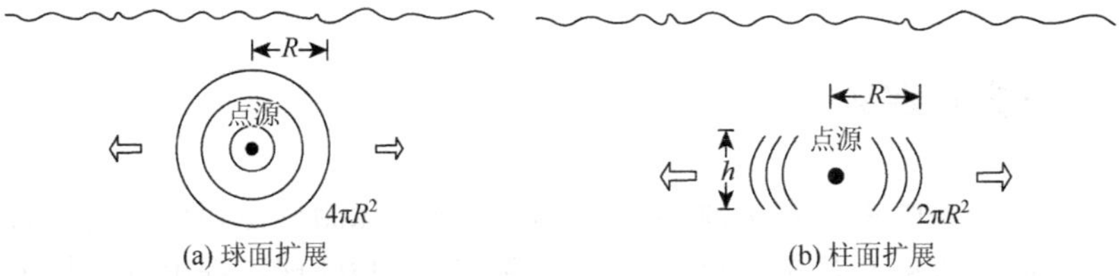

图 2-12　水声传播中的几何扩展模型

另外，海水中的声吸收特性是水声信道的一个重要特性，海水作为声传播的非理想介质，将产生黏滞吸收与热传导吸收（后者相比于前者影响要小得多），从而将声能转化为热能。吸收系数 α 主要与温度、盐度、压力和 pH 有关，式(2-29)给出了 $T=4℃$，$S=0.035$，$\mathrm{pH}=8.0$，$H=1000\mathrm{m}$ 时的吸收系数表达式（单位为 $\mathrm{dB/km}$）[9]：

$$\alpha \approx 3.3\times10^{-3}+\frac{0.11f^2}{1+f^2}+\frac{44f^2}{4100+f^2}+3\times10^{-4}f^2 \tag{2-29}$$

式中，f 的单位为 kHz。图 2-13 引用了麻省理工学院给出的声吸收系数与频率的关系图。

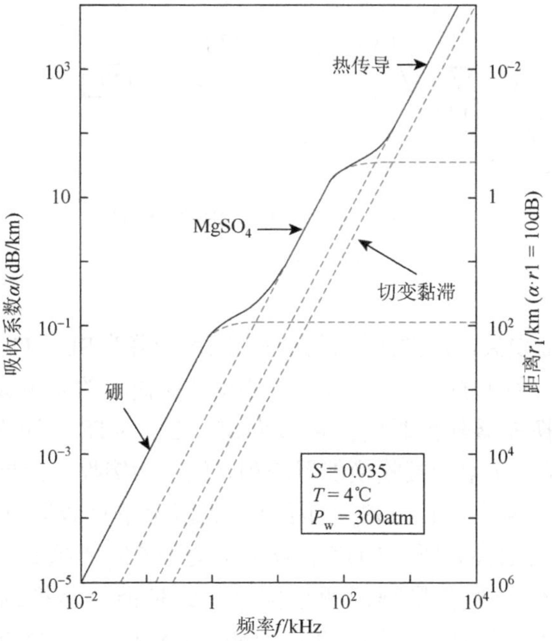

图 2-13　海水中的声吸收系数和频率关系

$1\mathrm{atm}=1.01325\times10^5\mathrm{Pa}$

2.3.2 声呐方程定义

以上介绍的声呐参数定量地描述了声呐系统、探测目标和环境所具有的特性和效应。声呐方程就是从声信息产生、传播、获取与处理流程出发，将上述声呐参数联系在一起的关系式，综合考虑了对声呐系统设计与应用有影响的相关因素，在声呐系统设计与声呐性能预报中具有重要作用。

1. 主动声呐方程

图 2-14 所示为主动声呐工作场景示意图。这里考虑一个收发合置的主动声呐，其声源级为SL，由声源到目标的传播损失为TL，目标强度为TS，时空处理器输入端需要的检测域为DT，干扰为环境噪声，其在设备的工作带宽内的噪声级为NL。

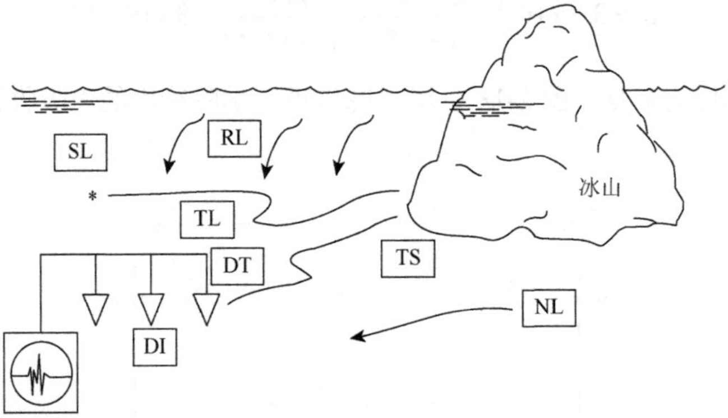

图 2-14　主动声呐工作场景示意图

对应于 SL，声源在*处

由于有声传播损失，声波到达目标时，回声级降为SL－TL，由目标强度TS定义可知，在声波返回方向上离目标声中心单位距离处的回声级为SL－TL＋TS，回声传播到接收换能器阵列时的回声级为SL－2TL＋TS，通常也称为回声信号级。另外，背景噪声作用于接收换能器阵列，但它为接收阵元指向性GS_u所抑制，起干扰作用的噪声级为$NL-GS_u$。因为一般情况下接收阵元指向性应该总是能够覆盖目标回波扇面，所以回声信号级不会被GS_u所抑制。接收换能器接收到的回声包括了信号和背景噪声两个部分，经换能器转换为电信号送至处理器，该信号的信噪比为$(SL-2TL+TS)-(NL-GS_u)$，再结合进一步的空间域和信号域的信号处理，可以得到阵增益GS_p和时间处理增益GT，从而时空处理器输出信噪比为$(SL-2TL+TS)-(NL-GS_u)+GS_p+GT$，这一信噪比如果大于

检测域 DT，则能够检测到目标。因此，得到噪声为主要背景干扰的主动声呐方程为

$$(\mathrm{SL}-2\mathrm{TL}+\mathrm{TS})-(\mathrm{NL}-\mathrm{GS}-\mathrm{GT})=\mathrm{DT} \tag{2-30}$$

此时，能检测到目标的接收阵元上的最小输入信噪比为 $\mathrm{DT}-\mathrm{GS}-\mathrm{GT}$ 。

需要注意的是：①式（2-30）仅适用于收发合置型声呐，对于收发分置情况，声信号往返的传播损失一般不同，此时不能用 2TL 表示双程传播损失；②式（2-30）仅适用于背景噪声为各向同性时的情况。当主动声呐工作于混响为主的背景干扰情况下时（如沉底雷探测声呐），式（2-30）不再成立。由于混响由发射信号产生，混响级和目标回波级都不会被 GS_u 所抑制，并且接收到的混响信号也能有效地进行波束形成和脉冲压缩等时空处理（如利用海底混响工作的多波束测深声呐），因此对混响中的目标回波简单的时空处理得不到额外的处理增益，即没有式（2-30）中的 GS 和 GT 。因而，当混响成为背景干扰时，应该使用等效平面波混响级 RL 替代式（2-30）中的 $\mathrm{NL}-\mathrm{GS}-\mathrm{GT}$ ，从而得到混响背景下的主动声呐方程为

$$(\mathrm{SL}-2\mathrm{TL}+\mathrm{TS})-\mathrm{RL}=\mathrm{DT} \tag{2-31}$$

主动声呐实际应用中，NL 和 RL 往往同时存在，不同工作情况下可能其中之一起作用，也可能二者均起作用，需要结合实际具体分析。通常，在信号发射一段时间后，混响强度很快地衰减下来，此时海洋噪声恢复在背景噪声级中的主导地位[4]。回声、混响和噪声对声呐作用距离的影响如图 2-15 所示。

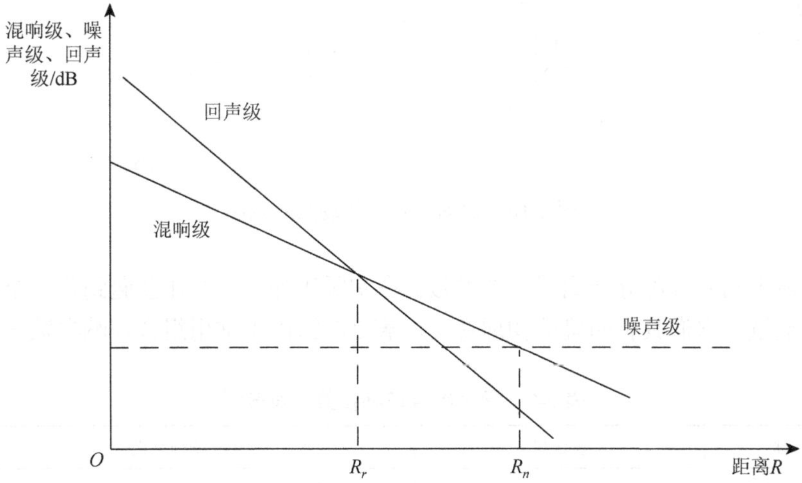

图 2-15　回声、混响和噪声对声呐作用距离的影响

R_r：混响限制作用距离；R_n：噪声限制作用距离

2. 被动声呐方程

图 2-16 为被动声呐工作场景示意图。被动声呐与主动声呐不同之处在于自身不发射探测声信号，因而没有混响，主要受平台自噪声和环境噪声影响；另外，被动声呐接收的声信号只有单程传播损失，很显然也不会存在目标反射，因此声呐方程中也不会出现 TS 项。因此，被动声呐方程写为

$$(SL - TL) - (NL - GS - GT) = DT \tag{2-32}$$

可以说，声呐方程有效地串联了与水声工程专业领域相关基础课程和专业课程，主线作用明显。例如，声源级 SL 涉及了声学基础、换能器等专业课程，TL、TS、NL 涉及了水声学、水下声信道等专业课程，GS、GT、DT 涉及了声呐技术、数字（包括时域、频域、空域）信号处理、检测与估计等专业课程，而声呐系统的实现离不开模拟和数字电路、微处理器、软件设计等基础与专业课程；声呐系统性能测试离不开电子测量、声学测量、声学计量等专业课程的支撑。

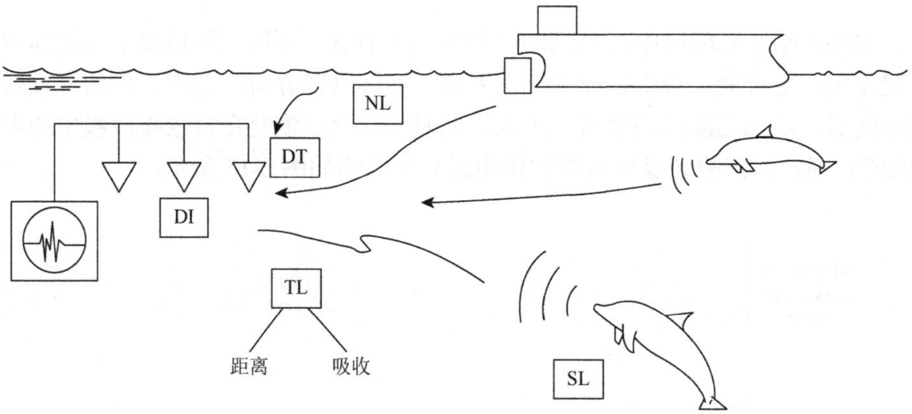

图 2-16　被动声呐工作场景示意图

前述声呐方程部分介绍了声呐参数。在实际工作中，往往会遇到若干个声呐参数的组全量，它们具有明确的物理意义，表 2-7 给出了常用组合声呐参数一览表。

表 2-7　常用组合声呐参数一览表[10]

名称	表达式	物理意义
回声信号级	SL − 2TL + TS	作用到主动声呐接收阵元上的回声信号的声级
噪声掩蔽级	NL − DI + DT	在噪声背景中工作的声呐正常工作所需的最低信号级
混响掩蔽级	RL + DT	在混响背景中工作的声呐正常工作所需的最低信号级

续表

名称	表达式	物理意义
回声余量	SL－2TL＋TS－(NL－DI＋DT)	主动声呐回声信号级超过噪声掩蔽级的数量
优质因素（figure of merit，FOM）	SL－(NL－DI＋DT)	对于主动声呐，给定了当 TS＝0 时的最大允许双程传播损失； 对于被动声呐，给定了最大允许传播损失
品质因素	SL－(NL－DI)	

2.4　声呐系统主要技术参数

不同的声呐系统功能各不相同，复杂度繁简各异，但是从声呐组成来看，大同小异。主动声呐系统和被动声呐系统通用的组成框图如图 2-17 和图 2-18 所示[19]。

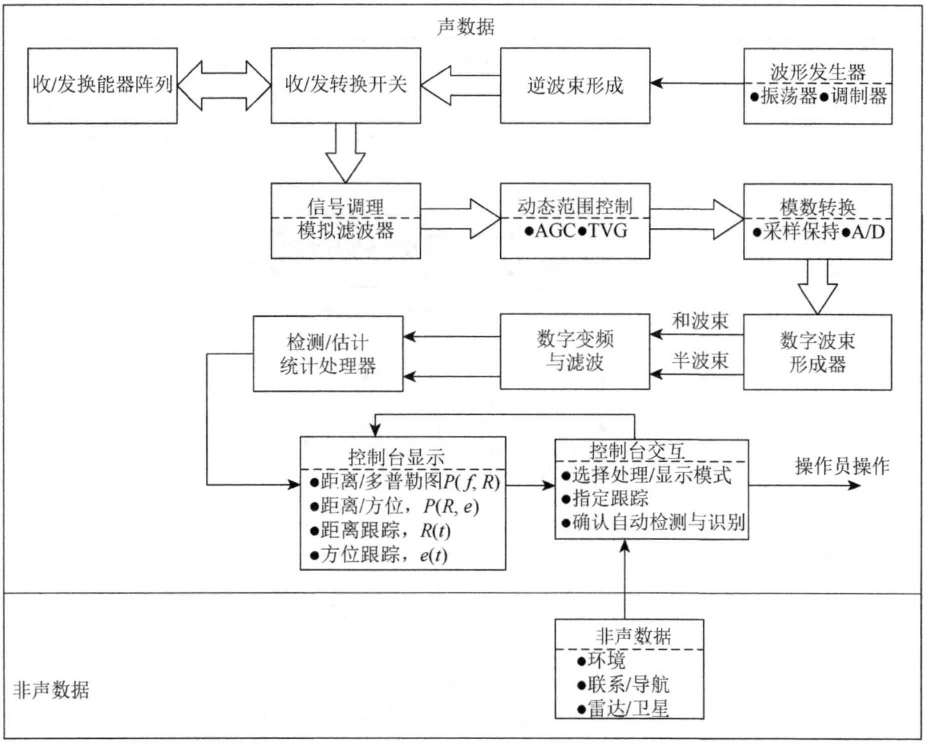

图 2-17　通用的主动声呐系统组成框图

AGC：automatic gain control，自动增益控制；TVG：time varied gain，时变增益；
P：功率；e：方位；f：频率；t：时间；R：距离

主动或被动声呐系统虽然有共性的组成架构，但不同任务需求决定了声呐系统间的形态和复杂性等差异，常见的任务需求如下。

（1）探测（detection）：解决目标有、无、大、小、动、静。

（2）定位（positioning）：确定目标在地球上或是相对已知点的位置。

（3）跟踪（tracking）：不间断探测（前提是能探测到目标），形成目标的一系列快照，如对鱼雷、导弹和水雷进行跟踪。

（4）导航（navigation）：自我定位。

（5）识别（classification）：根据目标的声学回波特性或声成像特征区分目标的类型和性质，且数据库与方法均十分重要。

（6）通信（communication）：目前需求十分广阔，较无线电通信要复杂得多，要达到可靠的数据传输需深刻认识声信道的传播特性。

（7）制导（guidance）：用于鱼雷控制等用途，制导方式包括自导、线导等。

（8）对抗（countermeasure）：侦察参数，迷惑敌方的观测手段，主动、被动对抗。

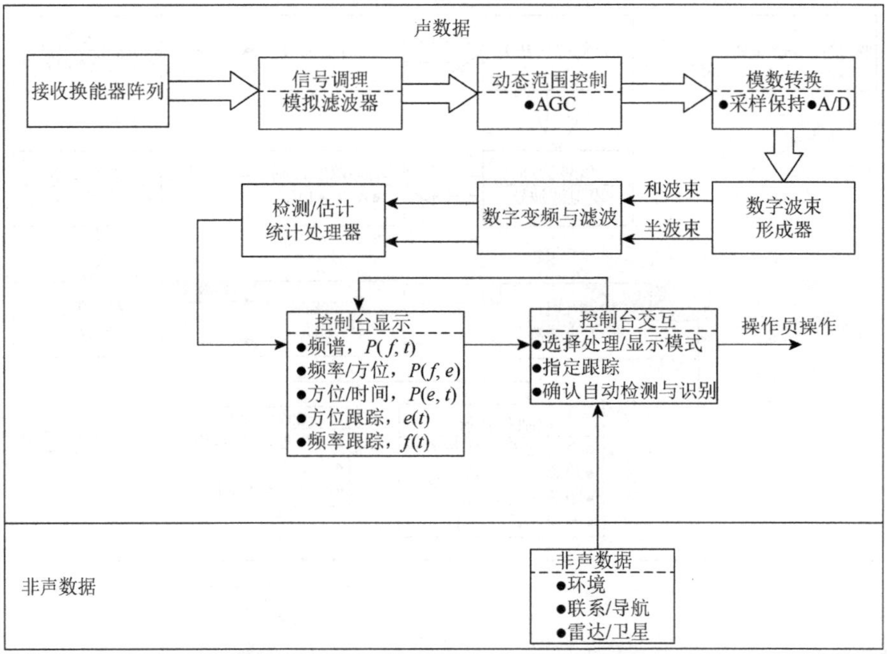

图 2-18　通用的被动声呐系统组成框图

通过声呐方程的折中分析最终落实声呐系统分机指标，由具体分机技术人员实施。声呐系统主要由基阵、发射机、接收机和处理机四个分机组成。从战术指标到技术指标再到分机指标的传递关系如图 2-19 所示。从图 2-19 中可以看到，声

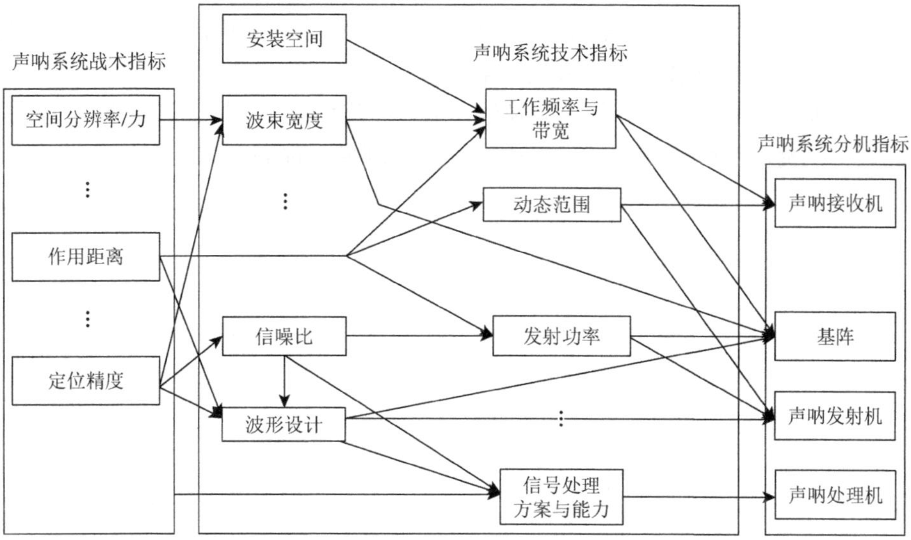

图 2-19　战术指标→技术指标→分机指标传递示意图

呐系统四个分机的指标和声呐系统的技术参数密切相关，如功率、频率、带宽、脉宽、孔径等，分机指标通过技术参数之间的耦合相互制约[15]。

（1）提高发射功率，会导致：①直接提高接收信号信噪比；②直接提高混响；③当噪声与声源级无关时，性能会提升；④受限于换能器的空化和系统的总功率。

（2）提高频率，会导致：①复杂的环境影响，包括传输损失增加，环境和自噪声减小，海面、海底和反向散射损失一般会增加；②目标强度一般会提高，但可能更复杂；③如果孔径不变并且基元数足够多，那么声源级提高，阵增益提高，水平波束宽度减小、改善混响、提高跟踪精度，垂直波束宽度减小、改善混响；④对于连续波形（continuous wave，CW）信号，改善多普勒分辨率，从而对非零多普勒目标运动分析（target motion analysis，TMA）得到更好的性能（信号多普勒和频率成正比）；⑤信号处理运算量急剧提高，因为采样频率提高（Nyquist 采样）且波束数目提高。

（3）提高脉冲长度，会导致：①检测能力改善，但是混响的提高和处理增益提高二者的净效应一般会较小或者有一个净损失；②盲区增大；③对于 CW 脉冲信号，改善多普勒分辨力，从而对非零多普勒 TMA 得到更好的性能，距离分辨力降低，其和脉冲长度成比例，混响提高，其和脉冲长度成比例；④信道起伏影响加剧，信号长度超过信道相干时间，会造成接收信号畸变，降低相干处理增益。

（4）提高脉冲带宽，会导致：①对于 CW，带宽决定于脉冲长度；②对于编码脉冲（coded pulses，CP）或伪随机噪声（pseudo random noise，PRN）脉冲，带宽内的噪声会提高。检测能力会发生变化，理论上，检测能力会下降（因为带内噪声提高）。距离分辨力提高，因此提高了 TMA 以及改善了信混比。由回波时间扩展引起的能量分裂损失导致处理增益降低。

（5）提高发射和接收孔径，会导致：①提高阵增益（对噪声和混响）；②提高声源级；③提高跟踪精度；④信号去相关会限制增益提高。

第 3 章　声呐信号产生与发射

按照工作原理和工作方式划分，声呐系统可分为主动声呐系统和被动声呐系统[2]。对于主动声呐系统，其常规的工作流程为发射具备某些形式及特性的声波信号，并对回波信号进行处理与计算分析，最终获取感兴趣目标或声信道的有用特性。良好的声呐信号产生与发射设计，有助于参数的精确估计、目标的有效探测以及接收端数据处理效率的提高[20]。

3.1　声呐发射机

声呐发射机是主动声呐系统的重要组成部分，它的主要任务是产生某一种或某几种特定形式（波形）的信号并对其进行功率放大，最终驱动发射换能器将放大后的电信号转换成声信号辐射至水体介质中。因此，发射信号产生、电信号功率放大是声呐发射机的主要功能，随着声呐系统智能化、人机交互友好程度不断提高，目前绝大多数声呐发射机均具备灵活的可操控性，不仅可以程控实时改变发射信号的脉冲宽度、频率、相位等参数，而且还可以实时调整发射信号的形式、发射功率、发射信号的频次（ping 率）等。

3.1.1　发射机构成

由声呐发射机的功能、性能特点可知，声呐发射机通常由信号源和功率放大电路组成，组成框图如图 3-1 所示。

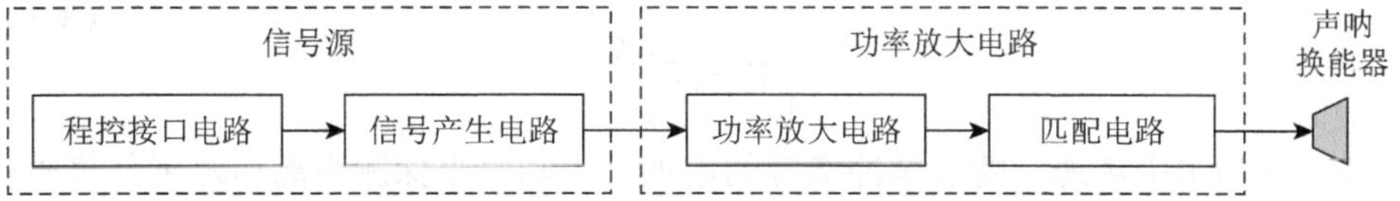

图 3-1　声呐发射机构成框图

对于信号源，其主要功能是产生预定形式的发射信号，常见的包括单频脉冲信号、调制脉冲信号以及编码脉冲信号等。信号源产生的信源信号可由模拟电路产生（如模拟振荡电路），也可以由数字电路产生，而信源信号的形式与发射信号波形及功率放大电路的类型均有关，对于程控发射机，信源模块还具备相应的程控接口电路，如串口、网口等。

功率放大电路的主要功能是将信号源产生的信源信号进行功率放大,并使换能器上获得最大的电功率。另外，由于声呐换能器的类型不同，其阻抗呈现不同的特性，例如，压电陶瓷换能器呈现容性阻抗特性，而磁致伸缩换能器呈现感性阻抗特性，因此，要使换能器上获得最大的功率因数（有功功率与视在功率之比，最大为 1，其中视在功率即负载两端电压与电流有效值之积），必须使发射机负载变为纯阻性负载。为此，要设计高效率的优质声呐发射机，必须针对非纯阻性换能器设计匹配电路，使发射机的等效负载为纯阻，以获得最大的功率输出。

实际声呐系统设计过程中，为了获得更高的基阵增益或向某些特定方向发射探测声束，绝大多数的声呐系统换能器采用了发射阵列的形式，则声基阵的每个发射基元均需一路发射电路进行驱动，而系统的发射机则变成了多通道发射机。

3.1.2 主要技术指标

声呐发射机的指标是衡量声呐系统功能、性能的重要参数，在声呐系统设计过程中，发射机指标也是主要依据之一。如前面所述，声呐发射机主要实现各种不同工作频率声学换能器或基阵发射信号的产生与功率放大，因此，工作频带范围、信号形式、脉冲宽度、信号发射频次、发射机通道数、电功率、效率、相控能力等均是描述声呐发射机的重要指标，重点对以下几个指标进行介绍。

1. 脉冲宽度

脉冲宽度 T_p 与声呐的最小探测距离 $R_{\min}$ 有关，也与声呐的距离分辨率 ΔR 有关，两者对脉冲宽度存在以下约束关系：

$$\begin{cases} T_p \leqslant \dfrac{2R_{\min}}{c} \\ T_p \leqslant \dfrac{2\Delta R}{c} \end{cases} \tag{3-1}$$

式中，c 为水中声速。随着脉冲宽度的增加，声呐最小探测距离和距离分辨率均增大，但增加脉冲宽度可以增加发射能量，从而进一步增加声呐探测距离。对于不同功用的声呐系统，可根据具体应用设计不同的脉冲宽度，以在保证距离分辨率的情况下设置合适的脉冲宽度进行探测。

2. 瞬时电功率

瞬时电功率指发射机发射信号持续时间内消耗的平均功率，用 P_i 表示，计算公式如下：

$$P_i = \frac{U_{max}^2}{2R_t} \tag{3-2}$$

式中，U_{max} 为负载（换能器）两端的峰值电压；R_t 为换能器的电阻。在已知换能器阻抗及探测距离并根据声呐方程计算得到声源级 SL 的情况下，通常可以通过式（3-3）计算得到发射机的瞬时电功率：

$$P_i = 10^{\frac{SL-170.8-DI-10\lg\eta}{10}} = \frac{10^{\frac{SL-S_v}{10}}}{2R_t} \tag{3-3}$$

式中，DI 为发射换能器的指向性指数；η 为换能器的电声转换效率；S_v 为换能器的电压响应级，换能器研制完成后可通过测试得到，是表征换能器性能的重要技术指标。

3. 平均电功率

平均电功率指整个探测周期内发射机的输出平均功率，用 P_a 表示，计算公式如下：

$$P_a = \frac{T_p}{T} P_i \tag{3-4}$$

式中，T_p 为发射脉冲信号的脉冲宽度；T 为探测周期时间长度；T_p / T 通常称为占空比。由于占空比的因素，声呐发射机的平均电功率通常比瞬时电功率小很多，虽然发射机需要达到瞬时大功率发射的能力，但发射机的电源设计与选型可将平均电功率作为依据，而不必依据瞬时电功率进行计算，瞬时大功率发射可通过在电源两端引入储能电容器件来实现。

4. 信号发射频次

信号发射频次通常又称为 ping 率，表示每秒钟发射机发射探测信号的次数，单位为赫兹（Hz）。当探测距离较小时，可以通过提高 ping 率的方式提高对目标的探测次数，从而提高对目标探测的精细程度，或提高对目标持续跟踪的可靠性。信号发射频次的计算公式为

$$f_{ping} = \frac{1}{T} \tag{3-5}$$

ping 率除了与声呐系统的探测性能密切相关外，与发射机的供电性能也密切相关。由平均电功率的计算公式可知，在瞬时功率不变的情况下，ping 率越高，发射机的平均电功率越大，对发射机电源的功耗要求越高，同时，还需要考虑发射机电源配置储能电容的充放电速度问题，以确保瞬时电功率满足设计指标要求。

5. 功率放大器效率

功率放大器（简称功放）的本质是能量转换装置，将电源的电能转换为辐射信号的能量。功率放大器的效率定义为输出功率与其从电源获得功率之比：

$$\eta = \frac{P_{\text{out}}}{P_{\text{Vcc}}} \times 100\% \tag{3-6}$$

功率放大器的效率总是小于 1，损耗掉的能量主要转换成了热能，引起电路升温，热能主要消耗在功放管和变压器上。

另外，从声呐装备规范化、标准化设计与生产的角度出发，发射机的动态范围、供电参数、可靠性、可维修性、工作环境适应性等也是非常重要的指标，这里不一一赘述。

3.1.3　功放电路分类

按照工作方式不同，声呐发射机的功率放大器分为线性和非线性两种工作方式。线性工作方式通常主要包括甲类功率放大器、乙类功率放大器、甲乙类功率放大器和丙类功率放大器；非线性工作方式通常主要指丁类功率放大器，又称 D 类功率放大器。

甲类功率放大器的功放管在发射机的整个发射过程中一直处于导通状态，始终有电流流过（导通角为 360°）；乙类功率放大器功放管的导通角为 180°，仅有半个周期有电流流过，因此通常采用一对功放管分别放大正、负半周的信号，联合形成推挽功率放大电路，但由于功放管截止区的存在，在信号幅度接近零值时信号无法得到放大，从而产生交越失真；甲乙类功率放大器的导通角略大于 180°，在无信号时也有微弱的电流流过功放管，进一步解决了乙类功率放大器的交越失真问题，但损失了部分效率；丙类功率放大器的导通角略小于 180°，其负载常工作于谐振状态；D 类功率放大器的功放管工作在开关状态，由于功放管饱和区压降很小，该型功率放大器的功率转换效率很高，是上述几类功率放大器中效率最高的一种[21]。上述几类功率放大器对应功放管的集电极输出电流波形示意图如图 3-2 所示。

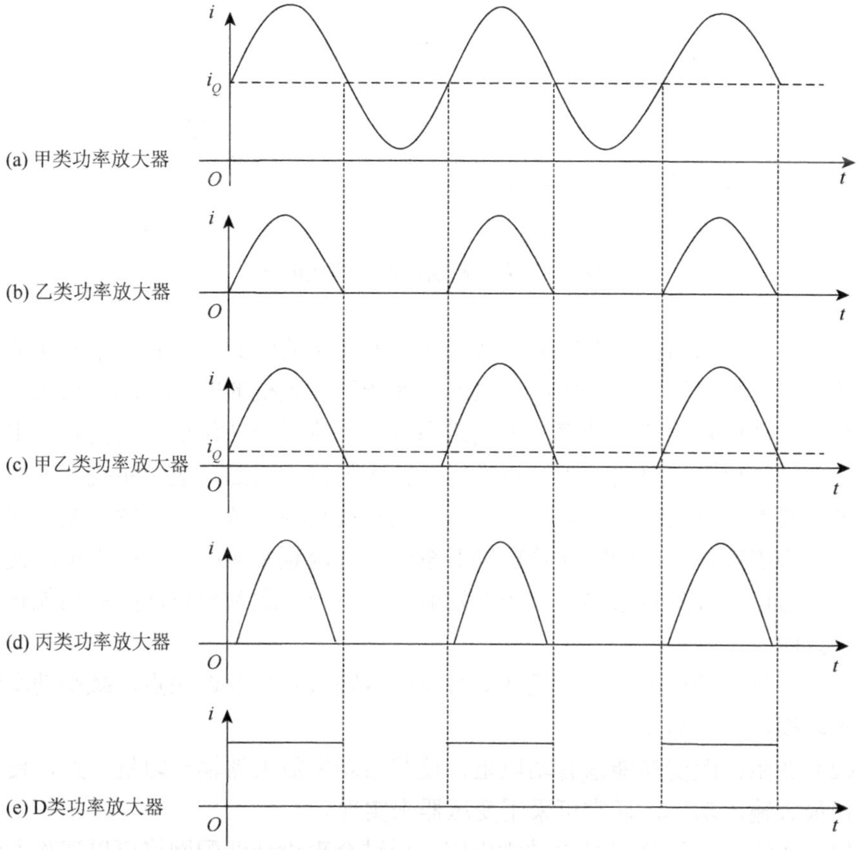

图 3-2　功率放大器功放管集电极输出电流波形

3.1.4　阻抗匹配

要实现主动声呐信号大功率高效发射，除需要性能良好的换能器以外，很大程度上取决于换能器与功率放大器间阻抗的良好匹配。阻抗匹配的效果直接影响换能器的输出功率以及主动声呐系统的发射效率，阻抗匹配电路是连接功率放大电路和发射换能器的纽带[22]，对于压电换能器，三者间的等效电路连接关系如图 3-3 所示，$Z_0 = R_0 + \mathrm{j}X_0$ 为功率放大电路输出阻抗（通常认为是纯阻性，即 $X_0 = 0$），$Z_1 = R_1 + \mathrm{j}X_1$ 为阻抗匹配电路输入阻抗，$Z_2 = R_2 + \mathrm{j}X_2$ 为阻抗匹配电路输出阻抗，C_0 为换能器的静态电容（当换能器工作频率远低于谐振频率时，换能器的电学特性等效于电容，该电容值称为静态电容），L_s、C_s、R_s 分别为换能器的动态电感、动态电容和动态电阻（换能器工作在谐振频率时，阻抗特性随频率变化较快，表明除静态电容还存在动态支路）。

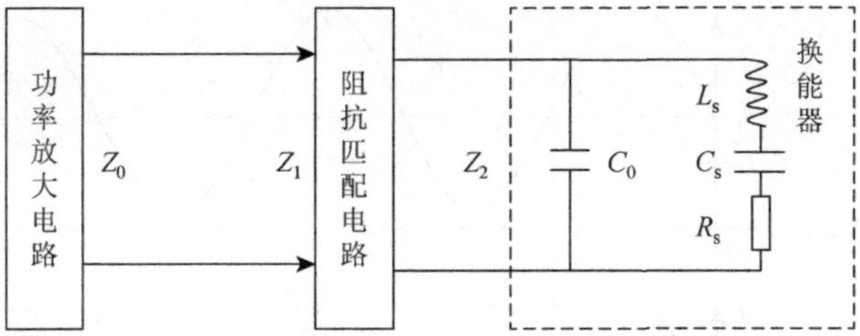

图 3-3　发射机阻抗匹配等效电路

声呐换能器的阻抗并非定值，而是随频率变化的函数，并且在某些频率点上变化还很大，如果不实现功率放大电路与换能器间阻抗的匹配，功率放大器将由于失配导致功放管发热，功率放大电路高效功率输出无法保证。阻抗匹配电路的作用是使功率放大电路输出阻抗与换能器输入阻抗相匹配，进一步提高功率放大器到换能器的输出功率增益和带宽[23]，增大负载功率因数。对于宽带换能器，在换能器功率因数增大的同时还希望发射系统的带内频率响应尽可能平坦，使换能器实际辐射信号波形尽量接近期望的发射信号波形。通常阻抗匹配的功能包括以下几个方面。

（1）调频：利用外加电抗元件调节换能器输入阻抗及谐振点，减小功率输出中的无功损耗，提高发射效率。

（2）变阻：改变换能器有功电阻，使其与功率放大器输出阻抗一致，使换能器获得最大输出功率，通常可采用变压器来实现。

（3）滤波：对于 D 类功率放大电路，通过合理设计匹配网络可以滤除方波信号中的大量谐波成分，减小谐波失真（输出信号比输入信号多出的谐波成分，是系统非线性造成的），减轻功率放大器的额外功耗，提高发射效率。

因此，阻抗匹配是要对换能器进行阻抗变换，重点消除电抗特性引起电压与电流相位间的差异，保证较大的输出功率。

根据图 3-3，换能器的等效导纳可表示为[24]

$$Y(\omega)=\mathrm{j}\omega C_0+\frac{1}{\mathrm{j}\omega L_s+\dfrac{1}{\mathrm{j}\omega C_s}+R_s} \tag{3-7}$$

式中，$\omega=2\pi f$，则换能器的阻抗 $Z(\omega)=1/Y(\omega)=R(\omega)+\mathrm{j}X(\omega)$。当 $X(\omega)>0$ 时，换能器表现为感性；当 $X(\omega)<0$ 时，换能器表现为容性；当 $X(\omega)=0$ 时，换能器表现为纯阻特性。压电换能器通常存在两个不同的谐振频率，分别为串联谐振频率和并联谐振频率。当换能器工作在串联谐振频率时，动态电感和动态电容相互抵消，换能器等效电路等价于静态电容 C_0 与动态电阻 R_s 的并联电路，此时换能器的等效阻抗 $Z(\omega)$ 和谐振频率 f_r 分别为

$$Z(\omega)=\frac{R_s}{1+j2\pi f_r R_s C_0} \tag{3-8}$$

$$f_r=\frac{1}{2\pi\sqrt{L_s C_s}} \tag{3-9}$$

当换能器工作在并联谐振频率时，串联电路与静态电容 C_0 构成并联谐振回路，此时的谐振频率为

$$f_p=\frac{1}{2\pi\sqrt{L_s C_s}}\sqrt{1+\frac{C_s}{C_0}}=f_r\sqrt{1+\frac{C_s}{C_0}} \tag{3-10}$$

换能器阻抗匹配方法很多，典型的包括并联匹配、串联匹配、串并联复合式匹配、变压器匹配等，这里重点针对最基本和最常用的匹配方法进行介绍。对于窄带换能器，谐振频率附近小的频率变化范围内换能器阻抗通常起伏很大，有必要进行阻抗匹配。通常通过增大机电耦合系数的方式增大电能转换率，即通过调频增大串联谐振频率与并联谐振频率的频率之差。调频匹配通常分为串联电感和并联电感两种方式，而在输出功率一定的条件下，串联电感调频电路等效电阻减小，可减轻变压器的体积和重量，并且可起到一定的滤波作用，实际工程中多采用串联电感的匹配方法[25]。通常，动态电容和动态电感相对于静态电容来说较小，可做忽略处理，则匹配后等效阻抗变为

$$Z(\omega)=\frac{R_s}{1+j\omega R_s C_0}+j\omega L_m=\frac{R_s}{1+(\omega R_s C_0)^2}+j\left(\omega L-\frac{\omega R_s^2 C_0}{1+(\omega R_s C_0)^2}\right) \tag{3-11}$$

可推得匹配电感 L_m 为

$$L_m=\frac{R_s^2 C_0}{1+(\omega R_s C_0)^2} \tag{3-12}$$

图 3-4 给出了串联电感匹配电路结构图以及匹配前后换能器等效阻抗曲线随频率的变化关系示例。从图 3-4 中可以发现，匹配后串联谐振频率变小，等效阻抗

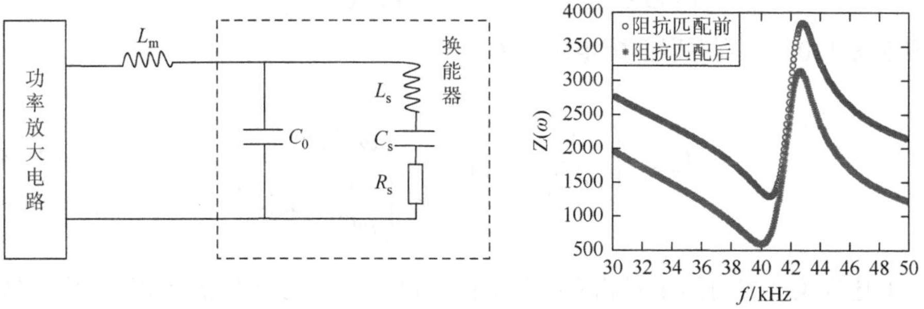

(a) 匹配电路结构图　　(b) 阻抗匹配前后换能器的等效阻抗值

图 3-4　阻抗匹配

也整体减小。由于串联接入了电感器件，串联电感匹配对高频谐波还有一定的滤波作用，进一步抑制了换能器驱动信号的谐波失真，提高了功率放大电路的输出效率。

对于宽带换能器，根据宽带恒功率发射的匹配准则，通常是对换能器发送响应峰值点和谷值点进行补偿，改善电压发送响应特性。这里以串并联电感匹配网络为例对宽带换能器阻抗匹配技术进行介绍，串并联电感匹配网络电路如图 3-5 所示。

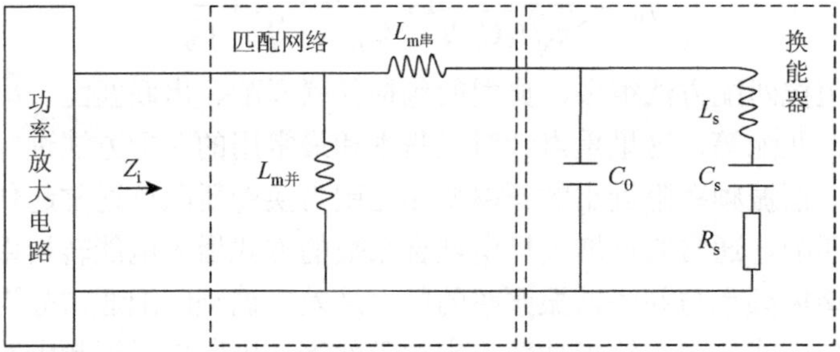

图 3-5　串并联电感匹配电路

对于高频段，由于 $L_{m并}$ 的量值较大，并联匹配电感感抗较大，可近似等效为开路，此时的匹配电路退化为串联电感匹配电路，即由串联匹配电感 $L_{m串}$ 和静态电容 C_0 组成的匹配网络，串联匹配电感值可由式（3-12）计算得到；对于低频段，串联电感 $L_{m串}$ 的感抗减小，静态电容 C_0 的容抗增大，此时串联匹配网络阻抗呈容性，此时 $L_{m并}$ 可降低换能器容性，使匹配电路加换能器整体达到纯阻性的效果，此时功率放大器后端电路的输入阻抗可表示为

$$Z_i=\frac{j\omega L_{m并}\left(\dfrac{R_s}{1+\omega^2C_0^2R_s^2}+j\left(\omega L_{m串}-\dfrac{\omega R_s^2C_0}{1+\omega^2C_0^2R_s^2}\right)\right)}{\dfrac{R_s}{1+\omega^2C_0^2R_s^2}+j\left(\omega L_{m串}-\dfrac{\omega R_s^2C_0}{1+\omega^2C_0^2R_s^2}\right)+j\omega L_{m并}} \tag{3-13}$$

令虚部等于 0，得到并联匹配电感值为

$$L_{m并}=\left(\frac{1}{\omega^2C_0}-L_{m串}\right)+\frac{\dfrac{1}{\omega^4C_0^4R_s^2}}{\omega^2\left(\dfrac{1}{\omega C_0}-L_{m串}\right)} \tag{3-14}$$

上述理论计算可用于对相应换能器匹配网络参数的定性分析计算，由于换能器自身参数会随温度、时间等存在一定的改变，实际匹配时通常需在概算分析基础上，根据实际情况多次调整阻抗匹配网络中串并联电感值，通过具体试验验证、

确定最佳匹配参数。实际工程应用中，也可通过对频带边沿采用电压补偿（提高功率放大电路输出信号幅度）的方法提高换能器在相应频段的源级，保持全频段内输出声信号幅度的一致性。

3.1.5　收发转换开关

收发转换开关应用在发射换能器与接收换能器共用同一个换能器基阵的情况下。收发转换开关在发射机发射信号过程中将换能器与发射机连通，使得发射机可以将输出的电功率加到换能器上，并以声能的形式辐射到水中。但是，发射机的发射信号幅度和功率都很大，一旦进入接收机将对接收电路造成永久的损坏。所以，要求收发转换开关在发射机工作时将接收机的输入端可靠地与发射信号分离。同时，收发转换开关还要保证在发射机结束工作后可以使换能器收到回波信号进入接收机。

在收发转换开关的设计过程中，还要防止发射机信号使接收机电路出现阻塞现象。所谓阻塞现象是接收机在发射脉冲结束后的一段时间内不能正常地对信号进行放大、滤波处理的现象[2]。出现阻塞现象的原因是在接收机的输入端通过了很高发射电压信号，在发射的高电压通过接收机期间对接收机的隔直电容进行了充电，当发射的高电压信号消失后，接收机的隔直电容要完全释放掉所存储的电能需要较长的时间，而在这段时间内，这个耦合电容的电位将使运算放大器的工作点发生偏移，严重的情况下运算放大器的工作点进入非线性区，产生电路阻塞。目前，很多收发转换开关采用无触点二极管进行收发转换，收发转换开关原理如图3-6所示。

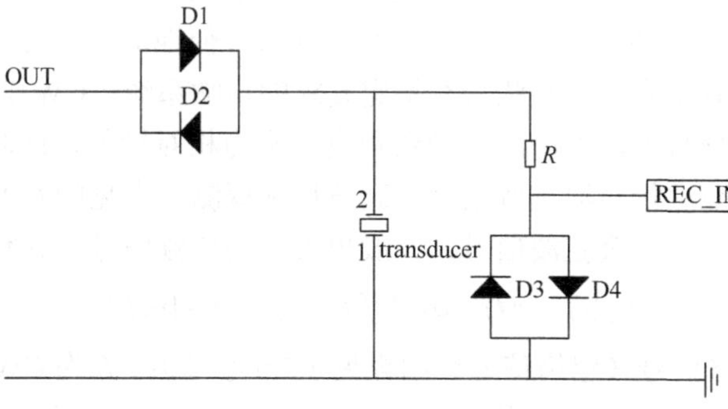

图3-6　收发转换开关原理图

图中，OUT 表示发射机输出信号端，transducer 表示收发合置的换能器，REC_IN 表示接收机的输入信号端。当换能器工作在发射状态时，由于发射机输出端输出的信号很大，二极管 D1、D2、D3、D4 都处于导通状态，所以接收机的输入信号被限定在二极管的导通电压附近，因此有效地保护了接收机电路；当换能器工作在接收状态时，由于换能器的接收信号很小，二极管 D1、D2、D3、D4 都处于不导通的状态，即相当于电路断开，换能器接收到的信号将通过电阻 R 进入接收机。对于硅二极管组成的收发转换开关二极管的导通电压近似等于 0.7V。当接收机的输入端放在如图 3-6 所示位置时，输入端的大信号被限定在二极管的导通电压处，因此接收机的隔直流电容上的能量被限制在有限值上，这样在发射机脉冲结束后，隔直流电容的能量释放到正常值的时间就会显著缩短，从而减弱由发射信号引起的电路阻塞现象。

3.2 常见声呐信号波形及特性分析

脉冲类型和脉冲宽度的选择是主动探测声呐设计中涉及的典型问题，不同类型的脉冲信号在探测、定位等应用方面都具有各自的优缺点，各种主动声呐系统工作时采用了不同的信号形式，甚至是不同的信号组合，如 FM 脉冲（获得最佳距离分辨力）和 CW 脉冲（获得最佳多普勒分辨力）[11]，文献[26]中还分析了常用脉冲信号对不同信道的适应性。很多声呐信号处理方法也源于雷达信号处理[27]，下面给出几种常见的声呐信号形式及特性分析。

3.2.1 CW 脉冲信号

CW 是“连续波”一词对应英文 continuous wave 的首字母缩写，但 CW 脉冲信号并不是必须连续发射的信号，在主动探测声呐的应用中，其更多的是被设计为脉冲信号。CW 脉冲信号属于窄带信号，并可方便地对其进行幅度加权，提高主动声呐探测性能或应用于某些具有特定要求的声呐系统。CW 对应的长脉冲具有较好的多普勒分辨力，但同时会导致距离分辨力相对较差，此时多用于辨别混响，有利于更好地进行高混响背景下的高速目标探测。常见的 CW 脉冲信号通常是具有一定包络形式的余弦波信号，一般也被称为单频信号，其数学表达式为

$$s_{\mathrm{cw}}(t)=e(t)\cdot\cos(2\pi f_0 t+\varphi_0),\quad t\in[0,T] \tag{3-15}$$

式中，$e(t)$ 为包络信号（包络信号介绍详见 3.2.5 小节）；f_0 为 CW 脉冲信号的频率；φ_0 为信号初始相位；T 为信号持续时间长度（s）。在采用数字电路产生信源信号时，需用到其数字表达形式：

$$s_{\mathrm{cw}}(n)=e(n)\cdot\cos\left(\frac{2\pi f_0 n}{f_{\mathrm{s}}}+\varphi_0\right),\quad n\in[0,N-1] \tag{3-16}$$

式中，f_s 为信号采样频率；$N = Tf_s$ 为信号样本点数。CW 脉冲信号的波形及其频谱示例如图 3-7 所示。

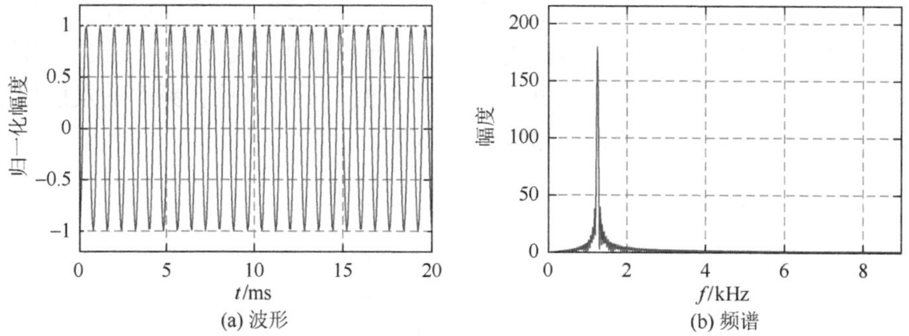

图 3-7　CW 脉冲信号波形及其频谱

3.2.2　CP 脉冲信号

CP 脉冲信号主要包括连续调频（frequency modulation，FM）脉冲信号（频率或周期线性上调或下调）、双曲调频（hyperbolic frequency modulated，HFM）脉冲信号、频率步进信号如频移键控（frequency shift keying，FSK）等。这类脉冲信号具有良好的距离分辨力，但多普勒分辨力较差甚至没有，该类脉冲信号利于抗混响，因此适合应用于混响背景下低多普勒目标的探测。

由于线性调频（linear frequency modulation，LFM）信号具备脉冲压缩特性，可获得处理增益，使其在声呐技术中得到了非常广泛的应用，本节重点以主动声呐系统中这一最为常用的 CP 脉冲信号为例进行说明。LFM 又被称为 chirp 信号，可通过增大脉冲宽度提高平均发射功率，增大探测距离，同时又能够保证足够的频带宽度，不降低距离分辨率。其脉冲信号的表达形式为

$$s_{\text{LFM}}(t) = e(t)\cdot\cos\left(2\pi f_1 t + \frac{B\pi t^2}{T}\right),\quad t\in[0,T] \tag{3-17}$$

式中，$B = f_2 - f_1$ 为信号带宽。需要注意的是，在数值计算和信号生成过程中，根据时间参量 t 取值范围的不同，频率参量具有不同的定义、取值及意义，如式(3-17)的取值范围，f_1 通常被称为起始频率，f_2 被称为截止频率，而当 $t\in[-T/2,\ T/2]$ 时，f_1 被称为中心频率；B/T 为频率变化率（也被称为调频率，通常用符号 k 表示）。当 $f_2 > f_1$ 时，LFM 信号为正调频率信号，反之为负调频率信号。同样，LFM 信号表示为数字信号的形式如下：

$$s_{\mathrm{LFM}}(n)=e(n)\cdot\cos\left(\frac{2\pi f_1 n}{f_{\mathrm{s}}}+\frac{B\pi n^2}{Tf_{\mathrm{s}}^2}\right),\quad n\in[0,N-1] \tag{3-18}$$

当 $f_1=f_2$ 时，LFM 信号退化为 CW 脉冲信号，因此，在实际信号设计与产生过程中，两信号可公用同一数学公式表示，在脉冲宽度、采样频率一致的情况下，仅通过配置 f_1 和 f_2 两个参数，即可生成不同类型、不同（调）频率的发射信号。LFM 脉冲信号的波形及其频谱示例如图 3-8 所示。

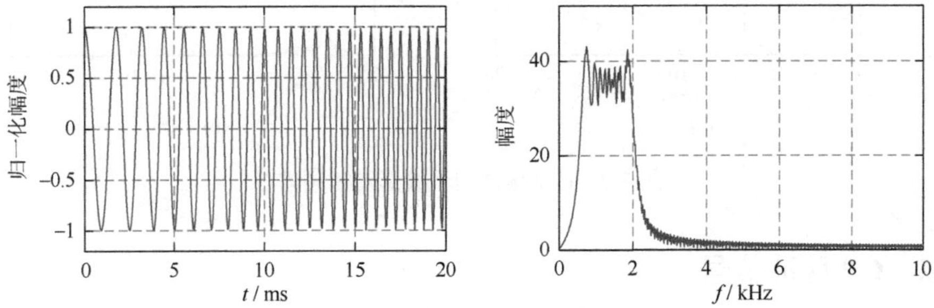

(a) 正调频率信号

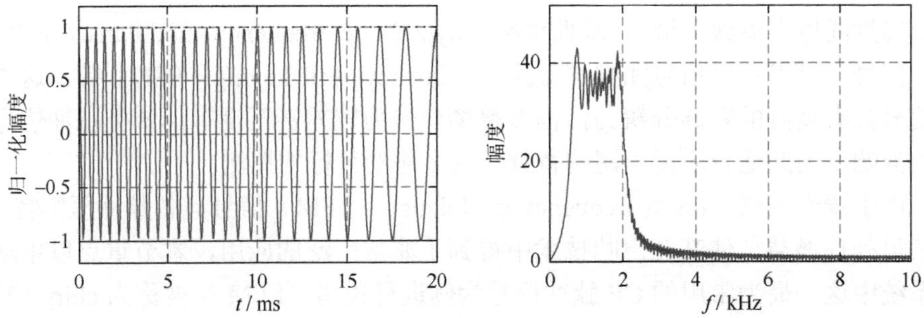

(b) 负调频率信号

图 3-8　LFM 脉冲信号波形及其频谱

3.2.3　PRN 脉冲信号

PRN 脉冲信号是一种通过发射已知宽带信号，以获得 CW 脉冲和 CP 脉冲优点的主动探测声呐脉冲信号形式，可获得良好的距离分辨力和多普勒分辨力，是用于表征“像噪声那样具有随机分布”且“可准确复制”的“1”与“0”构成的数字序列，又被称为伪随机序列。伪随机序列具有良好的随机性和接近白噪声的相关函数，并且有预先的可确定性和可重复性，这些特性使得伪随机序列得到了广泛的应用。最常用的伪随机序列为 M 序列，一个 M 序列的码元长度 $N_M=2^m-1$，

可由 m 级线性反馈移位寄存器产生，每个周期包括 2^{m-1} 个 1 和 2^{m-1} 个 0，其生成原理如图 3-9 所示，a 表示寄存器状态，c 表示连接状态，两者均只有 0 或 1 两种状态。

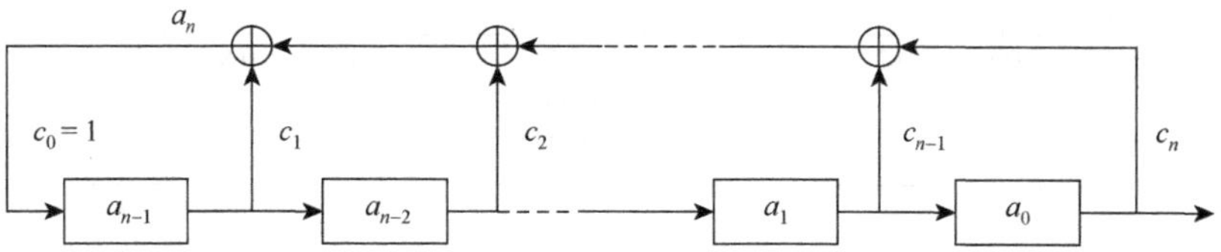

图 3-9　*M* 序列生成原理

虽然 PRN 脉冲信号具备上述优良性能，但不是所有声呐均采用这一信号形式，主要是该类信号对声学换能器具有更高的技术要求，信号处理也相对困难，如需要设计多组具有不同多普勒频率的拷贝相关器等。实际中常以伪随机序列调制扩展原始信号带宽，以经过调制后的信号作为发射信号，在接收端采用拷贝相关技术对输入信号进行解扩，获得高输出信噪比和高增益的处理结果，该技术兼具地址码的功能，也使得多个声呐探测系统可以开展联合探测而又互不干扰。

3.2.4　冲击信号

冲击信号主要包括气枪、爆炸、电火花等声源，也是一种宽带脉冲信号。由于持续时间短，该信号具有很好的距离分辨力，但该类信号不具备多普勒分辨力，主要被应用于海底沉积层结构探测、海洋底质分析等领域。除上述信号外，还包括一种实际工程中应用广泛的冲击类信号，该信号即为 Ricker 信号。Ricker 子波的概念由 Norman Ricker 提出，是一种最小相位子波——零相位子波，多用于声场数值模拟、高分辨率地质结构探测等领域。

Ricker 信号的数学表达式为

$$s(t)=(1-2\pi^2 f_{\mathrm{p}}^2 t^2)\mathrm{e}^{-\pi^2 f_{\mathrm{p}}^2 t^2} \tag{3-19}$$

式中，f_{p} 为峰值频率。其频域表达式为

$$S(f)=\frac{2f^2}{\sqrt{\pi}f_{\mathrm{p}}^3}\mathrm{e}^{-\frac{f^2}{f_{\mathrm{p}}^2}} \tag{3-20}$$

Ricker 信号的波形及其频谱如图 3-10 所示。

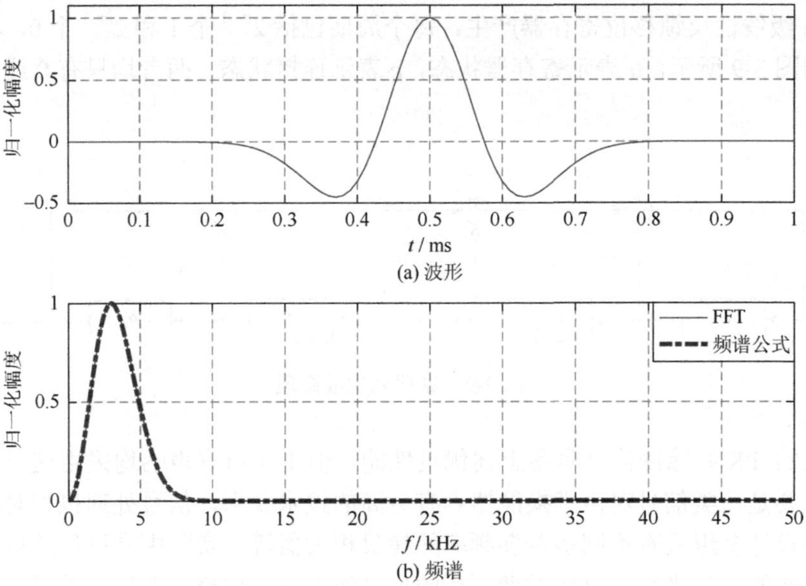

图 3-10　Ricker 信号的波形及其频谱（彩图见封底二维码）

当 $s(t)=0$ 以及 $s'(t)=0$ 时，可得到 Ricker 信号两个零点间的时延差和两个波谷间的时延差分别为

$$\Delta T_{\text{zero}}=\frac{\sqrt{2}}{\pi f_{\text{p}}} \tag{3-21}$$

$$\Delta T_{\text{v}}=\frac{\sqrt{6}}{\pi f_{\text{p}}} \tag{3-22}$$

Ricker 子波只有一个自变量时间 t，是一个按指数衰减的近似冲击的尖峰时间函数，且是一个对称函数。由信号的数学表达式易知，峰值频率越大，信号能量越集中，信号的时间分辨率越高；对于其频域信号，峰值频率对应的频谱幅度最大，同时，由于 Ricker 子波是零相位子波，所以频域中 Ricker 子波的波形即为信号的振幅谱。

3.2.5　常见包络信号

包络信号可实现对时域信号波形的整形，直接改变信号的频谱以及对信号的处理性能。包络信号 $e(n)$ 对信号波形 $s(n)$ 的整形过程表示为

$$s_e(n)=e(n)\cdot s(n),\quad n\in[0,N-1] \tag{3-23}$$

使用包络函数对发射信号进行加权，可导致信号输出能量降低，并且通常会

减小信号带宽，从而在 LFM 信号进行脉冲压缩等应用中会带来输出相关峰主瓣变宽、空间分辨率下降等问题，但通过合理选择信号的包络函数，可达到显著降低相关函数旁瓣的目的，还可以在声衰减情况下最大限度地保持信号的带宽和形状。另外，在存在非线性吸收的情况下，合理选择信号的包络函数还可以尽量减小频带损失和相关函数展宽。在设计主动声呐发射信号波形时，根据探测任务、所需的垂直分辨率和声衰减特性等，优化设计信源信号形式，通过包络信号调整发射信号频带宽度、瞬时频率和包络波形，达到针对性设计探测性能的目的。较常用的包络信号包括矩形包络信号、Blackman-Harris 包络信号、Chi-squared 包络信号、Gaussian 包络信号、Sine-squared 包络信号等，以 LFM 信号为例，图 3-11 给出了上述几种不同包络函数加权的信源信号波形及其频谱。

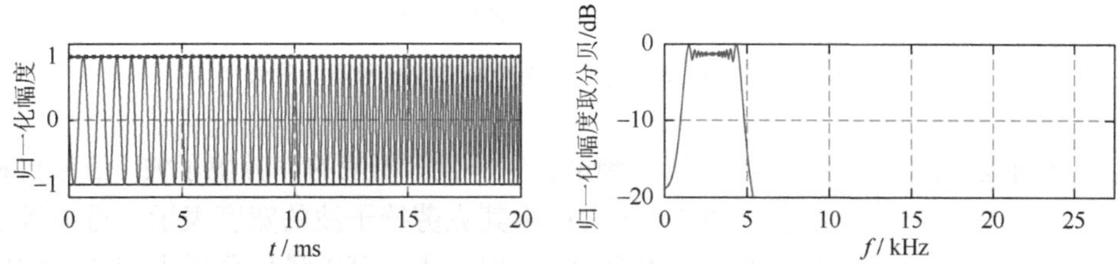

(a) 矩形包络信号

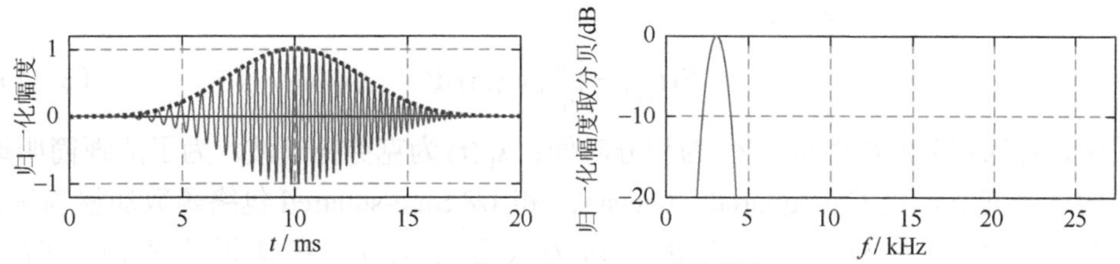

(b) Blackman-Harris包络信号

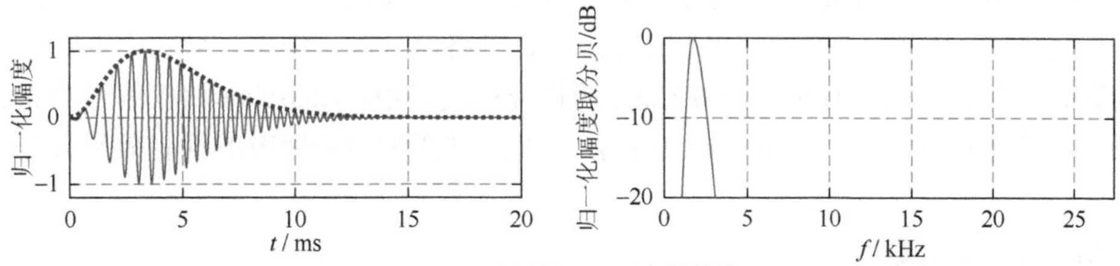

(c) Chi-squared包络信号

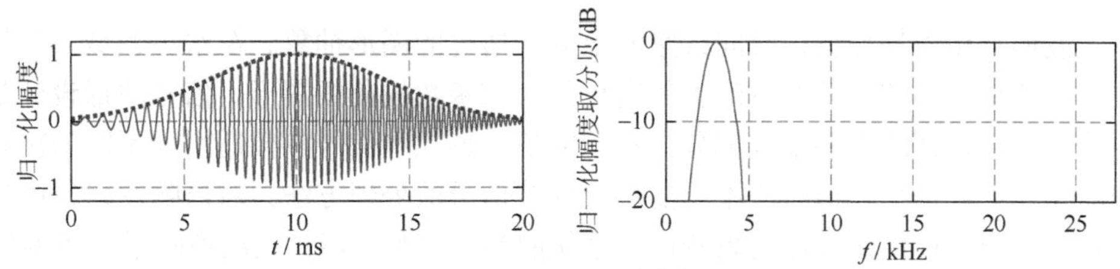

(d) Gaussian包络信号

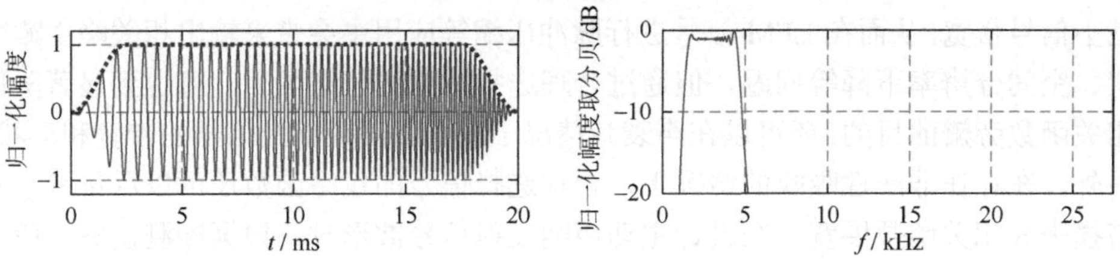

(e) 1/8 Sine-squared包络信号

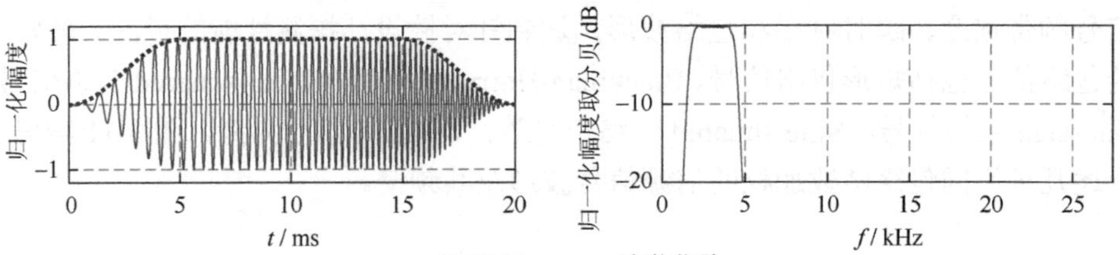

(f) 1/4 Sine-squared包络信号

图 3-11　不同包络信号加权 LFM 信号波形及其频谱

不同包络信号加权 LFM 信号的频谱特性不同，相应的克劳德子波（信号自相关波形）也不同[28]，信号的时间分辨力可由其克劳德子波的宽度表示，近似等于信号带宽的倒数。通过计算克劳德子波幅度积分值，可以量化分析克劳德子波的能量分布，计算公式如下：

$$E(t_{\text{int}}) = \int_{t_0}^{t_{\text{int}}} |s_{\text{k}}(t)|\,\mathrm{d}t \tag{3-24}$$

式中，t_0 为积分起始时间；t_{int} 为积分时间；$s_{\text{k}}(t)$ 为克劳德子波。为了清晰简明地说明这一问题，以 Chi-squared、Gaussian 和 1/8 Sine-squared 包络函数加权为例，对比不同包络加权信号的距离分辨力（图 3-12）。在接近于零时延时，1/8 Sine-squared 包络信号的克劳德子波幅度积分曲线最陡，表明该信号的脉冲压缩信号的宽度最窄，因此，1/8 Sine-squared 包络信号在三种信号形式中具有最高的距离分辨力。观察时延大于 0.32ms 的积分曲线发现，Gaussian 加权信号的克劳德子波旁瓣最低，因此 Gaussian 加权函数对脉冲压缩信号旁瓣的抑制效果最好。

3.2.6　模糊函数

波形是相关物理量在时间或空间上分布情况的图形抽象。在水声领域，信号波形通常特指声波振动在时间上的变化所对应函数的曲线图形。信号波形设计是声呐发射机设计的重要组成部分，不同的信号形式和信号参数适用于不同的声呐功能和任务，也相应地对应不同的接收回波信号的处理方法。对声呐发射机产生信号的波形进行优化设计关系着声呐系统的整体探测性能。主动声呐最为重要的

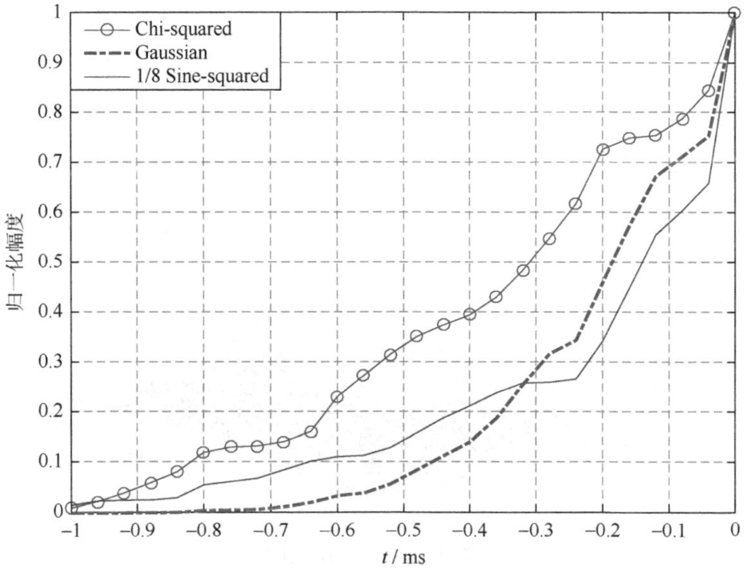

图 3-12　不同包络加权信号距离分辨力对比

应用即为目标探测，对目标的分辨能力与信号波形间也存在着密切的联系。常规的声呐信号处理通常在时域、频域或同时在时域、频域上进行，不同的处理域反映了信号的不同特性。

模糊函数同时描述了信号的时频特性，通常被用于声呐信号的特性分析与信号设计，是研究和分析声呐信号的主要工具之一。信号 $s(t)$ 的模糊函数表示为

$$|\chi(\tau,\xi)|=\left|\int_{-\infty}^{\infty}s(t)s^{*}(t+\tau)\mathrm{e}^{-\mathrm{j}2\pi\xi t}\mathrm{d}t\right| \tag{3-25}$$

式中，τ 为信号时延；ξ 为信号多普勒频移。

信号模糊函数绘制的时频三维图形称为模糊图，用于表达相邻目标的模糊程度，如图 3-13 所示。信号模糊图最大值下降到 70.7%处的截面图称为信号的模糊度图，它是时频平面上的二维图形，联合反映了信号对相邻目标的距离（时延值）、速度（多普勒频移）的分辨力以及距离、速度量值的探测精度。

模糊函数具有以下性质。

（1）$|\chi(\tau,\xi)|$ 与信号频谱间存在以下关系：

$$|\chi(\tau,\xi)|=\left|\int_{-\infty}^{\infty}S(f)S^{*}(f-\xi)\mathrm{e}^{-\mathrm{j}2\pi f\tau}\mathrm{d}f\right| \tag{3-26}$$

（2）$|\chi(\tau,\xi)|$ 在原点处取最大值：

$$|\chi(\tau,\xi)|\leqslant|\chi(0,0)|=E \tag{3-27}$$

式中，当 $\tau=0$ 时表示无时间失配；当 $\xi=0$ 时表示无频率失配。

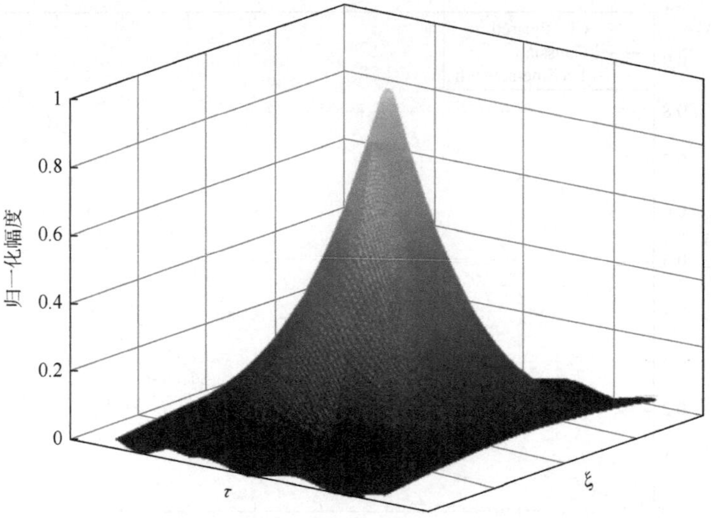

图 3-13　信号模糊图

（3）$|\chi(\tau,\xi)|$关于原点对称：

$$|\chi(\tau,\xi)|=|\chi(-\tau,-\xi)| \tag{3-28}$$

（4）$|\chi(\tau,\xi)|$体积不变：

$$\int_{-\infty}^{\infty}\int_{-\infty}^{\infty}|\chi(\tau,\xi)|^2\,\mathrm{d}\tau\mathrm{d}\xi=|\chi(0,0)|^2=E^2 \tag{3-29}$$

上述公式表明，$|\chi(\tau,\xi)|$曲面下总体积是不变的，其仅与信号能量有关，与信号波形无关，这意味着$|\chi(\tau,\xi)|$的峰值越尖，峰值包含的能量越小，曲面基底包含的能量越大，旁瓣干扰越大；反之，若要求旁瓣干扰较小，$|\chi(\tau,\xi)|$的峰值不可能特别尖锐，相应的信号分辨力也不会太高。在声呐信号设计过程中不可能同时获得无穷理想的距离分辨力和频率分辨力，因此，声呐设计人员的任务变为寻找合适的信号形式，使其距离分辨力和频率分辨力尽可能地高，从而达到系统技术指标的要求。

时延分辨力为模糊度图与τ轴两交点间的时间差$\Delta\tau=2\tau_0$，而频移分辨力为模糊度图与ξ轴两交点间的频移差$\Delta\xi=2\xi_0$。相应的探测精度则定义为探测分辨力的一半，分别为τ_0和ξ_0。信号模糊度图及相关参数标注见图 3-14。

常用的主动声呐信号主要包括上述的四种基本脉冲类型：连续波、编码脉冲、伪随机噪声以及爆炸或冲击脉冲（explosive or impulsive pulses）。在目标探测或定位等主动声呐应用领域，每种类型的脉冲都具有各自的优缺点，正因如此，很多主动声呐系统具备不同类型的脉冲信号发射能力，并且信号类型和参数的选择做了折中设计。下面针对 CW、LFM 和 PRN 三种信号特性进行讨论分析。

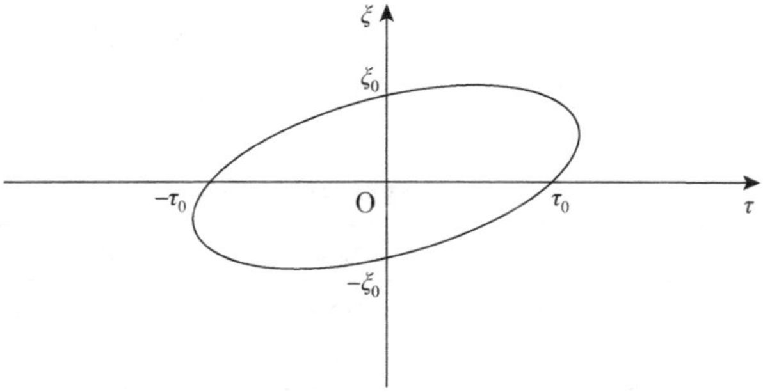

图 3-14　信号模糊度图

1. CW 脉冲信号特性

由式（3-25）可推得矩形包络 CW 脉冲信号的模糊函数可表示为

$$\chi(\tau,\xi)=\left|\frac{\sin(\pi\xi(T-|\tau|))}{\pi\xi(T-|\tau|)}(T-|\tau|)\right|,\quad |\tau|\leqslant T \tag{3-30}$$

式中，T 为信号脉冲宽度。由式（3-30）可以分析得出，CW 脉冲的时延、频移以及相应的距离、速度分辨力和测量精度，如表 3-1 所示。长脉冲信号具有良好的多普勒分辨力和速度分辨力，但是时延分辨力和距离分辨力较差；相反，短脉冲信号具有良好的时延和距离分辨力，而多普勒分辨力和速度分辨力相应地较差。

表 3-1　CW 脉冲信号特性

	时延	频移	距离	速度
分辨力	$0.6T$	$0.88/T$	$450T$	$0.44\lambda/T$
测量精度	$0.3T$	$0.44/T$	$225T$	$0.22\lambda/T$

2. LFM 脉冲信号特性

矩形包络 LFM 信号的模糊函数可表示为

$$\chi(\tau,\xi)=\left|\frac{\sin(\pi(k\tau+\xi)(T-|\tau|))}{\pi(k\tau+\xi)(T-|\tau|)}(T-|\tau|)\right|,\quad |\tau|\leqslant T \tag{3-31}$$

式中，$k=B/T$ 为 LFM 信号的频率变化率；B 为信号频带宽度。

同样，由式（3-31）可以分析得到，LFM 脉冲信号的时延、频移以及相应的距离、速度分辨力和测量精度，如表 3-2 所示。当多普勒频移分辨力相同时，LFM 信号可具有比 CW 脉冲信号更高的时延分辨力，主要在脉冲宽度 T 不变时通过调

整带宽 B 来实现；在相同时延分辨力的情况下，LFM 脉冲的频率分辨力可高于 CW 脉冲，主要在 B 保持不变的情况下通过增加脉冲宽度 T 来实现。

表 3-2　LFM 脉冲信号特性

	时延	频移	距离	速度
分辨力	$0.88/B$	$0.88/T$	$660/B$	$0.44\lambda/T$
测量精度	$0.44/B$	$0.44/T$	$330/B$	$0.22\lambda/T$

3. PRN 脉冲信号特性

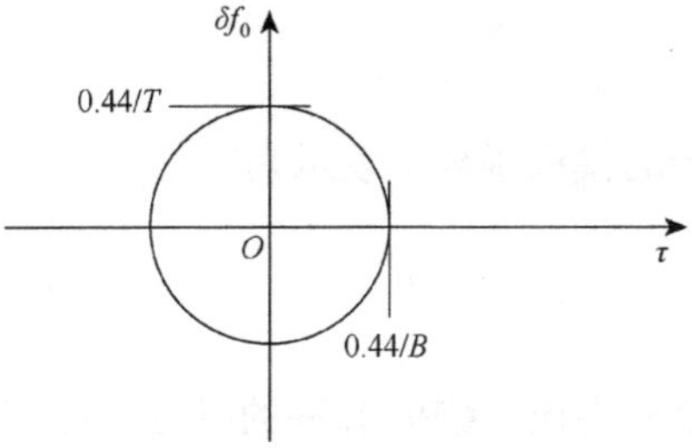

图 3-15　PRN 脉冲信号模糊度图

可以使用 PRN 脉冲来替代宽带 LFM 脉冲，其带宽可以与为了同一目的而设计的 LFM 脉冲的带宽相当，PRN 脉冲的频率-时间结构可能随机改变，但改变的方式是已知的，因此可以采用拷贝相关处理技术进行信号处理。

PRN 脉冲信号的模糊度图如图 3-15 所示。

3.3　声呐信号源设计与实例分析

3.3.1　线性信号波形产生

声呐发射机信号源的任务是产生具有一定重复周期、持续宽度和频率特性的脉冲信号。原则上声呐信源信号可采用模拟电路产生，但存在精度差、抗干扰能力弱、稳定性不高以及功能性不强等缺点。随着数字技术及微处理器技术的发展，近代声呐信源信号多采用数字技术实现，与早期模拟方法相比，数字技术产生的信号在稳定性、可靠性等方面均有了很大提高，很大程度上推动了声呐向系统化、小型化、模块化和工程化方向发展的进程。

线性功率放大器输出的大功率信号波形与信源信号具有相同的波形，从波形产生原理和信号源模块器件构成的角度分析，当前较为常用的线性功率放大信源信号产生方式主要有以下两种。

1. 直接数字合成波形产生

直接数字合成（direct digital synthesis，DDS）具体采用数字信号处理方法，从相位的角度出发，由不同的相位给出电压幅值，经过相位-幅度变换后滤波，其输出信号的频率、相位和幅度可在处理器控制下精确快速地变换，可方便地产生各种波形，具有低成本、低功耗、高分辨率和快速转换时间等优点。基于 DDS 原理的信号产生电路主要包括相位累加器、波形存储器、数模（D/A）转换器、低通滤波器（low pass filter，LPF）等部分，如图 3-16 所示。相位累加器由频率控制字 P_{FSW}、N 位累加器和 N 位寄存器组成。在参考频率 clock（时钟）的驱动下 DDS 模块开始工作，每个时钟周期里累加器将 P_{FSW} 与寄存器的输出值累加再输入寄存器，同时利用累加器输出的数据作为地址，从波形存储器的该地址中取出波形对应的幅值送 D/A 转换器，经低通滤波输出模拟波形。当累加器加至溢出时形成一个周期的波形，理论上基于 DDS 原理可输出任意波形，详细可参考文献[29]。

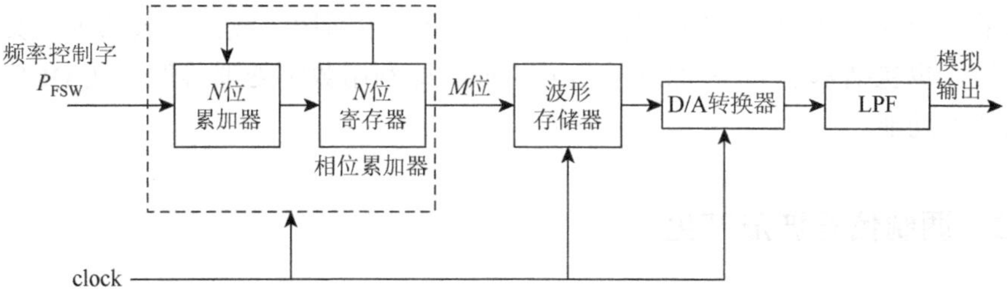

图 3-16　DDS 信号产生原理

目前，可采用市场上的专用 DDS 芯片（如 AD985X 系列）用于声呐系统信号源的设计，也可采用现场可编程门阵列（field programmable gate array，FPGA）联合数模转换器（digital to analog converter，DAC）和低通滤波的方法，同时结合系统控制等功能实现复用 FPGA 产生信源信号，还可节约系统软硬件资源。下面以 CW 脉冲信号发射为例，建立 DDS 输出与主要参数间的基本关系，为基于 DDS 原理的声呐信源信号产生提供设计依据。首先，设置参考时钟对应的频率为 f_c，则 $T_c = 1/f_c$ 为采样周期，f_0 为输出信号频率，$T_0 = 1/f_0$ 为发射信号周期，P_{FSW} 为频率控制字，是相位累加器每次累加的步长。通常情况下 $N > M$，即对累加器输出进行截断处理，采用 N 位频率控制字来控制模 2^M 运算，以获得较高的相位分辨率并节约处理器资源。波形存储器中存储一个周期的正弦波幅值，共 2^M 个样本点，因此，相位累加器输出 M 位数据。对于 N 位相位累加器，其相位分辨率为 $2\pi/2^N$，即 N 位中最低有效位（least significant bit，LSB）表示的相位值，该值也决定了 DDS 输出信号的最小频率，则相位累加器的步长表示为

$$p = \frac{2\pi P_{FSW}}{2^N} \tag{3-32}$$

因此，一个完整的正弦波周期需要 $2^N / P_{FSW}$ 个时钟周期，输出信号频率表示为

$$f_0 = \frac{P_{FSW}}{2^N} f_c \tag{3-33}$$

根据采样定理，信号频率的最大值为 $f_c/2$，即 $P_{FSW} \leqslant 2^{N-1}$。由 $1 \leqslant P_{FSW} \leqslant 2^{N-1}$ 的取值范围可得出，理论上可输出信号的频率范围为 $f_c/2^N \leqslant f_0 \leqslant f_c/2$。

2. 数字处理器件联合数模转换和滤波器波形产生

线性功放信源信号产生还可采用数字处理器件联合数模转换和滤波器的方式实现，基本思想即数字处理器件根据待产生信号的表达式，实时生成与信号幅度对应的数值或读取事先存储的数字信号幅值至 D/A 转换器（DAC），将数字信号转换为模拟信号，经滤波器滤波输出至功率放大器，数字处理器件可采用 DSP、FPGA、ARM（advanced RISC machine）处理器等器件。这种波形产生方式具有很强的灵活性，基于不同的信号产生原理，可产生适用于线性功放的多种类型信源信号，也包括基于 DDS 原理的信号生成，即利用数字处理器件实现 DDS 的相位累加器功能。

3.3.2 调制信号波形产生

按照调制信号是模拟信号还是数字信号，信号调制分为模拟调制和数字调制。基本的模拟调制是正弦载波对模拟信号进行调制，具体分为幅度调制和频率调制，常见的幅度调制波形有调幅波信号［AM（amplitude modulation）信号］、（抑制载波的）双边带调制信号（DSB 信号）、单边带调制信号［SSB（single side band）信号］和残留边带调制信号［VSB（vestigial side band）信号］等；常见的频率调制信号分为频率调制信号（FM）和相位调制信号（PM）。与幅度调制相比，频率调制信号具有较好的噪声抑制能力，但以更宽的带宽为代价。数字调制是把数字基带信号变换为数字带通信号的过程，通常分为振幅键控（amplitud eshift keying，ASK）、频移键控（FSK）和相移键控（phase shift keying，PSK），分别采用载波的幅度、频率和相位区分数字信号的不同取值。本节不对调制信号类型即调制原理进行深入研究，而重点针对不同类型声呐发射机功放的输入信号设计进行讨论。

通常线性功率放大器均可实现上述各种调制信号的发射，但对于 D 类功率放大器，由于其是一种非线性工作的放大器，其功放管工作于开关状态，输出信号为方波信号，因此通常被称作开关功放或数字功放。由于工作原理不同，输入 D 类功率放大器的信源信号也与线性功率放大器不同，不能直接将期望波形加载到功率放大器输入端，而需要进行波形转换。D 类功率放大器输入信号的产生方法主要包括脉冲宽度调制（pulse width modulation，PWM）和脉冲密度调制（pulse density modulation，PDM）两种方式，将期望发射波形转换成适用于 D 类功率放大器进行功率放大的信号形式。本节从发射机信源信号产生的角度，重点讲解目前声呐系统广泛应用的 D 类功率放大器输入调制信号的产生原理和典型实例，对于常规调制信号（模拟调制、数字调制）的产生原理不再赘述。

1. PWM 信号产生

基于 Nyquist 采样定理，以脉冲宽度调制方式对预发射信号进行采样变换，使生成的数字信号（方波信号）宽度与相应采样信号的幅值间存在对应的变化关系，最终以调制产生的数字方波信号驱动功放管产生具有一定输出功率的变宽方波信号，经后级滤波器或换能器后，还原输出功率得到放大的预发射信号。PWM 实现方案包括自然采样或同一采样、单边调制或双边调制等，由于自然采样双边调制 PWM 方案可获得良好的抗失真性能，因此目前大多数 D 类功率放大器均采用了这一方案，具体是以三角波为采样时钟，对预发射信号进行采样，输出方波的占空比与输入预发射信号的电平成比例。PWM 信号产生的电路、波形以及频谱如图 3-17 所示。

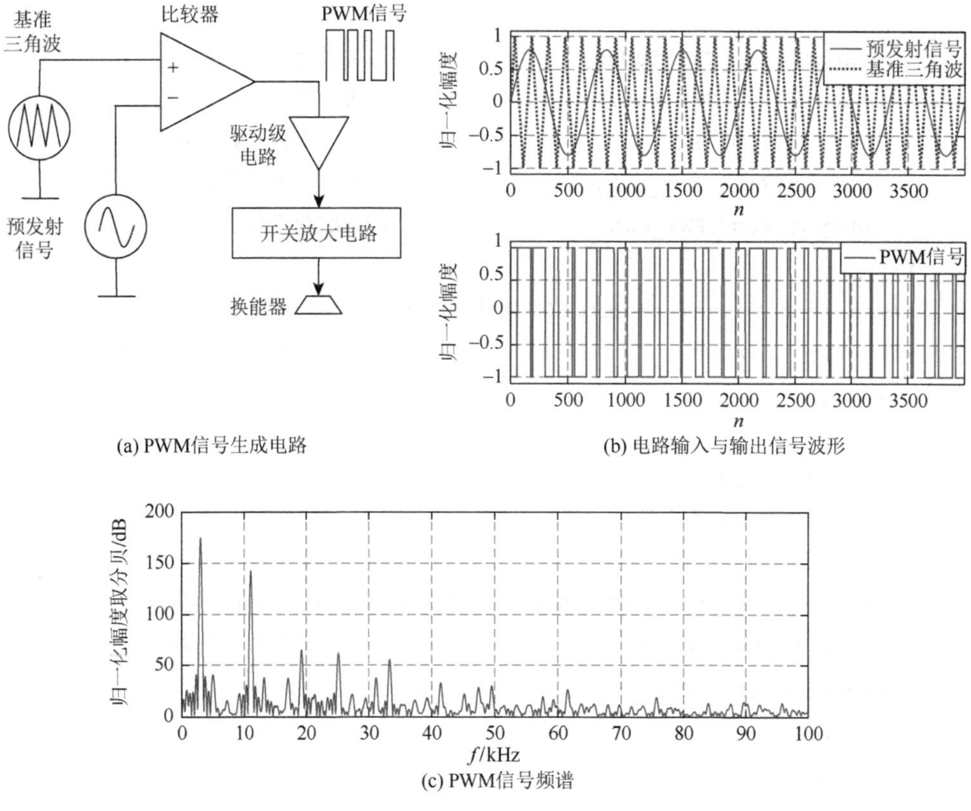

图 3-17　PWM 信号产生原理

生成的 PWM 信号可表示为

$$f_{\text{PWM}}(t)=\frac{A_{\text{PWM}}}{2}\left(1+\cos(\Omega_0 t)+\sum_{n=1}^{\infty}\text{Sa}\left(\frac{n\omega\tau}{2}\right)(2\cos(n\omega t)+\cos(n\omega t+\Omega_0 t)+\cos(n\omega t-\Omega_0 t))\right) \tag{3-34}$$

由式（3-34）可知，PWM 信号的频谱由调制信号的频谱、载波信号频谱以及调制信号与载波信号相互作用产生的边带信号频谱组成，其中，角频率 ω 的基波信号以及角频率为 $\omega-\Omega_0$ 的边带信号对调制信号的滤出影响较大，n 代表 n 次谐波，Sa 表示采样函数，或称为抽样函数。复杂的 PWM 信号频谱构成见图 3-17(c)，这从某种程度上会对信号不失真发射等方面带来一定的影响。此处，当输入的待发射信号是单频信号时，输出的 PWM 信号显然是一个周期方波信号，通过控制开关的周期通断即可实现调制过程(详见第 9 章)。给出对应于图 3-17(a)的 FPGA 代码如下：

```
module PWM_sin_tri
(
    input      CLK_50Mhz,                  //系统时钟 50MHz
    input      SYS_rst,                    //复位信号
    output[7:0] sin_out,                   //预发射信号数据输出
    output[7:0] tri_out,                   //基准三角波数据输出
    output reg  PWM_out                    //PWM 信号输出
);
//===================生成 ROM 读取时钟===================
wire rom_clk;                              //ROM 读取时钟,125MHz
rom_pll u_rom_pll
(
    .inclk0(CLK_50Mhz),
    .c0(rom_clk)
);
//===================生成预发射信号数据===================
reg [8:0] sin_rom_addr;                    //预发射信号数据地址
always@(posedge CLK_50Mhz or negedge SYS_rst)
  begin
    if(!SYS_rst)
      begin
        sin_rom_addr<=9'd0;
```

```
      end
    else
      begin
        sin_rom_addr<=sin_rom_addr+1'b1;
      end
  end
sin_rom u_sin_rom                      //实例化存储预发射信号数据的ROM IP核
(                                      //根据预发射信号和采样率125MHz生成
    .address(sin_rom_addr),
    .clock(rom_clk),
    .q(sin_out)
);
//===================生成基准三角波数据===================
reg [8:0] tri_rom_addr;                //基准三角波数据地址
always@(posedge CLK_50MHz or negedge SYS_rst)
  begin
    if(!SYS_rst)
      begin
        tri_rom_addr<=9'd0;
      end
    else
      begin
        tri_rom_addr<=tri_rom_addr+1'b1;
      end
  end
tri_rom u_tri_rom                      //实例化存储基准三角波数据的ROM IP核
(                                      //根据基准三角波信号和采样率125MHz生成
    .address(tri_rom_addr),
    .clock(rom_clk),
    .q(tri_out)
);
//===================比较器,生成PWM信号==================
always@(posedge CLK_50Mhz or negedge SYS_rst)
  begin
    if(!SYS_rst)
```

```
      begin
        PWM_out<=1'b0;
      end
    else
      begin
        if(sin_out>tri_out)
          PWM_out<=1'b1;
        else
          PWM_out<=1'b0;
      end
  end
endmodule
```

2. PDM 信号产生

PDM 信号是 D 类功率放大器的另一类主要的驱动信号，最为常用的脉冲密度调制信号产生方式为 $\Delta\Sigma$ 调制。由于 PWM 调制方式是一种非线性变换，其输出信号中存在大量的谐波分量，而 $\Delta\Sigma$ 调制信号不仅不存在谐波分量，而且还将量化噪声整形到了远离工作频带的高频区域，获得了高信噪比的高质量数字信号，是一种具有良好应用价值的 D 类功率放大器驱动信号形式。

$\Delta\Sigma$ 调制电路主要由差分器、积分器、比较器和 1bit DAC 构成的反馈结构组成[30]，将模拟输入信号与反馈信号之差进行积分处理，将积分结果输出至比较器，并持续利用反馈控制使积分器输出最小，从而达到比较器输出 1bit 编码序列中的量化噪声偏向于较高频域的目的（即噪声整形）。同时，由于采用了过采样技术，低阶次的滤波器即可实现输出 1bit 流信号的解码，得到高输出信噪比的模拟信号。二阶 $\Delta\Sigma$ 调制电路结构如图 3-18 所示。

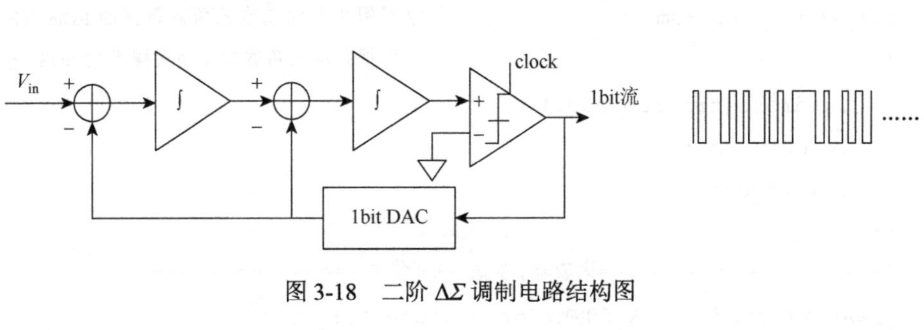

图 3-18　二阶 $\Delta\Sigma$ 调制电路结构图

CW 脉冲信号和 LFM 信号经过 $\Delta\Sigma$ 调制电路后输出 1bit 流数字信号及其频

谱如图 3-19 和图 3-20 所示。通过 $\Delta\Sigma$ 调制电路后输出的 1bit 流方波信号中无谐波分量，并且带内信号具有高的信噪比，将该信号输入 D 类功率放大器后驱动换能器可实现高信噪比声波信号的发射。

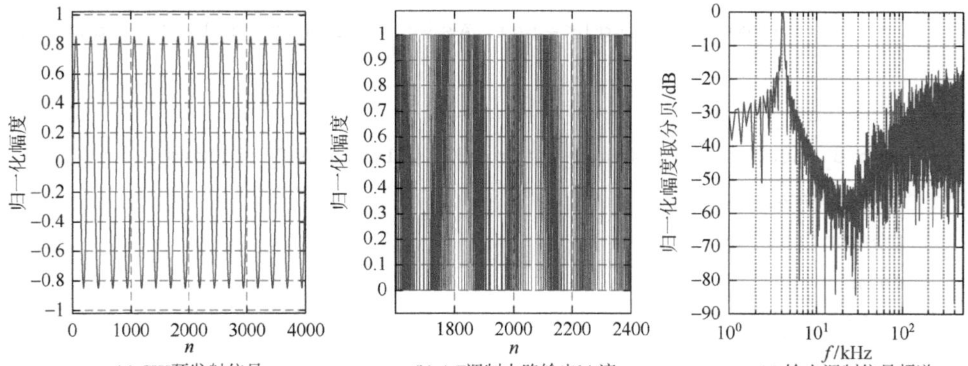

(a) CW预发射信号　(b) ΔΣ调制电路输出bit流　(c) 输出调制信号频谱

图 3-19　CW 脉冲信号的脉冲密度调制

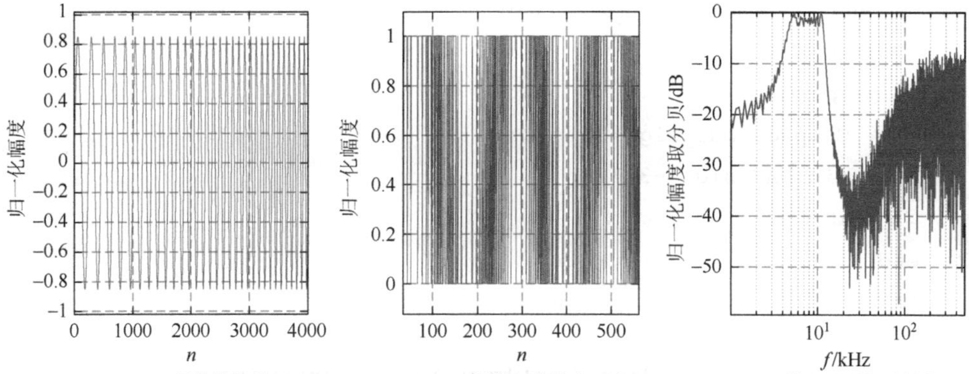

(a) LFM预发射信号　(b) ΔΣ调制电路输出bit流　(c) 输出调制信号频谱

图 3-20　LFM 信号的脉冲密度调制

由于采用了过采样技术，$\Delta\Sigma$ 调制对 D 类功率放大器功放管的开关速度提出了更高的要求，对于几万赫兹以下的较低频率发射信号来说，目前功放管的开关速度通常能够满足设计要求，音频信号放大已成功应用该项技术并已商业化。对于数十万赫兹至数兆赫兹频率的信号，采用 $\Delta\Sigma$ 调制技术时需要采用更高开关速率的高性能功放管。

给出采用 FPGA 生成二阶 $\Delta\Sigma$ 调制 1bit 流信号的核心代码如下，其中主要参量 mid_integral_sig1 为积分器 1 输出值，mid_integral_sig2 为积分器 2 输出值，

mid_DAC_sig 为 DAC 输出中间量，Comp_output_sig 为比较器输出值（该值为 1 或 0）。

```
…
if(sscnt==8'd1)
   mid_integral_sig1<=int_Asinf0_lfm-mid_DAC_sig+mid_
   integral_sig1;
if(sscnt==8'd2)
   mid_integral_sig2<=mid_integral_sig1-mid_DAC_sig+mid_
   integral_sig2;
if(sscnt==8'd3)
begin
   if(mid_integral_sig2>0)
   begin
     Comp_output_sig<=1;
     mid_DAC_sig<=32767;
   end
   else
   begin
     Comp_output_sig<=0;
     mid_DAC_sig<=-32768;
   end
end
…
```

3.4　声呐发射机设计与实例分析

声呐发射机设计的步骤通常包括设计指标概算、器件选型、电路性能仿真分析等几个主要环节，除工作频率、带宽外，发射功率也是声呐发射机的主要指标。在确知声呐发射声源级SL、基阵孔径（有效声辐射面积 S ）、通道数 N 、工作频率 f_0 、换能器电声转换效率 η 等参数的情况下，可按式(3-35)（以平面换能器计）计算得到单路发射机的输出电功率：

$$P_o = \frac{1}{\eta N} 10^{\frac{SL-170.8-10\lg\frac{4S}{\lambda^2}}{10}} \tag{3-35}$$

式中，$\lambda = c / f$ 为发射信号的波长，c 为水中声速。

3.4.1　线性功率放大电路

对于复杂形式的信号（AM 信号等调制信号、噪声信号等）发射来说，线性功率放大电路具有先天优势，经过线性功率放大电路后信号失真小，从基本原理上说可实现工作频带内任意波形的发射。典型的线性功率放大电路包括甲类、乙类和甲乙类等功率放大电路，甲类功率放大电路效率最低（理论值 50%），在声呐发射机设计中较少应用。甲乙类功率放大电路虽然可以很大程度上消除交越失真，但其结构与乙类功率放大电路相比更加复杂、成本更高，效率也较低（乙类功率放大电路效率理论值为 78.5%），特别是对于大功率发射的声呐发射机，交越失真引入的影响可忽略不计，为此，本节重点以乙类功率放大电路为例对线性功率放大电路进行介绍。乙类功率放大电路的总体电路机构如图 3-21 所示。

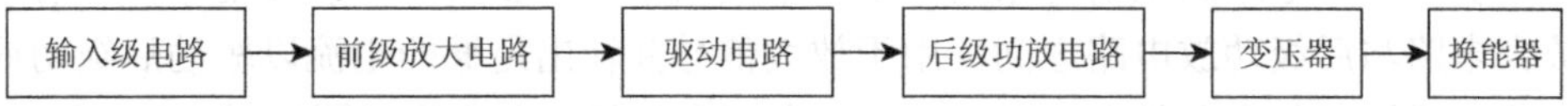

图 3-21　乙类功率放大电路总体构成框图

功率放大电路的输入级通常选用集成运放设计射级电压跟随器，其输入阻抗高、输出阻抗低，起到前后级隔离的作用，并可提高对后级的带载能力，射随电路原理图如图 3-22 所示。

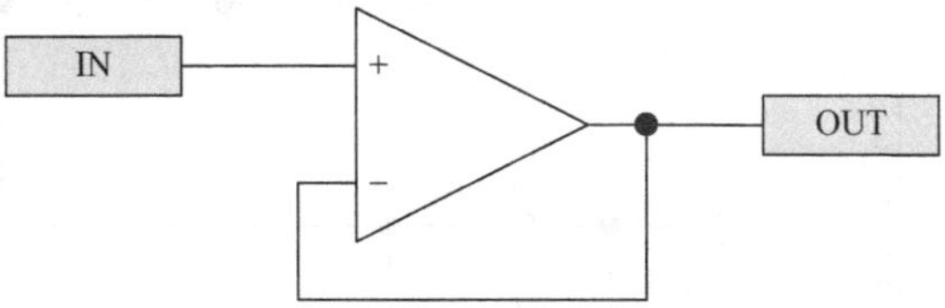

图 3-22　射随电路原理图

功率放大电路的前级放大电路可采用原理简单的同相比例放大电路，该电路的作用是将输入小幅度信号进行放大，提高对后级电路的驱动能力，该电路同样具有输入阻抗很高、输出阻抗很低的特点。典型的放大电路原理图如图 3-23 所示。C_1、C_2 为隔直电容，去除电路中的偏置，由虚短虚断原理可得电路两端电压关系为

$$U_{\mathrm{OUT}}=\left(1+\frac{R_3}{R_4}\right)U_{\mathrm{IN}} \tag{3-36}$$

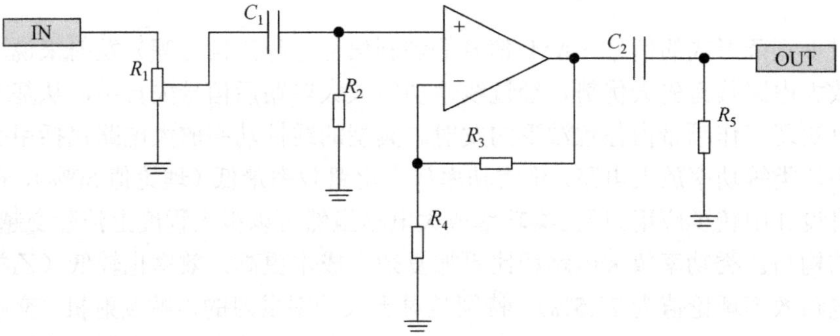

图 3-23　同相比例放大电路原理图

功率放大电路的驱动电路通常采用集成功率运算放大器，该级电路位于前级放大电路与后级功放电路之间，用于放大信号并输出足够的电流以驱动后级功放电路。采用正负电源供电，以 OPA541 为例给出驱动电路原理图如图 3-24 所示。此电路的基本原理仍为同相比例放大电路，R_4为限流电阻，通过该阻值调节内部电流值的大小。

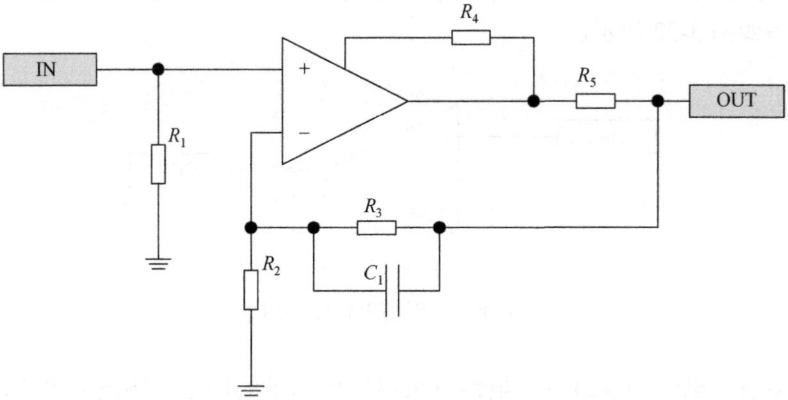

图 3-24　驱动电路原理图

后级功放电路采用推挽放大电路结构，对于更大电流的设计，还可采用并联推挽电路的设计，以保证足够的功率输出。并联推挽电路原理图如图 3-25 所示。

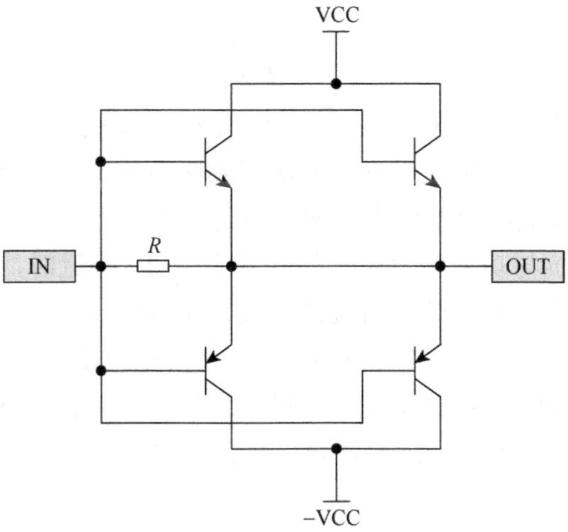

图 3-25　并联推挽电路原理图

变压器的变压比主要取决于初级线圈与次级线圈的匝数比。功率放大电路的输出功率 P_o 可表示为

$$P_o = \frac{U_o^2}{2R_1} \tag{3-37}$$

式中，R_1 为换能器负载阻值（换能器经阻抗匹配后为已知量）；U_o 为功率放大器的输出电压峰值。在根据式（3-37）计算出 U_o 后，可以进一步确定变压器的初级线圈与次级线圈的匝数比：

$$\frac{N_2}{N_1} = \frac{U_o}{\text{VCC}} \tag{3-38}$$

式中，N_1 是初级线圈匝数；N_2 是次级线圈匝数；VCC 是电源电压。式（3-38）计算出的变压器线圈匝数比为理论值，实际的变压器并不是理想变压器，存在效率损失，在实际制作变压器时需要留出一定的余量。由于声呐基阵各基元的阻抗不同，在各基元阻抗特性差异较大时，有必要针对每个通道的实际情况进行单独设计。

在上述参数确定后，还需考虑变压器的初级阻抗 $R_{初}$。由变压器的阻抗变换性质可知

$$R_{初} = \left(\frac{N_1}{N_2}\right)^2 R_1 \tag{3-39}$$

则初级线圈的电感值为

$$L_{初} = \frac{R_{初}}{2\pi f_0} \tag{3-40}$$

由于磁通量 $\Phi = NIl = B_m S_m$，则初级线圈的匝数可由式（3-41）计算得到：

$$N_1 = \frac{L_{初} I_{\max}}{B_{\mathrm{m}} S_{\mathrm{m}}} \tag{3-41}$$

式中，$I_{\max}$ 为场效应管最大电流值；S_{m} 为有效磁通面积；工作磁通密度通常取为 $B_{\mathrm{m}} = B_S / 3$，B_S 为饱和磁感应强度。初级线圈匝数确定后，就可以根据已经计算出初级线圈与次级线圈的匝数比完成变压器的制作。

当初级线圈阻抗与功率场效应管的导通阻抗 R_{DS} 相近时，将在功放管上消耗过多能量，只有在变压器初级线圈阻抗远大于功放管导通阻抗时，能量才能更多地传递到换能器端。在大功率的应用场合，应保证 $R_{初}$ 是 R_{DS} 的 10～20 倍。

线性功率放大电路仿真设计实例如图 3-26 所示，仿真在 Multisim 软件上进行，并分别给出了图 3-26（a）中 1～6 测试点处的信号波形，功率放大电路输入端设

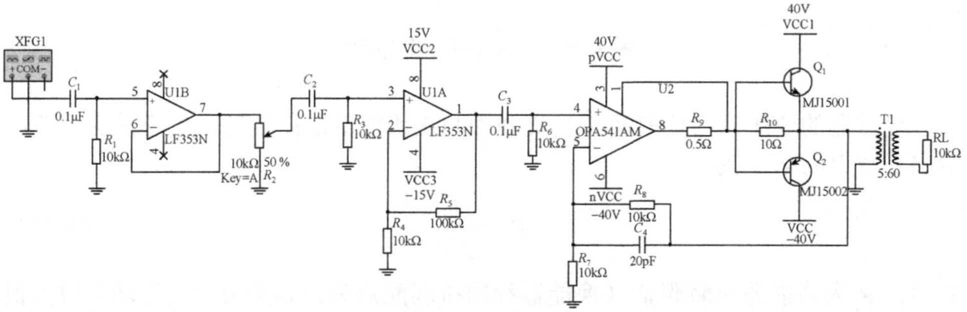

(a) 电路原理图

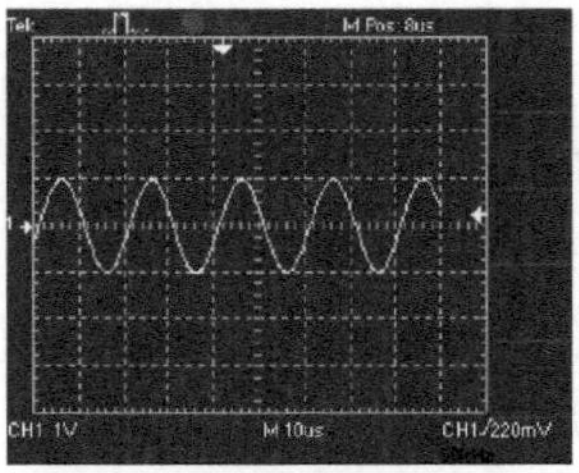

(b) 测试点1波形

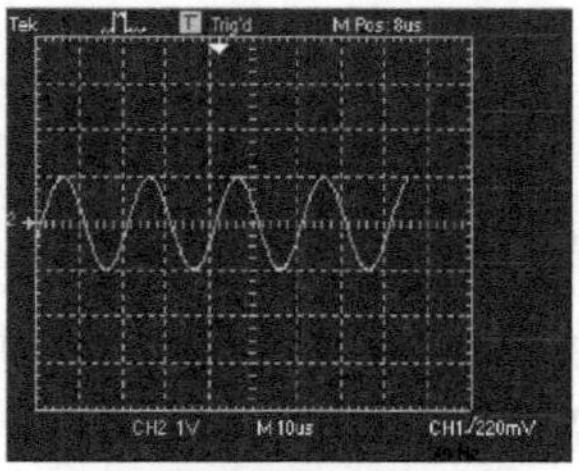

(c) 测试点2波形

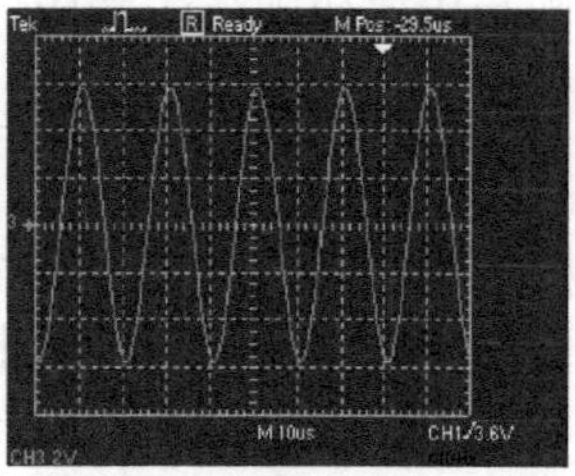

(d) 测试点3波形

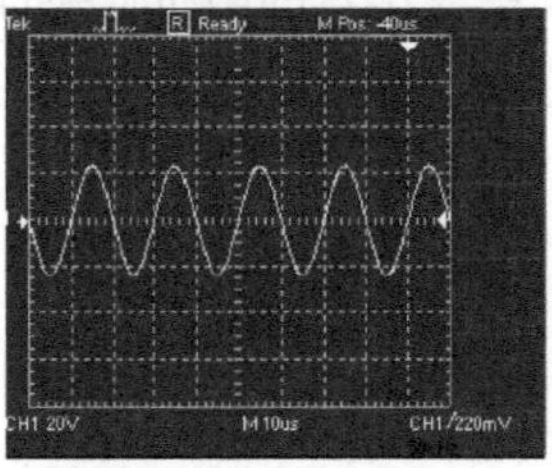

(e) 测试点4波形

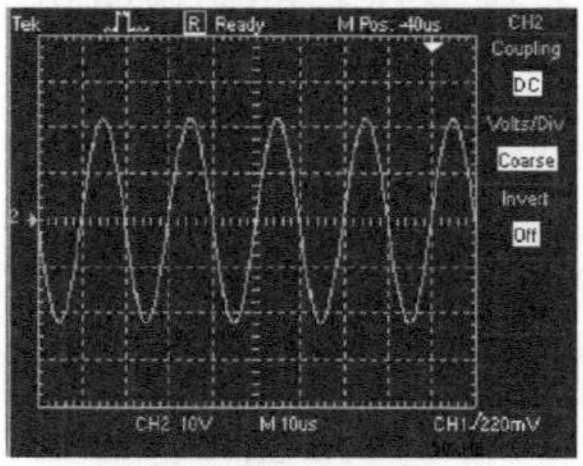

(f) 测试点5波形

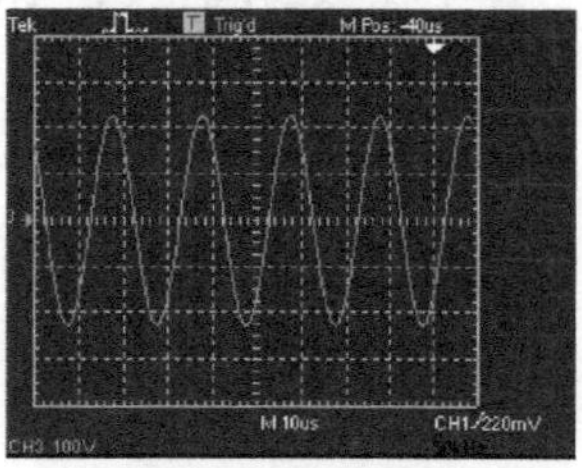

(g) 测试点6波形

图 3-26　线性功率放大电路仿真实例

计了射随电路，提高信号源的带载能力，整体电路各级间设计了 RC 高通滤波电路，同时对信号起到一定的隔直作用。

另外，以 AM 信号发射的实例进一步说明线性功率放大电路的工作效果[31]。发射信号为 AM 信号，实测线性功率放大电路的通道输入信号见图 3-27（a），经功率放大后输出至发射换能器，声场中水听器接收到的包络为 CW 和 LFM 的 AM 发射信号波形见图 3-27（b）和（c）。线性功率放大电路具有良好的线性特性，使得其对各种波形的信号均具有良好的波形保持特性，可实现良好的信号放大效果。

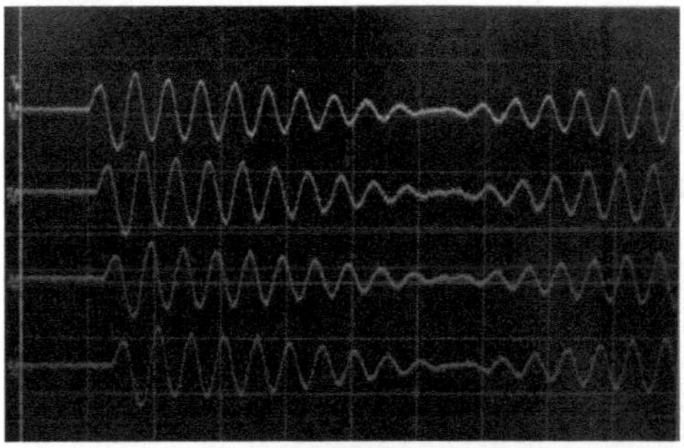

(a) 通道输入信号

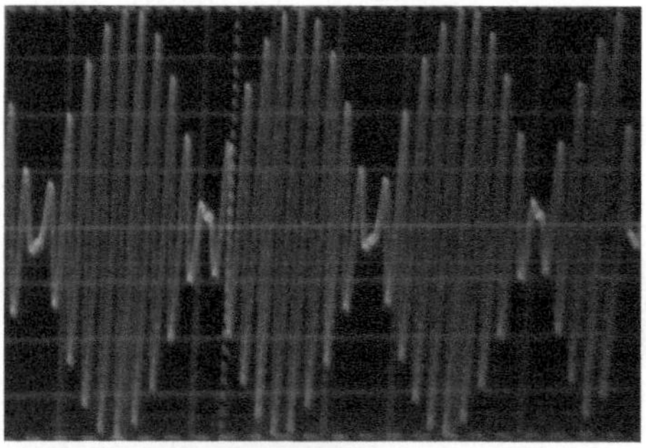

(b) 水听器接收CW调制AM信号

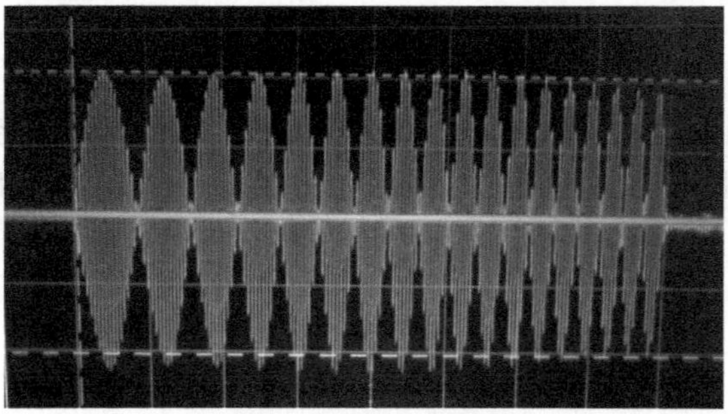

(c) 接收LFM调制AM信号

图 3-27　线性功放工作实例

3.4.2　非线性功率放大电路

当前，大多数声呐发射机设计时均对功率放大电路提出输出功率大、效率高、体积小、重量轻、结构简单、造价成本低等要求。作为非线性功率放大器，D 类功率放大电路的效率理论上可达 100%，同时由于效率高，其产生的热量也很小，配套的供电电路也可相应缩小，已成为目前常见的声呐发射机功率放大电路方案。本节以变压器耦合 D 类功率放大电路为例，对非线性功率放大电路的设计进行说明。

1. 推挽式 D 类功率放大电路

首先，基本的 D 类功率放大电路如图 3-28 所示。R_3、C_1、R_4、C_2 共同构成吸收电路，消除变压器感应出的反相电动势尖刺干扰。输入端并联的电阻 R_1、R_2 是为了在无输入信号时保持电路输入的低电平。

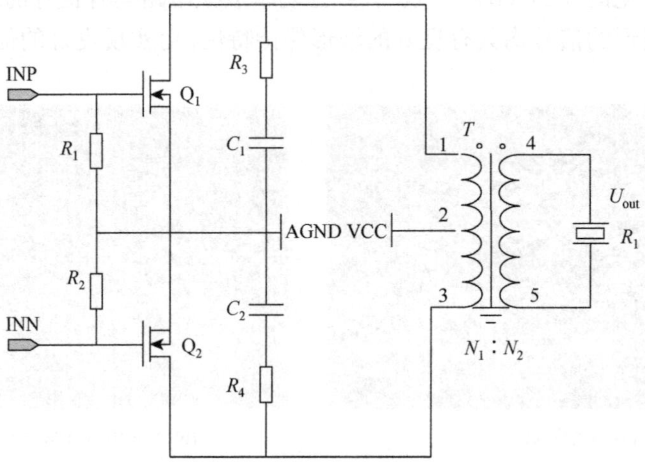

图 3-28　D 类功放基本电路原理图

采用 Multisim 电路仿真软件对 D 类功率放大电路（推挽电路）进行仿真，仿真电路及功放电路输入、输出信号波形如图 3-29 所示，输入 INP 和 INN 时延差为半个周期。

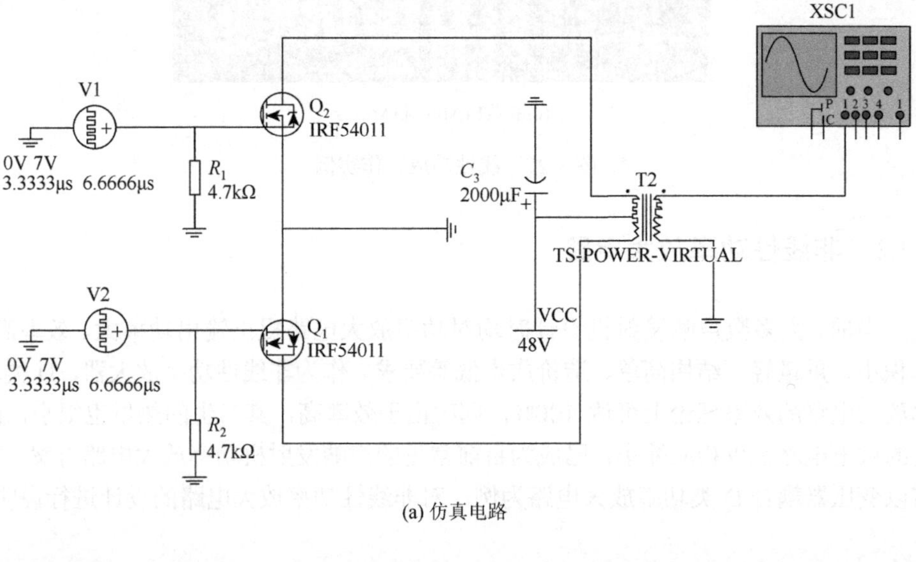

(a) 仿真电路

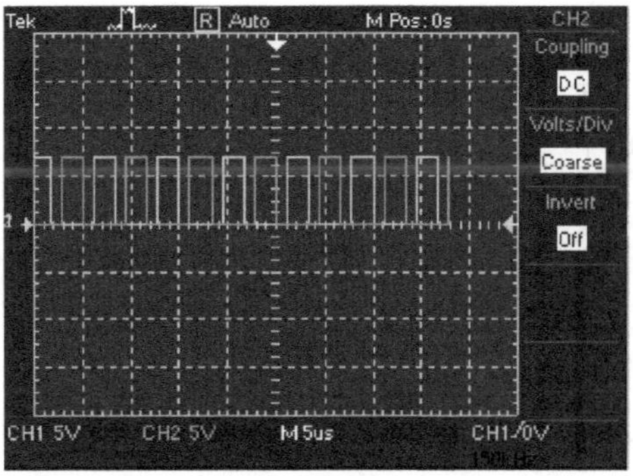

(b) 输入信号波形

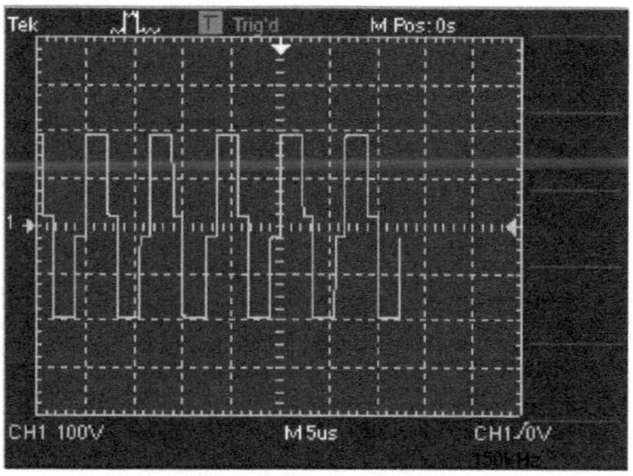

(c) 输出信号波形（变压器后端）

图 3-29 D 类功率放大电路输入、输出信号波形

在 D 类功率放大器的设计中，通常采用场效应管（MOSFET）作为功放管，场效应管的电流最大值为

$$I_{\max}=\frac{\pi^2}{2}\frac{1.5P_0}{\mathrm{VCC}-V_{\mathrm{CE}}} \tag{3-42}$$

式中，P_0 为发射机的理论功率值，由于实际工作中变压器的损耗是不可忽略的，在估算时发射机输出功率按理论值的 1.5 倍计算。当发射机信号源输出为占空比 50%的方波时，场效应管的导通时间为

$$t_{\mathrm{on}}=\frac{1}{2f_0} \tag{3-43}$$

在选择场效应管时，应该选择开启时间 t_{r} 和关断时间 t_{f} 之和小于 $t_{\mathrm{on}}/10$ 的场效应管。图 3-29（a）中当场效应管 Q1 导通时，加到场效应管 Q2 漏极的电压将为 2VCC；当场效应管 Q2 导通时，加到场效应管 Q1 漏极的电压也为 2VCC。考虑到变压器通常引入尖峰脉冲的影响，选取场效应管的最大漏源电压应留有一定余量。另外，在变压器耦合 D 类功率放大电路中，变压器的作用是将两个场效应管输出的半波信号合成，并且放大到所要求的电压范围，变压器的设计这里不再赘述。

2. 全桥式 D 类功率放大电路

单电源全桥电路结构如图 3-30 所示，由四个完全相同的场效应管组成，一个电源供电，主要通过场效应管的导通和截止来实现电压控制电压的功能。

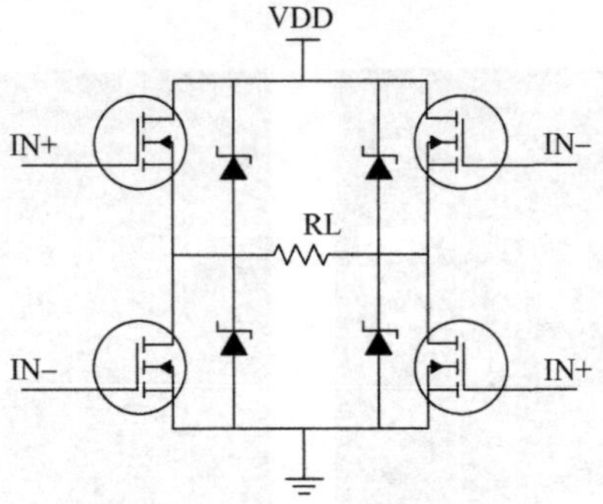

图 3-30　单电源全桥电路结构

采用 Multisim 电路仿真软件对 D 类功率放大电路（全桥电路）进行仿真。两路输入方波信号 IN+和 IN−相位差为π，分别驱动位于 Q1&Q4 或 Q2&Q3 的场效应管导通，当上半桥驱动芯片驱动时场效应管 Q1 导通 Q2 截止，下半桥的 Q3 截止 Q4 导通，此时负载端有从 OUTA 流向 OUTB 的电流；当下半桥驱动芯片驱动时场效应管 Q1 截止 Q2 导通，下半桥的 Q3 导通 Q4 截止，此时负载端有从 OUTB 流向 OUTA 的电流。这样两个半周期信号组成了一个完整的周期信号，在负载上可以得到正负交替的交流信号。全桥信号源由两个互补对称的脉冲信号发生器组成。仿真信号波形如图 3-31 所示。

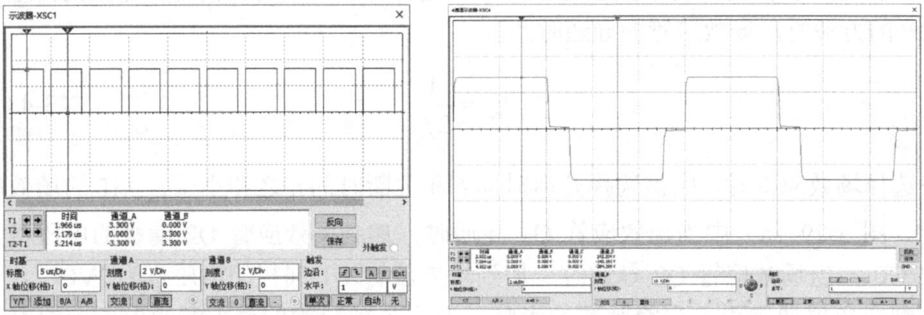

(a) 输入信号波形　　(b) 输出信号波形（变压器后端）

图 3-31　全桥 D 类功率放大电路输入输出信号波形

第 4 章　声呐接收信号调理

信号调理主要是对接收换能器输出的模拟电信号进行放大和滤波处理，提高信噪比，并调整 A/D 模块前端信号大小，为后期的数字信号处理带来更多的好处。其主要技术指标包括带宽、放大倍数、动态范围、噪声等。

信号调理电路（图 4-1）主要包含固定增益放大、可控增益放大和滤波等电路。

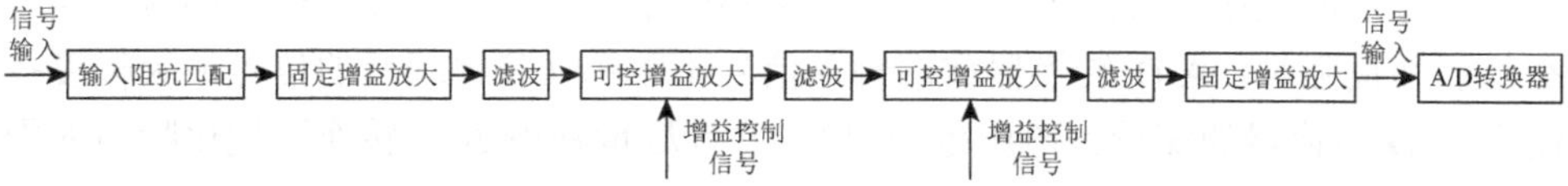

图 4-1　信号调理电路组成示意图

在详细讨论以上三个部分如何实现之前，先要清楚信号调理电路所要面对的对象特征，从而有的放矢地确定接收信号调理电路技术指标和方案。

4.1　接收信号调理电路参数分析

本节主要是根据信号和噪声之间的频率和幅度等差异，设计选择信号调理电路的带宽、增益等相关工作参数。

4.1.1　滤波电路带宽分析

滤波电路带宽主要取决于发射信号和声呐拟探测的目标情况（一般情况下，需要最大限度地让信号通过，不用过多地考虑噪声、混响和干扰的带宽特性）。如果 B 是发射信号带宽，$V_{\mathrm{r\,max}}$ 是最大相对运动速度，则接收带宽等于发射信号带宽加上可能最大的多普勒影响[8]：

$$B_{\mathrm{r}} = B + 2\left|\frac{2V_{\mathrm{r\,max}}}{c} f_0\right| \tag{4-1}$$

式中，c 为声速；f_0 为发射信号载频。

当然，有些时候主动声呐还可以工作于不同频率，此时就有必要将滤波器聚焦到具体某个工作频率，或者扩展带宽至覆盖全部的工作频率。例如，某两个发射信号对应的载频和带宽分别为 f_{01}、B_1 和 f_{02}、B_2，且 $f_{02} > f_{01}$，则带宽为

$$B_r = (f_{02} - f_{01}) + \frac{B_1 + B_2}{2} + \left| 2\frac{V_{r\max}}{c}(f_{02} + f_{01}) \right| \tag{4-2}$$

4.1.2 增益大小及范围分析

增益控制的目的包括以下几个方面。

（1）根据输入噪声级（背景噪声或者混响）的实时变化调整增益，将输出噪声级恒定控制，利于后续信号处理。

（2）使接收信号的大动态范围适应于有限的接收机终端，使系统既可以检测到小信号，而且在接收最大期望信号时又不至于饱和。保证接收机前端输入信号在最弱和最强时，A/D 转换器前端输入信号不限幅（将调理后的信号最大幅度控制在 A/D 转换器的满量程电压范围内），并且尽量减小 A/D 转换器量化噪声的影响（详见第 5 章）。

根据以上分析，增益放大电路应该有个变化的范围。最大增益是背景噪声或者混响条件下，不限幅的增益；最小增益是最近作用距离条件（信号最强）下，不限幅的增益。最大增益和最小增益之差就是增益变化范围。此处的最小增益就可以作为增益放大电路中的固定增益部分，增益变化范围作为可变增益部分。

1. 增益控制原理

图 4-2 描述了主动声呐工作时海洋环境噪声级、混响级和回声级随距离（时间）的变化关系[4]。

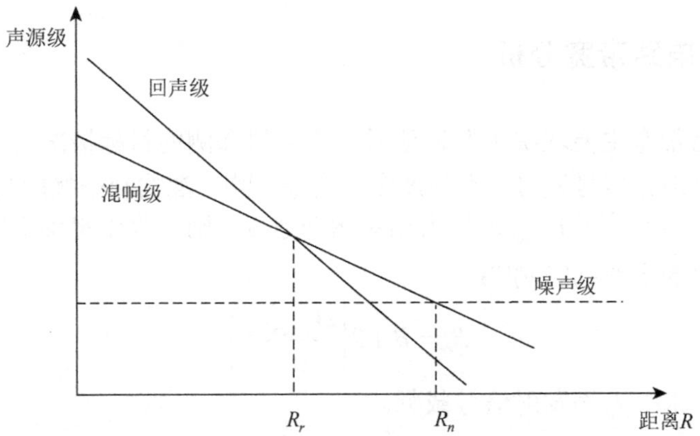

图 4-2　噪声级、混响级和回声级与声呐作用距离的关系

从图 4-2 可见，噪声级不随距离变化，混响级随距离下降，而回声级也随距离下降。主动声呐在近距离工作时，混响影响大于环境噪声；远距离工作时，环境噪声影响大于混响。

假设主动声呐接收到的目标回波信号幅度如图 4-3 所示。图 4-4 是理想的增益控制曲线（与混响、噪声级之和成反比）。利用图 4-5 所示的自动增益控制流程，可以达到上面所说的理想增益控制的目的，控制输出信号幅度如图 4-6 所示。

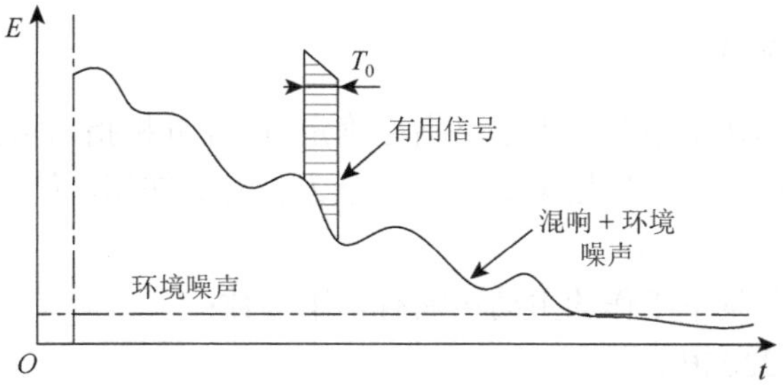

图 4-3　主动声呐接收声信号示意图

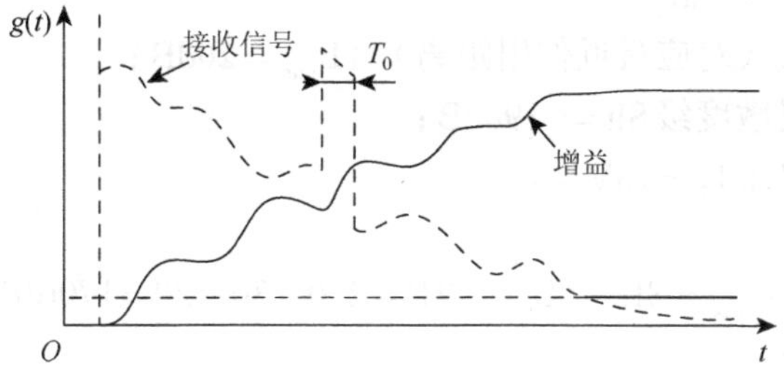

图 4-4　理想的增益控制曲线

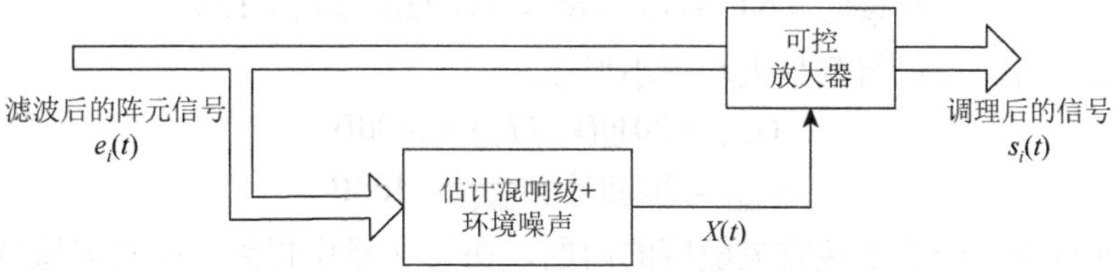

图 4-5　自动增益控制流程示意图

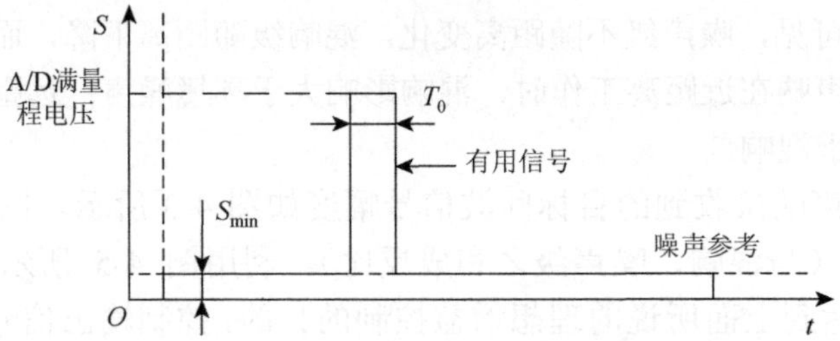

图 4-6　理想的信号调理电路输出波形幅度示意图

2. 增益大小定量计算

前面定性地描述了增益放大电路指标确定方法，分析指出增益大小和信号级、噪声与混响级直接相关。根据第 2 章中声呐方程有关知识，简要给出定量的分析过程。

假设在噪声背景下工作的主动声呐有如下参数：

声源级 $SL = 220dB$；

接收阵元指向性 $GS_u = 0dB$；

噪声级 $NL = 70dB$；

目标强度 $TS = -30dB$；

最小传播损失（对应最近作用距离）$TL_{min} = 20dB$；

水听器接收灵敏度级 $Sh = -190dB$；

A/D 满量程电压 $V_F = 10V$。

则有最大回波级：

$$EL_{max} = SL - TL_{min} + TS = 220 - 30 - 20 = 170(dB)$$

最大信号回波幅度：

$$20\lg V_s = EL_{max} - Sh = -20dB \rightarrow V_{max} = 0.1V$$

噪声回波幅度：

$$20\lg V_n = NL - GS_u - Sh = -120dB \rightarrow V_n = 1\mu V$$

按照前面分析，可以得到最大和最小增益：

$$G_{max} = 20\lg(V_F / V_n) = 140dB$$

$$G_{min} = 20\lg(V_F / V_{max}) = 40dB$$

额外讨论一个关于接收灵敏度的问题。在第 2 章中提到，接收灵敏度体现了接收换能器感知弱信号的能力，灵敏度高可以增大接收换能器输出。但从上面的公式可以看到，随着接收灵敏度的提高，信号回波引起的换能器输出电压增大，同时环境噪声引起的换能器输出电压也相应增大，信噪比并没有改变。声呐方程中并没有体现出高灵敏度的优势，这是什么原因呢？

第 2 章的声呐方程中，里面的噪声项主要包括环境噪声、自噪声和混响等，体现的量都与海洋工作环境中的“声”特性相关。声呐信号处理器的输入信噪比不仅与海洋工作环境中的“声信噪比”相关，还与接收换能器输出后的“电信噪比”相关。在接收换能器表面接收到的信号和噪声被相应地转化为电信号输出后，还需面对的噪声主要包括电路噪声（见 4.2 节）、换能器热噪声以及量化噪声（见第 5 章）等。如果接收换能器灵敏度高，输出的电压大，则能够提高相对于这些电噪声的信噪比，从而获得更好的性能。

下面简单解释一下换能器热噪声[32]。假设接收基元的电路模型如图 4-7 所示，基元产生的热噪声为 $V_n^2 = 4K_\mathrm{b}TRB$（单位为 $\mathrm{V^2/Hz}$），其中，K_b 是玻尔兹曼常量，$1.38\times10^{-23}\,\mathrm{J/K}$；$T$ 是热力学温度，单位为 K（t 为摄氏温度，单位为℃，二者关系满足 $T = t + 273$）。假设阻抗值为 $152\times10^5\,\Omega$，温度为 $303\mathrm{K}$，则热噪声谱密度为 $1.59\mathrm{nV}/\sqrt{\mathrm{Hz}}$。

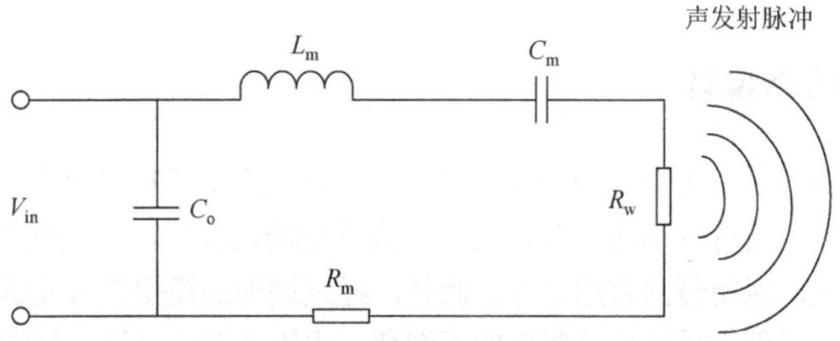

(a) 换能器发射电路模型

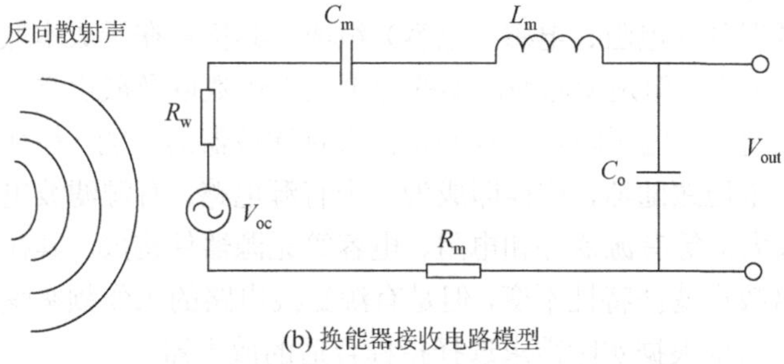

(b) 换能器接收电路模型

图 4-7 压电陶瓷谐振发射和接收电路模型

4.2 接收信号调理电路设计

4.2.1 输入阻抗匹配电路设计

换能器接收基元并不是一个纯阻性的信号源，而接收机前端输入阻抗一般认为只有实数部分，因此需要用匹配网络来除去接收基元的电抗部分并使其与接收机前端的电阻部分相等。不恰当的阻抗匹配可能会降低接收机灵敏度，增大失真，产生噪声干扰、反射等。

阻抗匹配的通常做法是在源和负载之间插入一个无源网络，使负载阻抗与源阻抗共轭匹配。通常情况下，使用电容电感实现阻抗匹配，在比较低的频段可以使用变压器实现匹配，也可以采用 L 形、π 形、T 形实现匹配电路，这类电路体积小、结构简单、应用广泛。

阻抗匹配通常的原则是：如果阻抗值要提高，使用串联方式；如果阻抗值要降低，则使用并联方式，两个电抗要有相反的类型，且要产生谐振。L 形匹配电路是最简洁的设计，也是首选。如果电路设计中要求品质因数，可以使用 T 形或 π 形匹配电路，因为这类电路的品质因数可调。也可以考虑多级匹配电路，其设计更灵活，可以满足电路的宽带需要。电路的匹配设计不是单一的，要综合考虑偏置电路、反馈电路和频率调节电路的相互连接，要反复进行设计和修改，最终达到满意的效果。

4.2.2 滤波电路设计

换能器接收到的信号除了有效的回波信号，还夹杂着不同的噪声，如海洋环境噪声、舰船自噪声、目标辐射噪声等，为了提高系统的信噪比，必须利用滤波器滤除带外的噪声和干扰，保留带内有用信号。此外，经过调理的模拟信号要送入 A/D 芯片进行信号采集，为了保证采样信号频谱的无混叠，也需要对信号进行抗混叠滤波。

滤波器按照电路的元器件特性可以分为无源滤波电路和有源滤波电路，无源滤波电路仅由无源器件（电阻、电感、电容）组成，其优点在于成本低廉、技术相对成熟、电路稳定可靠，但是无源滤波器的通带放大倍数以及截止频率都与负载的种类和阻值的大小有关，为了防止负载的特性影响滤波器的性能，往往在滤波器和负载之间加入一个电压跟随器，这样即成为一个有源电路。有源滤波电路一般由晶体管、集成运算放大器等有源器件和电阻、电容等无源器件构成，其在负载变化时滤波电路的放大倍数和滤波特性不变，但是有源滤波电路的工作频率受限于集成运算放大器的带宽，需要根据实际需求选择指标合适的放大器。

相比而言，二阶滤波器较一阶有着更好的滤波特性，且只需在一阶滤波器基础上增加少量无源器件即可，减少了集成运算放大器的数量，降低了成本。对于低阶的滤波器可以通过查表和公式计算等方式获得电路的参数，但是低阶滤波器往往不能获得系统要求的阻带衰减特性；更高阶的滤波器虽然有更好的特性，但设计难度成倍增加，计算难度大且调试困难。本节以常用的二阶带通滤波器为例，讲解滤波器的原理和设计方法。

二阶带通滤波器的传递函数如下：

$$H(S)=\frac{K_{\mathrm{p}}\alpha\omega_0 s}{s^2+\alpha\omega_0 s+\omega_0^2} \tag{4-3}$$

式中，K_{p}为系统通带的增益；α为系统的阻尼系数，其值与品质因数Q呈倒数关系；ω_0为系统的固有频率。它有两个极点和两个零点，其中一个零点在坐标原点处，另一个零点在无穷远处。

将$s=\alpha+\mathrm{j}\omega$代入式（4-3）可得二阶带通滤波器的幅频特性：

$$H(\omega)=K_{\mathrm{p}}\sqrt{\frac{\alpha^2{\omega_0}^2\omega^2}{\omega^4+\omega^2\omega_0^2(\alpha^2-2)+\omega_0^4}} \tag{4-4}$$

其相频特性为

$$\theta(\omega)=\frac{\pi}{2}-\arctan\left(\frac{\alpha\omega_0\omega}{{\omega_0}^2-\omega^2}\right) \tag{4-5}$$

由式（4-4）可得，当$\omega=0$或∞时，$H(0)=H(\omega)=0$，呈现带通的特性。

对于不同的阻尼系数，滤波器也会有不同的幅频响应，α取值越大，即阻尼越大，幅频特性以及相频特性相应变化的也就越缓慢；α取值越小，幅频特性曲线在固有频率附近起伏越大，通带越不平坦，但是在过渡带会获得更快的幅度衰减。因此，要根据实际的需求设计不同的阻尼系数，以获得最佳的幅频响应特性，典型的幅频响应特性有巴特沃思型、切比雪夫型、贝塞尔型等。

带通滤波器按照电路的拓扑结构可以分为压控电压源型（sallen-key）、多路负反馈型（multi-feedback，MFB）、双放大器型、状态变量（双二次）全极点型等。对于压控电压源型滤波器，其运算放大器采用同相接法，滤波器的输入阻抗很高，输出阻抗低，增益容易调节，但是只有当反馈系数$K_{\mathrm{f}}<3$时，滤波器才能稳定工作，当增益过大时容易导致自激振荡，不利于滤波器多级级联设计以及系统的稳定性；双放大器型和状态变量（双二次）全极点型电路参数可通过单一元件独立调节，对元件的灵敏度低，易于后期调试，但是结构复杂，体积庞大，成本较高，不利于减小系统功耗以及缩小系统体积；多路负反馈型增益调节不便，但是电路中不存在正反馈，因此电路总是稳定的，且电路中元器件较少，对元器件灵敏度低，选用容差较小的高精度元件有利于后期的电路调试。可见，滤波电路的几类结构各有优缺点，可以根据实际应用需求选用。

4.2.3　固定增益放大电路设计

换能器输出后接的电路一般是固定增益放大电路，也是信号调理电路的第一级放大电路。因为此时换能器输出的水声信号（压电转换后）未经放大，幅度很小，因此第一级放大电路对整体电路的噪声控制至关重要，对信噪比影响很大。放大电路的实现方法有很多，常见的有利用运算放大器组成的负反馈比例放大电路，以及专用的仪表放大器。下面举例说明两种放大电路输出噪声计算方法。

1. 负反馈比例放大电路

由运算放大器组成的放大电路的噪声模型如图 4-8 所示，放大电路的噪声来源主要包括电压噪声、电流噪声和电阻热噪声。电路输出电压噪声谱密度 $V_{\mathrm{N\_OUT}}$ 由下式决定：

$$V_{\mathrm{N\_OUT}}=\sqrt{4kTR_{\mathrm{F}}+\left(1+\frac{R_{\mathrm{F}}}{R_{\mathrm{G}}}\right)^2[4kTR_{\mathrm{S}}+I_{\mathrm{N}}^2R_{\mathrm{S}}^2+V_{\mathrm{N}}^2]+\left(\frac{R_{\mathrm{F}}}{R_{\mathrm{G}}}\right)^2 4kTR_{\mathrm{G}}+I_{\mathrm{N}}^2R_{\mathrm{F}}^2} \tag{4-6}$$

式中，k 为玻尔兹曼常数，1.38×10^{-9}J/K；T 为绝对温度（单位为 K）；I_{N} 为运放的输入电流噪声谱密度（单位为 $\mathrm{pA}/\sqrt{\mathrm{Hz}}$）；$V_{\mathrm{N}}$ 为运放的输入电压噪声谱密度（单位为 $\mathrm{nV}/\sqrt{\mathrm{Hz}}$）。

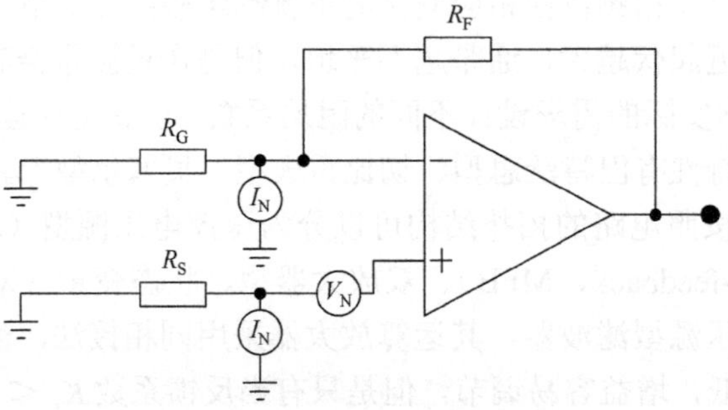

图 4-8　放大电路噪声模型示意图

电阻热噪声计算依据为 $V_{\mathrm{N\_R}}=\sqrt{4\cdot k\cdot T\cdot R\cdot \mathrm{BW_N}}$，其中 $\mathrm{BW_N}$ 为噪声带宽，电阻热噪声对输出噪声的贡献已包含在式（4-6）中。

进一步，输出噪声均方根电压 $V_{\mathrm{N\_RMS}}$ 可表示为

$$V_{\mathrm{N\_RMS}}=\sqrt{\mathrm{BW_N}}\cdot V_{\mathrm{N\_OUT}} \tag{4-7}$$

$\mathrm{BW_N}$ 与运放的单位增益带宽积 GBP、噪声增益 G_{N} 的关系为

$$\mathrm{BW_N}=\frac{\mathrm{GBP}}{G_{\mathrm{N}}}\cdot K_{\mathrm{n}} \tag{4-8}$$

K_{n} 为修正因子，与滤波器阶数有关，噪声增益 G_{N} 由电路可得

$$G_{\mathrm{N}}=1+\frac{R_{\mathrm{F}}}{R_{\mathrm{G}}} \tag{4-9}$$

电路输入噪声谱密度 V_{N_IN} 和 V_{N_OUT} 的关系为

$$V_{N\_OUT} = V_{N\_IN} \cdot G_N \tag{4-10}$$

最终的电路输出噪声峰峰值 V_{N_PP} 为

$$V_{N\_PP} = V_{N\_RMS} \cdot 6 \tag{4-11}$$

表 4-1 列出了对应于式（4-6）的各项噪声来源以及计算公式。以运算放大器 ADA4807-1 为例，在其数据手册中查询所需参数，V_N=3.1 nV/$\sqrt{\text{Hz}}$，I_N= 0.7 pA/$\sqrt{\text{Hz}}$，GBP = 180MHz。假设换能器输出电阻 R_S = 5kΩ，反馈电阻 R_F = 9.9kΩ，R_G = 100Ω，则放大倍数为 100。在 25℃下，通过表 4-1 所列公式分别计算每项噪声源在电路输出端所产生的噪声谱密度及所占比例，并计算得到总输出电压噪声谱密度为1028.5nV/$\sqrt{\text{Hz}}$，则等效的总输入电压噪声谱密度为10.3nV/$\sqrt{\text{Hz}}$，输出电压噪声均方根值为1.73mV$_{\text{rms}}$，输出电压噪声峰峰值为 10.4mV。

表 4-1　运放噪声计算示例

序号	噪声来源	折算到输出端的计算公式	输出端电压噪声谱密度 nV/$\sqrt{\text{Hz}}$	所占比例
1	R_F 上的热噪声	$\sqrt{4kTR_F}$	12.76	0.02%
2	R_G 上的热噪声	$\left(\frac{R_F}{R_G}\right)\sqrt{4kTR_G}$	127	1.52%
3	R_S 上的热噪声	$\left(1+\frac{R_F}{R_G}\right)\sqrt{4kTR_S}$	907.1	77.79%
4	R_S 上的电流噪声	$\left(1+\frac{R_F}{R_G}\right)I_N R_S$	350	11.58%
5	R_F 上的电流噪声	$I_N R_F$	6.9	0.00%
6	输入端电压噪声	$\left(1+\frac{R_F}{R_G}\right)V_N$	310	9.08%
总输出电压噪声谱密度			1028.5	100%

由式（4-6）～式（4-11）可以看出影响放大电路输出噪声的各个因素。其中，第 3 项所占比例最大，减小接收换能器的输出阻抗利于降低噪声；由第 4、5、6 项可知，应选用具有较低的电压和电流噪声谱密度的运放；由第 1、2、3 项可知，保持良好的散热有利于降低噪声；由第 1、2、5 项可知，在放大倍数固定的情况下，应尽量降低增益电阻和反馈电阻的阻值，这也能够降低噪声，但要注意受限于大多数运放的驱动能力，这两个阻值的和不应小于 2kΩ；由式（4-7）可知，在

噪声谱密度一定的情况下，过大的单位增益带宽积将增加输出噪声幅度，因此在满足信号带宽要求的前提下应尽量选择带宽较小的运放。

不同因素对总输出噪声的贡献所占的比例不同，具体实现时对各种因素的控制难度也不同，设计时应综合考虑成本、散热、空间等外在因素的影响，进行折中设计。

式（4-8）中 K_n 的引入主要是为了修正滤波器带来的影响。现实中的滤波器幅频特性有过渡带，从而会导致带外的噪声会被耦合进来，所以在修正这个滤波器带来的影响时需要乘以因子–K_n，其和滤波器阶数的关系可参考表 4-2。从表 4-2 中可以看出，3 阶和 4 阶滤波器对噪声影响不大，甚至采用 2 阶滤波器都是可以的，可大大降低电路的复杂度。

表 4-2　修正因子和滤波器阶数的关系

滤波器阶数	K_n
1	1.57
2	1.22
3	1.16
4	1.13
5	1.12

2. 仪表放大器

仪表放大器是使用多个运算放大器搭建的抗共模干扰能力极强的放大电路模块。仪表放大器的噪声模型如图 4-9 所示。R_S 为传感器阻抗，R_G 为增益电阻。

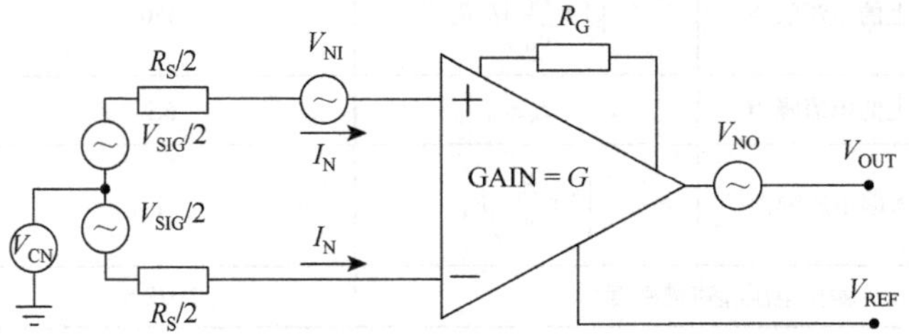

图 4-9　仪表放大器噪声模型

仪表放大器的输入电压噪声源有两个，第一个是与传统的运算放大器类似的输入噪声谱密度 V_{NI}，它与输入信号串联，通过增益 G 反应到输出端；第二个是输出噪声谱密度 V_{NO}，与输出信号串联，可通过除以增益 G 等效到输入端。

输入噪声电流 I_{N+}和 I_{N-}对输出噪声也有贡献。通常 I_{N+}和 I_{N-}是相等的，但它们是不相关的，因此，它们各自产生的噪声必须以平方根的方式求和。I_{N+}流经 R_S

的一半，I_{N-}流经 R_S 的另一半。这会产生两个噪声电压，每个噪声电压的振幅为 $I_N \cdot R_S/2$，这两个噪声源都通过增益 G 反应到输出端。

R_S和 R_G上的电阻热噪声也不能忽略，他们都通过增益 G 反应到输出端。

总的输出噪声谱密度是上述几种噪声的组合：

$$V_{N\_OUT} = \sqrt{V_{NO}^2 + G^2\left(V_{NI}^2 + \frac{I_N^2 R_S^2}{2} + 4kTR_S + 4kTR_G\right)} \tag{4-12}$$

前面的式（4-7）、式（4-8）、式（4-10）、式（4-11）在这里仍然适用。

以仪表放大器 AD8421 为例，在其数据手册中查询相关参数，$V_{NI} = 3.2\text{nV}/\sqrt{\text{Hz}}$，$V_{NO} = 60\text{nV}/\sqrt{\text{Hz}}$，$I_N = 0.2\text{pA}/\sqrt{\text{Hz}}$，$\text{GBP} = 10\text{MHz}$，$R_G = 0.1\text{k}\Omega$，为对比方便，源电阻与上例相同，$R_S = 5\text{k}\Omega$，根据上述公式计算得到总输出电压噪声谱密度为 $975\text{nV}/\sqrt{\text{Hz}}$，等效的总输入电压噪声谱密度为 $9.75\text{nV}/\sqrt{\text{Hz}}$，输出电压噪声均方根值为 $386\mu\text{V}_{\text{rms}}$，输出电压噪声峰峰值为 2.32mV。

可见，在相同的源电阻 R_S和增益 G 下，由仪表放大器 AD8421 组成的放大电路的输出电压噪声谱密度与由运放 ADA4807-1 组成的比例放大电路相当，但由于运放的噪声带宽 BW_N 比仪表放大器大，导致前者的输出电压噪声峰峰值比后者大。

4.2.4　可控增益放大电路设计

增益控制放大器一般有三种控制方式。第一种是采用数字可编程器件，这类放大器直接通过数字接口与主控芯片相连，主控芯片将对应的增益码传输到增益放大器中，从而获得设定的增益值。这种方式直接由数字信号驱动，无须 D/A 模块和平滑滤波器，因此需要的硬件资源更少，但是对于多通道多级可控增益电路来说，这种方式的数字控制信号过多，占用面积较大，且需要额外电路实现模拟信号和数字信号的完全隔离，同时可编程增益放大器件的增益精度受限于放大器的控制码位数，获得的增益为非线性阶梯状，不利于信号的连续稳定放大。

增益控制放大器的第二种控制方式为模拟电压控制，这类放大器称为压控放大器（voltage control amplifier，VCA），其可根据外部的驱动电压实现对增益的调整。数字控制码通过 D/A 芯片转换获得模拟驱动信号，再经过滤波器平滑即可供给压控放大器，一路驱动控制电路可驱动多路压控放大器，而且采用电压控制的增益放大器体积小，更适合于多路的集成，有利于节省空间。通过电压控制的方式，可以免除数字信号的干预，减少了噪声的引入，同时又可以得到线性的电压驱动信号和较大的增益动态范围。

增益控制放大器的第三种控制方式为开关切换增益控制电阻，这种方式原理简单，但实现较多增益选项时，存在电路规模较大等不足。

上面阐述了声呐接收信号调理电路各组成电路的设计过程。在实际实现过程中，当通道数较多时，还需要考虑通道之间的幅度、相位一致性，以及通道隔离度等。需要采用筛选分立元件、尽量选择同批次集成器件等措施，以减小由于元器件参数不一致性带来的误差。

4.3 接收电路设计与实例分析

下面结合高频多波束探测声呐信号调理电路设计实例，阐述滤波电路、固定增益放大电路以及可变增益放大电路的设计过程。

4.3.1 滤波电路

有源滤波电路的设计方法有很多，早期的设计者只能采用手工计算的方法。近年来出现了很多滤波器设计软件，用来辅助设计者进行滤波器的设计，降低设计的难度。

常用的滤波器设计软件有Burr-Brown公司的Filter2和Filter42，Linear Technology公司的FilterCAD 3.0可用来计算集成滤波器外围元件的参数值，Schematica软件公司的Filter Wizard Pro、Filter Wizard Lite和Microchip公司的Filterlab可用于分立元件滤波器的设计，另外，TI公司开源设计软件Webench也具备比较完备的设计功能。它们的功能大体相同，有的软件还具有元件值的计算和调整、参数评估、仿真等功能。另外，Multisim软件是美国国家仪器（NI）有限公司开发的一款电路仿真工具，它可以以图形输入的方式搭建电路原理图，对电路进行仿真，应用比较广泛。

1. 窄带滤波电路

窄带滤波电路设计指标要求如表4-3所示。

表4-3 窄带滤波电路设计指标要求

参数	数值
中心频率（算术）	300kHz
–3dB带宽	60kHz
最大通带起伏	3dB
止带增益	–40dB

由于要求频带内相频特性更好的线性度，此处选择了8阶线性相位0.05°型滤波器形式[33]，满足设计要求的通带宽度和阻带衰减特性，其中8阶滤波器使用完整的两片双运放芯片即可搭建完成，同时线性相位0.05°型有着接近线性的相频特性，适合在一致性要求较高的多通道中使用，此类型滤波器Q值相对较低，对运

算、放大增益带宽积要求也较低，有利于降低运放成本，并且电路更容易调试实现。最终的电路结构如图 4-10 所示。

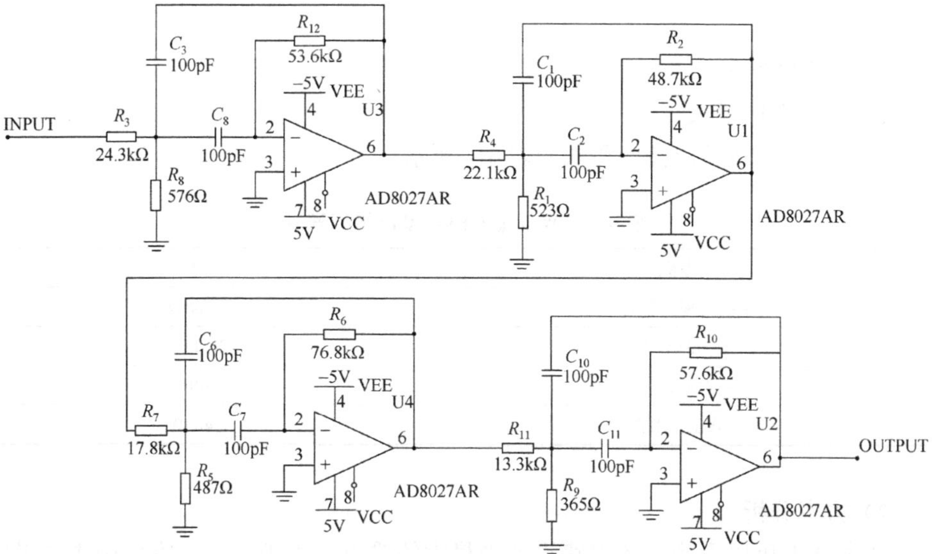

图 4-10　带通滤波电路图

设计软件默认推荐的运算放大器留有带宽宽度余量，实际使用考虑到成本、功耗、发热等问题会择优选择满足指标要求的运放。本例中选择 ADI 公司的 ADA4807-2 运算放大器。根据 Webench 设计的滤波器绘制仿真电路，并利用 Multisim 对电路性能指标进行仿真，仿真结果如图 4-11 所示。

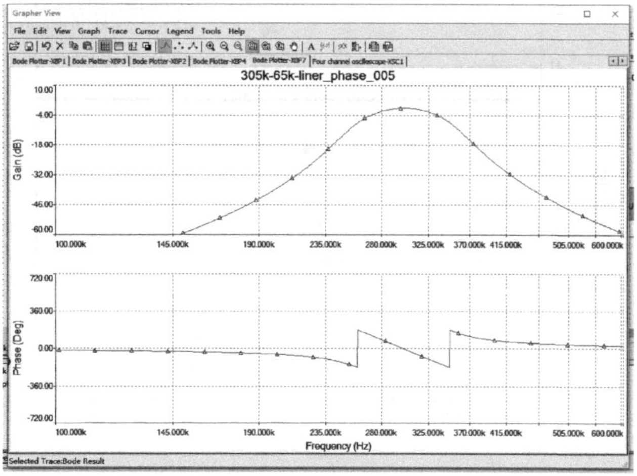

图 4-11　8 阶多路负反馈带通滤波器幅频特性和相频特性

由图 4-11 可知，所设计的带通滤波器–3dB 带宽约 60kHz，通带平坦，在中心频率附近有着接近线性的相频特性，可以通过滤波器的群时延特性评估是否满足设计要求。

2. 宽带滤波电路

1）设计指标要求

宽带滤波电路设计指标要求如表 4-4 所示。

表 4-4　宽带滤波电路设计指标要求

参数	数值
中心频率（算术）	300kHz
–3dB 带宽	200kHz
最大通带起伏	3dB
截止带增益	–40dB

2）方案分析

从表 4-4 可以看到，该电路设计中最大的难点是“带宽”，本例中主要考虑对比以下三种方案。

（1）多级 2 阶带通滤波器级联。

利用多级相同的 2 阶带通滤波器级联。各级参数一致，便于电路焊接、调试。典型的单个 2 阶带通滤波器和 4 个相同的 2 阶带通级联构成的 8 阶带通的滤波器幅度特性见图 4-12。从图 4-12 中可以看出，单个 2 阶带通上下限截止频率处的增

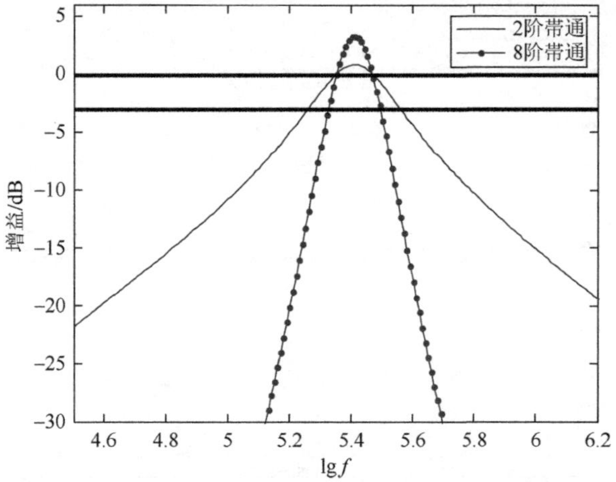

图 4-12　2 阶和 8 阶带通滤波器幅度特性曲线

益在 –3dB 左右，但是 4 个相同的 2 阶带通级联之后，上下限截止频率处的增益已经明显小于 –3dB，此时的 –3dB 通频带已经窄了许多。

（2）低通 + 高通构成带通滤波器。

该方案在通频带较宽时可以获得很好的阻带衰减，同时有着良好的通带平坦性。但是对于本设计指标要求，上下限截止频率太近，仅相差二倍频程，在同样的阶数下，该方案没有明显优势。

图 4-13 为巴特沃思（Butterworth）型 4 阶低通和 4 阶高通构成的带通滤波器的幅度特性曲线。图 4-14 为切比雪夫（Chebyshev）型 8 阶带通滤波器的幅度特性曲线。Butterworth 型滤波器在通带和阻带均比较平坦，但是阻带衰减较慢；Chebyshev 型在阻带的衰减速度稍好于 Butterworth 型，但是仍然不够快，且通带内的平坦性明显下降。

（3）MFB 型带通滤波器（变中心频率）。

该方案采用多个中心频率不同的 2 阶带通滤波器级联的方式构成一个特定带宽的带通滤波器，通过选择合适的参数既可以保证通带的平坦性又能获得较快的阻带衰减，缺点是每级元件参数各不相同，元器件种类较多，给焊接调试带来麻烦。

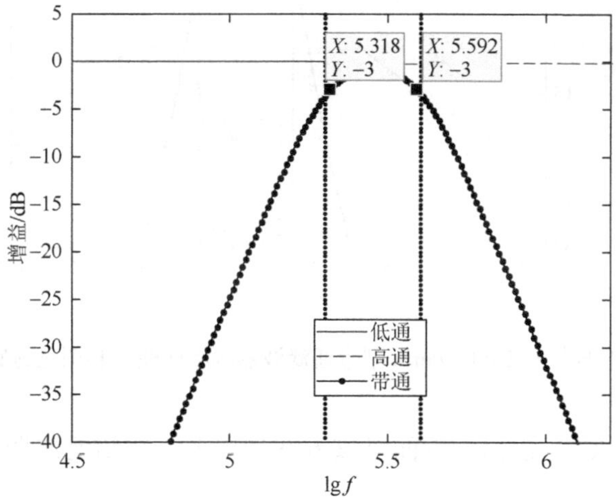

图 4-13　Butterworth 型带通滤波器幅频曲线

图 4-15 为 MFB 结构的 Butterworth 型带通滤波器每一级及 4 级级联之后总的幅度特性曲线。从图中可以看出，通带内很平坦，与前面的两个方案相比，阻带的衰减也更为迅速。

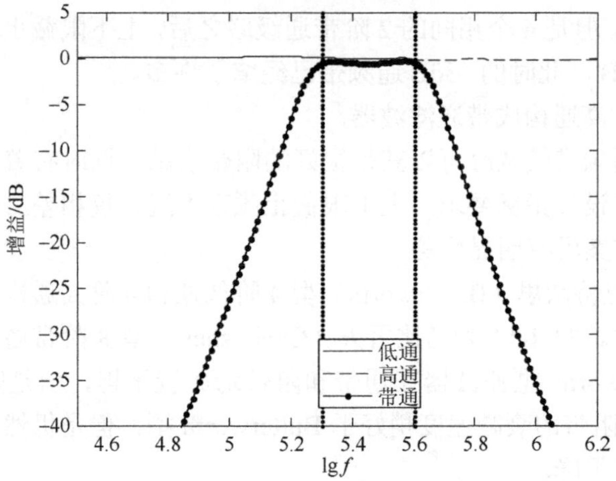

图 4-14　Chebyshev 型 8 阶带通滤波器幅频曲线

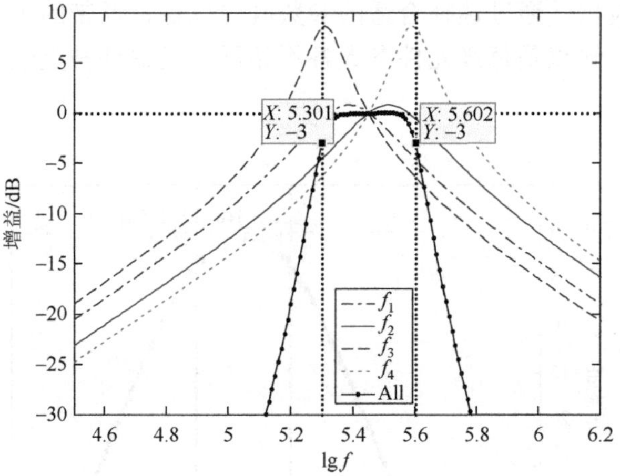

图 4-15　MFB 结构 Butterworth 型带通滤波器幅频曲线（彩图见封底二维码）

综上，方案（3）较优，下面以该方案为原形，介绍滤波器的阶数、类型的选取。

3）设计实现

MFB 结构的带通滤波器，通过改变参数，主要实现以下四种类型：Linear phase 0.05°型、Butterworth 型、Bessel 型、Linear phase 0.5°型[33]。其总的幅频特性和相频特性如图 4-16 和图 4-17 所示。

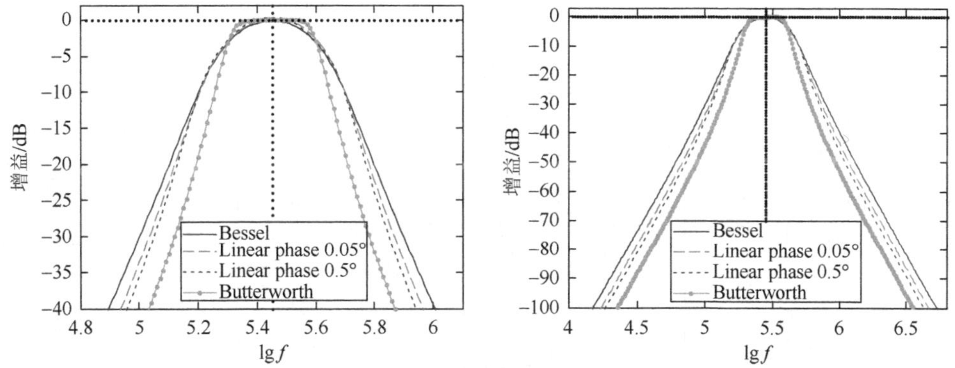

图 4-16　四种滤波器总幅频曲线（整体及局部放大）

从幅度特性来说，Butterworth 型明显好于其他三种，Linear phase 0.05°型与 Linear phase 0.5°型差别不大，二者稍好于 Bessel 型。

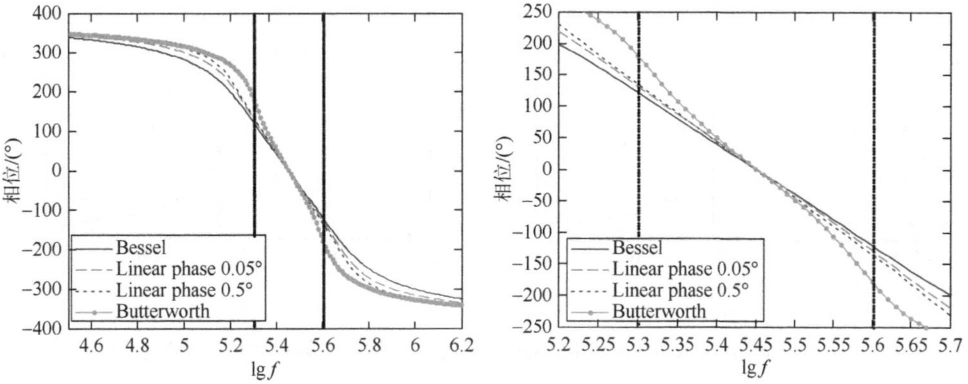

图 4-17　四种滤波器总相频曲线（整体及局部放大）

从相频特性来说，Butterworth 型在通带内的线性度明显差于其他三种，其余三者差别不大，通带内的线性回归系数 R 均为 1，Butterworth 型 $R = 0.9966$。综合滤波器应用需求（发射宽带复杂探测信号的接收与处理），此处选择 Linear phase 0.05°型，并和 Butterworth 型进行比较。

图 4-18 是利用 Multisim 仿真及实测的 8 阶 Linear phase 0.05°型和 Butterworth 型滤波器幅频和相频特性曲线如图 4-19 和图 4-20 所示。

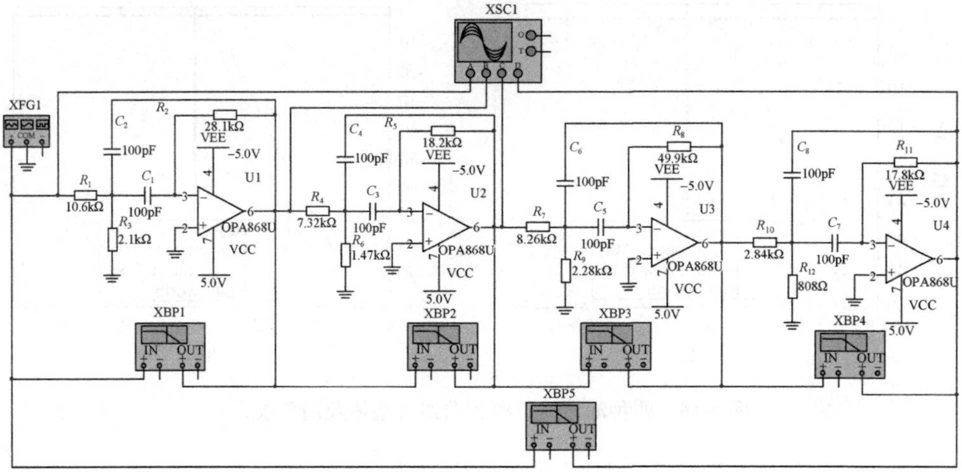

图 4-18　8 阶 linear phase 0.05°型 Multisim 仿真电路

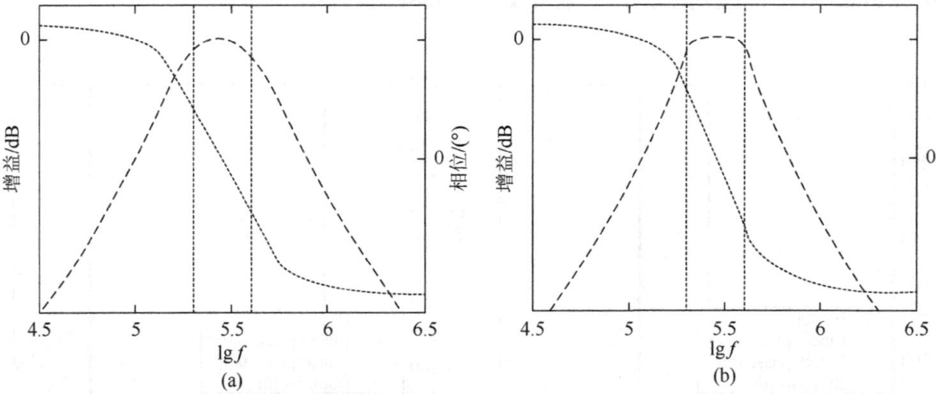

图 4-19　Linear phase 0.05°型和 Butterworth 型滤波器幅频和相频特性仿真比较

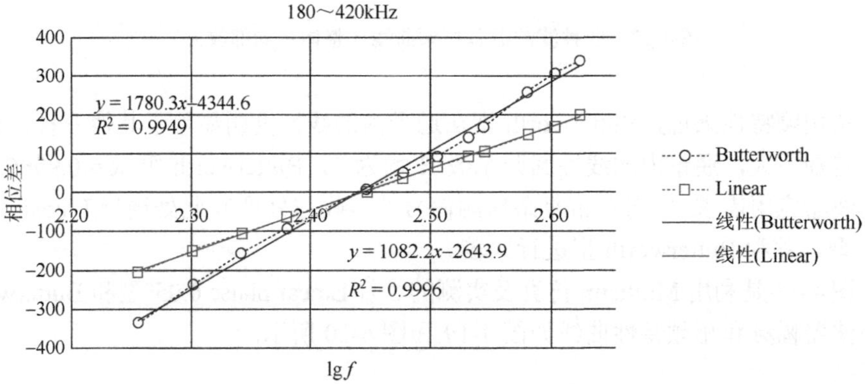

图 4-20　实测的 8 阶 Linear phase 0.05°型和 Butterworth 型滤波器幅频和相频特性曲线（彩图见封底二维码）

4.3.2　固定增益放大电路

换能器输出信号很小，一般来说，其输出应接入固定增益放大电路的输入。固定增益放大电路比较简单，如常采用的同向电压串联负反馈结构。此处选用了 ADI 公司的 ADA4807-1 运算放大器，当要求的放大倍数为 10 倍时（固定增益为 20dB），设计原理如图 4-21 所示。

对于图 4-21 所示的放大电路，增益计算公式如下：

$$V_{\text{out}} = V_{\text{in}}\left(1+\frac{R_{84}}{R_{81}}\right) \tag{4-13}$$

设计电路时，在固定放大电路的输入端和输出端加入高通滤波电路，可以滤除前级和后级的直流偏置分量以及降低低频干扰；C_{86} 为预留电容位，当电路放大倍数过大发生自激时，可添加小电容改变放大电路的相位裕度，防止电路自激。R_{80} 为电路的平衡电阻，用以减小输入偏置电流带来的影响；电源处增加高通滤波电路减小电源纹波带来的干扰。

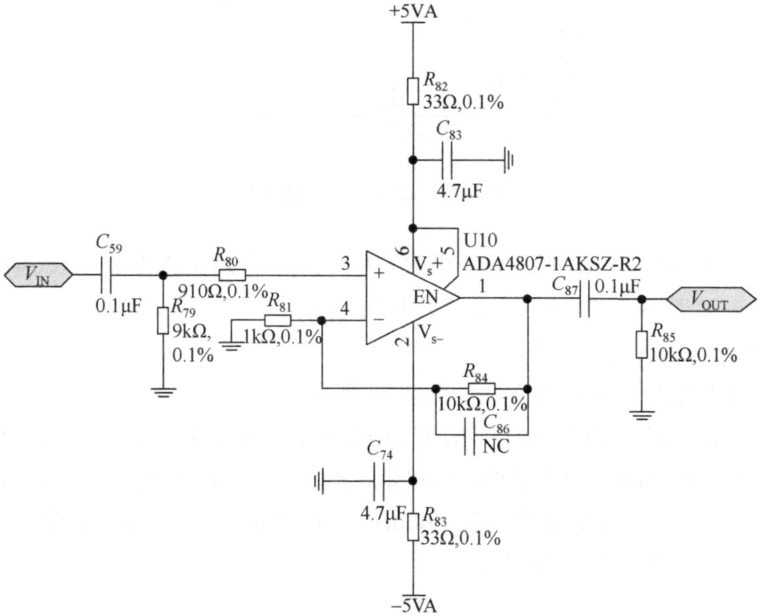

图 4-21　固定增益放大电路

4.3.3　模拟混频电路

对于高频主动声呐系统，往往需要对接收到的信号进行混频，以降低待处理信号的最高频率，从而降低系统的采样频率（采样相关内容详见第 5 章），下面给出常见的乘法器和模拟开关混频电路方案。

1. 乘法器混频

1）混频原理

假设混频器的输入信号和本振信号分别是 $v_1 = A\cos(\omega_1 t+\varphi_1)$，$v_2 = B\cos(\omega_2 t+\varphi_2)$，则其输出为 $v_o = v_1 \times v_2 = \frac{AB}{2}(\cos((\omega_1+\omega_2)t+(\varphi_1+\varphi_2))+\cos((\omega_1-\omega_2)t+(\varphi_1-\varphi_2)))$，再根据需求让信号通过滤波器取出混频后的高频量或低频量即可。

以模拟乘法器 AD835 为例（图 4-22），AD835 结构简单，其基本函数为 $W = XY + Z$。

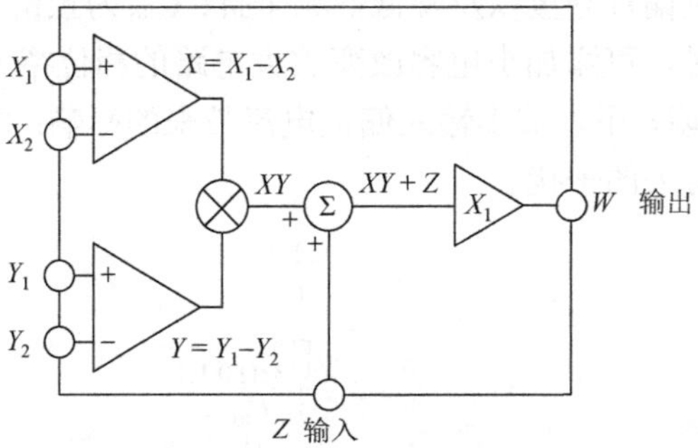

图 4-22　AD835 功能框图

令 $X_2 = Y_2 = Z = 0$，则此时输出函数为 $W = XY$，令 X_1 输入为 $v_1 = A\cos(\omega_1 t+\varphi_1)$，$Y_1$ 输入为 $v_2 = B\cos(\omega_2 t+\varphi_2)$ 即可满足混频功能需求。

2）电路形式及仿真分析

乘法器混频的具体实现方法如图 4-23 所示。

X_1 输入信号频率为 310kHz、幅度为 1V 的正弦波，X_2 接地，Y_1 输入信号频率为 290kHz、幅度为 1V 的正弦波，Y_2 接地，Z 接地。则 W 输出为 20kHz 和 600kHz 的混合信号，2 个信号的幅度均为 500mV（–6.02dB），与理论计算吻合。模拟乘法器混频仿真输出如图 4-24 所示。

2. 模拟开关混频

采用专用的模拟乘法器实现混频的方案，在多通道声呐系统中应用时通常存在功率偏大等缺点（图 4-25 给出了几种模拟开关的技术参数），所以在对功耗和体积要求严格的场合可采用模拟开关进行混频。

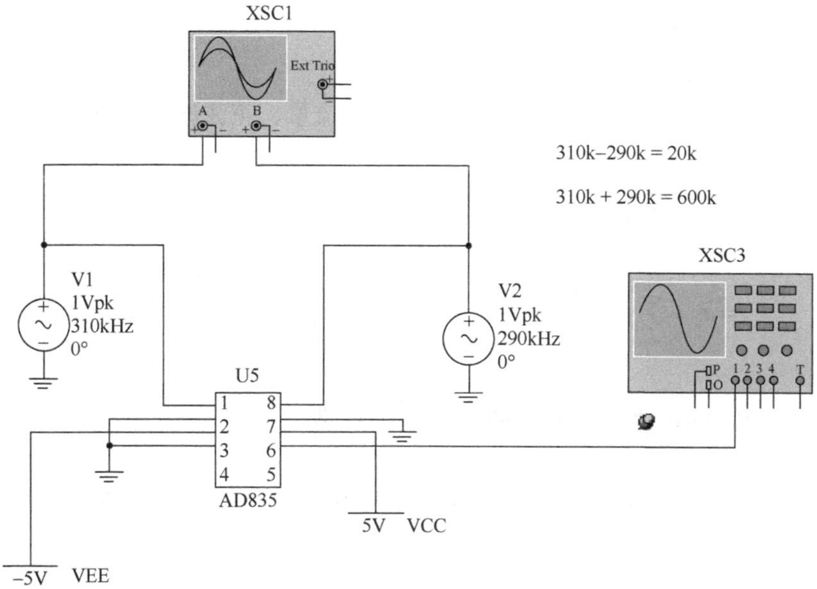

图 4-23　模拟乘法器混频原理图

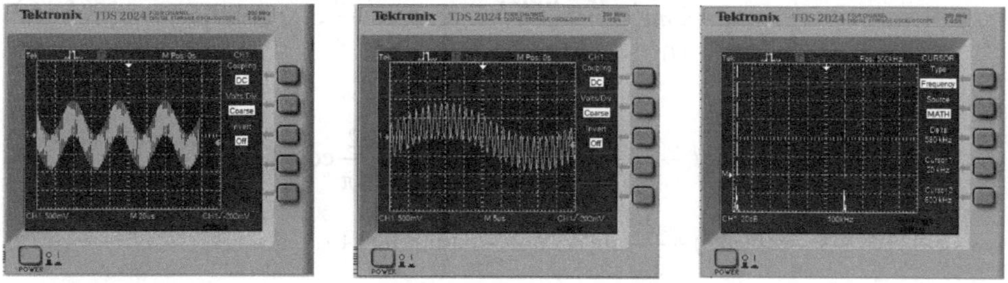

(a) 混频输出波形　(b) 局部放大　(c) 信号频谱

图 4-24　模拟乘法器混频仿真输出

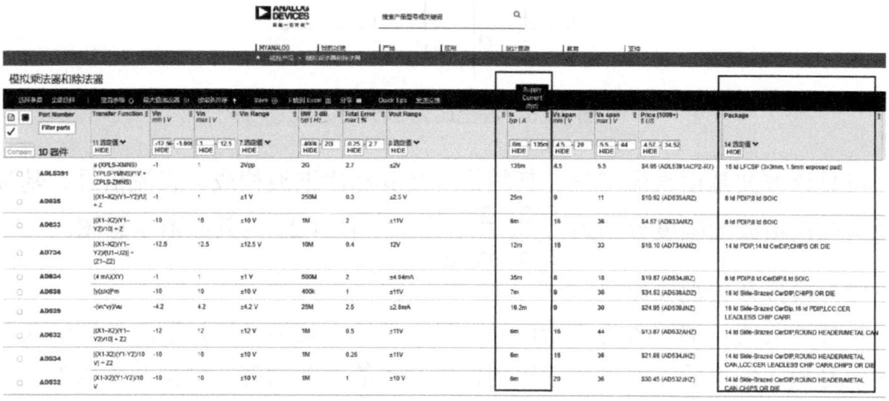

Part Number	Transfer Function	Vin min | V	Vin max | V	Vin Range	BW 3 dB typ | Hz	Total Error max | %	Vout Range	Is typ | A	Vs span min | V	Vs span max | V	Price (1000+) $ US	Package
ADL5391	a (XPLS-XMNS)(YPLS-YMNS)*1V + (ZPLS-ZMNS)	-1	1	2Vpp	2G	2.7	±2V	135m	4.5	5.5	$4.95 (ADL5391ACPZ-R7)	16 ld LFCSP (3x3mm, 1.5mm exposed pad)
AD835	[(X1−X2)(Y1−Y2)/U] + Z	-1	1	±1 V	250M	0.3	±2.5 V	25m	9	11	$10.92 (AD835ARZ)	8 ld PDIP,8 ld SOIC
AD633	[(X1−X2)(Y1−Y2)/10] + Z	-10	10	±10 V	1M	2	±11V	6m	16	36	$4.57 (AD633ARZ)	8 ld PDIP,8 ld SOIC
AD734	[(X1−X2)(Y1−Y2)/(U1−U2)] + (Z1−Z2)	-12.5	12.5	±12.5 V	10M	0.4	12V	12m	18	33	$18.10 (AD734ANZ)	14 ld PDIP,14 ld CerDIP,CHIPS OR DIE
AD834	(4 mA)(XY)	-1	1	±1 V	500M	2	±4.04mA	35m	8	18	$19.87 (AD834JRZ)	8 ld PDIP,8 ld CerDIP,8 ld SOIC
AD538	[y(z/x)]^m	-10	10	±10 V	400k	1	±11V	7m	9	36	$31.52 (AD538ADZ)	18 ld Side-Brazed CerDIP,CHIPS OR DIE
AD539	-(vx*vy)/vu	-4.2	4.2	±4.2 V	25M	2.5	±2.8mA	10.2m	9	30	$24.95 (AD539JNZ)	16 ld Side-Brazed CerDip,16 ld PDIP,LCC:CER LEADLESS CHIP CARR
AD632	[(X1−X2)(Y1−Y2)/10] + Z2	-12	12	±12 V	1M	0.5	±11V	6m	16	44	$13.87 (AD632AHZ)	14 ld Side-Brazed CerDIP,ROUND HEADER/METAL CAN
AD534	[(X1-X2)(Y1-Y2)/10 V] + Z2	-10	10	±10 V	1M	0.25	±11V	6m	18	36	$21.98 (AD534JHZ)	14 ld Side-Brazed CerDIP,ROUND HEADER/METAL CAN,LCC:CER LEADLESS CHIP CARR,CHIPS OR DIE
AD532	(X1-X2)(Y1-Y2)/10 V	-10	10	±10 V	1M	1	±10 V	6m	20	36	$30.45 (AD532JHZ)	14 ld Side-Brazed CerDIP,ROUND HEADER/METAL CAN,CHIPS OR DIE

图 4-25　市面上常见的模拟乘法器指标

1）开关混频原理

（1）理想方波的频谱。

由傅里叶级数知识可知，周期信号可由直流量、正弦波或余弦波叠加而成，展开如下：

$$x(t)=a_0+\sum_{n=1}^{\infty}(a_n\cos(n\omega_0 t)+b_n\sin(n\omega_0 t))$$
$$=a_0+\sum_{n=1}^{\infty}\left(\sqrt{a_n^2+b_n^2}\left(\frac{a_n}{\sqrt{a_n^2+b_n^2}}\cos(n\omega_0 t)-\frac{-b_n}{\sqrt{a_n^2+b_n^2}}\sin(n\omega_0 t)\right)\right) \quad (4\text{-}14)$$

令 $c_0=a_0$、$c_n=\sqrt{a_n^2+b_n^2}$、$\phi_n=\arctan\left(\dfrac{-b_n}{a_n}\right)$，则

$$x(t)=c_0+\sum_{n=1}^{\infty}(c_n(\cos(\phi_n)\cos(n\omega_0 t)-\sin(\phi_n)\sin(n\omega_0 t)))=c_0+\sum_{n=1}^{\infty}(c_n\cos(n\omega_0 t+\phi_n)) \quad (4\text{-}15)$$

对于幅度为1、占空比为50%的方波（图4-26）：

$$c_0=\frac{1}{2},\quad c_n=\begin{cases}\dfrac{2}{n\pi}, & n=1,3,5,\cdots\\ 0, & n=2,4,6,\cdots\end{cases},\quad \phi_n=-\frac{\pi}{2},\quad n=1,3,5,\cdots \quad (4\text{-}16)$$

其傅里叶级数展开为

$$x(t)=\frac{1}{2}+\frac{2}{\pi}\cos\left(\omega_0 t-\frac{\pi}{2}\right)+\frac{2}{3\pi}\cos\left(3\omega_0 t-\frac{\pi}{2}\right)+\frac{2}{5\pi}\cos\left(5\omega_0 t-\frac{\pi}{2}\right)+\cdots$$
$$=\frac{1}{2}+\frac{2}{\pi}\sin(\omega_0 t)+\frac{2}{3\pi}\sin(3\omega_0 t)+\frac{2}{5\pi}\sin(5\omega_0 t)+\cdots \quad (4\text{-}17)$$

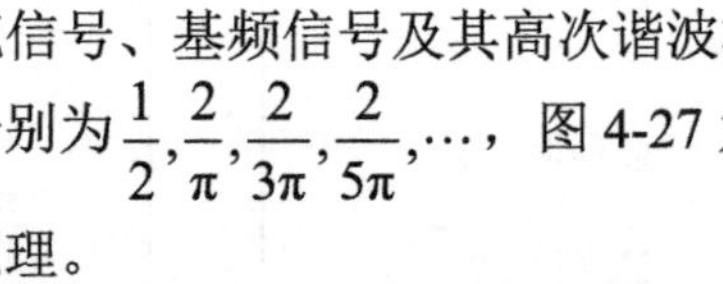

图4-26　占空比为50%的方波

可见该方波是由直流信号、基频信号及其高次谐波构成。直流信号、基频信号及其高次谐波的幅度分别为 $\frac{1}{2},\frac{2}{\pi},\frac{2}{3\pi},\frac{2}{5\pi},\cdots$，图4-27为其频谱示意图。

（2）模拟开关混频原理。

模拟开关的一端输入为原始信号，另一端输入接地。通过逻辑控制输入为与本振信号相同频率的方波信号，控制模拟开关的通断状态。模拟开关以本振信号的频率控制开关，相当于对原始信号和方波进行乘法运算，即原始信号与直流信

号、基频信号及其高次谐波分别进行乘法运算，实现混频。混频后的输出结果含有高次谐波混频的干扰，需要后续采用带通滤波处理。

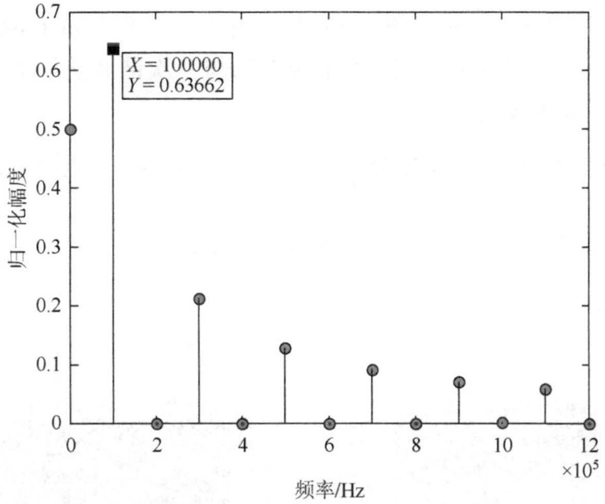

图 4-27　占空比为 50%方波的频谱

2）开关混频实现

开关混频的具体实现方法如图 4-28 所示。

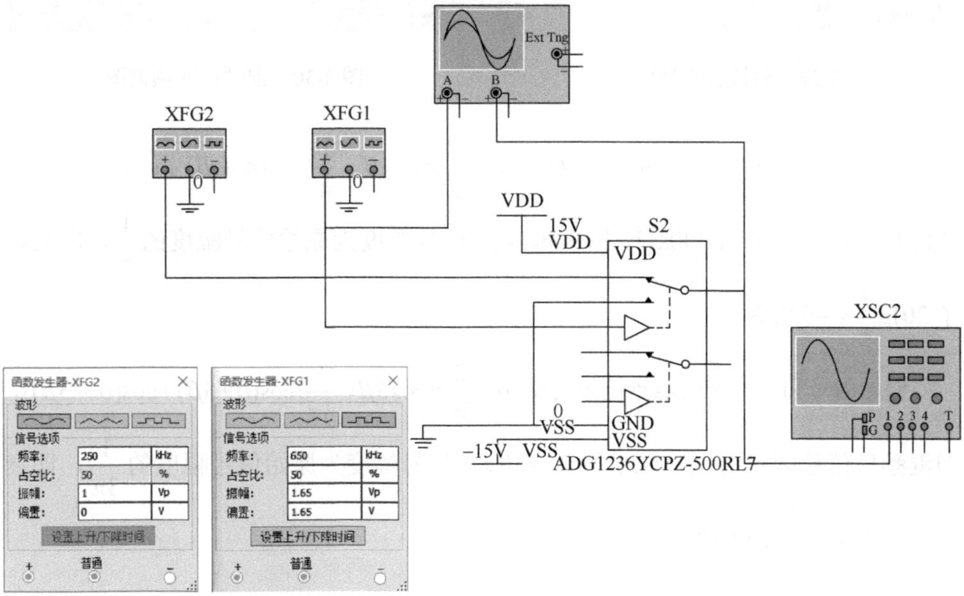

图 4-28　模拟开关混频原理图

输入的原始信号为250kHz的正弦波，模拟开关的通断受650kHz的方波控制。高电平时模拟开关与原始信号相连，低电平时模拟开关与地相连，如此就实现了原始信号与方波信号的乘法，完成了信号混频。最终得到混频后的时域波形和频谱图如图 4-29、图 4-30 所示。图 4-30 中谱线 1 为与直流量的混频频谱，谱线 2 和 3 为与基频信号的混频频谱，谱线 4 和 5 为与三次谐波的混频频谱，谱线 6 和 7 为与五次谐波的混频频谱。

原始信号和直流量混频结果为$\frac{1}{2}\cos\alpha$，即混频后信号频率为 250kHz，信号幅度为原始信号幅度的$\frac{1}{2}$，即衰减了$20\lg\frac{1}{2}=-6\text{dB}$。

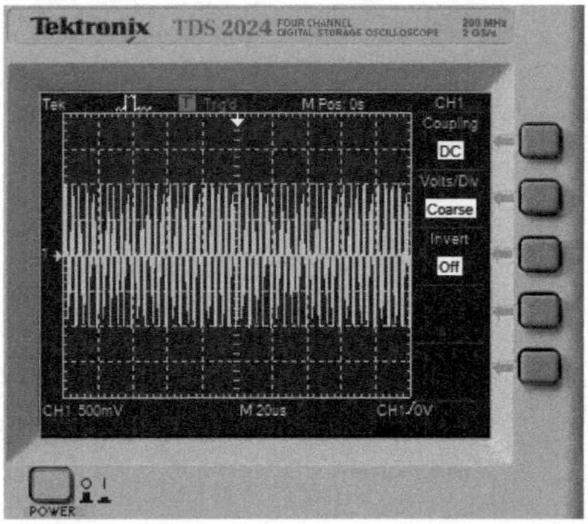

图 4-29　混频后的时域波形

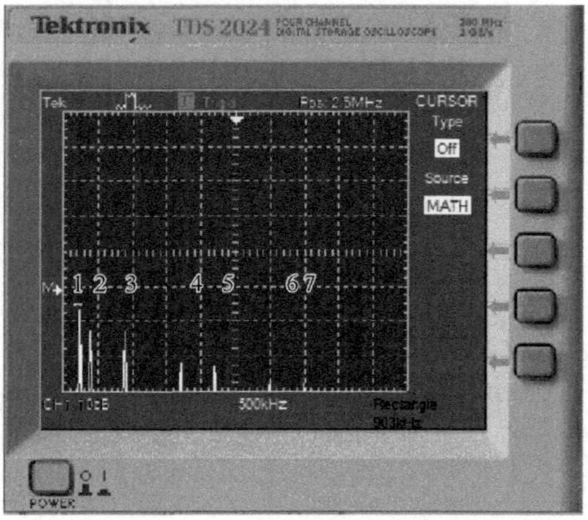

图 4-30　混频后的频谱图

原始信号和基频信号混频结果为$\cos\alpha\times\frac{2}{\pi}\times\cos\beta=\frac{1}{\pi}(\cos(\alpha+\beta)+\cos(\alpha-\beta))$，即混频后信号频率为 400kHz 和 900kHz，信号幅度为原始信号幅度的$\frac{1}{\pi}$，即衰减了$20\lg\frac{1}{\pi}=-9.9\text{dB}$。

原始信号和三次谐波混频结果为$\cos\alpha\times\frac{2}{3\pi}\times\cos3\beta=\frac{1}{3\pi}(\cos(\alpha+3\beta)+\cos(\alpha-3\beta))$，即混频后信号频率为 1.7MHz 和 2.2MHz，信号幅度为原始信号幅度的$\frac{1}{3\pi}$，即衰减了$20\lg\frac{1}{3\pi}=-19.5\text{dB}$。

原始信号和五次谐波混频结果为$\cos\alpha\times\frac{2}{5\pi}\times\cos5\beta=\frac{1}{5\pi}(\cos(\alpha+5\beta)+\cos(\alpha-5\beta))$，即混频后信号频率为 3MHz 和 3.5MHz，信号幅度为原始信号幅度的$\frac{1}{5\pi}$，即衰减了$20\lg\frac{1}{5\pi}=-23.9\text{dB}$。

由图 4-30 以及图 4-31、图 4-32 可知，混频后的频率和实际计算的频率一致。由图 4-33、图 4-34 可知，混频后的幅度与理论计算的幅度一致。

再将模拟开关的输出接入一个中心频率为 900kHz、带宽为 60kHz 的带通滤波器后，输出的时域波形和频谱图如图 4-35、图 4-36 所示，滤波器的幅频特性曲线如图 4-37 所示。

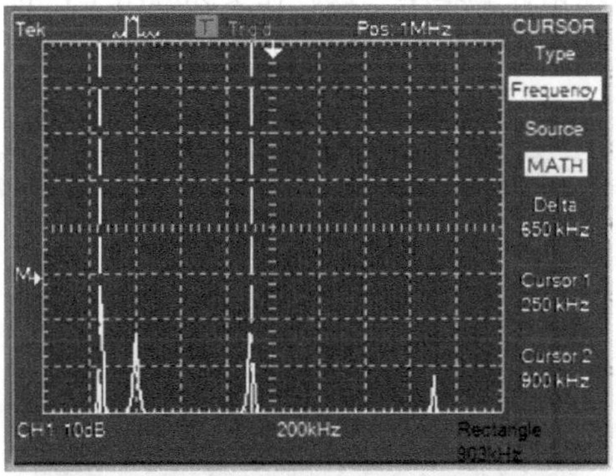

图 4-31　混频后的频谱图（横轴放大一）

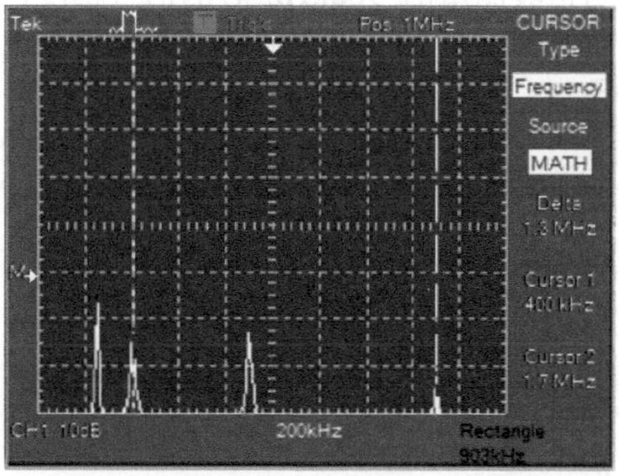

图 4-32　混频后的频谱图（横轴放大二）

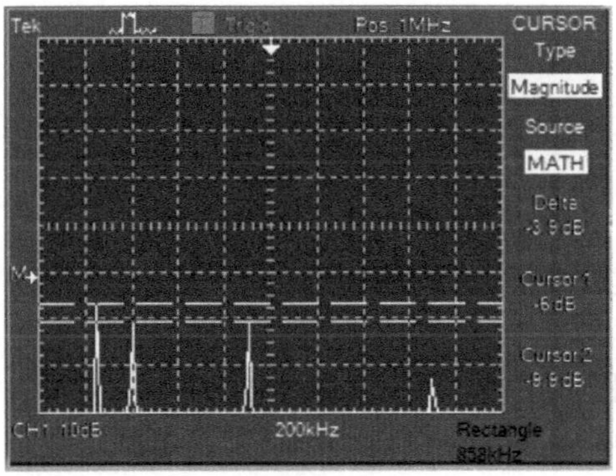

图 4-33　混频后的幅度值（一）

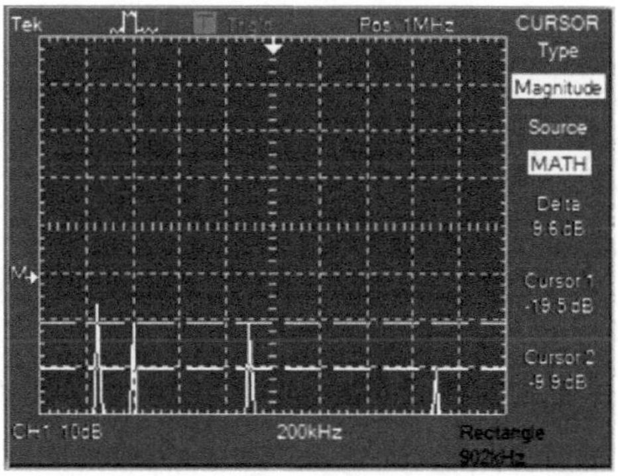

图 4-34　混频后的幅度值（二）

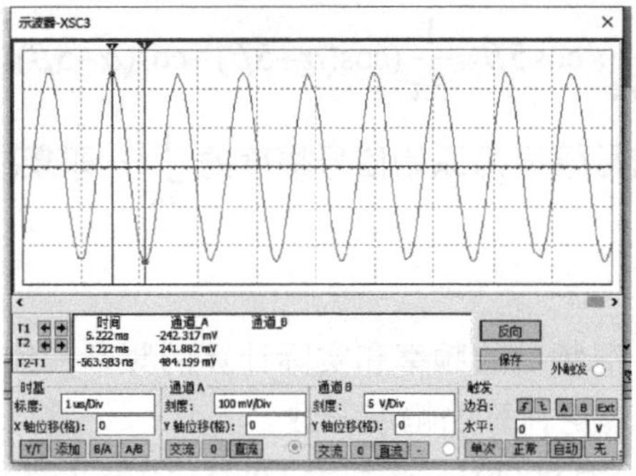

图 4-35　滤波器输出的 900kHz 时域波形

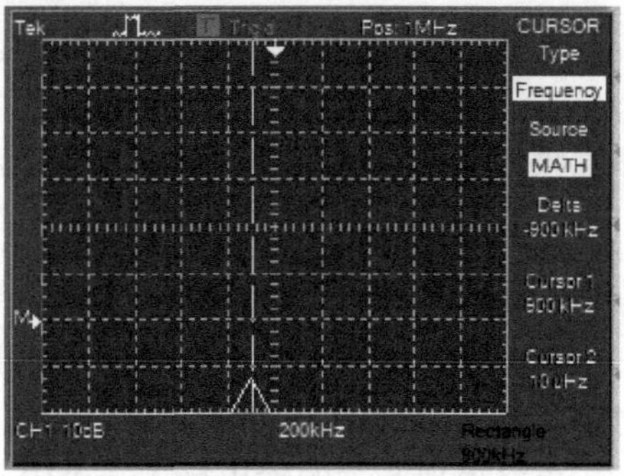

图 4-36　滤波器输出的 900kHz 频谱图

可计算出混频后 900kHz 信号的幅度衰减了 $-9.9-1.87=-11.77(\mathrm{dB})$，图 4-38 为仿真测量的 900kHz 时的信号幅度，与理论计算基本一致。在实际应用中，特别是结合放大电路使用时，还要注意模拟开关非理想工作特性引入的谐波干扰。

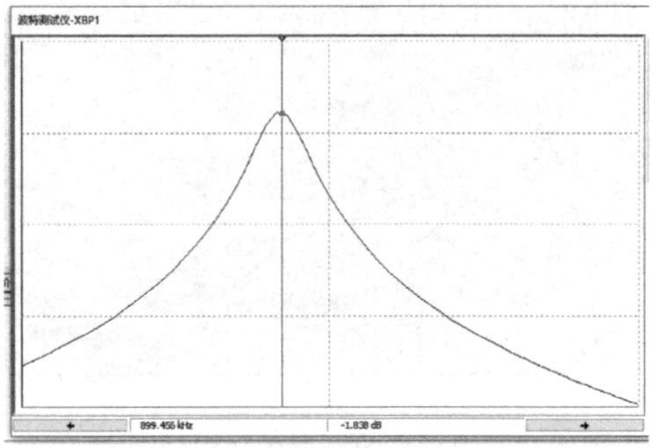

图 4-37　滤波器的幅频特性曲线

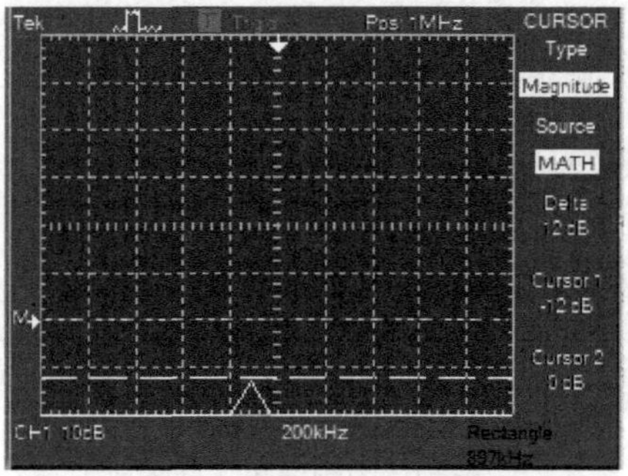

图 4-38　滤波后的幅度值

4.3.4　可变增益放大电路

1. 数字码控制方式

1）功能及指标要求

如前所述，许多声呐系统需要将接收到的具有较高载频的信号通过下变频的方式，变为较低载频的信号，再进行采样和后续处理，因此变频电路是接收信号调理电路中的重要组成部分（4.3.3 节给出了两种解决方案）。除此之外，接收信号调理电路还要具有一定的增益控制能力。传统的下变频与增益控制电路通常是两个独立的部分，即由增益控制电路将信号放大或缩小到一定范围内再由变频电路进行变频操作，因此系统的硬件规模一般较大，此处设计要求可变增益放大电路的主要指标如表 4-5 所示。

表 4-5　数字可变增益放大电路的主要指标

动态范围	增益控制方式	下变频功能
70dB	数字码	具备

2）设计思路

这里综合采用乘法型数模转换器、基频与增益码产生电路、选频电路、模数转换器（analog to digital converter，ADC）和信号处理器实现可变增益放大电路。电路基本工作原理和增益控制流程如下。

增益码与基频产生电路按照程序设置控制乘法型数模转换器产生一定频率（基频频率）和幅度（增益）的方波基频信号 $S_B(t)$。接收阵接收到的信号经过前置放大和滤波电路之后变成具有一定载频和包络信息的信号，记为 $S_R(t)$，$S_R(t)$ 从乘法型数模转换器的电压参考端输入，利用乘法型数模转换器自身具有的乘法特性将电压参考与输入数字量相乘，具体如下：

$$V_{\text{out}} = DV_{\text{ref}} \tag{4-18}$$

当数模转换器的输入数字量按一定频率和幅度变化时，产生上述的基频信号，而参考端输入信号为 $S_R(t)$，所以数模转换器的输出信号变为

$$V_{\text{out}} = S_B(t)S_R(t) \tag{4-19}$$

从而实现输入信号与调制信号的混频，再经过选频电路即可得到所需要的基带信号。

将变频后的信号通过模数转换器采集并经信号处理器处理后可得到变频后信号的幅度和频率，利用这些信号处理器再控制增益码产生电路来调整调制信号的频率和幅度从而实现变频频率和增益的实时控制功能。

3）设计实现

（1）硬件实现。

采用串行输入的乘法型数模转换器 AD7943，接收机前置放大电路对接收信号进行放大，并将信号从 AD7943 的电压参考端输入。基频与增益码产生电路由 FPGA 实现，其功能是接收信号处理器设置的基频频率和增益幅度，并控制 AD7943 产生具有一定频率和幅度的方波基频信号，从 AD7943 的 SRI 引脚输入。选频网络由 AD8066 构成低通滤波器，滤除高频分量，混频可控增益电路如图 4-39 所示。

这种方法解决了传统变频和增益控制电路中存在的电路复杂问题，将相互独立的两个电路功能集成在一起，变频的同时实现增益控制。但这种方法也存在不足，用以混频及控制增益的方波基频信号 $S_B(t)$ 的包络具有增益码跳变、方载波的特点，导致 V_{OUT} 的频谱分量复杂，处理不当可能会导致滤波频带内的电路噪声较大。

（2）FPGA 代码。

利用乘法 DAC（AD7943）同时实现混频和自动增益控制功能，增益码由 DSP 写入。

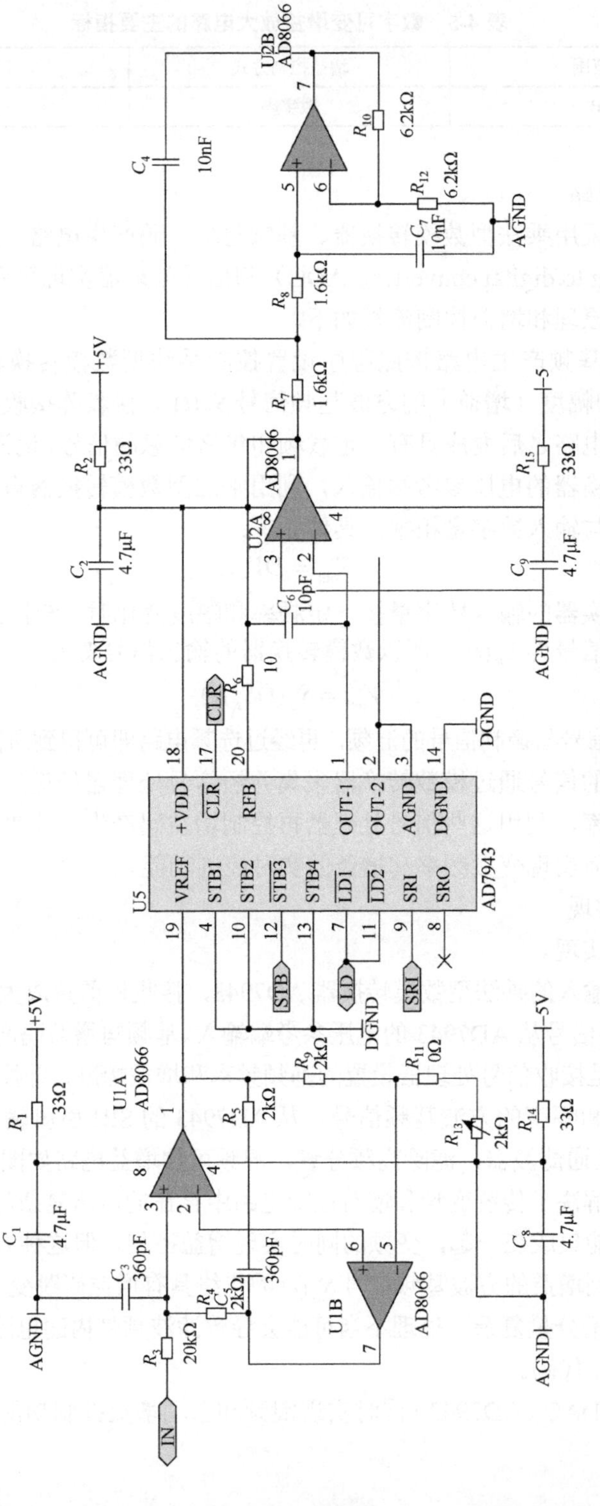

图 4-39 混频可控增益电路

```
timescale 1ns/1ns
module AGCctrl(
    input   wire        clk,      //10MHz
    inout   wire[15:0]  agc,      //DSP 数据线，增益码
    input   wire        cs,       //DSP 片选信号
    input   wire        wr,       //DSP 写信号
    output  wire        clro,     //DAC 异步清零
    output  wire        ldo,      //DAC 寄存器更新
    output  wire        srio,     //DAC 串行数据
    output  wire        stbo      //DAC 数据选通信号
);
    //锁存 DSP 发来的增益码
    reg[15:0] regdata_buf=0;
    always @(posedge wr)
    begin
        if(!cs)regdata_buf<=agc;
    end
        //同步到 clk 时钟域,双 D 触发器
    reg shift_en=0;
    reg shift_en_buf;
    reg[15:0] regdata=0,regdata1=0;//存放增益码
    always@(posedge clk)
    begin
        shift_en_buf<=shift_en;
        if(cs)regdata1<=regdata_buf;
        if({shift_en_buf,shift_en}==2'b10)regdata<=regdata1;
    end
   //原始信号频率为 300kHz,混频信号频率为 294kHz,混频后得到 6kHz 信号
    reg[5:0]state_cnt=0;//计数周期 34
    always@(posedge clk)
    begin
        if(state_cnt>=6'd33)state_cnt<=6'd0;
        else state_cnt<=state_cnt+1'b1;
    end
    //产生加载数据信号和清零信号
```

```
    assign ldo=(state_cnt==6'd0)?1'b0:1'b1;//持续100ns的负脉冲,周期
      294kHz
    assign clro=(state_cnt==6'd17)?1'b0: 1'b1; //持续 100ns 的负脉
      冲,周期 294kHz
   //并串转换
   reg shift_data=0;
   always@(posedge clk)
   begin
        if((state_cnt>=6'd18)&&(state_cnt<=6'd29))//18--29传12bit
          数据
     begin
        shift_data<=regdata[29-state_cnt];//先传高位数据
        shift_en<=1'b1;
     end
     else shift_en<=1'b0;
   end
   assign srio=shift_data;
   assign stbo=(shift_en)?clk:1'b1;
endmodule
```

2. 模拟电压控制方式

1）设计指标要求

模拟可变增益放大电路的主要指标如表 4-6 所示。

表 4-6　模拟可变增益放大电路的主要指标

动态范围	增益控制方式
120dB	模拟电压

2）设计思路

利用 FPGA 产生增益控制码，通过 D/A 转换器产生模拟电压，并通过低通滤波电路平滑控制电平包络，降低噪声。由于要求 120dB 的动态范围，单片增益控制芯片达不到要求，故采用 2 片串联的方式解决。由于选择的增益控制芯片控制电平为差分输入，还需要对低通滤波之后的控制电平进行单端转差分处理。

3）设计实现

按照图 4-40 所示流程，具体阐述设计过程如下。

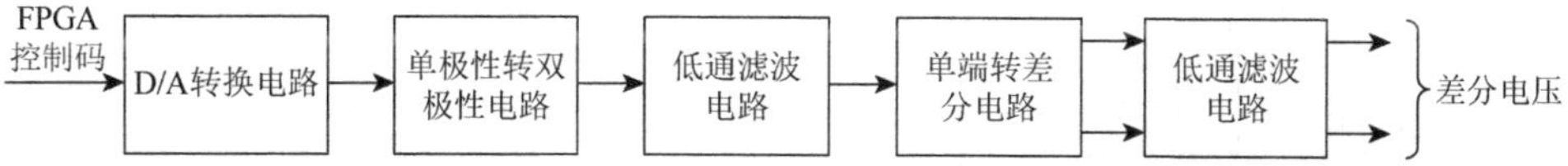

图 4-40　增益控制电路框图

（1）D/A 转换电路。

作为 D/A 转换电路的核心部件，D/A 芯片的选型非常重要，需要综合考虑精度、转换建立时间、功耗、接口、基准电压等参数，此处采用 MAXIM 公司的 MAX5442 芯片作为模数转换器。它采用了串行输入和电压输出的方式，位数是 16bit，采用 + 5V 单电源供电。系统通过 FPGA 控制 MAX5442，输出信号首先需要经过带通滤波电路滤除高频分量，然后将单端信号转为差分信号，调整滤波器和转换电路的增益使输出电压量程与增益放大器的控制电压量程一致，最后将得到的差分信号送入接收机，控制 AD8336 的增益。MAX5442 芯片为双极性输出提供了条件，通过外加一个运算放大器即可构成双极性输出电路，MAX5442 接口电路如图 4-41 所示。

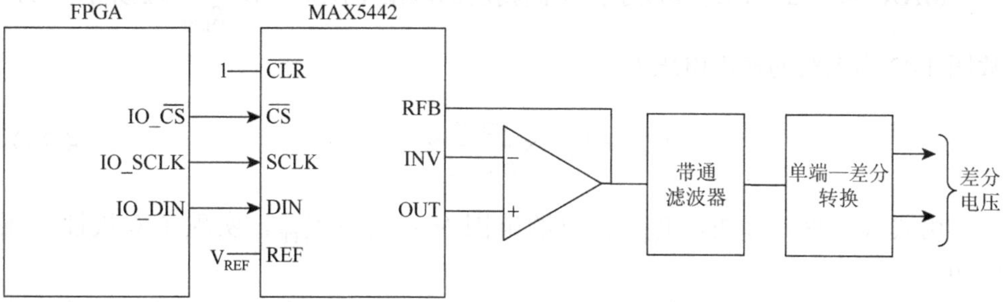

图 4-41　增益控制 D/A 转换接口电路图

其中的双极性输出电路如图 4-42 所示。根据基尔霍夫定律，由图 4-42 可得

$$\frac{V_{\mathrm{REF}}-(V-)}{R_{\mathrm{INV}}}+\frac{V_{\mathrm{OUT}}-(V-)}{R_{\mathrm{FB}}}=0 \tag{4-20}$$

由虚短的概念可得

$$V_{DAC}=\frac{code}{65535}=V(+)=V(-) \tag{4-21}$$

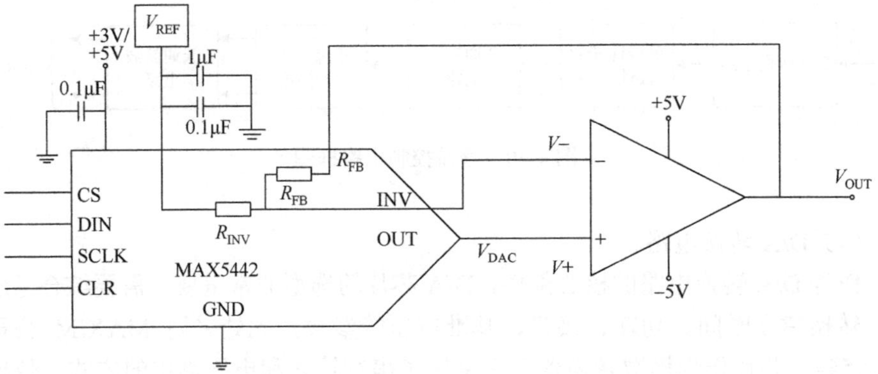

图 4-42　MAX5442 典型双极性输出电路

综合式（4-20）和式（4-21），得到

$$V_{OUT}=V_{REF}\times\frac{code}{65535}\times\left(1+\frac{R_{FB}}{R_{INV}}\right)-V_{REF}\times\left(\frac{R_{FB}}{R_{INV}}\right) \tag{4-22}$$

MAX5442 芯片内部集成了两个高精度的匹配电阻，可使$\frac{R_{FB}}{R_{INV}}$近似等于 1，故图 4-42 中电路的输出电压为

$$V_{OUT}=V_{REF}\times\frac{code}{65535}\times 2-V_{REF} \tag{4-23}$$

由式（4-23）可知，V_{OUT}输出的范围为$-V_{REF}\sim V_{REF}$，实现了双极性电压输出。

此处选用 ADR4525 芯片为 D/A 芯片提供基准电压V_{REF}，输出基准电压为 2.5V，将$V_{REF}=2.5V$代入式（4-23）可得双极性电路输出电压为

$$V_{OUT}=5\times\frac{code}{65535}-2.5 \tag{4-24}$$

（2）单端转差分电路。

单端转差分电路负责将双极性驱动电压转换为差分输出，可以有效降低共模信号带来的干扰，有利于电压信号的长距离传输，为增益控制芯片提供低噪声的

驱动电压。

单端转差分电路实现方式有很多，考虑到电阻精度、电路复杂程度、器件之间的差异性以及面积成本等因素，此处采用 ADI 公司的 ADA4932 差分运放来获得差分驱动电压。具体的单端转差分电路如图 4-43 所示（仿真用 AD8132 替代 ADA4932）。

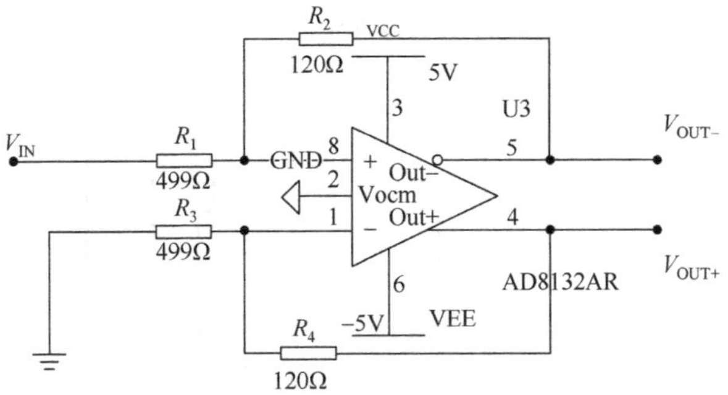

图 4-43　单端转差分电路

该电路的信号增益为

$$G = \frac{R_2}{R_1} \tag{4-25}$$

由于 AD8336 的驱动电压范围为–0.6～0.6V，D/A 输出转双极性后输出电压范围为–2.5～2.5V，因此需要将其缩小为原来的 1/4，即使得图 4-43 所示电路中 $R_2 / R_1 = 4$。

（3）低通滤波电路。

D/A 输出的电平信号与其控制码对应，当控制码发生改变时，D/A 输出的电压会跳变到建立稳定完成的电压值，从而形成“阶梯状”，在电路中引入高频干扰，因此，在 D/A 输出电压后必须经过低通滤波器平滑滤波，电路的结构如图 4-44 所示。

低通滤波电路同样采用了多路负反馈拓扑结构，由两级滤波组成，第一级滤波采用 ADA4807 运放对 D/A 输出的单端信号进行滤波，之后经过单端转差分电路得到差分信号；第二级采用 ADA4932 差分运放实现对差分信号的滤波，运用 Multisim 软件对滤波电路进行仿真，得到的幅频特性和相频特性如图 4-45 所示。

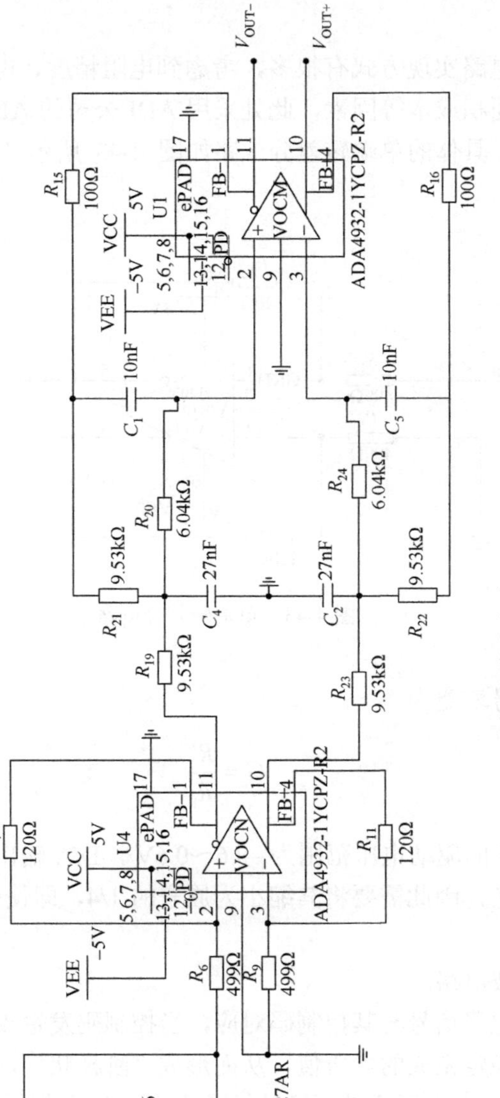
V_{OUT-}
V_{OUT+}
R_{15} 100Ω
R_{16} 100Ω
ADA4932-1YCPZ-R2
U1
VCC 5V
VEE −5V
ePAD 17
FB− 1
FB+ 4
VOCM
PD 12
5,6,7,8
13,14,15,16
C_1 10nF
C_5 10nF
R_{20} 6.04kΩ
R_{24} 6.04kΩ
R_{21} 9.53kΩ
R_{22} 9.53kΩ
C_4 27nF
C_2 27nF
R_{19} 9.53kΩ
R_{23} 9.53kΩ
R_7 120Ω
R_{11} 120Ω
U4
VOCN
R_6 499Ω
R_9 499Ω
U6
AD8027AR
C_8 10nF
R_8 9.53kΩ
R_{12} 6.04kΩ
C_3 27nF
R_5 9.53kΩ
V_{IN}

图 4-44　低通滤波电路

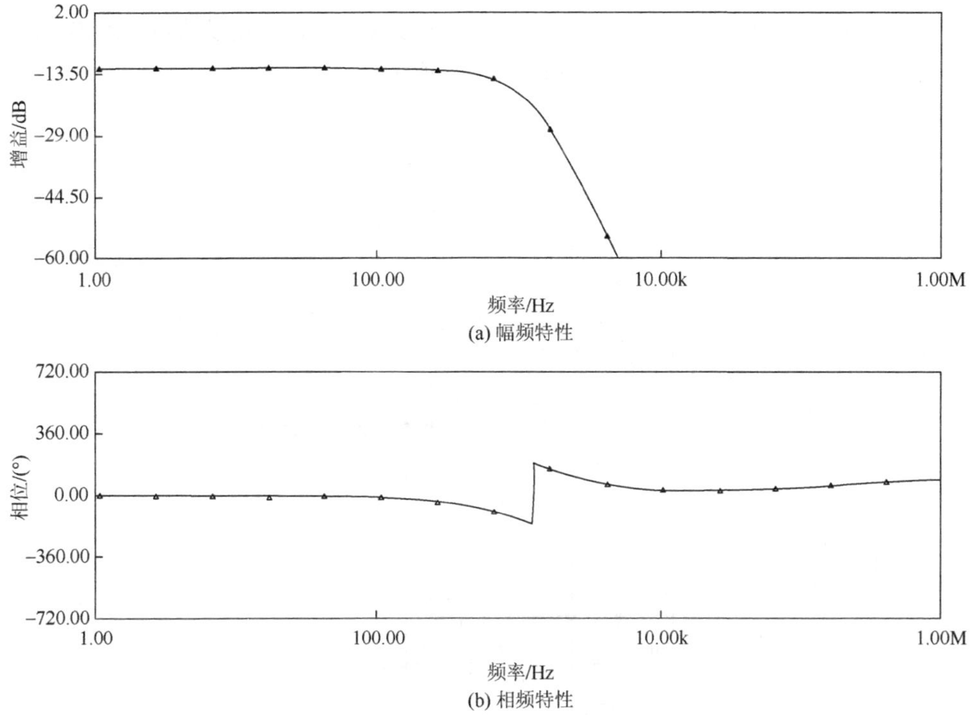

图 4-45　低通滤波电路幅频特性和相频特性

由图 4-45 可知，低通滤波电路−3dB 带宽约 750Hz，通带内波动小，而且阻带衰减快，可有效抑制驱动信号中的噪声干扰，从而降低整个接收机的噪声水平。

（4）可变增益电路。

a. 硬件实现

选择动态增益范围 60dB 的芯片 AD8336，其包含了一个前置运算放大器，通过配置其增益可以得到不同的总增益动态范围；之后是一个−60～0dB 的衰减器，它是实现增益控制的主要部分，通过外部的电压信号控制增益的大小；最后一级是固定增益为 34dB 的放大器，用以补偿衰减器带来的信号衰减。AD8336 的增益驱动信号由差分信号 GPOS 和 GNEG 提供，总增益大小 VGA Gain 与控制电压 V_G 关系如下：

$$\text{VGA Gain} = G_{\text{pra}} + (V_G \times 49.9) + 4.4 \tag{4-26}$$

式中，$V_G = \text{GPOS} - \text{GNEG}$；$G_{\text{pra}}$ 为前置运算放大器增益。

此处 VGA 芯片前置运算放大器采用了同向电压串联负反馈的结构形式，此结构可以输出与输入信号同相的信号，并且电路具有较高的输入阻抗可以减小对前级输出信号的影响，同时具有较小的输出阻抗以提高电路的带负载能力。

根据系统设计指标，信号调理电路共需两级 AD8336 级联以获得 120dB 的动态增益范围，每一级的电路原理图如图 4-46 所示。

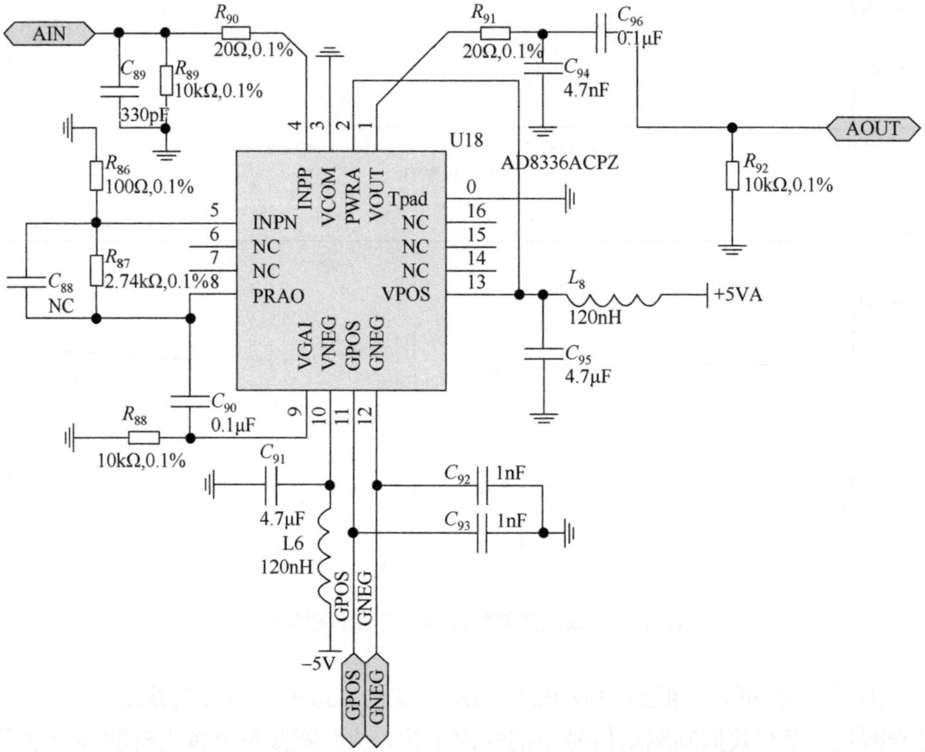

图 4-46　可控增益放大电路原理图

图 4-46 中电源端加入低通滤波电路，可减小电源纹波带来的干扰；驱动电压输入端加入滤波电容，使驱动信号更平稳，放大倍数更稳定；C_{88} 为预留电容位，当电路放大倍数过大发生自激时可添加小电容改变放大电路的相位裕度，防止电路自激。前端的 R_{89} 可以与换能器阻抗匹配，使换能器输出信号功率尽可能大，增加输入端的抗干扰性能。

b. FPGA 代码

通过 FPGA 控制 DAC（MAX5442）产生增益控制电压，控制可控增益放大电路（AD8336）实现时间增益控制（TVG）。要增加的分贝数为 $30\cdot\log((n_0+n)/n_0)+\text{aF}\cdot\text{Dt}\cdot c\cdot n$。其中，$n_0$ 为开始 TVG 的采样点数，n 为 n_0 之后的点数，Dt 为采样间隔，aF 为衰减系数 0.05dB/m，c 为声速 1500m/s，采样率为 140kHz。得到要增加的 DAC 的输出码公式为：$\text{fp\_par1}\cdot(\ln(n_0+n)-\ln(n_0))+\text{fp\_par2}\cdot n$，其中，fp_par1 = 7115.48，fp_par2 = 0.29257142。FPGA 逻辑如下：

```
module DAC(
   input  rst,
   input  syn,
   input  clk,
   input  en,
   input wire[17:0] n0,//开始 TVG 的采样点数
   input wire[31:0] fp_par1,//浮点参数 1,7115.48
   input wire[31:0] fp_par2,//浮点参数 2,0.29257142
   input [15:0]AGCcode,//初始增益码
   output DA_nCS,
   output DA_SCLK,
   output DA_DIN
);
   reg [10:0]dacnt=0;
   reg [15:0]AGCcode_temp=0;
   reg da_cs_temp=0;
   reg da_sclk_temp=0;
   reg [3:0]bit_index=0;
   reg [15:0]tvg=0;
   reg da_din_temp=0;
   reg[17:0] n=0;//n
   wire[17:0] n0_add_n;//
   assign n0_add_n=n+n0;//同步开始后的采样点数
   reg [17:0]dataa_i2fp=0;
   wire [31:0]res_i2fp;
   wire [31:0]res_log;
   reg [31:0]dataa_mult=0,datab_mult=0;
   wire [31:0]res_mult;
   reg [31:0]dataa_add_sub=0,datab_add_sub=0;
   reg add_or_sub=0;
   wire [31:0]res_add_sub;
   reg [31:0]addr2=0;
   reg [31:0]dataa_fp2i=0;
   wire [17:0]res_tvg_incr_i;
   reg [20:0]tvg_temp=0;
   wire overflow_tvg;
   reg[3:0] cal_state=0;
   reg[10:0] cal_state_adcnt_buf=0;
```

```
reg[31:0] n0_float=0;
reg[3:0] syn_buf=0;
reg syn_1clk=0;
always@(posedge clk)
begin
   syn_buf[3:0]<={syn_buf[2:0],syn};
   if(syn_buf==4'b0001)//posedge
      syn_1clk<=1;
   else
      syn_1clk<=0;
end

always @(posedge clk)//
begin:da_counter
   if(rst)
   begin
      dacnt<=0;//(90000000/48000-1)=1874
      tvg<=0;
      n<=0;
      dataa_i2fp<=0;
      da_cs_temp<=1;
      da_sclk_temp<=0;
      da_din_temp<=0;
      bit_index<=0;
   end
   else if(syn_1clk)
   begin
      AGCcode_temp<=AGCcode;
      dacnt<=1874;//(90000000/48000-1)=1874
      n<=0;
      dataa_i2fp<=0;
      bit_index<=0;
   end
   else
   begin
      //DA控制周期
      if(dacnt==1874)//(90000000/48000-1)=1874
         dacnt<=0;
```

```
else
    dacnt<=dacnt+1;
if(dacnt==1874)//加载和变参数
begin
    if(en)
        n<=n+1;//开始采样后的点数 n
end
//计算开始
if(dacnt[6:5]==0)
    dataa_i2fp<=n0;
else if(dacnt[6:5]==1)
    dataa_i2fp <=n0_add_n;
else if(dacnt[6:5]==2)
    dataa_i2fp<=n;
//计算开始
if(dacnt==71)
begin
    dataa_mult<=res_i2fp;//n
    datab_mult<=fp_par2;//0.29257142
end
else if(dacnt==80)
begin
    dataa_mult <=res_add_sub;//ln(n0+n)-ln(n0)
    datab_mult <=fp_par1;//16384/ln(10)=7115.48
end
//计算开始
if(dacnt==60)
begin
    add_or_sub<=1'b0;
    dataa_add_sub<=res_log;//ln(n0+n)
end//ln(n0+n)
else if(dacnt==91)
begin
    add_or_sub <=1'b1;
        dataa_add_sub<=res_mult;//res_mult=(res_add_sub*fp
          _par1)=
end//16384*log((n0+n)/n0)
if(dacnt==28)
```

```
    datab_add_sub<=res_log;//ln(n0)
else if(dacnt==91)
    datab_add_sub<=addr2;//0.29257142*n
if((dacnt==108))
    dataa_fp2i<=res_add_sub;//
if(dacnt==86)
    addr2<=res_mult;
//计算TVG码
if(dacnt==120)
    tvg_temp<=AGCcode_temp+res_tvg_incr_i;
if(dacnt==121)
begin
    if(en)
    begin
        if(tvg_temp>=65535)
            tvg<=65535;//right 20111004
        else
            tvg<=tvg_temp[15:0];
    end
    else
        tvg<=AGCcode_temp;
end
//产生DA控制信号
if((dacnt>=386)&&(dacnt<=450))
begin
    da_cs_temp<='b0;//ad_cs_temp;//486-358=128
    da_sclk_temp<=~dacnt[1];//ad_sck_temp;
end
else
begin
    da_cs_temp<='b1;
    da_sclk_temp <='b0;
end
if((dacnt>=385)&&(dacnt<=448))
    da_din_temp<=tvg[15-bit_index];
else
    da_din_temp<=1'b0;
bit_index<=dacnt[5:2];
```

```
        end
    end

    i2fp i2fp_inst_n1(
        .clock(clk),
        .dataa({14'b0,dataa_i2fp}),
        .result(res_i2fp)
        );
    log log_inst1(//delay 21 clk
        .clock(clk),
        .data(res_i2fp),
        .result(res_log)
    );
    fp_mult fp_mult_inst(//11 clk
        .clock(clk),
        .dataa(dataa_mult),
        .datab(datab_mult),
        .result(res_mult)
        );
    fp_add_sub fp_add_sub_inst1(//14 clk
        .add_sub(add_or_sub),
        .clock(clk),
        .dataa(dataa_add_sub),
        .datab(datab_add_sub),
        .result(res_add_sub)
        );
    fp2i fp2i_inst(
        .clock(clk),
        .dataa(dataa_fp2i),
        .overflow(overflow_tvg),
        .result(res_tvg_incr_i)
        );
    assign DA_nCS=da_cs_temp;
    assign DA_SCLK=da_sclk_temp;
    assign DA_DIN=da_din_temp;
endmodule
```

第5章 信号采样

现实生活中的信号基本都是连续时间信号，如语音信号、电压信号等，一定条件下，这些连续时间信号可以用该信号在等时间间隔点上的样本值来表示，并且可通过这些离散的样本值完全还原该连续时间信号[34]。从而，利用模拟电路系统对这些连续时间信号进行滤波、移相等处理的方法，可以方便地以数字形式进行实现，并且随着数字信号处理理论与器件的快速发展，数字化、软件化已成为包括声呐系统在内的现代电子系统的发展趋势。实现连续时间信号到离散数字信号的转换是必需前提。本章重点讨论采样定理（仅限于讨论均匀采样过程，即对信号以均匀间隔进行采样）指导采样频率选择，并分析模拟信号到数字信号转化过程中引入的噪声影响，最后结合工程案例阐述采样模块设计过程。

5.1 采样定理

5.1.1 采样信号表达

采样过程可以看成一个调制过程，假定 $f(t)$ 为待采样/调制的模拟信号，$s(t)$ 为采样/调制脉冲，$f(t)$ 和 $s(t)$ 相乘就得到了脉冲调制信号，从而完成模拟信号的时域离散化[6]。

对于理想采样：

$$s(t) = \sum_{n=-\infty}^{+\infty} \delta(t - nT) \tag{5-1}$$

式中，T 为采样间隔。

调制后的离散信号可以表示为

$$f_s(t) = f(t) \times s(t) = f(t) \sum_{n=-\infty}^{+\infty} \delta(t - nT) = \sum_{n=-\infty}^{+\infty} f(nT)\delta(t - nT) \tag{5-2}$$

式（5-2）说明，采样/调制后的信号由多个离散样本组成，样本间隔为 T，样本值等于连续信号在采样时刻的瞬时值。

由傅里叶变换性质可知，采样信号 $f_s(t)$ 频谱等于模拟信号 $f(t)$ 频谱与采样脉冲 $s(t)$ 频谱的卷积。

因为采样函数是周期函数，故可以用傅里叶级数表示：

$$s(t)=\sum_{n=-\infty}^{+\infty} c_n \mathrm{e}^{\mathrm{j}n\omega_s t} \tag{5-3}$$

式中，$\omega_s=\dfrac{2\pi}{T}$；$c_n=\dfrac{1}{T}\int_{-\frac{T}{2}}^{\frac{T}{2}} s(t)\mathrm{e}^{-\mathrm{j}n\omega_s t}\mathrm{d}t=\dfrac{1}{T}$，因此采样脉冲的频谱可写为

$$\begin{aligned}S(\omega)&=\int_{-\infty}^{\infty} s(t)\mathrm{e}^{-\mathrm{j}\omega t}\,\mathrm{d}t=\int_{-\infty}^{\infty}\frac{1}{T}\sum_{n=-\infty}^{+\infty}\mathrm{e}^{\mathrm{j}n\omega_s t}\mathrm{e}^{-\mathrm{j}\omega t}\mathrm{d}t\\&=\frac{1}{T}\sum_{n=-\infty}^{+\infty}\int_{-\infty}^{\infty}\mathrm{e}^{\mathrm{j}(n\omega_s-\omega)t}\mathrm{d}t=\frac{2\pi}{T}\sum_{n=-\infty}^{+\infty}\delta(\omega-n\omega_s)\end{aligned} \tag{5-4}$$

可见，采样函数的频谱也是脉冲串，二者频谱如图 5-1 所示。

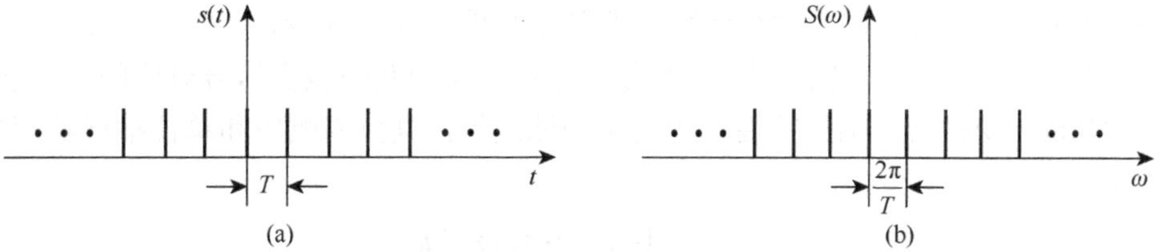

图 5-1 采样函数及其频谱

假设连续信号的频谱为$F(\omega)$，则采样信号的频谱$F_s(\omega)$为

$$F_s(\omega)=F(\omega)\otimes S(\omega)=F(W)\otimes\frac{2\pi}{T}\sum_{n=-\infty}^{+\infty}\delta(\omega-n\omega_s)=\frac{2\pi}{T}\sum_{n=-\infty}^{+\infty}F(\omega-n\omega_s) \tag{5-5}$$

可见，采样信号的频谱是连续信号频谱在频率轴上以$\omega_s=\dfrac{2\pi}{T}$为周期复制。

5.1.2 Nyquist 采样

假设一低通信号（信号的频谱从零频附近开始），其频带范围为$[\omega_L,\omega_H]$，带宽$\omega=\omega_H-\omega_L$。如果采样频率为ω_s，那么采样信号的频谱图如图 5-2 所示。

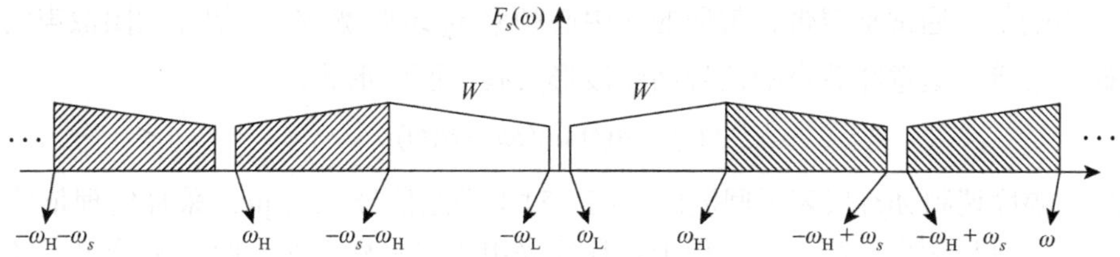

图 5-2 低通信号采样频谱示意图

图中，白色区域为连续信号的频谱，左斜线和右斜线区域为连续信号频谱以频率间隔 ω_s 向左、右各搬移一次的频谱。

由图 5-2 可见，如果满足 $-\omega_{\mathrm{H}}+\omega_s \geqslant \omega_{\mathrm{H}}$，即 $\omega_s \geqslant 2\omega_{\mathrm{H}}$，此时频率轴上复制前后的频谱之间不存在混叠，这也就是我们熟悉的 Nyquist 采样频率。由于连续信号的频谱特性难以理想地限制在一个频带范围内，在工程应用中，采样频率 ω_s 往往取 ω_{H} 的 5 倍以上[4]（工程中，高采样率也更有利于波形的还原；当采用时延波束形成时，高采样率还有利于改善波束形成测向的精度）。当信号上限频率 ω_{H} 较大时，采样频率较高，提高了对 A/D 转换速度的要求，也提高了对后续传输、运算和存储电路的压力。

需要注意的是，此处采样获得的信号是实信号，有时候波束形成等声呐信号处理算法需要采用复信号进行运算，我们可以利用 Hilbert 变换，实现各频率分量都有精确的 90°相移而不改变频率分量的幅度，从而获得该实信号对应的虚部项。

Hilbert 变换器是幅频特性为 1 的全通滤波器，其频率响应和单位抽样响应分别为

$$H(\omega)=\begin{cases}-\mathrm{j}, & 0<\omega<\pi \\ +\mathrm{j}, & -\pi<\omega<0\end{cases}$$

$$h(n)=\begin{cases}0, & n=2m \\ \dfrac{2}{\pi n}, & n=2m+1\end{cases}$$

由以上公式可见，将一个实信号加上其 Hilbert 变换作为它的虚部构成的复信号，没有负频率成分，又将此复信号称为实信号的解析信号。理想的 Hilbert 变换器是非因果不可实现的，实际应用中可以由有限长单位冲激响应（finite impulse response，FIR）滤波器来近似实现离散 Hilbert 变换。除了 Hilbert 变换外，还常用正交采样等方法获得复信号。

5.1.3　正交采样

声呐信号通常是窄带、带通的（中心频率 $\omega_0 \gg$ 带宽 W），如高频图像声呐、避碰声呐等。这意味着声呐信号回波波形具有下面的形式：

$$f(t)=A(t)\sin(\omega t+\theta(t))$$

式中，幅度调制 $A(t)$ 仅表示回波的包络。对于带通信号，Nyquist 采样定理依然成立，但是采样频率较高。在工程中，往往采用正交采样方法。图 5-3 给出了经典的正交解调采样模型以及各节点的频谱图。其原理是将窄带信号从高频段混频至低频段，降低信号的最高频率，从而降低采样频率。图 5-4 给出了各处理阶段的

信号频谱示意，左斜线区域为原始窄带信号频谱，右斜线区域为 I、Q 通道低通滤波前组合起来的信号的频谱，白色矩形框中的右斜线区域为 I、Q 通道低通滤波组合后的信号频谱，对其进行采样后的采样信号频谱等同于此区域以采样频率 ω_s 进行周期复制的结果。

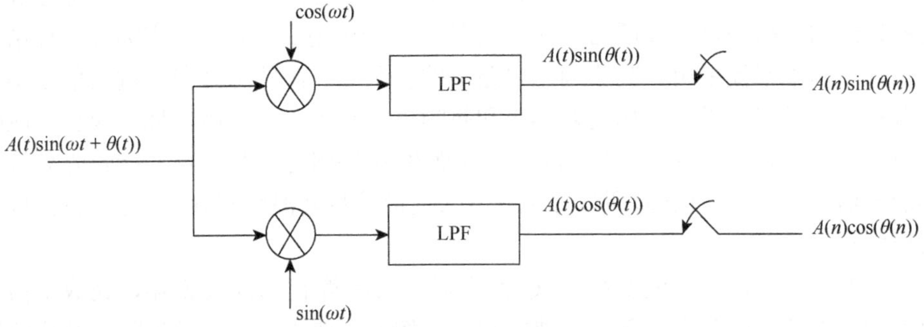

图 5-3 经典的正交解调采样模型

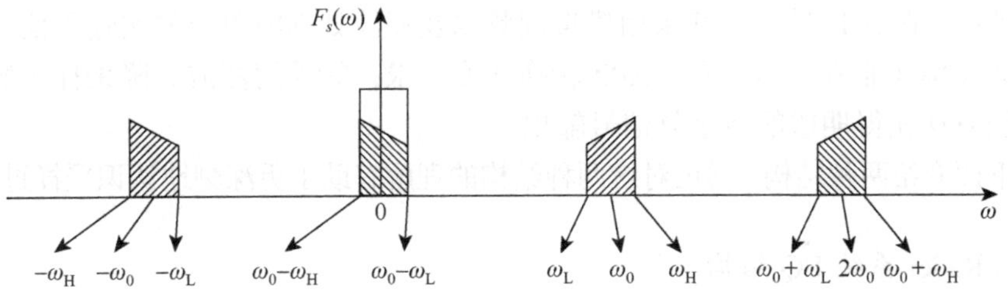

图 5-4 正交解调采样模型各阶段频谱图

接收到的信号被分离到两个通道，其中一个通道称为接收机的同相通道或者 I 通道，这个通道中接收信号和一个振荡器（该振荡器称为本振）信号进行混频；另外一个通道称为正交相位通道或 Q 通道，接收信号也和本振信号进行混频，但在混频前对本振信号进行 90°移相。

同时需要 I 和 Q 两个通道的原因在于：这两个通道中的任何一个都不能提供足够的信息来准确确定幅度信息 $A(n)$ 和相位信息 $\theta(n)$，在实际的波束形成、匹配滤波等信号处理中，通常会将 I 通道的信号作为实部，Q 通道的信号作为虚部，形成一个复信号为

$$f_L(t) = f_I(t) + \mathrm{j}f_Q(t) = A(t)\cos(\theta(t)) + \mathrm{j}A(t)\sin(\theta(t)) = A(t)\mathrm{e}^{\mathrm{j}\theta(t)} \tag{5-6}$$

采样信号可表示为

$$f_{\mathrm{L}}(n)=f_{\mathrm{I}}(t)+\mathrm{j}f_{\mathrm{Q}}(n)=A(n)\mathrm{e}^{\mathrm{j}\theta(n)} \tag{5-7}$$

这种复指数表示只是一种数学分析方法，在实际的模拟硬件电路中只有实信号工作，然而一旦完成了数字化，在 DSP 器件中可以进行复信号处理。这种对正交解调输出的 I、Q 通道进行采样的方法常被称为正交采样。

如图 5-3 所示，在混频处理过程中，信号中载有信息的幅度和相位部分被正交解调结构从高频 ω_0 混频到了 0 频，虽然这种表示便于分析，但实际上这种结构在工程中基本不被采用，其原因是电路中的有源电子器件总会在其输出信号中加入各种不同类型的噪声，如闪粒噪声和热噪声。其中一种噪声，称为闪变效应噪声或$1/F$噪声，其功率谱近似为F^{-1}，因而在 0 频附近最强，声学接收阵列接收到的声信号通常非常微弱，所以如果在放大之前就将其混频到 0 频，则它们受$1/F$噪声影响很大[35]。

经典正交解调采样模型对 I、Q 两个通道采用两个 A/D 转换器，完成了信号幅度和相位信息的获取，其应用要求较高，例如，要求两个通道的时延及增益完全匹配，还要求两个参考振荡器的相位精确相差 90°等。数字 I/Q 是指为了克服经典模型限制，而采用数字方法形成 I、Q 通道的一系列技术的统称，它具有以下两个特征：①在 A/D 转换之前采用模拟混频以及滤波处理将单一的实输入信号搬移到较低频率（非 0 频），降低 A/D 转换速度要求；②采用滤波、降采样等数字信号处理方法获得期望的数字复信号输出。

下面介绍两种结构，通过对这两种结构的理解有助于更深刻地认识采样过程[35]。

1. Rader 系统 I/Q 结构

Rader 系统 I/Q 结构图如图 5-5 所示。

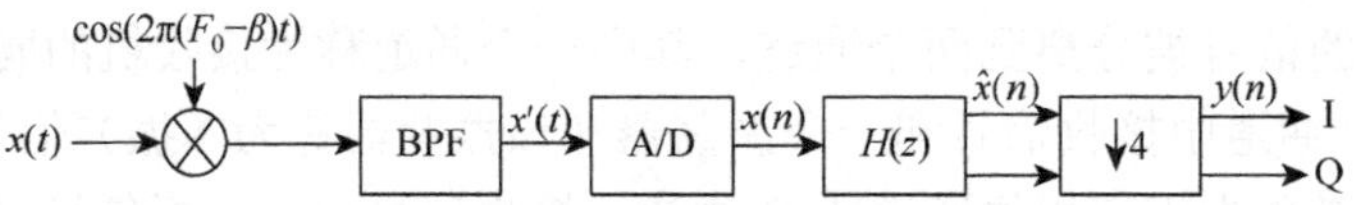

图 5-5 Rader 系统 I/Q 结构图

假设带通信号中心频率为F_0，带宽为β，进行以下处理。

第一步为模拟混频滤波操作，将原始频谱从中心频率F_0搬移至中心频率β，带通滤波器（band pass filter，BPF）滤除了混频运算引起的和频成分，从而将信号频谱限制在$\left[\frac{-3\beta}{2},\frac{-\beta}{2}\right]$以及$\left[\frac{\beta}{2},\frac{3\beta}{2}\right]$范围内。

第二步为 A/D 转换，如果采样频率选择4β，则模拟频率β对应的数字角频率为$\frac{\pi}{2}$，因而数字信号频谱限制在$\left[\frac{-3\pi}{4},\frac{-\pi}{4}\right]$以及$\left[\frac{\pi}{4},\frac{3\pi}{4}\right]$范围内。

第三步为数字滤波，该滤波器的频率响应为

$$H(\omega)=\begin{cases}1, & \frac{\pi}{4}<\omega<\frac{3\pi}{4}\\ 0, & -\frac{3\pi}{4}<\omega<\frac{-\pi}{4}\\ \text{不关注}, & \text{其他}\end{cases} \tag{5-8}$$

很明显，该滤波器频率响应函数不对称，因此其必然对应一个复脉冲响应，从而使实输入信号得到复输出信号。

第四步是将以$\frac{\pi}{2}$为中心的频带变换到基带(以 0 频中心)，并将采样频率从4β降至β。该操作可以通过两种方式实现。

（1）对第三步滤波输出的结果进行降采样完成，最终抽取得到的$y(n)$频谱和$\hat{x}(n)$频谱有以下关系：

$$Y(\omega)=\frac{1}{4}\sum_{k=0}^{3}\hat{X}\left(\frac{\omega-2k\pi}{4}\right)=\frac{1}{4}\sum_{k=0}^{3}\hat{X}\left(\frac{\omega}{4}-k\frac{\pi}{2}\right) \tag{5-9}$$

式（5-9）表明，抽取过程（相当于离散时间信号采样[34]）会使频谱以$\frac{\pi}{2}$为周期进行复制。经过前面 BPF 的处理，信号带限于$\frac{\pi}{2}$内，因此这些副本不会混叠。并且由于采样频率降至β，在4β采样率下占据$\left[\frac{-\pi}{4},\frac{\pi}{4}\right]$的频率成分占据频带区间变为$[-\pi,\pi]$。

（2）利用多相滤波器理论（详见第 6 章），同第三步滤波操作相结合。Rader 系统各处理步骤对应的频谱图如图 5-6 所示。

相比于经典的正交解调结构，该数字 I/Q 结构将所需的模拟信号通道和 A/D 通道个数均由两个减少为一个。但是其付出的代价是4β采样频率（经典结构下为β）以及额外的数字滤波处理。这是一个模拟、数字电路资源转化的典型例子，随着高集成度、高速 DSP 器件的发展，高采样率导致的大运算量信号处理算法的实时实现压力已逐渐缓解。

2. Shaw 系统 I/Q 结构

Shaw 系统 I/Q 结构图如图 5-7 所示。

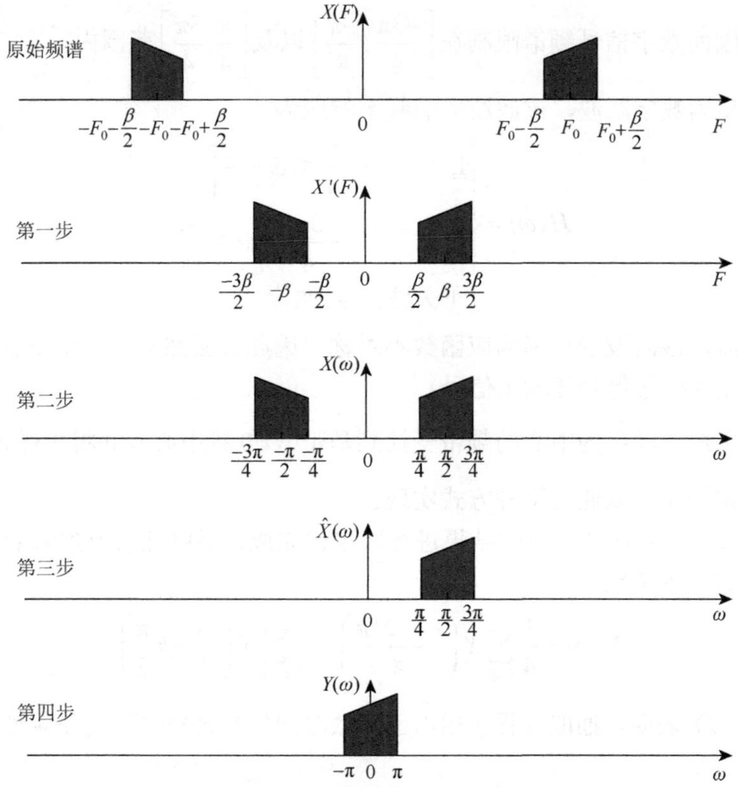

图 5-6　Rader 系统各处理步骤对应的频谱图

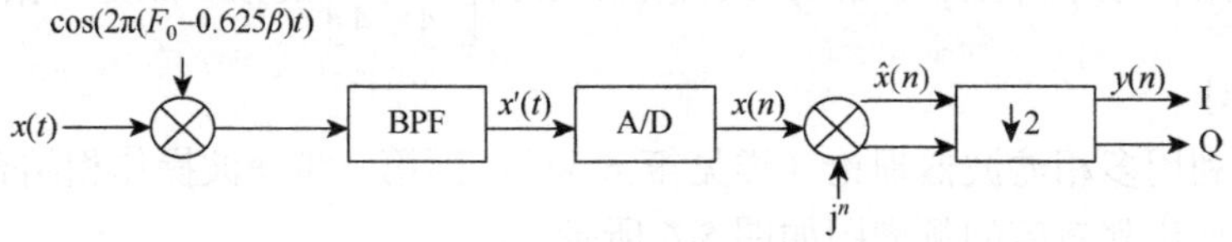

图 5-7　Shaw 系统 I/Q 结构图

同上，假设带通信号中心频率为F_0，带宽为β，进行以下处理。

第一步为模拟混频滤波操作，将原始频谱从中心频率F_0搬移至中心频率0.625β，带通滤波器滤除了混频运算引起的和频成分，从而将信号频谱限制在$[-1.125\beta,-0.125\beta]$以及$[0.125\beta,1.125\beta]$范围内。

第二步为 A/D 转换，如果采样频率选择2.5β，则模拟频率0.625β对应的数字角频率为$\frac{\pi}{2}$，因而数字信号频谱限制在$[-0.9\pi,-0.1\pi]$以及$[0.1\pi,0.9\pi]$范围内。

第三步为数字混频，将$[0.1\pi,0.9\pi]$搬移至$[-0.4\pi,0.4\pi]$，而由于2π周期性，

$[-0.9\pi,-0.1\pi]$ 分为 $[-\pi,-0.6\pi]$ 和 $[0.6\pi,\pi]$ 两部分。很明显，利用 j^n 特性，该混频运算可通过符号变换即可实现。

第四步为数字滤波，该滤波器的频率响应为

$$H(\omega)=\begin{cases}1, & -0.4\pi<\omega<0.4\pi \\ 0, & 其他\end{cases} \tag{5-10}$$

很明显，该步骤可采用一个实低通滤波器，分别对上一步得到的两路输出进行滤波处理实现，保留 $[-0.4\pi,0.4\pi]$ 频带内的信号成分。

第五步是对滤波输出的结果进行降采样，可参见 Rader 系统处理第四步。

Shaw 系统各处理步骤对应的频谱图如图 5-8 所示。

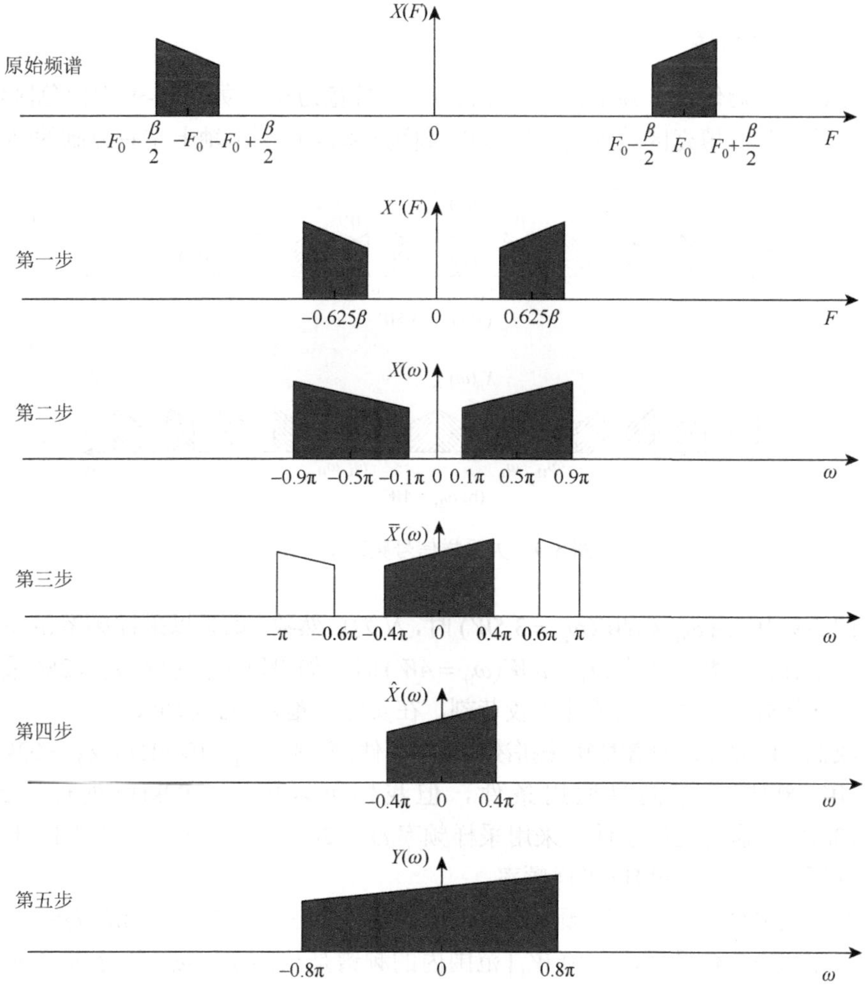

图 5-8 Shaw 系统各处理步骤对应的频谱图

与 Rader 系统相比，Shaw 系统的 A/D 采样频率仅需要2.5β，但最终的采样频率为1.25β。

5.1.4　欠采样

由上面正交采样部分内容可见，针对带通信号，可采用模拟混频的方法降低信号的最高频率，从而降低采样频率。由于这种方法需要利用本振、乘法器等模拟电路，可能导致模拟电子系统的功耗、成本和复杂度增加，可靠性等指标下降。

对于带通信号中的采样，可以采用欠采样（也称为带通采样）[36]，其又可分为标准欠采样和推广欠采样两种。

1. 标准欠采样

假设一带通信号，频率范围为$[\omega_L,\omega_H]$，带宽为W。如图 5-9 中白色区域所示，左填充和右填充区域为白色区域以采样频率ω_s在频率轴上左右复制的结果。

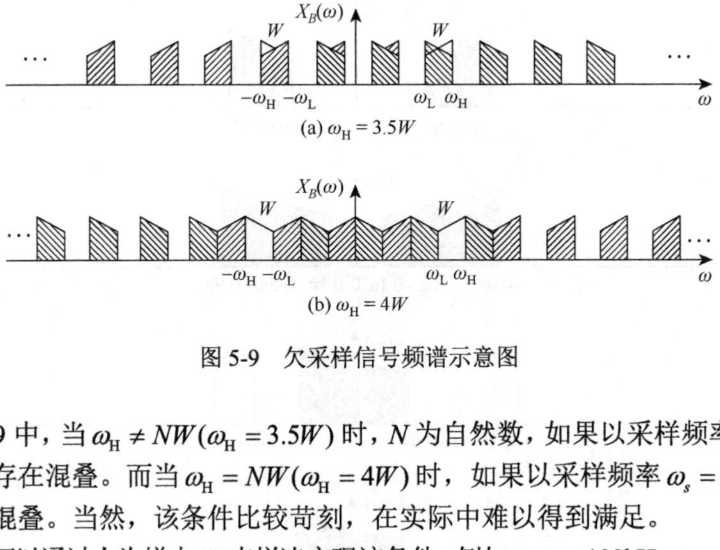

图 5-9　欠采样信号频谱示意图

图 5-9 中，当$\omega_H \neq NW(\omega_H = 3.5W)$时，$N$为自然数，如果以采样频率$\omega_s = 2W$采样，则存在混叠。而当$\omega_H = NW(\omega_H = 4W)$时，如果以采样频率$\omega_s = 2W$采样，则不存在混叠。当然，该条件比较苛刻，在实际中难以得到满足。

我们可以通过人为增大W来拼凑实现该条件。例如，$\omega_H = 100\text{kHz}$，$\omega_L = 92\text{kHz}$，此时$W = 8\text{kHz}$，不满足适用条件，但我们可以按$\omega_L = 90\text{kHz}$处理，此时$W = 10\text{kHz}$，满足适用条件，采用采样频率$\omega_s = 20\text{kHz}$进行采样，高于标准欠采样情况所需的$2W = 16\text{kHz}$采样频率。

对于欠采样，需要关注频谱倒置现象，还以图 5-9 中的$\omega_H = 4W$为例，当以采样频率$\omega_s = 2W$采样，在$[0,W_H]$范围内的频谱是从$[-\omega_H,-\omega_L]$部分搬移而来，与原始的$[\omega_L,\omega_H]$范围内频谱呈镜像关系。

2. 推广欠采样

对于图 5-9，当 $\omega_H = 4W$ 时，如果以采样频率 $\omega_s = 2W$ 采样，不存在混叠；如果以采样频率 $\omega_s = 3W$ 采样，也不存在混叠；但如果以采样频率 $\omega_s = 3.5W$ 采样，则会存在混叠。推广欠采样信号频谱示意图如图 5-10 所示。

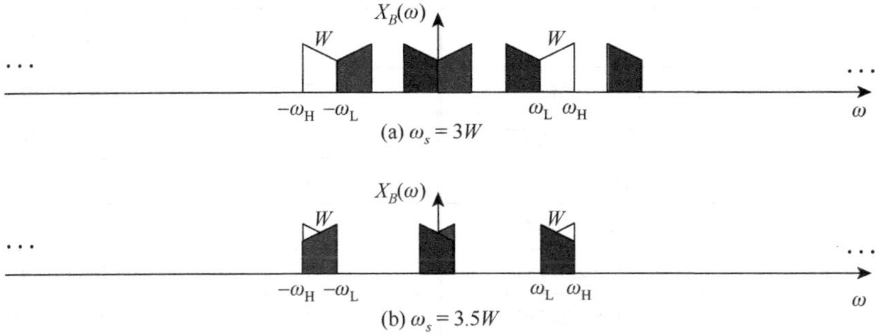

图 5-10 推广欠采样信号频谱示意图

可见，对带通信号采样，低采样频率不一定会混叠，高采样率可能会产生混叠。事实上，对于带通信号，可以利用推广欠采样确定采样频率范围，从而选取合适的采样频率。

如图 5-11 所示，假设采样导致频谱复制，使得$[-\omega_H,-\omega_L]$部分分别经过向右 $N-1$ 和 N 次的搬移（反之亦然），如果恰好和$[\omega_L,\omega_H]$部分不发生重叠，那么由于采样信号频谱的周期性，在频率轴上将不存在混叠。

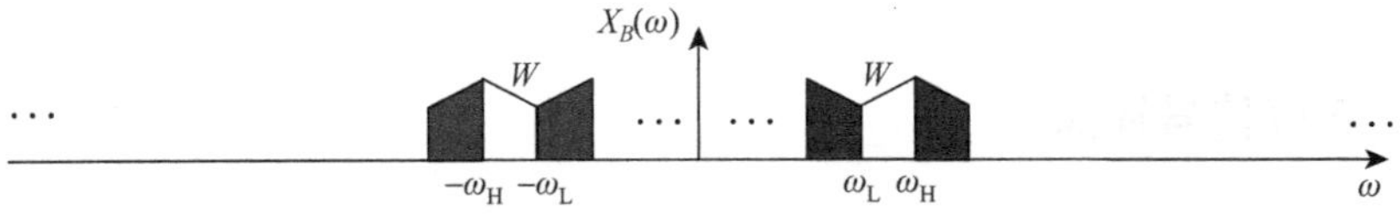

图 5-11 推广欠采样信号频谱无混叠示意图

以上分析用数学式描述如下：

$$-\omega_L + (N-1)\omega_s \leqslant \omega_L \text{ 且 } -\omega_H + N\omega_s \leqslant \omega_H \tag{5-11}$$

可以得到

$$\frac{2\omega_H}{N} \leqslant \omega_s \leqslant \frac{2\omega_L}{N-1} \tag{5-12}$$

当 $\omega_H = NW, \omega_L = (N-1)W$ 时，由以上公式可得，采样频率 $\omega_s = 2W$，即退化为标准欠采样。

还以 $\omega_H = 100\text{kHz}$, $\omega_L = 92\text{kHz}$ 情况为例，代入以上公式，可得

$$\frac{200}{N} \leqslant \omega_s \leqslant \frac{184}{N-1}$$

随着 N 取值的不同，采样频率可选区间也随之变化，如表 5-1 所示。

表 5-1　带通采样频率示例

N	ω_s / kHz	N	ω_s / kHz
13	无解	7	[28.57，30.67]
12	[16.67，16.72]	6	[33.33，36.8]
11	[18.18，18.4]	5	[40，38.5]
10	[20，20.44]	4	[50，61.33]
9	[22.22，23]	3	[66.67，92]
8	[25，26.29]	2	[100，184]

由表 5-1 可见，采样频率可以有多个选择区间（N 的奇、偶选择与频谱倒置关联），可根据系统其他相关指标综合选择。

从上面分析还可以看到，欠采样后，信号频率分量虽然可以限制在 $\left[\frac{-\omega_s}{2}, \frac{\omega_s}{2}\right]$ 范围内，但是带通信号的中心频率 $\omega_0 = \frac{\omega_L + \omega_H}{2}$ 经折叠后并不能保证落在 0 频（落在 0 频便于信号处理运算），此时，我们可以通过数字方式实现前面的正交解调，获得复信号。

5.1.5　连续信号还原

由以上分析可见，无论 Nyquist 采样、正交采样，还是欠采样，它们共同的出发点是采样后保证频谱不产生混叠。

为了重建模拟波形，需要一个理想的 D/A 和模拟滤波器，以便从 $f_s(t), t = nT$ 重新得到 $f(t)$，整个过程如图 5-12 所示[6]。

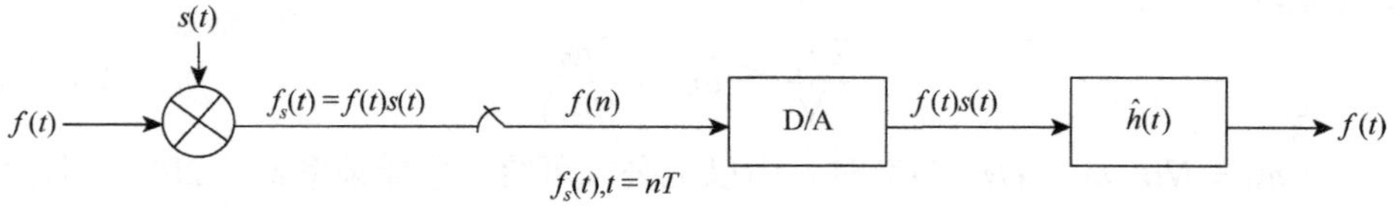

图 5-12　模拟信号重建

$\hat{h}(t)$ 是理想低通滤波器，其脉冲响应为

$$\hat{h}(t)=\frac{\sin\omega_c(t-nT)}{\omega_c(t-nT)} \tag{5-13}$$

需要注意的是，图 5-12 针对的是 Nyquist 采样，即低通信号采样信号。

而对于上面提到的针对带通信号的正交采样和欠采样，为了降低 A/D 采样频率，本书采用了不同的变通方式。对于正交采样，A/D 采集的频带范围已经是频率调制后的结果；对于欠采样，采集的也是原始高频成分折叠到 $\left[\frac{-\omega_s}{2},\frac{\omega_s}{2}\right]$ 范围内的成分，都已不是原始的模拟连续信号。

5.1.6　采样频率选择分析

由上面分析可知，在信号采样后频谱不发生混叠的前提下，对采样频率的选择并不唯一，可高可低，高的采样频率意味着更小的时间采样间隔，也意味着系统具有更高的时间分辨率。除此之外，采样频率的选择还可以从以下几个角度考虑。

1. 数字系统复杂度

采样频率越高，直接导致 A/D 的指标提高，并导致系统的存储量、总线带宽、运算量等指标关联提高；采样频率低，系统复杂度与成本降低。

2. 模拟系统复杂度

抗混叠滤波器为了获得更好的截止特性，其需要更高的模拟滤波器阶数等指标参数，从而导致模拟滤波器电路的复杂化，特别是多通道应用中。由采样定理可知，数字信号频谱是模拟信号频谱在频率轴上以采样频率进行周期复制，如果采样频率够高，则频率轴上的副本间隔够大，此时，即使滤波器截止特性不甚理想，副本间的混叠影响也较小，采集转换到数字信号以后，再通过数字滤波器弥补模拟滤波器性能的不足；而如果采样频率不高，此时为了避免副本间的混叠，必然要求模拟滤波器具有较好的截止特性。此外，采样频率也是影响数字滤波器与抗混叠模拟滤波器复杂度的因素之一[37]。

3. 电路噪声影响

由采样定理可见，对于采样频率 f_s，当信号频率成分有高于 $f_s/2$ 的部分时，会折叠落入 $[0,f_s/2]$ 区间，对信号如此，对电子系统中的噪声亦是如此。如果电

子系统中，除了信号频带之外的部分，噪声分量为 0，那么采样频率（服从采样定理）的高低不会导致信号受噪声的影响，而如果频带外噪声分量非 0，那么相比于高采样频率，低采样频率会受高频（超过 $f_s/2$）噪声分量影响的可能性必然更高。

4. 量化噪声影响

量化噪声功率（详见 5.2 节）均匀分布在 $[-f_s/2, f_s/2]$ 范围内，采用高采样率采样再根据信号频带特点结合合适的滤波器，可有效降低量化噪声对信号的不利影响。

再次注意到，对采样频率选择的前提是信号采样后频谱不发生混叠，才能保证可由离散的样本值无失真地重建连续模拟信号。而发生混叠的前提是频率轴上存在相对于采样频率而言难以分开的、多个频率成分。如果待采样信号在频率轴上占据的频点甚至频带唯一，则还是可以唯一还原的。举两个简单的例子加以说明。

例如，假设主动声呐工作于 70kHz，按照 Nyquist 采样定理必须选择 140kHz 以上的采样频率，如果选择不满足 Nyquist 采样定理的 50kHz 采样频率，且频率轴上还存在 20kHz 的干扰或噪声（假设 $nf_s + 70\text{kHz}$ 的其他干扰，$n > 0$），则采样会引起混叠（20kHz 和 70kHz 成分混在一起）。可以将接收信号先经过 70kHz 的模拟带通滤波器滤除频带外的 20kHz 成分再利用 50kHz 采样，虽然由于三角函数的周期性，70kHz 和 20kHz 的数字样本值相同，在不知道回波频率的情况下，会认为采集到的数字样本（只是数字，已没有模拟频率的概念，和 D/A 输出关联后才有实际的频率）可能来自 20kHz 的回波信号（服从采样定理，50kHz 采样频率只能确定 25kHz 以下的信号）。但如果有了待采集信号频谱的先验信息，则可以将采集到的数字样本看成主频 70kHz、采样率为 175kHz 的回波信号（据三角函数周期性），不影响后续的信号还原。

再如，针对表 5-1 中的 LFM 信号[假设信号形式为 $\cos(2\pi fn/f_s + \pi k(n/f_s)^2)$]，25kHz 和 40kHz 采样率都满足要求，而在二者之间的 32kHz 采样率却不满足要求。在 25kHz 采样率下（可表征范围 $[-12.5, 12.5]\text{kHz}$），$[92,100]\text{kHz}$ 被搬移到了 $[-8,0]\text{kHz}$；在 40kHz 采样率下（可表征范围 $[-20,20]\text{kHz}$），$[92,100]\text{kHz}$ 被搬移到了 $[12,20]\text{kHz}$，均不存在歧义；而在 32kHz 采样率下（可表征范围 $[-16,16]\text{kHz}$），被搬移到了 $[-4,4]\text{kHz}$，由于三角余弦函数的偶对称性，频谱出现混叠，此时会影响后续的匹配滤波等处理，如图 5-13 所示，32kHz 采样率下的信号匹配滤波输出与另外两种有较大差异。这与采用高采样率采样、频谱处理再结合降采样处理不同，例如，采样率选择 800kHz，利用 Hilbert 变换得到复信号，再进行 25 倍降采样得到 32kHz 采样率的复序列，此过程中不存在频谱失真，因而对后续处理影响较小，如图 5-14 所示，三者基本一致。

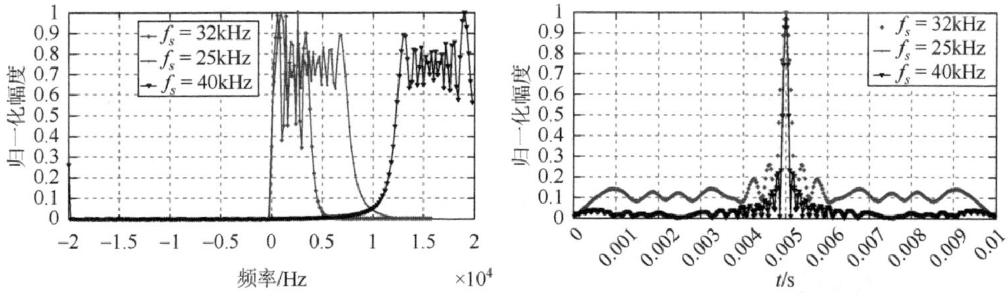

(a) 实信号低频采样 + Hilbert的频谱　　(b) 实信号低频采样 + Hilbert变换的匹配滤波输出

图 5-13　推广欠采样下不同采样率的采样信号频谱及匹配滤波输出

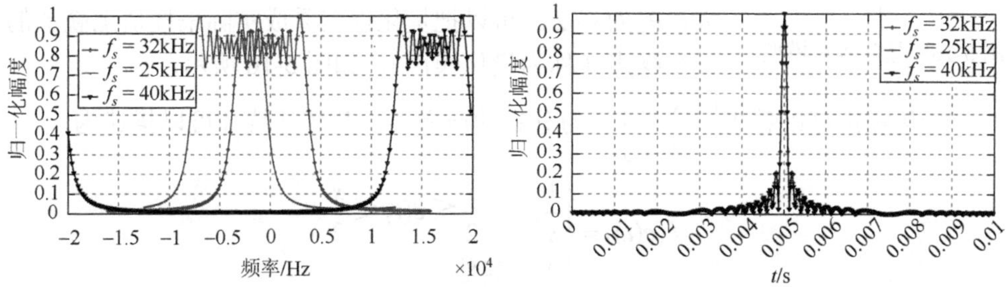

(a) 复信号降采样后的频谱搬移　　(b) 复信号降采样后的匹配滤波输出

图 5-14　Nyquist 采样下不同降采样率的采样信号频谱及匹配滤波输出

5.2　信 号 量 化

模拟信号经过采样后得到的信号，只是一定幅值的模拟电平，需经过对电平值的编码量化(量化就是用有限长度的码来表示不同幅度的样本值，由 A/D 实现)，才能得到 DSP 器件中处理的数字信号[6]。

图 5-15 描述了 A/D 对离散采样值的量化编码过程，量化步长为 s，按照四舍五入原则，针对 A/D 采样值产生一个最接近的量化编码输出。假设 A/D 的位数为 n，第一位一般是符号位，后面还有 b 位表示大小的码长位，则

$$n = b + 1 \tag{5-14}$$

双极性 A/D 的输出范围一般为 $[-2^b, 2^b - 1]$，可近似为 $[-2^b, 2^b]$。

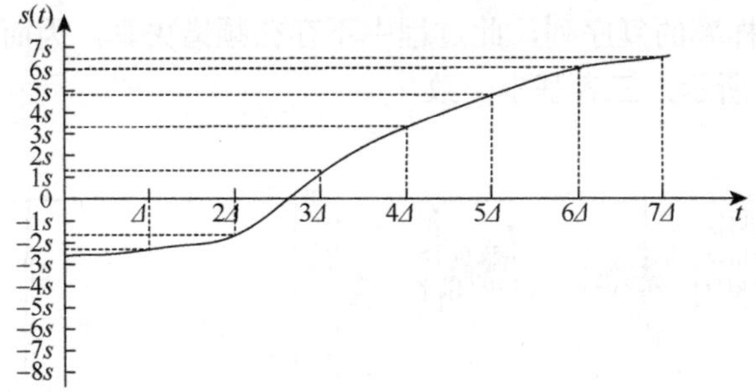

图 5-15　量化编码示意

5.2.1　量化噪声

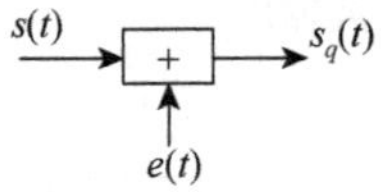

图 5-16　量化噪声模型

由图 5-15 可见，由于离散样本值量化的结果，实际采样值与经过 A/D 整数倍量化输出值之间是有误差的，其最大误差为$s/2$。可以把量化误差看成实际采样值上叠加的一个噪声（称为量化噪声），如图 5-16 所示。

量化噪声可以看成$\left[-\dfrac{s}{2},\dfrac{s}{2}\right]$均匀分布的白噪声，其统计特性可以描述为

$$f(e(t))=\begin{cases}\dfrac{1}{s}, & -\dfrac{s}{2}\leqslant e(t)\leqslant\dfrac{s}{2}\\ 0, & 其他\end{cases}$$

且均值$\overline{e(t)}=0$，方差表示为

$$\sigma_e^2=\int_{-\infty}^{\infty}(e(t)-\overline{e(t)})^2 f(e(t))\mathrm{d}e(t)=\frac{1}{s}\int_{-\frac{s}{2}}^{\frac{s}{2}}(e(t))^2\mathrm{d}e(t)=\frac{s^2}{12} \tag{5-15}$$

由式（5-15）可见，量化噪声功率仅和量化步长s有关。

定义量化噪声比（signal to quantization noise ratio，SQNR）为信号功率与量化噪声功率之比，为

$$\mathrm{SQNR}=10\lg\frac{P(s(t))}{s^2/12} \tag{5-16}$$

下面计算常见的几种简单信号的 SQNR。

1. 正弦波

假设正弦波幅度范围为$[-A,A]$，对应于 A/D 的量化范围为$[-2^B,2^B]$（$B<b$），则

$$\mathrm{SQNR}=10\lg\frac{P(s(t))}{s^2/12}=10\lg\frac{A^2/2}{s^2/12}=10\lg\frac{2^{2B}s^2/2}{s^2/12}=6.02B+7.78\ \text{（dB）} \tag{5-17}$$

2. 方波

假设方波幅度范围为$[-A, A]$，对应于A/D的量化范围为$[-2^B, 2^B]$，则

$$\mathrm{SQNR} = 10\lg\frac{P(s(t))}{s^2/12} = 10\lg\frac{A^2}{s^2/12} = 10\lg\frac{2^{2B}s^2}{s^2/12} = 6.02B + 10.79 \quad (\mathrm{dB}) \tag{5-18}$$

3. 均匀分布信号

假设采集的随机信号，幅度在$[-2^B s, 2^B s]$内服从均匀分布，则根据式（5-15）可以得到其功率为

$$\sigma_s^2 = \int_{-\infty}^{\infty}(s(t) - \overline{s(t)})^2 P(s(t))\mathrm{d}s(t) = \frac{1}{2^{B+1}}\int_{-2^B s}^{2^B s}(s(t))^2\mathrm{d}s(t) = \frac{s^2}{3}2^{2B} \tag{5-19}$$

则

$$\mathrm{SQNR} = 10\lg\frac{P(s(t))}{s^2/12} = 10\lg\frac{\frac{s^2}{3}2^{2B}}{s^2/12} = 6.02B + 6 \quad (\mathrm{dB}) \tag{5-20}$$

4. 高斯分布信号

对于高斯分布信号，假设其方差为σ_s^2，均值为0。

根据其概率分布特性可知，幅度超过$4\sigma_s$的概率低于1.3×10^{-4}，即可以认为基本上所有的幅值都小于$4\sigma_s$，因此可以将$[-4\sigma_s, 4\sigma_s]$作为高斯分布信号的幅度范围，同样对应于A/D的量化范围为$[-2^B, 2^B]$，则可得到$s = \frac{4\sigma_s}{2^B}$，从而

$$\mathrm{SQNR} = \frac{\sigma_s^2}{\left(\frac{4\sigma_s}{2^B}\right)^2/12} = 6.02B - 1.25 \quad (\mathrm{dB}) \tag{5-21}$$

由以上分析可见，提高SQNR、减小量化噪声对信号的不利影响有两个途径：①A/D的码长b尽量大，提高B增加的可能性；②采集信号幅度尽量大，以实际提高B。

A/D的最大输入范围不变（如保持在±5V）、输入信号幅度不变（且没有限幅），则提高A/D的码长b唯一改变的就是减小了量化步长s，从而导致信号采集时的实际码长B得到提高，从而提高了SQNR。如果实际应用中码长的增加能够提高系统性能（如作用距离），说明系统的噪声受限于量化噪声，即意味着A/D前端的输入波形幅度较小，可通过改善增益控制方案，控制A/D前端输入波形在合理范围内。

5.2.2 饱和噪声

利用A/D采集接收信号调理电路输出的信号，如果调理电路增益过小，会受

到上面分析的量化误差影响；如果调理电路增益过大，则可能导致输出信号超过A/D满量程，出现限幅，即超过A的幅值一律被当作$-2^B s$或者$2^B s$，从而引入噪声，称为饱和噪声[4]。

对于正弦波、方波等确知信号，其饱和噪声（saturation noise，SN）平均功率的计算等价于幅度超过满量程电平（full-scale voltage，FSV）部分的面积。对于随机信号，如上面所说的服从高斯分布的信号，计算饱和噪声功率为

$$\mathrm{SN}=2\int_{k\sigma_s}^{\infty}(s(t)-k\sigma_s)^2 f(s(t))\mathrm{d}s(t) \tag{5-22}$$

式中，$k\sigma_s$为A/D的满量程电压；$f(s(t))=\dfrac{1}{\sqrt{2\pi}\sigma_s}\exp\left(-\dfrac{s^2(t)}{2\sigma_s^2}\right)$。

可以求得

$$\mathrm{SN}=2\int_{k\sigma_s}^{\infty}(s(t)-k\sigma_s)^2\frac{1}{\sqrt{2\pi}\sigma_s}\exp\left(-\frac{s^2(t)}{2\sigma_s^2}\right)\mathrm{d}\,s(t)=2\sigma_s^2\left((k^2+1)F(k)-\frac{k}{\sqrt{2\pi}}\mathrm{e}^{\frac{-k^2}{2}}\right) \tag{5-23}$$

式中

$$F(k)=\frac{1}{\sqrt{2\pi}}\int_k^{\infty}\mathrm{e}^{\frac{-u^2}{2}}\mathrm{d}u$$

可见，A/D前端限幅后，会导致采集波形失真，限幅越严重饱和噪声越大。对于因限幅导致的波形失真，很多时候也可以进行一定的还原，如限幅的CW脉冲信号可以通过带通滤波器还原，甚至后续波束形成等信号处理算法也能得到可用的结果。即便如此，限幅后的信号信噪比已经降低，必然导致后续信号处理算法性能的下降。还需要指出的是，此处分析的饱和噪声针对的是理想采样信号，没有考虑A/D前端波形中的噪声成分。由于限幅处理是非线性处理，而实际A/D采样的是具有一定信噪比的信号，此时信号饱和噪声比应该比上面的分析更复杂。

5.2.3　动态范围压缩

对于A/D，如果采集的信号幅度小于s，则被忽略；如果采集的信号幅度大于$2^b s$（A/D可接受的最高不限幅电平），则会被限幅。因此，A/D能够有效表达的信号输入幅度范围为s～$2^b s$。定义A/D的动态范围为满量程电压与量化步长之比：

$$\mathrm{DR}=20\lg\frac{\mathrm{FSV}}{s}=20\lg\frac{2^b s}{s}=6.02b\quad(\mathrm{dB}) \tag{5-24}$$

例如，对于一个 12bit 的双极性 A/D（码长$b=11$），理论上，其能表征的信号幅度变化范围为 66dB（实际中由于 A/D 性能难以理想化，会稍有损失）。

虽然如此，我们总希望$B=b$，以得到最好的 SQNR 性能。但在实际应用中由于声呐工作环境相关的目标、信道等差异性和变化性，接收换能器接收到的声信号幅度总是随时间变化的，我们必须实时调整接收机电路的增益，保证 A/D 前端波形的平稳，并尽可能保证$B=b$。当然$B=b$是难以实现的，但我们的目标是尽可能地让B接近b，从而尽量减小量化噪声的影响，起码相比于声呐方程中的噪声项，电路噪声等系统主要噪声源可忽略。

动态范围压缩技术是控制接收机电路增益使得 A/D 前端信号平稳且维持合适大小的技术。常见的动态范围压缩技术有如下几种[6]。

1. AGC（自动增益控制，antomatic gain control）

AGC 的工作原理是：根据测量的信号加噪声的随机电压或时间序列方差的平均值，通过反馈环路，自动地调节接收机电路的增益。它由三个主要部件组成：程控增益放大器、固定增益放大器和方差估计器（图 5-17）。

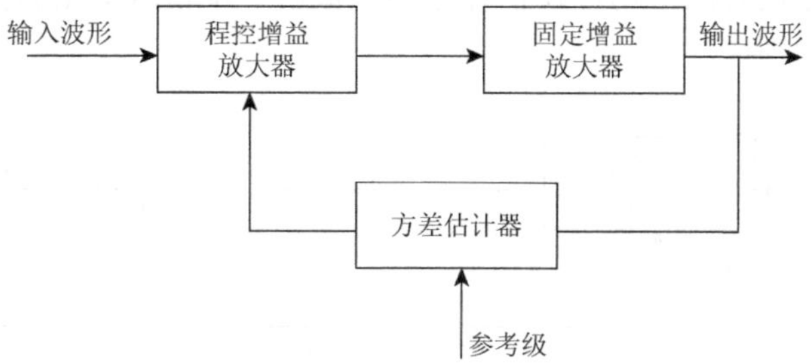

图 5-17　AGC 组成示意图

方差估计器的作用是把实时估计的方差与试图保持的方差进行比较，根据两者的差值对程控增益放大器进行实时控制。该功能可利用 DSP 器件方便实现。

2. TVGC（时变增益控制，time variant gain control）

TVGC 主要用于主动声呐，因为主动声呐中的接收信号、噪声加混响的功率以距离或时间为函数，其规律可以由传播模型近似地估算出来，因此可以有针对性地采用预先规定的增益变化规律进行补偿。

例如，球面波衰减规律下的主动声呐回波级：$\mathrm{EL}=\mathrm{SL}-2\mathrm{TL}+\mathrm{TS}$。其中，$\mathrm{TL}=2\alpha R+20\lg R$，反映了接收信号随传播距离（时间）的衰减规律，可采用$\mathrm{TVGC}=2\alpha R+10K\lg R+G$，对此规律进行补偿。TVGC 曲线往往根据实际工况可设，如设定不同的起点G（固定增益）、斜率K，如图 5-18 所示。

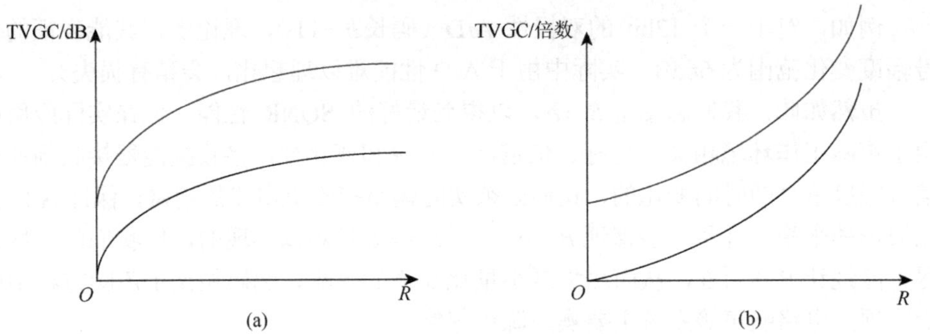

图 5-18　TVGC 变化规律示意图

3. SGA（步进增益放大，stepping gain amplifier）

SGA 的工作原理（图 5-19）与 AGC 相似，也是根据估计的方差依靠反馈环路自动地控制增益变化。但两者的用途是不同的：AGC 主要用于主动声呐，在那里由于海面和海底混响的作用，噪声功率迅速变化，因此需要连续的 AGC；SGA 主要用于被动声呐，噪声功率随时间变化不太快。在 SGA 控制环中，需要充分长的时间，使得通过时间平均，在估计器传来最新一步增益变化的作用之前不会做出新的增益补偿判决。

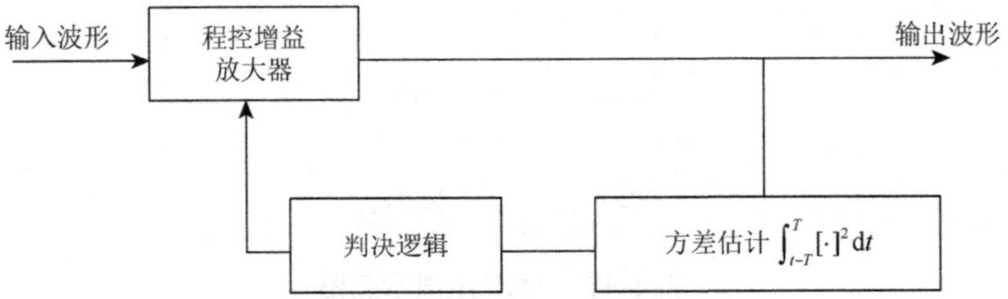

图 5-19　SGA 工作原理框图

可见，AGC、TVGC、SGA 三种增益控制技术中，AGC 是闭环的，其他两种为开环。

实际中，往往需要同时利用接收机电路可变增益的动态范围和 A/D 的动态范围，共同保障接收信号的 SQNR 性能。

例如，假设多波束测深声呐正下方海底最强回波与最外侧海底最弱回波幅度理论动态范围为 96dB，如果选择 80dB 的增益控制方案，则另外的 20dB 可由 A/D 的动态范围来分担。即使对于一个 12bit 的 A/D，假设 A/D 前端电压控制在 VFS 的一半左右，SQNR 也能达到 43dB 左右，量化噪声显然已经不是系统信噪比的主要障碍。实际上，即使我们选择了 96dB 的增益控制方案（如 2 片 48dB 的 VGA 芯片级联），满足回波动态范围理论需求，但由于自动增益控制难以理想化，并且还存在信号起伏，都需要额外的 A/D 的动态范围来分担。因此，实际中需要结合考虑可控增益芯片和 A/D 的动态范围选择器件与分担增益指标。

5.3 采样电路设计与实例分析

采样电路的作用是将模拟信号转换成离散的数字采样信号，提供给数字信号处理电路做进一步处理。5.1 节和 5.2 节介绍了采样的相关理论，实际的采样电路实现方式受多方面因素制约，不同的声呐电子系统对采样电路的需求也不尽相同。本节以两型多波束测深系统的采样电路设计为例，详细阐述其设计过程，希望读者能举一反三，扩展到其他声呐系统。

5.3.1 ADC 简述

在数据采集系统中，模数转换器是必不可少的，其作用是将模拟量转换成数字量。模数转换电路通常作为数据采集系统的起始部分，其性能的优劣决定了数据采集系统的准确性，对后续信号处理有着重要影响。ADC 按照其采样频率可以分为常见的奈奎斯特 ADC 和过采样 ADC。奈奎斯特 ADC 以奈奎斯特频率对输入信号进行采样，其优点是工作速率较快，带宽非常大，转换带宽可以达到吉赫兹级，但是其精度较低；过采样 ADC 的采样频率远高于奈奎斯特频率，但是转换带宽较窄。

图 5-20 表示了奈奎斯特 ADC 的结构示意图。其中，抗混叠滤波器将输入信号中高于某一频率的频谱去掉，以避免在对输入信号进行采样的过程中引入高频信号的混叠，其功能等效于一个低通滤波器；采样/保持电路的功能是对滤波之后的连续信号进行采样，使其转换成离散信号，并使采样电平在一个时间段上保持不变；量化器的作用是将这个固定的电平转换成二进制数值，并将其转换所需的时间称为 ADC 的转换时间，一般情况下，量化过程会有一个呈阶梯状的量化曲线，将参考电平分成许多小的量化区间。

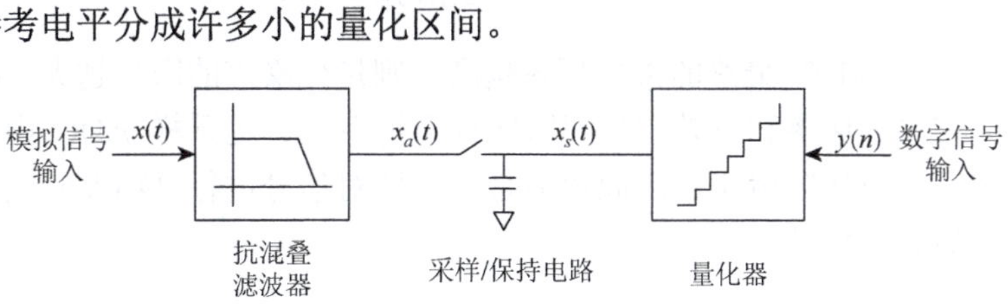

图 5-20 奈奎斯特 ADC 结构框图

过采样 ADC 的系统框图如图 5-21 所示[38]，一般采用开关电容电路，因此不需要专门的采样/保持电路，信号通过抗混叠滤波器，滤除信号频带以外的噪声，以远高于奈奎斯特频率的过采样频率对信号进行采样，ΣΔ 调制器是其核心。其基本原理是利用过采样降低噪声功率在信号频带内的分布，并在此基础上利用噪声整形使带内噪声得到有效抑制，使带内信号的信噪比得以提高[39]。

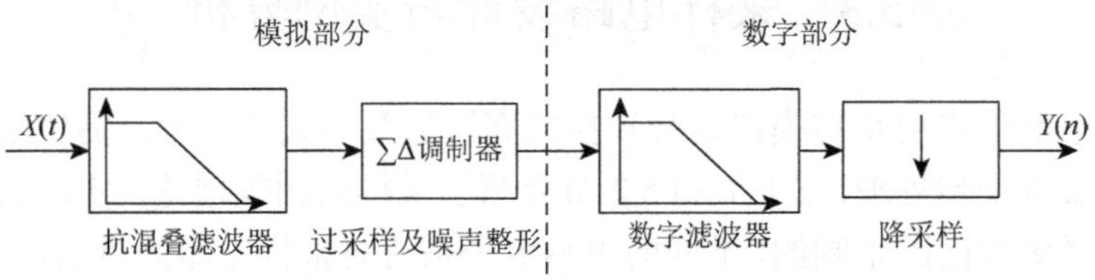

图 5-21　过采样 ADC 系统框图

ΣΔ 调制器相当于一个 1bit 的 ADC，输出 1bit 的量化信号，输出频率与采样频率一致，ΣΔ 调制器的结构模型框图如图 5-22 所示。调制器以脉冲密度调制信号的形式实现量化过程，即信号在一段时间内的平均值由脉冲密度来表示，这种调制方式被称为ΣΔ 调制，因此过采样 ADC 也被称为ΣΔ ADC。量化后的信号经过数字滤波器，并还原至奈奎斯特频率，得到高精度的输出。过采样 ADC 充分采用了数字信号处理技术，用来代替复杂的模拟元件，使得元件之间的匹配、精确的采样/保持电路等不再成为 ADC 精度依赖的因素，只需要较少的、简单的模拟电路即可实现。

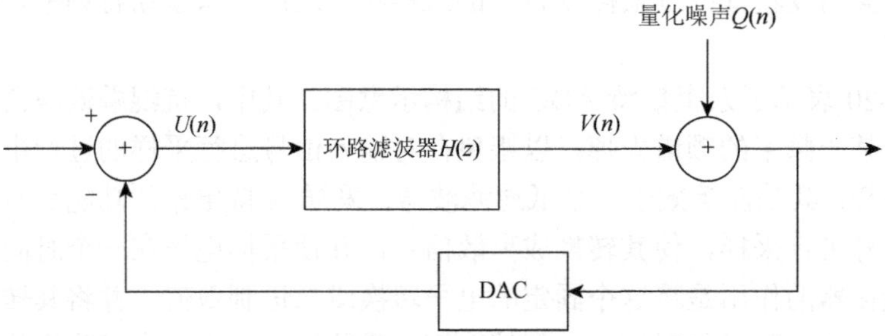

图 5-22　ΣΔ 调制器结构模型框图

可见，这种 ADC 最终的采样频率越高，则量化噪声的影响越大，有效字长越短，因此在采样频率和有效字长间需要有个折中[37]。过采样 ADC 由于具备高的采样频率，且单比特输出，因此较适合于需要对信号进行高精度时延处理的场合，如时延波束形成等。

5.3.2　影响 ADC 选择的因素

采样电路设计的核心是如何选择 ADC 芯片。影响 ADC 选择的因素有很多，主要包括以下几个方面。

（1）ADC 的采样频率。ADC 必须能够工作在系统方案论证中确定的采样频率。

（2）采样信号的形式和幅度。ADC 输入信号的形式必须与前端放大、滤波等信号调理电路的形式相互配合。在多通道系统中，为降低调理电路的复杂度，流经各节点的信号多采用单端信号。在通道数较少的系统中，也可采用差分信号调理电路。通常 ADC 前端需要设置一级信号变换电路，把调理电路输出的信号转换成 ADC 可接受的形式和幅度。

（3）ADC 的接口形式。采样率 10MHz 以下的 ADC 的接口形式大体可以分为串行接口和并行接口两类，串行接口包括 SPI（serial perpheral interface，串行外设接口）、QSPI（queued SPI，队列串行外设接口）、I^2C（inter-integ rated circuit）和 I^2S（inter-IC sounel）等；并行接口一般指有多根数据线同时传输数据，可以是异步的也可以是同步的。在这两类接口中，信号的电平标准可以是 CMOS（complementary metal oxide semiconductor）型也可以是 LVDS（low-voltage differential signaling）型，一般 LVDS 型会比 CMOS 型具有更高的数据吞吐率。

（4）ADC 的分辨率（位数）。ADC 的分辨率在一定程度上决定了采样信号的精度，ADC 的位数越高采样精度越高，能够容忍的输入信号动态范围越大。

（5）ADC 的功耗和体积。较高的功耗将会给供电电路的设计以及电路的散热带来挑战；芯片体积太大将会增大电路板以及系统的整体尺寸。

5.3.3 声呐系统采样电路设计举例

1. 实例一：窄带多波束测深声呐采样电路

浅水多波束测深系统的工作频率大多集中在 200～400kHz，这个频段基本能够满足所有的浅水多波束测量任务。本例的工作频率设定为这个频带的中心频率 300kHz，既能照顾到低频的大作用距离，也能照顾到高频的高分辨力，是窄带多波束测深系统比较理想的工作频率。

1）采样电路设计指标

（1）通道数。

80 通道，对应于 80 通道接收阵列。

（2）采样频率。

如前所述，对于窄带信号来说，使用带通采样方式是一个不错的选择。由于系统发送的 CW 脉冲信号的最小脉宽是 0.15ms，则信号的带宽大约是 10kHz（以 $1.5/\tau$ 计），依据式（5-12），当 N 取 13 时，取 $f_s = 48\text{kHz}$，带通采样后的频谱既不混叠也不倒置。

另一种方案是在信号调理电路中使用混频的方式，将信号频带转移到低频，然后采用低通采样方式。例如，利用乘法 DAC 组成混频和增益控制电路，将原始信号连接到乘法 DAC 的参考基准电压引脚，利用 FPGA 控制乘法 DAC 的数字接口，乘法 DAC 的模拟输出就是混频后的信号，混频的频率通过数字接口上的输出码和零码的变化频率决定（如 294kHz），增益通过输出码的大小决定（负增益）。因此，调理电路输出的信号中心频率为 6kHz，带宽是 12kHz。为兼顾距离分辨力和降低后续处理算法的压力，可设定低通采样率也为 48kHz。

综合以上两种方案，本例选择调理电路混频并低通采样的方式，同时兼顾了增益控制功能，降低了调理电路的复杂度。

2）ADC 的选择

由于通道数多，特别是当使用混频方案时，输出差分信号较为困难，因此调理电路的信号输出形式设计为±5V 单端信号。在本例中，水下电子舱中设计有接收前置放大电路，其余信号接收调理电路中的其他电路和信号采样电路全部在水上电子舱中。根据上面分析选择的 48kHz 采样频率，通道数为 80，因此若采用并行接口，总线上的数据率将只有 $48\text{kW}/\text{s}\times 80 = 3.84\text{MW}/\text{s}$，平均每个采样点的读取时间是 260.4ns，所有 ADC 可以共用一套数据总线并顺序读取。因此本例选择具有并行接口的 ADC 芯片，即 ADI 公司的 AD7865BS-1。它是一款快速、低功耗、四通道连续采样 14bit ADC，其采用单 5V 供电，片内集成 2.5V 参考电压源，省去了外接参考电压源的麻烦。输入信号可以配置成±5V。数字输出接口为并行接口，易于与 FPGA 相连。单通道时最大采样率可以达到 350kHz，四通道全部工作时的采样率可以达到 100kHz，完全满足本例的需求。其内部功能框图如图 5-23 所示。

3）采样电路设计实现

（1）硬件电路设计。

下面说明 AD7865BS-1 主要引脚的功能以及连接方式。它的模拟输入范围可配置成±5V 和±10V，当把输入信号一同连接到引脚 V_{INxA} 和 V_{INxB} 上时，设定输入范围为±5V；AD7865BS-1 使用三组电源引脚，AV_{DD} 为模拟 5V 电源，DV_{DD} 为数字 5V 内核电源，V_{DRIVE} 为 3.3V 数字输入输出接口电源；AD7865BS-1 的转换顺序和时钟可控，$\overline{\text{H}}/\text{S SEL}$ 引脚是硬件/软件选择输入引脚，当这个引脚是低电平时，AD7865BS-1 的转换顺序由外部引脚 SL1～SL4 控制，并且使用内部时钟；当这个引脚是高电平时，转换顺序由通道选择寄存器控制，并且可以选择使用内部或外部时钟；SL3 和 SL4 是通道 3 和通道 4 的硬件通道选择引脚，为低电平时表示该通道不在转换序列内，为高电平时表示该通道被包含在转换序列；当 $\overline{\text{H}}/\text{S SEL}$ 为高电平时，$\overline{\text{INT}}/\text{EXT CLK}/\text{SL2}$ 是内部或外部时钟选择引脚，当 $\overline{\text{INT}}/\text{EXT CLK}/\text{SL2}$ 为低电平时，AD7865BS-1 使用内部产生的主时钟，否则使用 CLK IN/SL1 引脚上的外部时钟；当 $\overline{\text{H}}/\text{S SEL}$ 为低电平时，$\overline{\text{INT}}/\text{EXT CLK}/\text{SL2}$ 是通道 2 的硬件通道选择引脚，CLK IN/SL1 是转换时钟输入和通道 1 的硬件通道选择引脚；当 $\overline{\text{H}}/\text{S SEL}$ 为高电平并且 $\overline{\text{INT}}/\text{EXT CLK}/\text{SL2}$ 也为高电平时用作外部时钟输入引

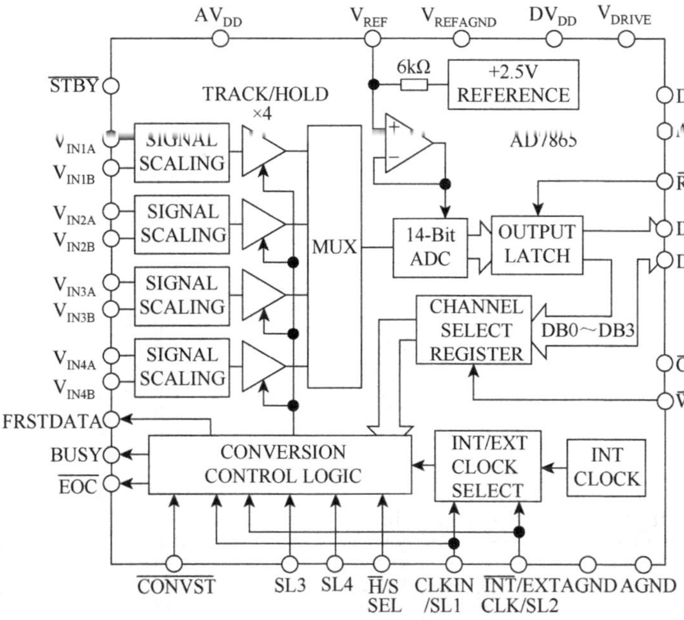

图 5-23 AD7865BS-1 功能框图

脚，否则当 $\overline{\text{H}}$/S SEL 为低电平时用作通道 1 的硬件通道选择引脚。本例设置 $\overline{\text{H}}$/S SEL 为低电平，使用内部时钟来降低外部连接复杂度，并且设置 CLK IN/SL1、$\overline{\text{INT}}$/EXT CLK/SL2、SL3 和 SL4 为高电平来使能全部四个通道。

由于不需要访问内部寄存器，因此设置 $\overline{\text{WR}}$ 为高电平，$\overline{\text{CS}}$、$\overline{\text{RD}}$ 和 DB0～DB13 组成异步并行接口。具体工作流程是，由 FPGA 拉低转换信号 $\overline{\text{CONVST}}$ 来启动一次转换，之后 BUSY 信号输出高电平表示转换正在进行，转换完成后 BUSY 输出低电平，FPGA 控制并行接口读取采样数据。

根据 AD7865BS-1 的数字接口时序图，外部主机可以在转换过程中读取数据，也可以在转换后读取数据，但本例中多个 ADC 同时工作而且要共用总线，因此只能在转换后统一读取各通道数据。在采样间隔内耗费的总时间 $\overline{\text{CONVST}}$ 为低的时间 t_1、四个通道的转换时间 t_{BUSY} 以及 80 通道的读取时间 $(t_5+t_8)\times 80$ 的总和，计算可得总时间为 13.635μs，而采样间隔为 1/48kHz=20.833μs，因此可以实现在采样间隔内利用一套并行总线读取 80 通道数据的方案。

具体连接时，每片 ADC 的 $\overline{\text{CS}}$ 全部连接到 FPGA，$\overline{\text{CONVST}}$、$\overline{\text{RD}}$ 和 DB0～DB13 共用。BUSY 也是一个输出信号，将所有 BUSY 信号全部连接到 FPGA 是不现实的，可以通过在转换开始和读取之间留够时间、在固定的时间位置上读取数据的方式来避免判断所有 BUSY 信号。详细阅读其数据手册，最终完成的单片 ADC 原理图如图 5-24 所示，多片 ADC 的原理图如图 5-25 所示。

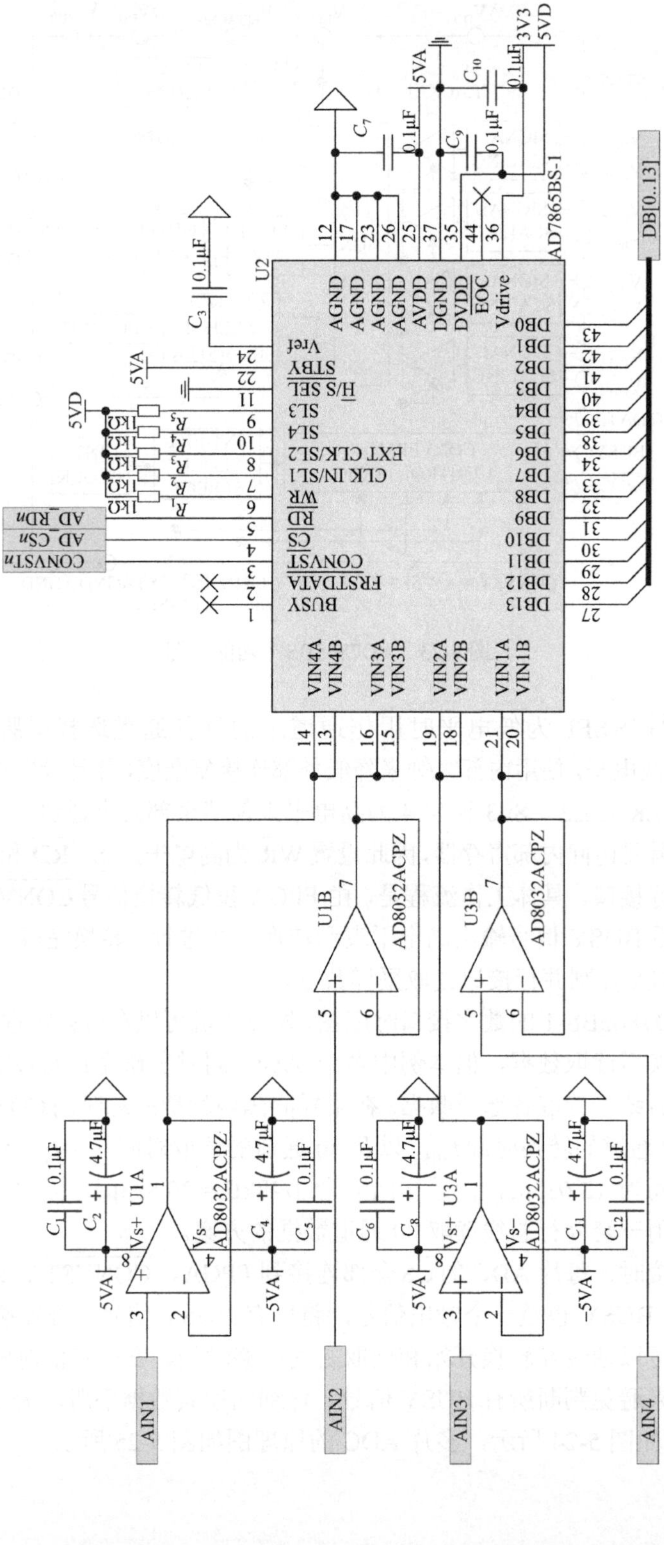

图 5-24　AD7865BS-1 连接原理图

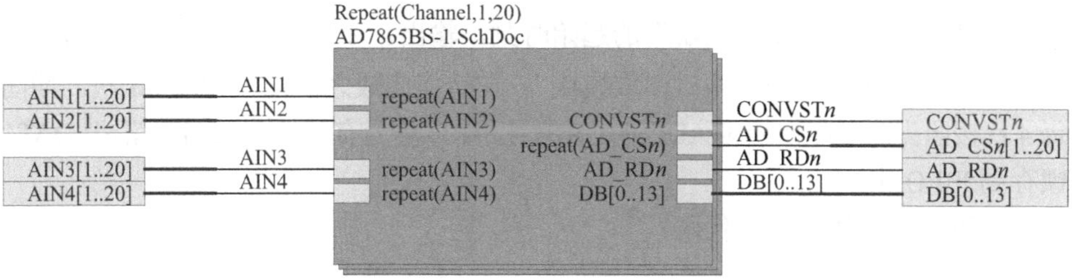

图 5-25 AD7865BS-1 多通道连接原理图

（2）采样逻辑设计。

采样逻辑的功能是控制 ADC 的转换过程以及通过并行接口读取采样数据。图 5-26 是转换控制以及转换后通过并行接口读取四个通道数据的时序图。转换由 $\overline{\text{CONVST}}$ 启动，它的上升沿使得四个采样/保持单元进入保持状态，并按顺序开始连续转换，$\overline{\text{CONVST}}$ 的上升沿同时使 BUSY 为高，直到转换结束。BUSY 变低后，通过 $\overline{\text{CS}}$、$\overline{\text{RD}}$、DATA 组成的数字接口连续读取四次即可将四通道采样数据按顺序读取出来。

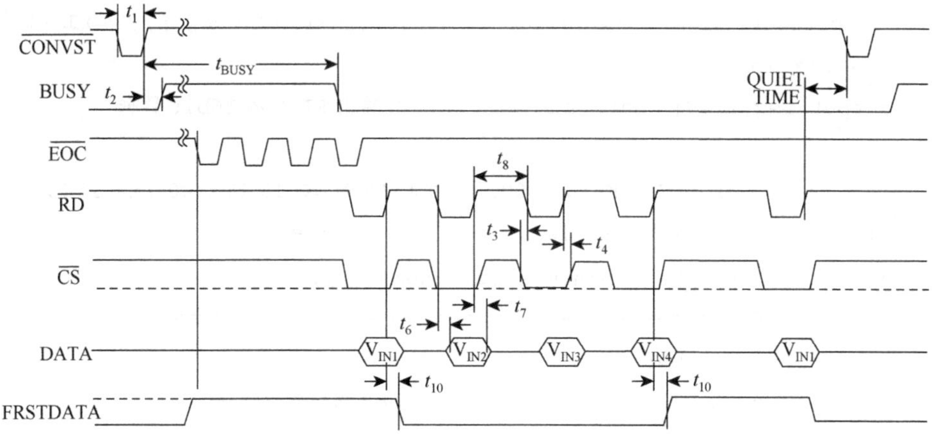

图 5-26 AD7865BS-1 时序图（转换后读取）

使用 Verilog 语言编写采样逻辑。步骤如下：

第一步，查询手册获取各个信号之间的时间关系；

第二步，编写一个“周期计数器”，它的计数值是 ADC 采样周期，它的启动由采样同步信号控制；

第三步，编写一个“采样点计数器”，由“周期计数器”触发，它的计数值是系统设定的等待采样点数以及采样点数；

第四步，在“周期计数器”的起始时刻，输出t_1时长的$\overline{\text{CONVST}}$低脉冲；

第五步，编写一个“并口读取模块”，在转换完成之后连续读取 80 次。期间每 4 次按照先后顺序使相应 ADC 的$\overline{\text{CS}}$信号和$\overline{\text{RD}}$信号有效，在$\overline{\text{RD}}$上升沿把 DATA 锁存到 FIFO 中。

以下是采样逻辑的源代码：

```
module ad7865_drv
(
   input  wire        clk_in,         //主时钟  100MHz
   input  wire        rst_n,          //复位信号
   input  wire        syn_in,         //同步输入
   input  wire[15:0]  num_wait,       //同步到来后延迟的采样点数
   input  wire[31:0]  num_sample,     //采样点数
   input  wire[13:0]  DB,             //AD7865 DB
   output wire        AD_nRD,         //AD7865 RD
   output wire[19:0]  AD_nCS,         //AD7865 CS//20 片 ADC
   output wire        AD_CNV,         //AD7865 CONVST
   output reg         valid_ad,       //输出FIFO的有效信号,FIFO工作时钟
     为 clk_in
   output reg[15:0]  data_ad          //输出 FIFO 的 16bit 数据
);
      parameter DIV_CLK_IN=2500; //主时钟分频系数 100MHz/40kHz= 2500
   wire[31:0] Num_Max_Sample;         //最大采样点数
   assign Num_Max_Sample=num_sample+num_wait;
   //外部同步消抖=========================================
   reg[5:0]syn_in_buf =1'b1;
   reg     syn_in_1clk=1'b0;          //单周期同步信号
   always@(posedge clk_in)
   begin
      if(!rst_n)
      begin
         syn_in_buf <=1'b1;
         syn_in_1clk<=1'b0;
      end
      else
```

```
    begin
        syn_in_buf <={syn_in_buf[4:0],syn_in};
        syn_in_1clk<=(syn_in_buf==6'b011111);
    end
    end
//采样周期计数与采样点计数========================
reg   state_sample=1'b0;
reg[11:0] cnt_ad_cycle=12'd0;
reg[31:0] counter_sample=32'd0;
always@(posedge clk_in)
begin
    if(!rst_n)
        begin
            state_sample  <=1'b0;
            cnt_ad_cycle<=12'd0;
            counter_sample<=32'd0;
        end
    else
        case(state_sample)
        0://IDLE
        begin
            cnt_ad_cycle<=12'd0;
            counter_sample<=32'd0;
            if(syn_in_1clk)
                state_sample<=1'b1;
        end
        1://RUN
        begin
            if(cnt_ad_cycle>=DIV_CLK_IN-1)
            begin
                cnt_ad_cycle<=12'd0;
                if(counter_sample<Num_Max_Sample)
                counter_sample<=counter_sample+1'b1;
            else
            begin
```

```
                state_sample <=1'b0;
                counter_sample<=counter_sample;
            end
        end
        else
            cnt_ad_cycle<=cnt_ad_cycle+1'b1;
        end
        endcase
    end
//有效采样使能信号=================================
reg enable_ADC  =1'b0;
always@(posedge clk_in)
begin
    if(!rst_n)
        enable_ADC<=1'b0;
    else
          enable_ADC<=(counter_sample>=num_wait)&&(counter_sample<
            Num_Max_Sample);
    end
//AD控制信号=================================
//CONVST
     assign AD_CNV=(enable_ADC)?!(cnt_ad_cycle>=1 && cnt_ ad_cycle
       <5):1'b1;//t1:最小35ns
//RD,每次读取花费16个时钟周期
    wire    rd_temp;
    reg [10:0] cnt_rd=11'd0;
    always @(posedge clk_in)
    begin
        if(cnt_ad_cycle>=1000 && cnt_ad_cycle<2280)
            cnt_rd<=cnt_rd+1'b1;
        else
            cnt_rd<=11'd0;
    end
    assign rd_temp=cnt_rd[3];
     assign AD_nRD=(enable_ADC)?((cnt_ad_cycle>=1000 && cnt_ad_cycle
```

```
    <2280)? rd_temp:1'b1):1'b1;
//CS,每次读取花费16个时钟周期
reg [19:0]cs_temp;
reg [10:0] cnt_cs=11'd0;
always @(posedge clk_in)
begin
   if(cnt_ad_cycle>=999 && cnt_ad_cycle<2279)
      cnt_cs<=cnt_cs+1'b1;
   else
      cnt_cs<=11'd0;
   cs_temp[cnt_cs[10:6]]=cnt_cs[3];//每个CS连续四次有效
end
 assign AD_nCS=(enable_ADC)?((cnt_ad_cycle>=1000 && cnt_ ad_cycle
   <2280)? cs_temp:20'hfffff):20'hfffff;
//依次输出80通道AD数据到FIFO=====================
always@(posedge clk_in)
begin
   if(! rst_n)
   begin
      valid_ad <=1'b0;
      data_ad  <=16'd0;
   end
   else
   begin
   if(enable_ADC)
   begin
      if(cnt_rd[3:0]==7)//RD上升沿锁存数据
         begin
            valid_ad <=1'b1;
            data_ad  <={DB[13],DB[13],DB};//符号扩展
         end
         else
         begin
            valid_ad<=1'b0;
            data_ad<=16'b0;
```

```
            end
         end
      end
   end
endmodule
```

2. 实例二：宽带多波束测深声呐采样电路

宽带多波束测深声呐，顾名思义，其主要特点是系统的工作信号的带宽较宽。较宽的带宽带来的好处是，系统可以根据测量任务的需求灵活地调整工作频率，当测量水域较浅，并且需要对海底或者目标进行精确测量时，可以使系统工作在较高的频率；当测量水域较深，并且只需对海底或者目标进行粗略测量时，可以使系统工作在较低频率，增加系统的作用距离，提高测绘效率。本例中的宽带多波束测深声呐的工作频率设定为200～400kHz。

1）采样电路设计指标

（1）通道数。

144通道，对应于144通道接收阵列。

（2）采样频率。

系统工作带宽达到了200kHz，相对带宽近70%，是宽带信号，如果按照推广欠采样式（5-12），采样频率只能选择400kHz，由于信号频带和带通滤波器都难以理想地限制于[200，400]kHz范围内，400kHz采样频率只是一个理论上的选择；另外，考虑到系统的紧凑性要求，对模拟电路和功耗都有限制，因而此处也不考虑正交采样方案。

考虑到以上因素，再考虑到多波束测深系统实际信号带宽的有限性（[200，400]kHz是信号工作频点的范围，但是信号工作带宽一般在60kHz范围内），且不需要高质量地还原原始信号，以及系统不采用时延波束形成方案等因素，本实例依然选择低通采样方式，信号的低通采样频率设定为880kHz。

2）ADC的选择

ADC的接口形式是影响ADC选择的主要因素。由于本例要实现多达144通道信号的连续采样，ADC的接口形式是必须着重考虑的问题。首先，考虑使用并行接口ADC，由于FPGA的I/O口数量的限制，显然无法把每路ADC的接口信号单独连接到FPGA，若所有ADC共用一套总线与FPGA相连，那么并行总线上的数据率将会是$880\text{kW/s} \times 144 = 126.72\text{MW/s}$，平均每个采样点的读取时间是7.89ns，显然也是无法实现的；其次，考虑使用串行接口的ADC，可以将所有串行接口的相同控制信号连接到一起，起到同步采样以及减少I/O数量的作用，而只需将各个 ADC 的数据输出信号独立连接到 FPGA 即可，所需的 I/O 口数量不多于 150 个。因此本例选择使用串行接口的 ADC，即 ADI 公司的 AD7671dACPZ。它是一款 16bit、1MSPS（1M sample per second）、电荷重分配 SAR（successive approximation register）型模数转换器，采用 5V 单电源供电，具有多功能并行和双线串行数字输出接口，3V 或 5V 逻辑兼容，模拟输入电压可以设置成单极性和双极性以及不同的电压范围。其内部功能框图如图 5-27 所示。

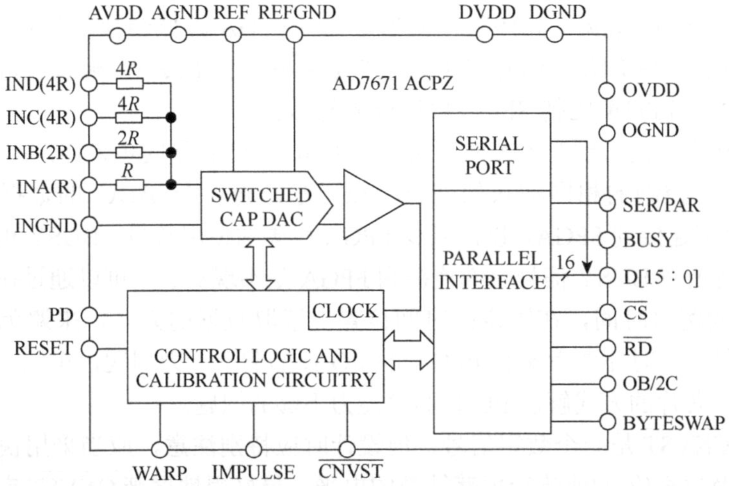

图 5-27 AD7671 ACPZ 功能框图

3）采样电路设计实现

（1）硬件电路设计。

下面说明 AD7671 ACPZ 主要引脚的功能以及连接方式。REF 和 REFGND 是具有动态输入阻抗的基准电压输入引脚，应连接 2.5V 低阻抗外部基准电压源，本例选择 ADR4525，并使用低噪声运算放大器作为缓冲，为所有 AD7671 ACPZ 提供基准电压，以此保证通道间的一致性。

AD7671 ACPZ 可以工作在 6 种满量程模拟输入范围，通过四个模拟输入引脚 IND、INC、INB 和 INA 的不同连接方式确定，由前面分析可知所需的输入范围为±2 REF，所以应把 IND 和 INC 连接到模拟输入信号，INB 连接到 INGND，INA 连接到 REF。

当 AD7671 ACPZ 工作在双极性时，图 5-28 中的基准电压缓冲器 U9 必不可少，用于将 REF 引脚与 INA、INB、INC、IND 引脚中的信号相关电流隔离。

AD7671 ACPZ 使用三组电源引脚，AVDD 为模拟 5V 电源，DVDD 为数字 5V 内核电源，OVDD 为 3.3V 数字输入输出接口电源。

AD7671 ACPZ 有三种工作模式，当 WARP 为高且 IMPULSE 为低时，进入 WARP 模式，支持高达 1M SPS 的最快转换速率。

AD7671 ACPZ 具有一个多功能数字接口，可以利用串行或并行接口与主机系统接口，串行接口与并行数据总线复用，前面已经确定本例需要使用串行接口。当 SER/PAR 处于高电平时，AD7671 ACPZ 使用串行接口 SPI，当 EXT/INT*n* 处于高电平时，SPI 接口处于从机模式，SCLK 和 $\overline{\text{CS}}$ 由 FPGA 控制，AD7671 ACPZ 以最高有效位（most significant bit，MSB）优先方式在 SDOUT 引脚上输出 16bit 数据。具体工作流程是，由 FPGA 拉低转换信号 $\overline{\text{CNVST}}$ 来启动一次转换，之后 BUSY 信号输出高电平表示转换正在进行，转换完成后 BUSY 输出低电平，FPGA 控制 SPI 接口读取采样数据。

在连接串行接口到 FPGA 时，考虑到多路 ADC 必须同步采样，因此将 ADC 需要 FPGA 控制的相同输入信号连接在一起，将各个 ADC 的数据输出信号 SDOUT 分别连接到 FPGA，以此减少 FPGA 引脚的使用数量；BUSY 也是一个输出信号，将所有 BUSY 信号全部连接到 FPGA 是不现实的，可以通过在转换开始和读取之间留够时间，在固定的时间位置上读取数据的方式，来避免判断所有 BUSY 信号。同时还要考虑到 FPGA 的 I/O 口的驱动能力问题，可以通过分组添加有源驱动芯片的方式解决 I/O 口驱动能力不够的问题。

虽然 $\overline{\text{CNVST}}$ 是一个数字信号，但设计时应特别注意，应当采用快速、干净的边沿以及过充/欠冲或响铃振荡绩效的电平。最好用地屏蔽 $\overline{\text{CNVST}}$ 走线，并在靠近驱动此线路的器件的输出端增加一个低值串联电阻（如 50Ω）。

最终完成的单通道原理图如图 5-28 所示。多通道 ADC 的接口原理图如图 5-29 所示。

（2）采样逻辑设计。

采样逻辑的功能是控制 ADC 的转换过程以及通过 SPI 接口读取采样数据。图 5-30 是转换控制时序图。转换由 $\overline{\text{CNVST}}$ 启动，一旦启动，则无法重新开始或中止，只有等到转换完成。$\overline{\text{CNVST}}$ 信号独立工作，与 $\overline{\text{CS}}$ 和 $\overline{\text{RD}}$ 信号无关。

前面详细介绍了 AD7671 ACPZ 各引脚的连接方式，并把 ADC 的数字接口设置成了从机模式的 SPI 串行接口。在这种模式下，可以用多种方式读取数据。外部串行时钟由 $\overline{\text{CS}}$ 选通，当 $\overline{\text{CS}}$ 和 $\overline{\text{RD}}$ 均为低电平时，数据输出。因此，根据 CS 的状态不同，数据可以在各次转换之后或在下一转换期间读取。外部时钟可以是连续时钟或非连续时钟。非连续时钟在无效时可以是常高或常低。在三种工作模式中，只有 WARP 模式支持 880kHz 的采样率，此模式下的转换时间是 0.75μs，而采样间隔只有 1.136μs，因此为降低采样时钟频率，在转换期间读取数据是最好的选择。图 5-31 所示为转换期间读取前一转换结果的从机串行数据的时序图。图 5-30 中 SPI 各信号的控制时序在 BUSY 有效期间开始变化。

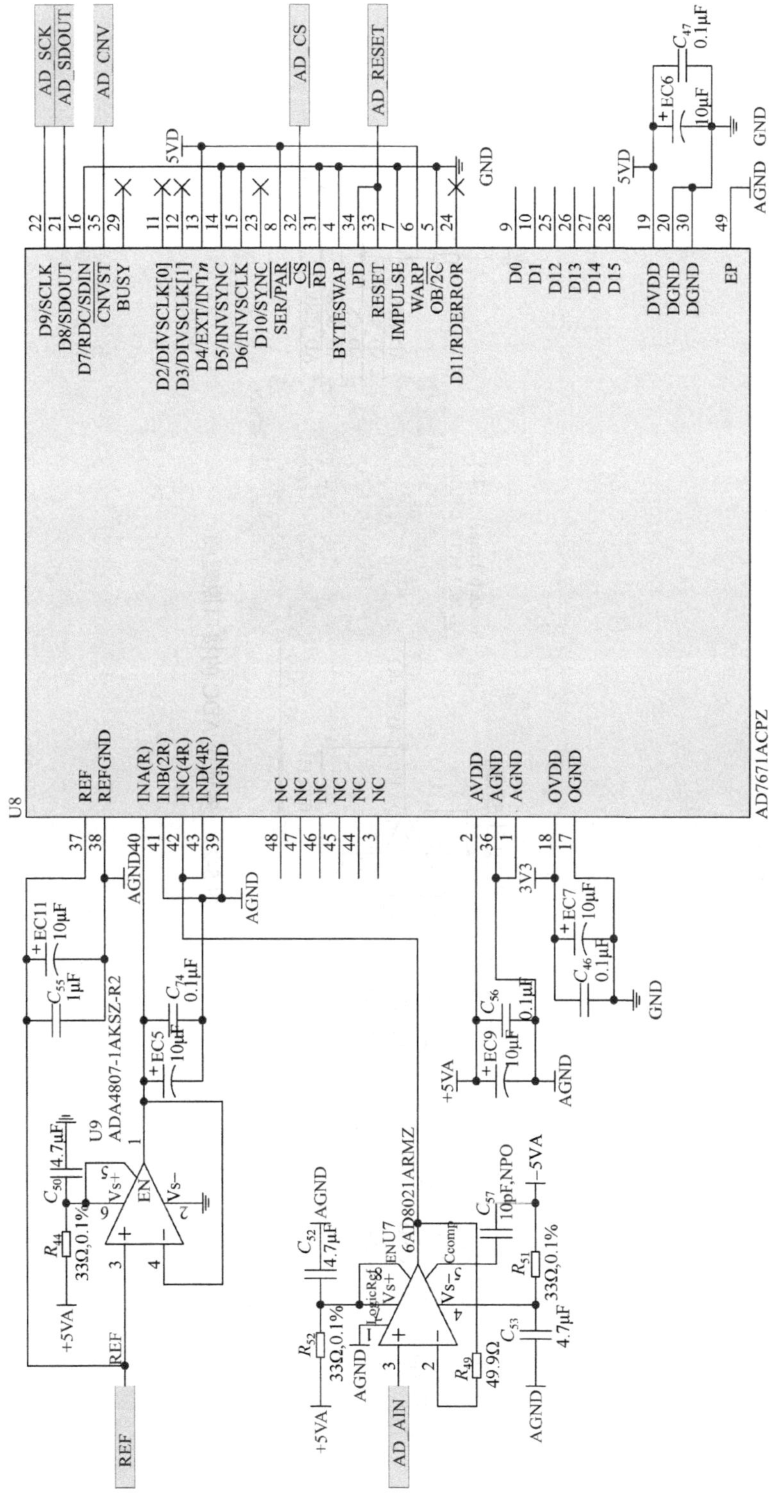

图 5-28 AD7671 ACPZ 单通道原理图

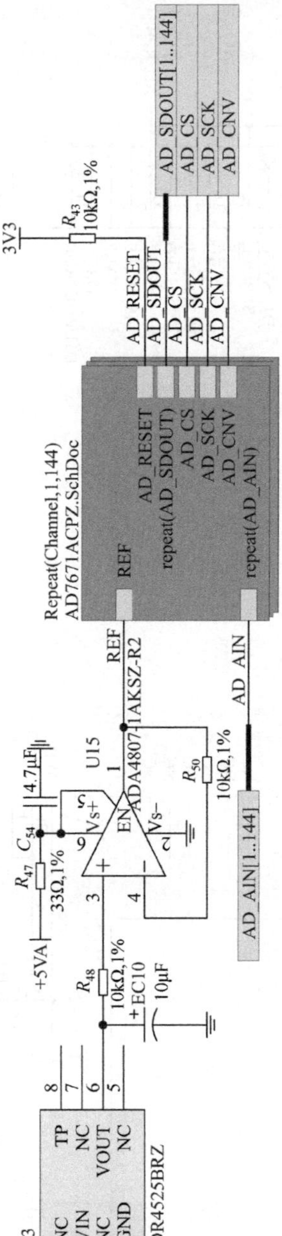

图 5-29　多通道 ADC 的接口原理图

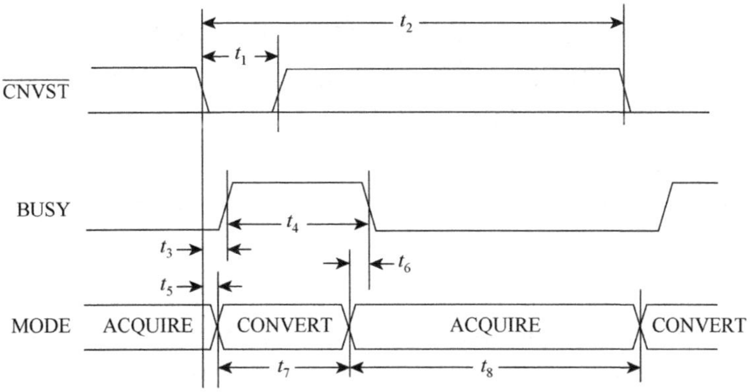

图 5-30 AD7671 ACPZ 转换控制时序图

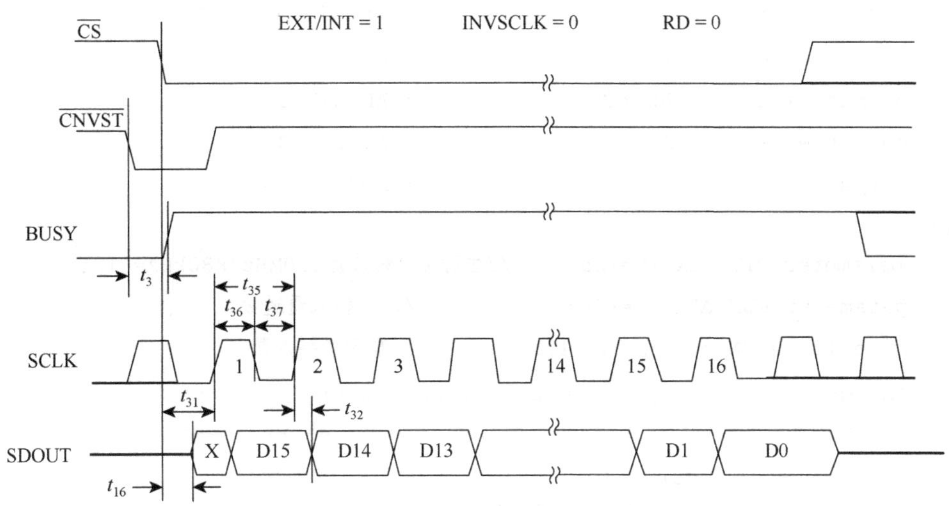

图 5-31 AD7671 ACPZ 读取时的从机串行数据时序（转换期间读取前一转换结果）

使用 Verilog 语言编写采样逻辑，步骤如下：

第一步，查询手册获取各个信号之间的时序关系；

第二步，编写一个“周期计数器”，它的计数值是 ADC 采样周期，它的启动由采样同步信号控制；

第三步，编写一个“采样点计数器”，由“周期计数器”触发，它的计数值是系统设定的等待采样点数以及采样点数；

第四步，在“周期计数器”重复计数过程中，根据各控制信号的时序要求，在不同的计数值时刻输出相应的控制信号（$\overline{\text{CNVST}}$、$\overline{\text{CS}}$ 和 SCLK）；

第五步，编写一个移位寄存器，由 SCLK 触发，将 SDOUT 上的串行数据转换成并行数据并锁存，将上一个采样点锁存的数据输出到外部 FIFO。

以下是采样逻辑的源代码，其中，主时钟为 110MHz，采样率为 880kHz（125 分频），采样时钟频率为 27.5MHz（4 分频）：

```
module ad7671_drv
(input  wire      clk_in,                   //主时钟  110MHz
   input  wire      rst_n,                  //复位信号
   input  wire      syn_in,                 //同步输入
   input  wire[15:0]  num_wait,             //同步到来后延迟的采样点数
   input  wire[31:0]  num_sample,           //采样点数
   output  reg      valid_ad,               //输出 FIFO 有效信号
   output  reg[31:0]  data_ad,              //输出 FIFO 32bit 数据
   input  wire[144:1] AD_SDOUT,             //144 通道 AD 数字信号
   output wire      AD_RD,                  //AD7671 RD
   output wire      AD_nCS,                 //AD7671 CS
   output wire      AD_SCK,                 //AD7671 SCK
   output wire      AD_CNV                  //AD7671 CNV
);
   parameter DIV_CLK_IN=125;    //主时钟分频系数 110MHz/880kHz= 125
   parameter NUM_ADC   =144;                //AD 输入通道数
   wire [31:0] Num_Max_Sample;              //最大采样点数
   assign Num_Max_Sample=num_sample+num_wait;
   //外部同步消抖=========================================
   reg[5:0]syn_in_buf =1'b1;
   reg    syn_in_1clk=1'b0;//单周期同步信号
   always@(posedge clk_in)
   begin
      if(!rst_n)
      begin
         syn_in_buf <=1'b1;
         syn_in_1clk<=1'b0;
      end
      else
      begin
         syn_in_buf <={syn_in_buf[4:0],syn_in};
         syn_in_1clk<=(syn_in_buf==6'b011111);
```

```
   end
end
//采样周期计数与采样点计数========================
reg    state_sample=1'b0;
reg[7:0] cnt_ad_cycle=8'd0;
reg[31:0] counter_sample=32'd0;
always@(posedge clk_in)
begin
   if(!rst_n)
      begin
          state_sample  <=1'b0;
          cnt_ad_cycle<=8'd0;
          counter_sample<=32'd0;
      end
   else
      case(state_sample)
      0://IDLE
      begin
         cnt_ad_cycle<=8'd0;
         counter_sample<=32'd0;
            if(syn_in_1clk)
            state_sample<=1'b1;
         end
         1://RUN
         begin
            if(cnt_ad_cycle>=DIV_CLK_IN-1)
            begin
         cnt_ad_cycle<=8'd0;
         if(counter_sample<Num_Max_Sample)
             counter_sample<=counter_sample+1'b1;
         else
         begin
             state_sample <=1'b0;
             counter_sample<=counter_sample;
         end
```

```
        end
        else
            cnt_ad_cycle<=cnt_ad_cycle+1'b1;
    end
    endcase
end
//有效采样使能信号================================
reg enable_ADC  =1'b0;
always@(posedge clk_in)
begin
    if(! rst_n)
        enable_ADC<=1'b0;
    else
          enable_ADC<=(counter_sample>=num_wait)&&(counter_sample<
            Num_Max_Sample);
end
//AD采样时钟为主时钟四分频 110MHz/4=27.5MHz=======
wire   clk_sck;
reg [1:0] cnt_tem=2'd0;
always @(posedge clk_in)
begin
    if(cnt_ad_cycle>=4 && cnt_ad_cycle<80)
        cnt_tem<=cnt_tem+1'b1;
    else
        cnt_tem<=2'd0;
end
assign clk_sck=cnt_tem[1];
//AD控制信号======================================
assign AD_RD =! rst_n;
 assign AD_CNV=(enable_ADC)?!(cnt_ad_cycle>=1 && cnt_ad_cycle<12):
   1'b1;
 assign AD_SCK=(enable_ADC)?((cnt_ad_cycle>=4 && cnt_ad_cycle<68)?
   clk_sck:1'b0):1'b0;
 assign AD_nCS=(enable_ADC)?((cnt_ad_cycle>=2 && cnt_ad_ cycle<80)?
   1'b0:1'b1):1'b1;
```

```
//AD数据串行转并行================================
integer tempi;
reg AD_SCK_d1clk=0;
reg AD_SCK_d2clk=0;
reg signed [15:0] addata_buf[NUM_ADC:1];
always @(posedge clk_in)///shift sdo
begin:shift
   AD_SCK_d1clk<=AD_SCK;
   AD_SCK_d2clk<=AD_SCK_d1clk;
   if({AD_SCK_d2clk,AD_SCK_d1clk}==2'b10)//negedge of AD_SCK
   begin
      for(tempi=1;tempi<=NUM_ADC;tempi=tempi+1)
            addata_buf[tempi]<=(addata_buf[tempi]<<1)+AD_SDOUT[t
              empi];
   end
end
//锁存AD采样数据================================
integer tempj;
reg signed [15:0] addata[NUM_ADC:1];
always @(posedge clk_in)
begin
   if(enable_ADC && cnt_ad_cycle==80)
   begin
      for(tempj=1;tempj<=NUM_ADC;tempj=tempj+1)
         addata[tempj]<=addata_buf[tempj];
   end
end
//依次输出 144 通道AD数据=====================
reg [6:0] cnt7=7'd0;
   always@(posedge clk_in)
   begin
      if(! rst_n)
      begin
         valid_ad <=1'b0;
         data_ad  <=32'd0;
```

```
          end
          else
          begin
             if(counter_sample>num_wait)
             begin
                if(cnt_ad_cycle==1)
                   cnt7<=7'd1;
                  else if(cnt_ad_cycle>=4 && cnt_ad_cycle<=75) //一
                    共72clk
             begin
                data_ad[15:0] <=addata[cnt7];
                data_ad[31:16]<=addata[cnt7+1'b1];
                valid_ad<=1'b1;
                cnt7<=cnt7+2'd2;
             end
             else
             begin
                valid_ad <=1'b0;
                data_ad  <=32'd0;
             end
          end
       end
    end
endmodule
```

第6章　基本声呐信号处理

声呐使命、声呐工作环境、声呐技术指标等的不同决定了声呐信号处理算法的多样性和复杂性，但这些算法也存在一些共性，那就是声呐系统信号处理链路前端的一些时域、频域、空域等基本信号处理算法。它们可以为后续特定功能，如跟踪、识别、分类等信号处理算法提供更高质量的数据输入，并且这些基本信号处理算法的运算量往往很大且需要实时实现，因此对于声呐电子系统中信号处理平台的设计至关重要。本章主要围绕一些常见的基本声呐信号处理算法展开介绍，并选择其中较复杂的算法给出其处理器实时实现实例。

6.1　时频域信号滤波处理

数字滤波器的功能本质上来说是将一组输入的数字序列通过一定的运算后转变为另一组输出的数字序列，是数字信号处理的重要基础。

6.1.1　频域滤波器

频域滤波器的功能是允许某个频率范围的信号通过而抑制其他分量，一般分为两种类型：有限脉冲响应（finite impulse response，FIR）滤波器和无限脉冲响应（infinite impulse response，IIR）滤波器。一个具有 M 个零点和 N 个极点的数字滤波器可用差分方程表示为

$$y(n)=\sum_{k=1}^{N}a(k)y(n-k)+\sum_{k=0}^{M-1}b(k)x(n-k) \tag{6-1}$$

式中，$x(n-k)$ 是滤波器的输入序列；$y(n)$ 是滤波器的输出序列；$a(k)$ 是确定滤波器极点位置的“反馈”系数；$b(k)$ 是确定滤波器零点位置的“正馈”系数。得到滤波器的传递函数：

$$H(Z)=\frac{\sum_{k=0}^{M-1}b(k)Z^{-k}}{1-\sum_{k=1}^{N}a(k)Z^{-k}} \tag{6-2}$$

由式（6-2）可见，数字滤波器的频率特性决定于滤波器系数，分子多项式决

定滤波器的零点，分母多项式决定滤波器的极点。如果$a(k)$不全为零，则式（6-1）规定的循环性质具有无限持续时间，这类滤波器称为 IIR 滤波器；如果$a(k)$全为零，则式（6-1）可简化为有限卷积之和。因为$b(k)$是有限序列，此时称为 FIR 滤波器。两类滤波器的比较如表 6-1 所示。

表 6-1　FIR 和 IIR 滤波器特点

项目	FIR 滤波器	IIR 滤波器
表达式	$y(n)=\sum_{k=0}^{M-1}b(k)x(n-k)$	$y(n)=\sum_{k=1}^{N}a(k)y(n-k)+\sum_{k=0}^{M-1}b(k)x(n-k)$
常见设计方法	加窗法、频率抽样法、最优化法、二阶锥规划	模拟滤波器
优点	（1）严格的线性相位特性 ①偶对称：群时延 $(N-1)/2$ ②奇对称：群时延 $(N-1)/2$ 且有 90°相移 （2）无反馈，稳定	（1）低阶系数即可实现好的幅频特性 （2）可利用现成的严密的模拟设计方法
缺点	（1）好的幅频特性对应高的阶数，存储量、运算量大 （2）不存在严密的设计公式，设计存在近似问题	（1）实现方式有反馈，可能会不稳定 （2）非线性相位特性
分析	（1）由设计方法可知，数字 IIR 滤波器设计可由模拟滤波器设计方法而来，如 Bessel、Butterworth、Elliptic 等。模拟滤波器（有源、无源）都会含有电容等储能器件，因其单位冲激响应无限持续，正如数字 IIR 滤波器称为无限脉冲响应滤波器；另外，数字 IIR 滤波器也继承了模拟滤波器的非线性相位特性 （2）由于模拟滤波电路中存在电容、电感等器件，冲激响应一定是无限长的，实际中不存在严格有限时长单位冲激响应的模拟滤波电路，因此 FIR 滤波器只存在于数字实现，实际中不存在用电子器件搭建的、线性相位特性的硬件滤波电路	

6.1.2　时频域滤波器

LFM 信号是探测声呐最为常用的信号形式之一，传统的 LFM 信号处理方法主要涉及匹配滤波或脉冲压缩技术，本节重点介绍一种在时频变换域处理 LFM 信号的技术——分数阶傅里叶变换（fractional Fourier transform，FrFT），它能够在时频变换域实现传统频滤波方法无法达到的信号增强效果。

下面给出 FrFT 的基本定义。信号的 FrFT 可理解为信号时频平面进行α角度的逆时针旋转，信号$x(t)$的 FrFT 定义为[40]

$$X_\alpha(u)=(F^\alpha(x(t)))(u)=\int_{-\infty}^{\infty}x(t)K_\alpha(t,u)\mathrm{d}t \tag{6-3}$$

式中，$K_\alpha(t,u)$为变换核，表示为[41]

$$
K_\alpha(t,u)=\begin{cases}\sqrt{\dfrac{1-\mathrm{j}\cot\alpha}{2\pi}}\exp\left(\mathrm{j}\dfrac{t^2+u^2}{2}\cot\alpha-\mathrm{j}tu\csc\alpha\right), & \alpha\neq n\pi\\ \delta(t-u), & \alpha=2n\pi\\ \delta(t+u), & \alpha=(2n\pm1)\pi\end{cases} \tag{6-4}
$$

式中，$\alpha=p\pi/2$ 为 FrFT 的旋转角度，p 为变换阶数。当 $p=0$ 时，$\alpha=0$，信号 $x(t)$ 的 FrFT 仍为 $x(t)$；而当 $p=1$ 时，$\alpha=\pi/2$，此时

$$
X_1(u)=(F^1x)(u)=\int_{-\infty}^{+\infty}x(t)\mathrm{e}^{-\mathrm{j}2\pi ut}\mathrm{d}t \tag{6-5}
$$

显然，$p=1$ 时，信号 $x(t)$ 的 FrFT 为信号的传统傅里叶变换。FrFT 具有阶数可加性（又称为旋转相加性），具体表述如下：

$$
F^pF^q=F^{p+q}=F^qF^p \tag{6-6}
$$

p 阶 FrFT 的逆变换定义为

$$
x(t)=\int_{-\infty}^{+\infty}X_p(u)K_{-p}(t,u)\mathrm{d}u \tag{6-7}
$$

以 4 为周期的变换阶数范围内，LFM 信号在时频变换域（通常称为 u 域）的能量分布如图 6-1 所示。

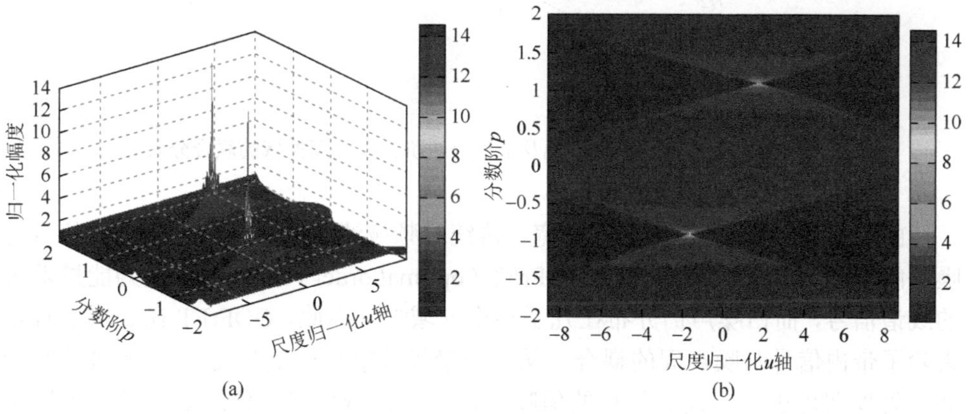

图 6-1　LFM 信号的 FrFT（彩图见封底二维码）

与 LFM 信号 FrFT 最大幅度相对应的阶数与角度分别为

$$
p=\frac{2}{\pi}\arctan(\pm C_r)+1 \tag{6-8}
$$

$$
\alpha=\arctan(\pm C_r)+\frac{\pi}{2} \tag{6-9}
$$

式中，C_r 为量纲归一化频率变化率（normalized chirp rate），表示为[42]

$$C_r = \frac{\Delta B}{\Delta T} \tag{6-10}$$

其中，$\Delta B = BS$ 为信号的量纲归一化频带宽度，B 为频带宽度；$\Delta T = T / S$ 为信号量纲归一化脉冲长度，$S = \mathrm{sqrt}(T / f_s)$ 为尺度因子，T 为脉冲宽度，f_s 为采样频率。此时 FrFT 阶数 p 称为最优变换阶数（optimal order），此时的变换为最优分数阶傅里叶变换，信号在时频域（t-f 坐标系）及最优分数阶傅里叶域（u-v 坐标系）的联合分布如图 6-2 所示。

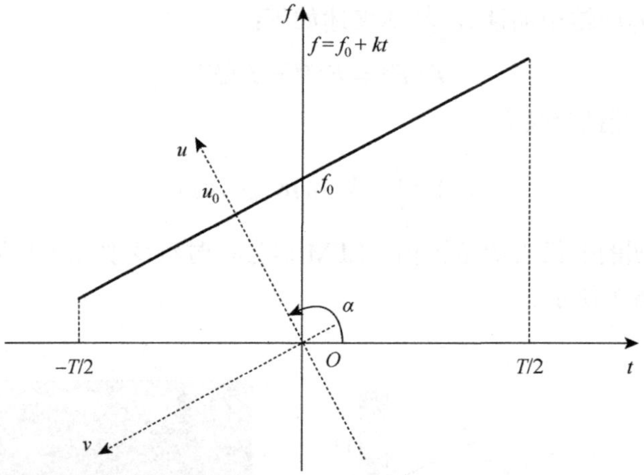

图 6-2　LFM 信号在时频域及最优分数阶傅里叶变换域的联合分布

由于 LFM 信号具有一定的带宽，传统时频域滤波方法无法去除带内信号与噪声间的耦合[43]。LFM 信号经 OOFrFT（optimal order FrFT）后转换为能量聚集的线谱信号，而白噪声仍分布在几乎整个 u 域[44]，因此，OOFrFT 在 u 域上有效去除了带内信号与噪声间的耦合，从而在最优分数阶傅里叶变换 u 域进行窄带滤波处理即可进一步提高信号的信噪比，这一优越性能是传统滤波技术无法实现的，这一处理机理如图 6-3 所示，传统时频域带通滤波处理有效滤除带外的噪声成分（图中斜线区域），但无法去除带内噪声与信号间的耦合；通过 OOFrFT 处理，在最优变换 u 域 LFM 信号变为了窄带信号，而噪声仍在变换域随机分布，在 u 域采用窄带滤波即可实现带内噪声的进一步抑制，图 6-3 中网格区域为 u 域滤波对带内噪声的抑制区域。

以 u 域 OOFrFT 信号峰值位置为中心设计窄带滤波器 $H(u)$，可有效滤除带内噪声干扰。由于 FrFT 为线性变换，则时频变换 u 域滤波过程可表述为

$$X'_{\alpha_{\text{opt}}}(u)=Y_{\alpha_{\text{opt}}}(u)\cdot H(u)+N_{\alpha_{\text{opt}}}(u)\cdot H(u)=Y'_{\alpha_{\text{opt}}}(u)+N'_{\alpha_{\text{opt}}}(u) \tag{6-11}$$

式中，$H(u)$ 为归一化幅度 u 域滤波器响应。以 N_{H} 表示滤波器的宽度（通常取奇数），则滤波输出信噪比可由式（6-12）计算得到：

$$\text{SNR}_{\text{out}}=\frac{E\left(\sum_{u=U_{\text{m}}-(N_{\text{H}}-1)/2}^{U_{\text{m}}+(N_{\text{H}}-1)/2}|S_{\alpha_{\text{opt}}}(u)\cdot H(u)|^2\right)}{E\left(\sum_{u=U_{\text{m}}-(N_{\text{H}}-1)/2}^{U_{\text{m}}+(N_{\text{H}}-1)/2}|N_{\alpha_{\text{opt}}}(u)\cdot H(u)|^2\right)} \tag{6-12}$$

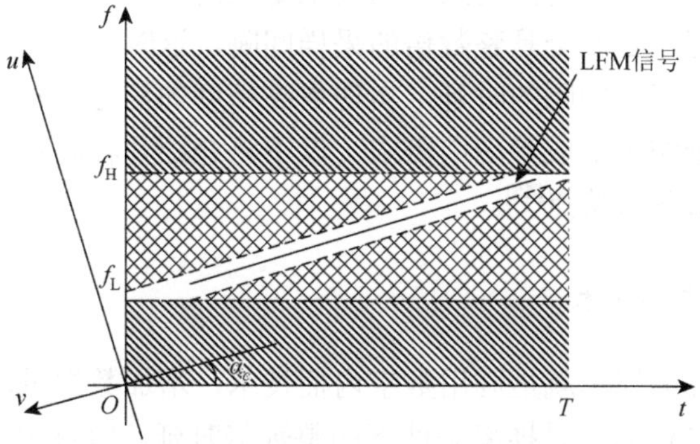

图 6-3　时频域滤波和最优变换 u 域滤波的信号增强原理

经分析发现，选择合适的 u 域滤波器窗函数，在有效滤除带内噪声、最大化输出信噪比的同时，还可对 u 域信号旁瓣进行有效抑制，降低高能量信号旁瓣对低能量信号的遮蔽效应，提高弱信号的检测能力。下面分析相同窗宽下四种典型窗函数对噪声的抑制效果，分析结果如图 6-4 所示。由于具有宽主瓣和低旁瓣等特性，Blackman 窗噪声抑制效果相对最好。另外，窗宽是影响信号旁瓣抑制效果的另一个主要因素，不同宽度的 Blackman 窗对旁瓣的抑制效果如图 6-5 所示。对

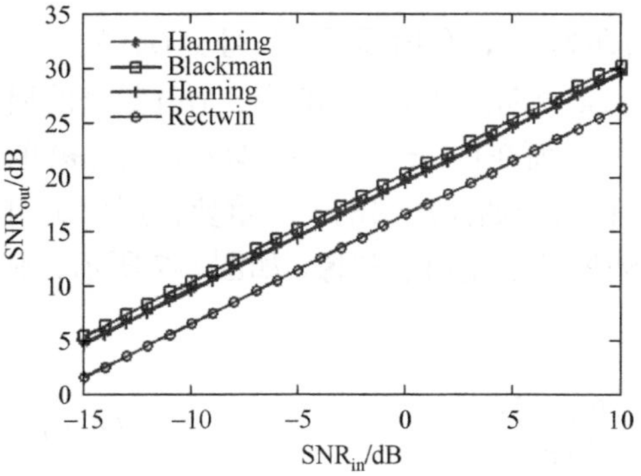

图 6-4　不同窗函数 u 域滤波输出 SNR
（彩图见封底二维码）

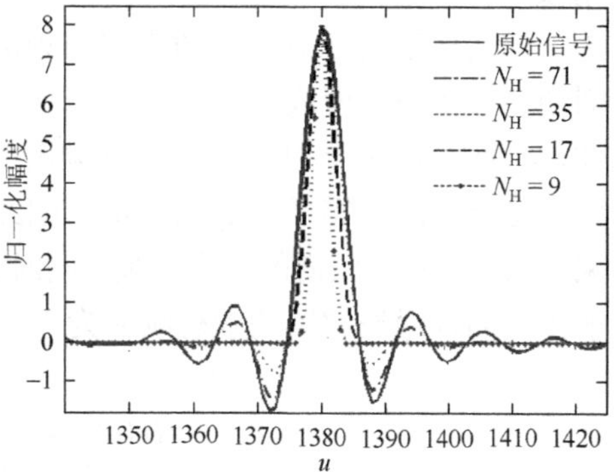

图 6-5　滤波器宽度对旁瓣的抑制效果
（彩图见封底二维码）

比发现，当窗宽与 u 域 LFM 信号主瓣宽度相当时，可抑制掉主要的旁瓣，同时保留了绝大部分的信号能量。在实际信号处理过程中，选择合适的滤波窗函数，设置合理的带宽，可实现较理想的滤波效果。

6.1.3　时延滤波器

由前面的 FIR 滤波器理论可知，其能够实现 $(N-1)/2$ 的群时延，在数字信号处理系统中，信号的时延量是由采样间隔来量化的，实际的信号处理过程中，需要处理的信号时延一定不全是整数倍的采样间隔，这时就需要采用相应的技术和手段来补偿分数倍采样间隔的时延，实现更高精度的信号时延，从而可以满足宽带信号高精度时延波束形成等应用需求。以下将介绍几种高精度分数时延的实现方案，并讨论分析各自特点[45]。

1. 数字时域内插技术

数字时域内插的原理就是利用数字内插技术，增加数据量，将低采样率下的分数倍时延等效量化为高采样率条件下的整数倍时延。时域内插流程图如图 6-6 所示。

设定分数时延量为 L/M（$0<L<M$，L、M 为任意整数），输入信号 $x(t)$ 按采样率 f_{LS} 采样后得到序列 $x(n)$，通过内插器，在两个采样点之间补上 $M-1$ 个零，M 称为内插比。补零后的序列为 $x_p(m)$，通过低通滤波器得到序列 $x_f(m)$。这样经过插零滤波得到的信号序列 $x_f(m)$ 相当于将信号采样率提高到 Mf_{LS}。然后对 $x_f(m)$ 进行 L 个采样点的延迟得到序列 $x_f(m-L)$ 后，通过抽取器，D 个样点保留一个得到原始采样的信号序列 $y(n)$，整个信号的时延处理完成。

低采样率信号 $x(n)$ 在插零前的频谱周期为 2π，在插零后，信号 $x_p(m)$ 的频谱周期会被压缩，变成 $2\pi/M$，那么在一个 2π 周期内就会有 M 个 $x_p(m)$ 频谱的周期，多余的 M–1 个周期称为 $x(n)$ 频谱的映像，而在 $[-2\pi/M, 2\pi/M]$ 内，$x_p(m)$ 的频谱是单一的且等于 $x(n)$ 的频谱。因此，使用低通滤波器的一个重要作用就是用来截取 $x_p(m)$ 的频谱的一个周期，同时过滤掉其他无用的映像，如图 6-7 所示。则所需要的低通滤波器的理想响应为

$$H(\mathrm{e}^{\mathrm{j}\omega})=\begin{cases}1, & |\omega|\leqslant \pi/M\\ 0, & \text{其他}\end{cases} \tag{6-13}$$

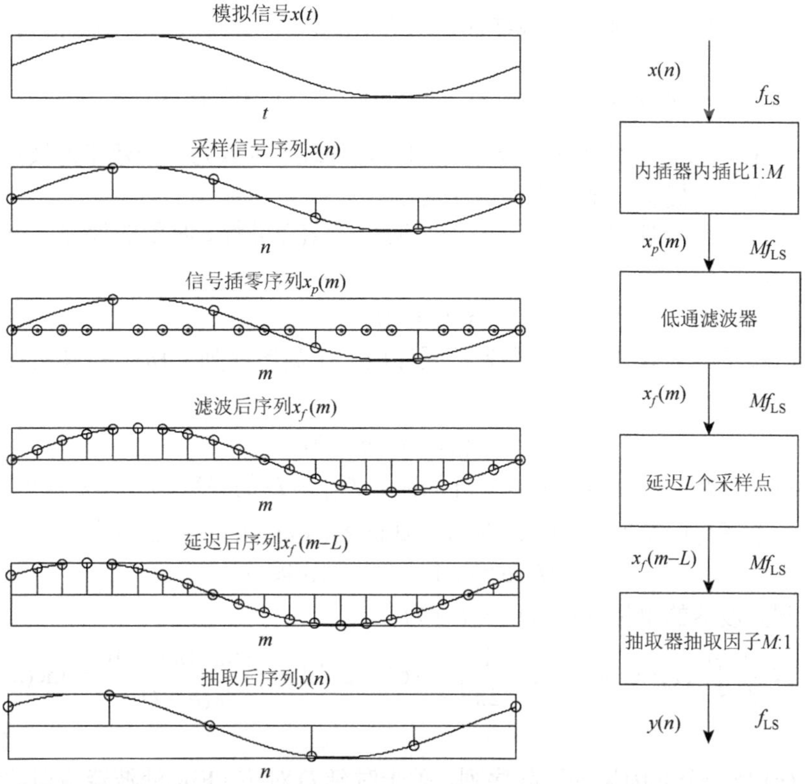

图 6-6　时域内插流程图

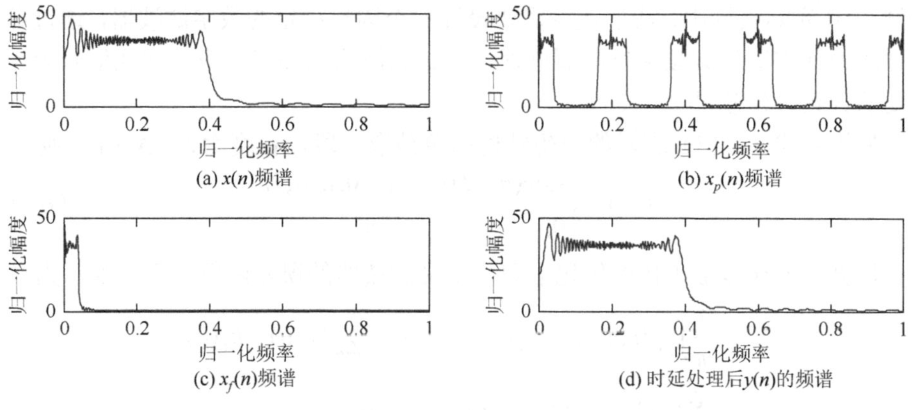

图 6-7　内插滤波各阶段的信号频谱（$M=10$）

使用时域内插技术对信号进行分数倍时延，是基于时延量化的基础实现的，无法提供连续可变的时延，不能实现任意时延量。时延精度受到内插比的限制，较高的内插比可能还需要使用多级内插结构，加大了系统运算量和复杂度。而且对信号进行时域内插时，如果补零和内插处理不恰当，很可能会导致信号畸变的情况出现。

2. 分数时延滤波器（fractional delay FIR，FD FIR）技术

FD FIR 滤波器的作用就是将信号的时延处理，等效为一个数字滤波过程，这样就可以为信号提供一个可变的数字时延。

在模拟信号处理中对一个连续的时间信号 $x(t)$ 进行 τ 时延的处理，得到的输出信号 $y(t)$ 可以表示为

$$y(t)=x(t-\tau) \tag{6-14}$$

而在数字信号处理中 $x(t)$ 会先被采样成一个离散序列 $x_d(n)$，对其进行相同的时延处理会得到

$$y_d(n)=x_d(n-D) \tag{6-15}$$

式中，$D=\tau/T=D_{\text{int}}+p$，$T$ 为采样间隔，D_{int} 为 D 的整数部分，p 为小数部分。由此，一个理想的全通型 FIR 时延数字滤波器的频率响应可表示为

$$H_d(\mathrm{e}^{\mathrm{j}\omega})=1\cdot\mathrm{e}^{-\mathrm{j}\omega D},\quad |\omega|\leqslant\pi \tag{6-16}$$

可以得到滤波器的单位冲激响应 $h_d(n)$ 为

$$h_d(n)=\frac{1}{2\pi}\int_{-\pi}^{\pi}H_d(\mathrm{e}^{\mathrm{j}\omega})\mathrm{e}^{\mathrm{j}\omega n}\mathrm{d}\omega=\frac{1}{2\pi}\int_{-\pi}^{\pi}1\cdot\mathrm{e}^{-\mathrm{j}\omega D}\mathrm{e}^{\mathrm{j}\omega n}\mathrm{d}\omega=\frac{\sin(\pi(n-D))}{\pi(n-D)}=\mathrm{sinc}(n-D) \tag{6-17}$$

$h_d(n)$ 是一个非因果的无限序列，关于时延 D 对称（FIR 滤波器窗口法设计过程中也会涉及，只是其中 D 为整数，可见 FIR 滤波器可以看成分数时延滤波器的特例）。在实际设计中，我们往往需要设计一个因果稳定的数字滤波器，通过各种各样的设计方法使其频率响应逼近理想时延滤波器的频率响应，实现信号处理所需要的分数时延效果。

如果将式（6-17）表示的理想结构简单截取一段，长度为 $L=N+1$，则

$$h(n)=\begin{cases}\mathrm{sinc}(n-D), & n=0,1,\cdots,N\\ 0, & \text{其他}\end{cases} \tag{6-18}$$

根据平方误差最小化的优化准则，定义滤波器的误差函数，可以表示为

$$\begin{aligned}E&=\frac{1}{\pi}\int_{0}^{\pi}|H(\mathrm{e}^{\mathrm{j}\omega})-H_d(\mathrm{e}^{\mathrm{j}\omega})|^2\,\mathrm{d}\omega=\sum_{n=-\infty}^{\infty}|h(n)-h_d(n)|^2\\&=\sum_{n=-\infty}^{\infty}(h_d^2(n)+h^2(n)-2h(n)h_d(n))\\&=1+\sum_{n=-\infty}^{\infty}(h^2(n)-2h(n)h_d(n))\\&=\sum_{n=-\infty}^{-1}|h_d(n)|^2+\sum_{n=N+1}^{\infty}|h_d(n)|^2\end{aligned} \tag{6-19}$$

很明显，随着阶数 N 的增加，误差 E 渐渐变小。此外，根据系统输出重心的相关性质，有以下推论：当 N 为奇数时，总时延的值介于滤波器中间两个抽头之间，或者 N 为偶数时，总时延在滤波器中央抽头处，此时滤波器的误差最小。即 D 取值在 $[(N-1)/2,(N+1)/2]$ 范围内滤波器时延效果最佳。

为了保证这种最佳分数倍时延效果，在实际应用中对 D_{int} 有如下定义：

$$D_{\text{int}}=\begin{cases}\dfrac{N-1}{2}, & N\text{为奇数}\\ \dfrac{N}{2}, & N\text{为偶数},\quad 0\leqslant p<0.5\\ \dfrac{N}{2}-1, & N\text{为偶数},\quad 0.5\leqslant p<1\end{cases}\tag{6-20}$$

在实际的信号处理过程中，信号的时延不会刚好达到滤波器最佳的运算值范围，但我们使用此类滤波器的首要目的是得到精确的分数倍时延，所以运用分数时延量与整数时延量分开处理的方法。在实际的工程应用中，FD FIR 滤波器通常和数字延迟线一起使用完成对信号的时延处理，数字延迟线负责时延量的整数部分，分数部分由 FD FIR 滤波器处理。其结构框图如图 6-8 所示。

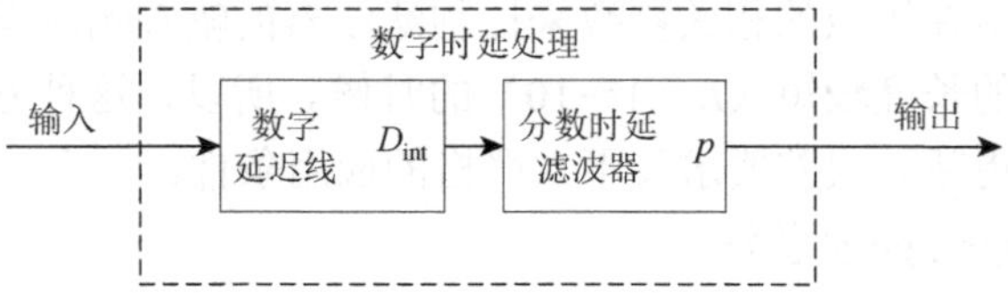

图 6-8　数字时延系统结构框图

采用 FD FIR 滤波器与数字延迟线的联合架构实现信号的精确数字时延，具有采样率低、结构简单、运算量小、时延精度较高等优点，非常适合在宽带阵列信号处理中应用，如宽带信号的数字波束形成。

1）分数时延滤波器设计

理想的分数时延滤波器的冲激响应 $h_d(n)=\text{sinc}(n-D)$ 是一个非因果的无限序列，这在实际中是无法实现的。本节选取常用的几种设计方法进行分析。

（1）sinc 函数加窗法。

sinc 函数加窗法也称理想结构加窗法。所谓加窗就是用一个限定长度为 L 的窗函数 $w_L(n)$ 对理想时延滤波器的冲激响应 $h_d(n)$ 进行截取，截取后的冲激响应函数可以表示为

$$h(n)=\begin{cases}w_L(n)h_d(n)=\text{sinc}(n-D)w_L(n-D), & n=0,1,\cdots,N\\ 0, & \text{其他}\end{cases}\tag{6-21}$$

式中，$L=N+1$；N为加窗后滤波器的阶数。

还可以进一步将滤波器优化，使其具有低通滤波的作用，这样就可以在信号处理过程中滤除一些不必要的信息。设定滤波器的通频带为$(0,\omega_c)$，则冲激响应函数可表示为

$$h(n)=\begin{cases}\dfrac{\omega_c}{\pi}\operatorname{sinc}(\omega_c(n-D))w_L(n-D), & n=0,1,\cdots,N \\ 0, & \text{其他}\end{cases} \tag{6-22}$$

对理想结构加矩形窗在某种意义上说就是直接将理想滤波器直接截断，这种方法有一个很明显的缺点就是会产生吉布斯现象，造成幅频响应和群时延响应在通带和阻带内的波动，且不会因为滤波器阶数的增加而减少，所以实际中基本不使用加矩形窗的设计方法。为了降低吉布斯效应带来的不利影响，需要对窗函数的形状做一些变化，以此来改善幅频特性和群时延特性。

关于窗函数的研究目前已经比较成熟，有许多窗函数可以轻松地实现分数时延，并很好地克服通带内的波纹起伏，常用的有矩形窗、三角窗、Hanning 窗、Hamming 窗、Chebyshev 窗、Kaiser 窗等。根据窗函数特性和实际处理信号的需要，可以有不同选择。一般而言，使用基于加窗的设计方法简便快速，但在实际的应用中通过调节窗函数的相关参数来控制滤波器的幅频响应误差是有困难的，特别是当滤波器的长度较短（$L=1\sim10$）的时候。所以，这种方法比较适合需要滤波器系数快速更新、误差要求又不太严格的应用条件。

（2）时域 Lagrange 插值法。

时域 Lagrange 插值法实现分数时延的本质和时域内插有近似之处，就是通过在两个采样值之间进行插值近似，计算出时延处信号的估计值。

前面提到假设实际设计的 FIR 滤波器的频响函数为$H(\mathrm{e}^{\mathrm{j}\omega})$，理想的时延滤波器的频响函数为$H_d(\mathrm{e}^{\mathrm{j}\omega})=\mathrm{e}^{-\mathrm{j}\omega D}$，令二者的频域误差函数为

$$E_f(\mathrm{e}^{\mathrm{j}\omega})=H(\mathrm{e}^{\mathrm{j}\omega})-H_d(\mathrm{e}^{\mathrm{j}\omega}) \tag{6-23}$$

有别于 sinc 函数加窗法平方误差最小意义下的最佳滤波器设计思路，时域 Lagrange 插值法的设计思路是使频域误差函数在某一个特定的频率点ω_0尽可能地平坦，即最大平坦逼近准则。这意味着E_f的n阶导数在此频点的值为零，公式表达为

$$\left.\frac{\mathrm{d}^n E_f(\mathrm{e}^{\mathrm{j}\omega})}{\mathrm{d}\omega^n}\right|_{\omega=\omega_0}=0,\quad n=0,1,2,\cdots,N \tag{6-24}$$

将式（6-16）和式（6-23）代入式（6-24），得到一个关于滤波器冲击响应的$L=N+1$元方程组：

$$\sum_{k=0}^{N} k^n h(k) = D^n, \quad n = 0,1,2,\cdots,N \tag{6-25}$$

用矩阵形式表示为

$$\boldsymbol{h} = \boldsymbol{Q}^{-1}\boldsymbol{v} \tag{6-26}$$

式中，$\boldsymbol{h}$ 为滤波器冲击响应的系数矩阵：

$$\boldsymbol{h} = [h(0), h(1), h(2), \cdots, h(N)]^{\mathrm{T}} \tag{6-27}$$

$\boldsymbol{Q}$ 是一个 $L \times L$ 的 Vandermonde 矩阵；$\boldsymbol{v}$ 是关于时延量的矩阵，分别表示如下：

$$\boldsymbol{v} = [\mathrm{e}^{-\mathrm{j}\omega_0 D}, D\mathrm{e}^{-\mathrm{j}\omega_0 (D-1)}, D^2\mathrm{e}^{-\mathrm{j}\omega_0 (D-2)}, \cdots, D^N\mathrm{e}^{-\mathrm{j}\omega_0 (D-N)}]^{\mathrm{T}} \tag{6-28}$$

$$\boldsymbol{Q} = \begin{bmatrix} 1 & 1 & 1 & \cdots & 1 \\ 0 & 1 & 2 & \cdots & N \\ 0 & 1 & 4 & \cdots & N^2 \\ \vdots & \vdots & \vdots & & \vdots \\ 0 & 1 & 2^N & \cdots & N^N \end{bmatrix} \tag{6-29}$$

据此，滤波器的系数可以明确表示为

$$h(n) = \mathrm{e}^{\mathrm{j}\omega_0 (n-D)} \prod_{\substack{k=0 \\ k \neq n}}^{N} \frac{D-k}{n-k}, \quad n = 0,1,2,\cdots,N \tag{6-30}$$

当 $\omega_0 = 0$，则式（6-30）可以进一步表示为

$$h(n) = \prod_{\substack{k=0 \\ k \neq n}}^{N} \frac{D-k}{n-k}, \quad n = 0,1,2,\cdots,N \tag{6-31}$$

式（6-31）和 Lagrange 插值公式相似，所以在 $\omega_0 = 0$ 时称这种方法为时域 Lagrange 插值法。实际应用中，对于 FD FIR 滤波器，D 的整数部一般置零。

时域 Lagrange 插值法计算系数的公式简单，拥有良好的低频响应和平滑的幅度响应，在相同的误差条件下，时域 Lagrange 插值法可以用较少的阶数获得较好的时延精度，使其在工程上易于 DSP 处理器实现。

2）分数时延滤波器的性能分析

（1）sinc 函数加窗法仿真。

①考虑全通条件，即式（6-22）中 $\omega_c = \pi$，取分数时延 $p = 0.1$，滤波器阶数为 20，分别采用矩形窗和 Chebyshev 窗（Chebyshev 窗的最大旁瓣衰减选为 50dB）对比二者性能，然后将滤波器阶数选取为 10、20、32，对比不同阶数对分数时延滤波器性能的影响。

滤波器的群时延 $D = D_{\mathrm{int}} + p$，由式（6-20）知道 $D_{\mathrm{int}} = N/2 = 10$。FD FIR 滤波器只对信号进行时延处理，所以其幅度响应为 1。由图 6-9 可知，加上矩形窗的滤波器其幅频响应和时延特性在通带内波动较大，效果不是很理想，加上

Chebyshev 窗的滤波器幅频响应曲线和时延特性曲线都很平整，效果明显优于矩形窗的滤波器。

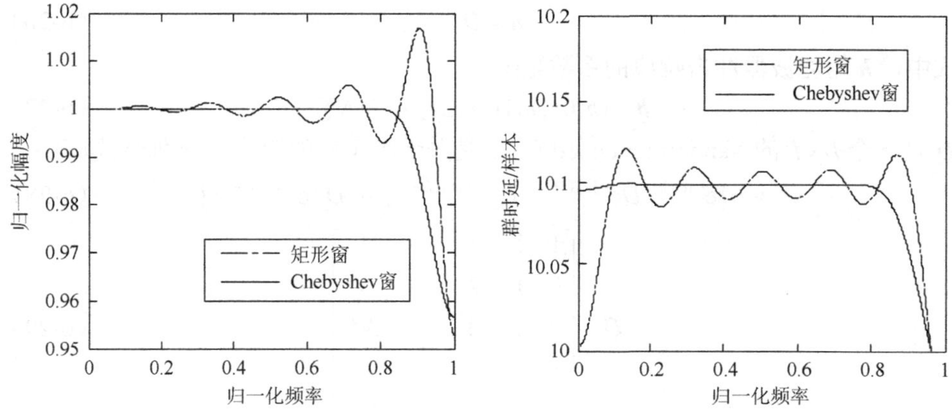

(a) 幅频响应 (b) 群时延响应

图 6-9 矩形窗和 Chebyshev 窗的频响曲线与群时延特性曲线

图 6-10 中给出了不同阶数矩形窗和 Chebyshev 窗滤波器的时延特性曲线，图 6-10 中显示，随着滤波器阶数 N 的不断变大，矩形窗截断的 FD FIR 滤波器的因吉布斯现象产生的时延抖动并没有因滤波器阶数的增加而发生明显的改善；而从 Chebyshev 窗滤波器的时延特性曲线中可以看出，随着滤波器阶数的增加，滤波器的线性时延带宽增加，时延特性更好。

②考虑 Chebyshev 窗滤波器，通带分别取 $\omega_c = 0.5\pi$，滤波器阶数 $N = 20$，分数时延 p 分别取 0.1、0.2、0.3、0.4、0.5，观察仿真效果如图 6-11 所示。

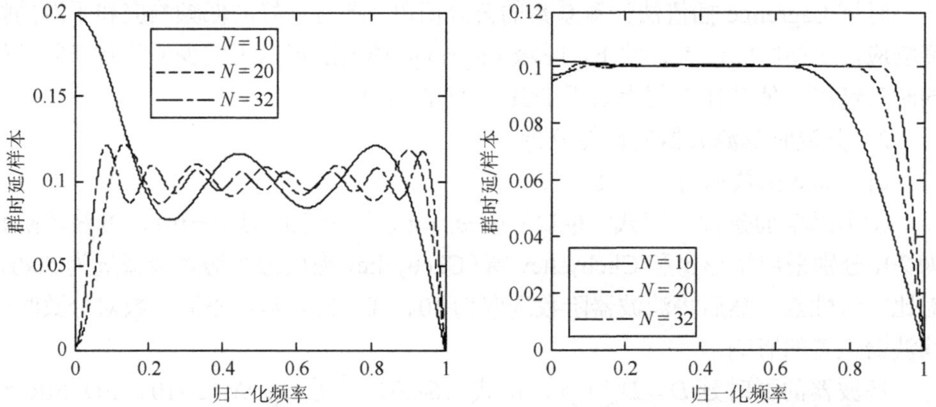

(a) 矩形窗滤波器时延特性 (b) Chebyshev窗滤波器时延特性

图 6-10 不同阶数矩形窗和 Chebyshev 窗滤波器的时延特性曲线

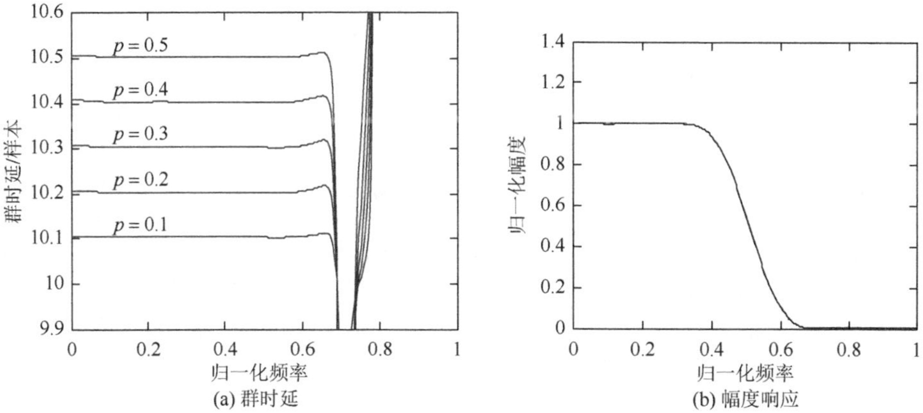

图 6-11　Chebyshev 窗低通滤波器时延与幅度响应图（$\omega_c = 0.5\pi$）

图 6-11 中显示采取低通的频域限制后，在通带内，信号的时延特性依然平滑，从幅度响应来看，不同时延量的滤波器的幅度响应几乎重合，但实际的通带比设计的通带变窄了，所以在实际应用的过程中，需要在满足时延的情况下又具有低通效果，应当充分考虑通带带宽的设计问题。

（2）时域 Lagrange 插值法仿真。

①取 Lagrange 插值滤波器阶数为 20，时延 $p = 0.1$，与同参数的 Chebyshev 窗滤波器进行对比。

由图 6-12 和图 6-13 可见，当滤波器阶数相同时，采用时域 Lagrange 插值法设计的分数时延滤波器的幅频响应和时延特性与 Chebyshev 窗的全通滤波器十分接近，但在相同的滤波器阶数的情况下，采用 Chebyshev 窗滤波器可以获得更宽的线性时延带宽。无论从幅频响应还是时延特性来讲，时域 Lagrange 插值法的抖动更小，意味着更小的误差。

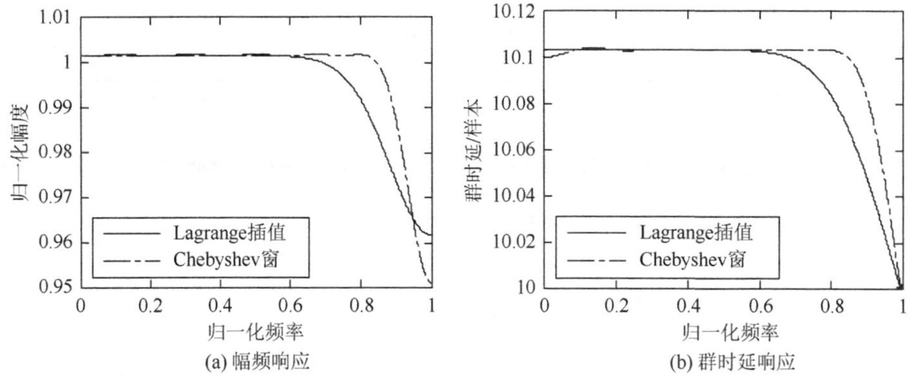

图 6-12　Lagrange 插值和 Chebyshev 窗的全局幅频与时延响应

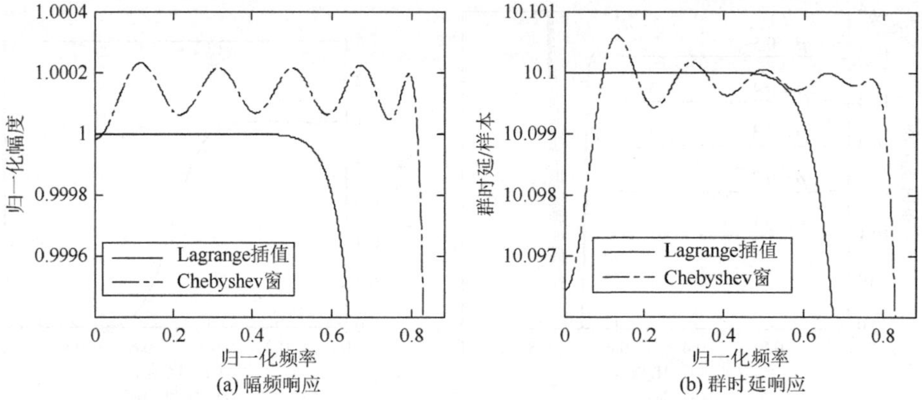

图 6-13　Lagrange 插值和 Chebyshev 窗的局部幅频与时延响应

②保持分数时延 $p = 0.1$ 不变，将时域 Lagrange 插值法设计的分数时延滤波器的阶数变为 6、10、20、28、42，分析滤波器阶数对滤波器分数时延性能的影响。

从图 6-14（a）可以看出，随着滤波器阶数的增加，FD FIR 滤波器的线性时延带宽变宽了，从图 6-14（b）所示的时延特性局部放大图来看，滤波器阶数的增加没有明显减小群时延的抖动幅度，在坐标数量级为 10^{-5} 时，$N = 6$ 和 $N = 42$ 的时延特性曲线仍然有很大一部分重合。这说明，时域 Lagrange 插值法设计的 FD FIR 滤波器的阶数变化对误差的影响较小。

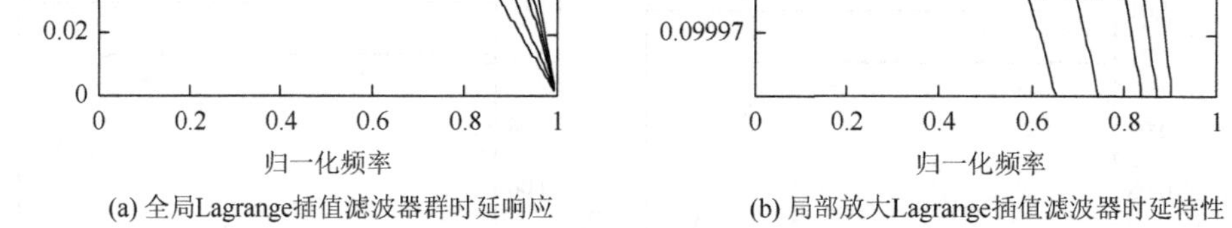

图 6-14　群时延特性

6.2　空域信号滤波处理

与对时域信号频域滤波处理类似，空域信号滤波处理是根据信号与干扰空间特性的差异，采用空间滤波技术（也称波束形成技术或波束形成器）对空间阵列信号进行处理，滤出特定方向的回波并抑制噪声和干扰。

6.2.1　常规波束形成器

1. 信号模型

简化起见，选择等间隔线阵来讨论常规波束形成器，如图 6-15 所示。

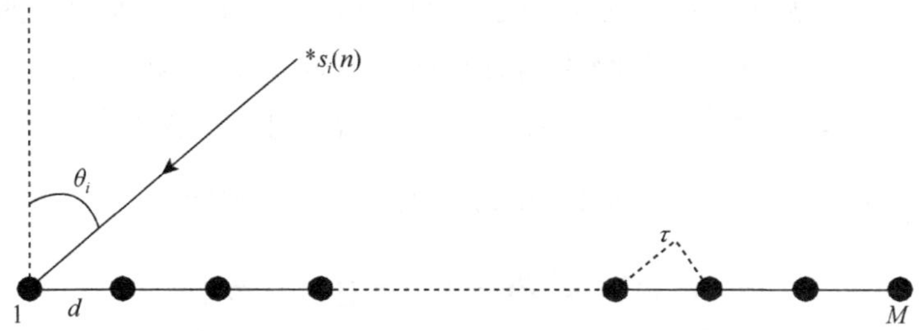

图 6-15　等间隔线阵模型

* 表示信号源

假设在空间传播的多个远场窄带信号源，由于窄带信号的包络变化缓慢，因此可假设等间隔线阵各阵元接收到的同一信号的包络相同。远场信号 $s_i(n)$ 到达各阵元的方位角用 θ_i 表示。以阵元 1 作为参考阵元，信号到达其他阵元的时间相对于参考阵元存在延迟（或超前），由图 6-15 可以看出，由延迟在阵元 m 上引起的相位差 ω_i 为

$$(m-1)\omega_i = 2\pi\frac{d}{\lambda}(m-1)\sin\theta_i \tag{6-32}$$

式中，d 为相邻阵元的间距；λ 为信号波长。因此，在阵元 m 上的接收信号为 $s_i(n)\mathrm{e}^{-\mathrm{j}(m-1)\omega_i}$。

若线阵由 M 个阵元组成，则信号 $s_i(n)$ 到达各阵元的相位差所组成的向量：

$$\boldsymbol{a}(\theta_i) = [1, \mathrm{e}^{-\mathrm{j}\omega_i}, \cdots, \mathrm{e}^{-\mathrm{j}(M-1)\omega_i}]^{\mathrm{T}} = [a_1(\theta_i), \cdots, a_M(\theta_i)]^{\mathrm{T}} \tag{6-33}$$

称为信号 $s_i(n)$ 的方位向量或者响应向量。如果共有 p 个远场窄带信号，则在阵元 m 上的接收信号 $x_m(n)$ 为

$$x_m(n) = \sum_{i=1}^{p} a_m(\omega_i) s_i(n) + e_m(n), \quad m = 1, 2, \cdots, M \tag{6-34}$$

式中，$e_m(n)$ 表示阵元 m 上的加性噪声。将 M 个阵元上的观测数据组成 $M\times 1$ 的观测数据向量：

$$\boldsymbol{x}(n) = [x_1(n), \cdots, x_M(n)]^{\mathrm{T}} \tag{6-35}$$

类似地，定义V维噪声观测向量为

$$\boldsymbol{e}(n)=[e_1(n),\cdots,e_M(n)]^{\mathrm{T}} \tag{6-36}$$

则式（6-34）可以用向量表示为

$$\boldsymbol{x}(n)=\sum_{i=1}^{p}\boldsymbol{a}(\omega_i)s_i(n)+\boldsymbol{e}(n)=\boldsymbol{A}(\omega)\boldsymbol{s}(n)+\boldsymbol{e}(n) \tag{6-37}$$

式中，$\boldsymbol{A}(\omega)=[\boldsymbol{a}(\omega_1),\cdots,\boldsymbol{a}(\omega_p)]$；$\boldsymbol{s}(n)=[s_1(n),\cdots,s_p(n)]^{\mathrm{T}}$。

波束形成的目的在于利用阵元上的观测数据，求出某个期望信号$s_d(n)$的波达方位θ_d。为了求解此波束形成问题，假定信号$s_i(n)$与各阵元上的观测噪声$e_m(n)$统计独立，并且各观测噪声具有相同的方差σ_n^2。设计一组阵元加权向量$\boldsymbol{w}=[w_1,\cdots,w_M]^{\mathrm{T}}$，并对阵元接收信号$x_1(n),\cdots,x_M(n)$进行加权求和，得到输出信号$y(n)=\sum_{i=1}^{M}w_i^*x_i(n)=\boldsymbol{w}^{\mathrm{H}}\boldsymbol{x}(n)$。则波束形成器输出的功率谱为

$$z=E[y^2]=\boldsymbol{w}^{\mathrm{H}}\boldsymbol{R}\boldsymbol{w}=\boldsymbol{w}^{\mathrm{H}}(\sigma_n^2\boldsymbol{Q}+\boldsymbol{A}^{\mathrm{H}}\boldsymbol{P}\boldsymbol{A})\boldsymbol{w} \tag{6-38}$$

式中，$\boldsymbol{R}$为“信号＋噪声”相关矩阵；$\boldsymbol{Q}$为噪声相关矩阵；$\boldsymbol{P}$为信号相关矩阵。可见，对于不同的加权向量，式（6-38）对来自不同方位的信号有不同的响应，从而形成不同方位的空间波束。由此可见，波束形成的关键是权向量的求解。在不同的准则下可以求得与之相应的权向量。

考虑来自方位$\boldsymbol{d}$的单个远场窄带信号源，式（6-38）简化为

$$z=\boldsymbol{w}^{\mathrm{H}}(\sigma_n^2\boldsymbol{Q}+\sigma_s^2\boldsymbol{d}\boldsymbol{d}^{\mathrm{H}})\boldsymbol{w} \tag{6-39}$$

由式（6-39）得到基阵的阵增益表达式为

$$G=\frac{|\boldsymbol{w}^{\mathrm{H}}\boldsymbol{d}|^2}{\boldsymbol{w}^{\mathrm{H}}\boldsymbol{Q}\boldsymbol{w}} \tag{6-40}$$

定义波束扫描向量$\boldsymbol{m}$，波束形成器加权向量$\boldsymbol{w}$是向量$\boldsymbol{m}$的函数。当$\boldsymbol{m}=\boldsymbol{d}$时，称为波束形成器与信号方位匹配；而当$\boldsymbol{m}\neq\boldsymbol{d}$时称为失配。

对于常规（也称 Bartlett）波束形成器，有

$$\begin{cases}\boldsymbol{w}_{\text{Bartlett}}=\dfrac{\boldsymbol{m}}{M}\\ z_{\text{Bartlett}}=\dfrac{\boldsymbol{m}^{\mathrm{H}}\boldsymbol{R}\boldsymbol{m}}{M^2}\end{cases} \tag{6-41}$$

对于常规波束形成器，很显然，其波束的输出相当于对阵元样本的空间傅里叶变换的结果。

2. 波束图

设$\boldsymbol{a}$和$\boldsymbol{b}$均为$M\times1$的复列向量，$\boldsymbol{C}$为$M\times M$的正定 Hermitian 矩阵，定义向

量 $\boldsymbol{a}$ 和 $\boldsymbol{b}$ 的内积为 $\boldsymbol{a}^{\mathrm{H}}\boldsymbol{C}\boldsymbol{b}$，设 $H(\boldsymbol{C})$ 表示 M 维复向量的内积空间。在此空间中，定义向量 $\boldsymbol{a}$ 和 $\boldsymbol{b}$ 之间广义角的余弦平方为[46]

$$\cos^2(\boldsymbol{a},\boldsymbol{b};\boldsymbol{C})=\frac{|\boldsymbol{a}^{\mathrm{H}}\boldsymbol{C}\boldsymbol{b}|^2}{(\boldsymbol{a}^{\mathrm{H}}\boldsymbol{C}\boldsymbol{a})(\boldsymbol{b}^{\mathrm{H}}\boldsymbol{C}\boldsymbol{b})} \tag{6-42}$$

而由 Schwarz 不等式可知

$$0\leqslant\cos^2(\boldsymbol{a},\boldsymbol{b};\boldsymbol{C})\leqslant 1 \tag{6-43}$$

当 $\boldsymbol{C}=\boldsymbol{I}$ 时，$\cos^2(\boldsymbol{a},\boldsymbol{b};\boldsymbol{C})$ 简记为 $\cos^2(\boldsymbol{a},\boldsymbol{b})$。

根据此定义，式（6-40）变为

$$\boldsymbol{G}=\frac{|\boldsymbol{m}^{\mathrm{H}}\boldsymbol{d}|^2}{\boldsymbol{m}^{\mathrm{H}}\boldsymbol{Q}\boldsymbol{m}}=\frac{M^2\cos^2(\boldsymbol{m},\boldsymbol{d})}{\boldsymbol{m}^{\mathrm{H}}\boldsymbol{Q}\boldsymbol{m}} \tag{6-44}$$

类似地，式（6-39）变为

$$z_{\mathrm{Bartlett}}=\sigma_s^2\cos^2(\boldsymbol{m},\boldsymbol{d})+\sigma_n^2\frac{\boldsymbol{m}^{\mathrm{H}}\boldsymbol{Q}\boldsymbol{m}}{M^2} \tag{6-45}$$

式中，$\cos^2(\boldsymbol{m},\boldsymbol{d})=\dfrac{|\boldsymbol{m}^{\mathrm{H}}\boldsymbol{d}|^2}{M^2}$，取决于信号；等号右边第二项取决于噪声。

从式（6-45）可以看出，$\cos^2(\boldsymbol{m},\boldsymbol{d})$ 是定向于 $\boldsymbol{m}$ 方位的常规波束形成器对来自 $\boldsymbol{d}$ 方位的单位幅度信号的功率响应。波束图的定义反映的便是 $\cos^2(\boldsymbol{m},\boldsymbol{d})$ 与 $\boldsymbol{d}$ 函数关系。

从式（6-45）可以看到，常规波束形成器的信号响应取决于 $\boldsymbol{m}$ 和 $\boldsymbol{d}$ 的余弦平方，而不受噪声相关矩阵 $\boldsymbol{Q}$ 的影响；而且，失配并不直接影响噪声，而是通过因子 $\boldsymbol{m}^{\mathrm{H}}\boldsymbol{Q}\boldsymbol{m}$ 而非 $\boldsymbol{d}^{\mathrm{H}}\boldsymbol{Q}\boldsymbol{d}$ 间接影响，这两个量都可能比较大，这取决于方位 $\boldsymbol{m}$ 是否比方位 $\boldsymbol{d}$ 更含噪或者更无噪；信号响应取决于 $\cos^2(\boldsymbol{m},\boldsymbol{d})$，因此，信号响应对 $\boldsymbol{m}$ 和 $\boldsymbol{d}$ 之间小的失配不敏感。

3. 空间分辨力

空间分辨力是指分辨空间两个目标的能力，而高分辨力即是指分辨空间两个方位相近目标的能力。假设两个等强度目标位于方位 $\boldsymbol{b}$ 和 $\boldsymbol{d}$，当 $\boldsymbol{b}$ 和 $\boldsymbol{d}$ 中间方位 $\boldsymbol{m}_0$ 处（$\boldsymbol{m}_0$ 满足 $\cos^2(\boldsymbol{m}_0,\boldsymbol{b})=\cos^2(\boldsymbol{m}_0,\boldsymbol{d})$）的响应小于 $\boldsymbol{b}$ 或 $\boldsymbol{d}$ 方位响应时，即可认为两目标能够被分辨。

简化起见，假设阵元噪声是不相关的，即 $\boldsymbol{Q}=\boldsymbol{I}$。对于两个目标，“信号＋噪声”相关矩阵为

$$\boldsymbol{R}=\sigma_n^2\boldsymbol{I}+\sigma_s^2\boldsymbol{d}\boldsymbol{d}^{\mathrm{H}}+\sigma_s^2\boldsymbol{b}\boldsymbol{b}^{\mathrm{H}} \tag{6-46}$$

根据式（6-45），得到常规波束形成器在 $\boldsymbol{d}$ 和 $\boldsymbol{m}_0$ 方位输出功率之比为

$$\frac{z_{d\_\text{Bartlett}}}{z_{m_0\_\text{Bartlett}}}=\frac{1+\cos^2(\boldsymbol{b},\boldsymbol{d})+\left(\dfrac{M\sigma_s^2}{\sigma_n^2}\right)^{-1}}{2\cos^2(\boldsymbol{m}_0,\boldsymbol{d})+\left(\dfrac{M\sigma_s^2}{\sigma_n^2}\right)^{-1}} \tag{6-47}$$

由式（6-47）可以看到，当$\dfrac{M\sigma_s^2}{\sigma_n^2}>1$时，$\dfrac{z_{d_\text{Bartlett}}}{z_{m_0_\text{Bartlett}}}$对$\dfrac{M\sigma_s^2}{\sigma_n^2}$的变化不敏感，即输出信噪比高于0dB时，输出信噪比对常规波束形成器的空间分辨力影响不大。

由式（6-47）可以看到，常规波束形成器分辨两个目标的充要条件为

$$\frac{z_{d\_\text{Bartlett}}}{z_{m_0\_\text{Bartlett}}}=\frac{1+\cos^2(\boldsymbol{b},\boldsymbol{d})+\left(\dfrac{M\sigma_s^2}{\sigma_n^2}\right)^{-1}}{2\cos^2(\boldsymbol{m}_0,\boldsymbol{d})+\left(\dfrac{M\sigma_s^2}{\sigma_n^2}\right)^{-1}}>1 \tag{6-48}$$

但只要式（6-49）成立，式（6-48）一定成立：

$$\cos^2(\boldsymbol{m}_0,\boldsymbol{d})<\frac{1}{2} \tag{6-49}$$

因此，式（6-49）是式（6-48）成立的充分条件。也就是说，如果两目标中间方位的响应比对准目标时的响应低3dB，则常规波束形成器可以分辨这两个目标。

将上面得出的结论应用于长为 L 的等间隔线阵（图 6-16）。两个点源位于远场方位 $\boldsymbol{b}$ 和 $\boldsymbol{d}$，与基阵法向所成的小角度分别为$\dfrac{\theta}{2}$及$-\dfrac{\theta}{2}$，阵元间距小于半波长。

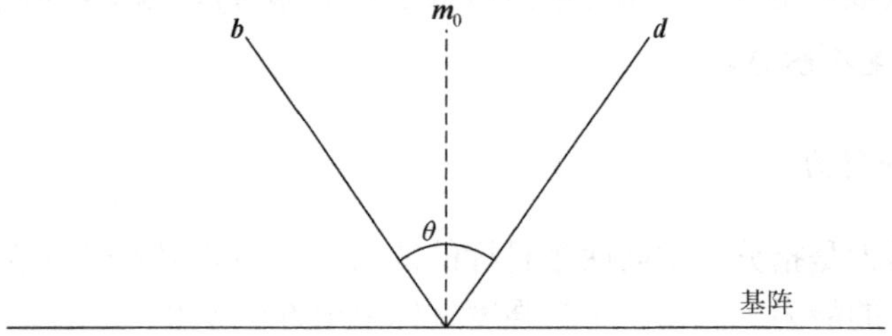

图 6-16　基阵模型

根据此模型，可以得到

$$\cos(\boldsymbol{b},\boldsymbol{d})=\frac{\sin\left(\dfrac{\pi L\theta}{\lambda}\right)}{\dfrac{\pi L\theta}{\lambda}} \tag{6-50}$$

$$\cos^2(\boldsymbol{m}_0,\boldsymbol{d})=\frac{\sin^2\left(\dfrac{\pi L(\theta/2)}{\lambda}\right)}{\left(\dfrac{\pi L(\theta/2)}{\lambda}\right)^2} \tag{6-51}$$

对于这种阵形，经典的 Rayleigh 准则给出了常规波束形成器的空间分辨力极限[47]：

$$\theta\geqslant\frac{\lambda}{L} \tag{6-52}$$

当常规波束形成器定向于第二个目标且第一个目标位于波束图的零点时，等号成立，也意味着将$\theta=\dfrac{\lambda}{L}$代入式（6-50）可以得到$\cos(\boldsymbol{b},\boldsymbol{d})=0$。将$\theta=\dfrac{\lambda}{L}$代入式(6-51)可得$\cos^2(\boldsymbol{m}_0,\boldsymbol{d})=\left(\dfrac{2}{\pi}\right)^2<\dfrac{1}{2}$，满足式(6-49)。当$\dfrac{M\sigma_s^2}{\sigma_n^2}\gg 1$时，利用式(6-48)可得到$\dfrac{z_{d_\text{Bartlett}}}{z_{m_0_\text{Bartlett}}}=\dfrac{\pi^2}{8}=1.23$，可见 Rayleigh 准则比一般的可分辨准则$\dfrac{z_{d_\text{Bartlett}}}{z_{m_0_\text{Bartlett}}}>1$更为苛刻。而当空间两个目标强度不等时，常规波束形成器更是难以分辨[46]。

6.2.2 常规近场聚焦波束形成器

设r为目标离阵元中心的距离，D为基阵的孔径大小，λ为接收信号的波长，为简化计算，通常采用远场假设，但只在$r\gg D^2/\lambda$范围有效。设阵元数为$2M$的等距线阵，阵元有着相同的指向性，阵元间距为d，K个近场窄带信源，到达方向分别为$\theta_1,\cdots,\theta_K$，其中$M>K$。在基准阵元 0 的各窄带信号分别为$s_1(t),\cdots,s_K(t)$，则第m个阵元接收到的信号为图 6-17 所示阵列模型。

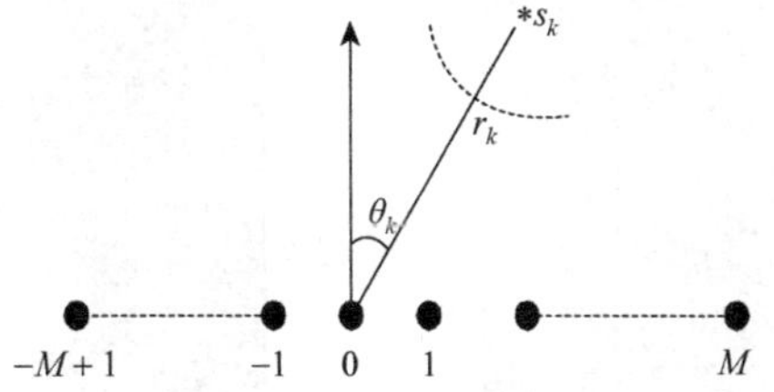

图 6-17　阵列模型示意图

$$x_m(t)=\sum_{k=1}^{K}s_k(t)\mathrm{e}^{\mathrm{j}\tau_{mk}}+n_m(t),\quad -M+1\leqslant m\leqslant M \tag{6-53}$$

式中，$n_m(t)$表示第 m 个阵元上的加性高斯白噪声；τ_{mk}是k个信源在阵元m与 0 之间的相位差：

$$\tau_{mk}=\frac{2\pi r_k}{\lambda}\left(\sqrt{1+\frac{m^2d^2}{r_k^{\ 2}}-\frac{2md\sin\theta_k}{r_k}}-1\right)\approx-2\pi\frac{md}{\lambda}\sin\theta_k+m^2\pi\frac{d^2}{\lambda r_k}\cos^2\theta_k \tag{6-54}$$

式（6-54）由 Fresnel 近似得到，其中，等式右侧第一项取决于信源到达方向；等式右侧第二项取决于信源到达方向以及信源距离。式（6-53）的向量表示形式为

$$\boldsymbol{x}(t)=\boldsymbol{B}\boldsymbol{s}(t)+\boldsymbol{n}(t) \tag{6-55}$$

式中，$\boldsymbol{x}(t)=[x_{-M+1}(t),\cdots,x_0(t),\cdots,x_M(t)]$；$\boldsymbol{s}(t)=[s_1(t),s_2(t),\cdots,s_K(t)]^{\mathrm{T}}$；$\boldsymbol{n}(t)=[n_{-M+1}(t),\cdots,n_0(t),\cdots,n_M(t)]^{\mathrm{T}}$；$\boldsymbol{B}$ 为$2M\times K$ 的矩阵，其 k 列向量表示为$\boldsymbol{b}_k(\theta_k,\gamma_k)=[\mathrm{e}^{\mathrm{j}(-M+1)\gamma_k+\mathrm{j}(-M+1)^2\varphi_k},\cdots,\mathrm{e}^{\mathrm{j}(-\gamma_k+\varphi_k)},1,\mathrm{e}^{\mathrm{j}(\gamma_k+\varphi_k)},\cdots,\mathrm{e}^{\mathrm{j}M\gamma_k+\mathrm{j}M^2\varphi_k}]^{\mathrm{T}}$，其中，$k=1,\cdots,k$。

所谓近场聚焦即是针对特定距离，按照式（6-55）进行的波束形成。在主动声呐中，还有近场动态聚焦波束形成的概念，其是指聚焦距离时变。

为了验证近场情况下常规波束形成与聚焦波束形成的区别，本书基于 Field II 软件进行仿真研究[48]，假设信号频率 $f_{\text{signal}}=180\text{kHz}$，阵元间距 $d=4.17\text{mm}$，阵元数 $M=80$，目标距离 r 为 0.5～10m，角度为–15°、0°和 15°共计 30 个目标点。对回波信号分别进行常规波束形成和动态聚焦波束形成，两种处理结果对比效果如图 6-18 所示。在图 6-18 中可以看出，对于常规波束形成而言，离基阵越近，目标越模糊，甚至不能分辨三个目标，但对于动态聚焦波束形成而言，在 0.5～10m 的范围内，都比较清晰，能清晰地分辨开每一个目标点，说明了动态聚焦的有效性。

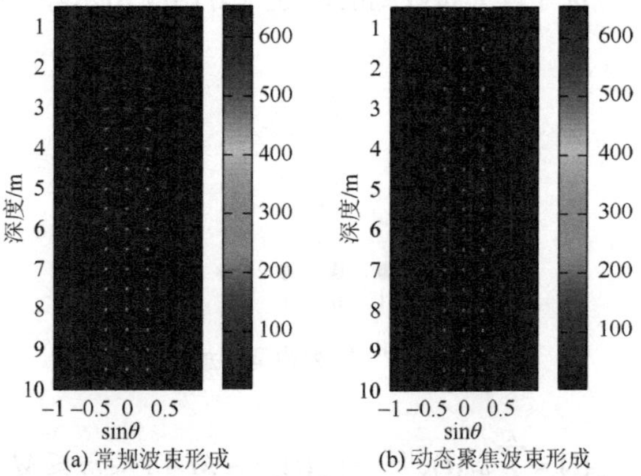

图 6-18　常规波束与动态聚焦波束形成对比图（彩图见封底二维码）

为了更清晰地看到动态聚焦的效果，从图 6-18 中取出深度为 2m 的时间片，如图 6-19 所示，可以看到常规波束形成结果，很难清晰地分辨回波角度，但动态聚焦波束形成结果却能较好地分辨目标的方位，并且常规波束形成能量的聚集程度也远不如动态聚焦，从而证明了动态聚焦波束形成可以提高近场分辨性能。

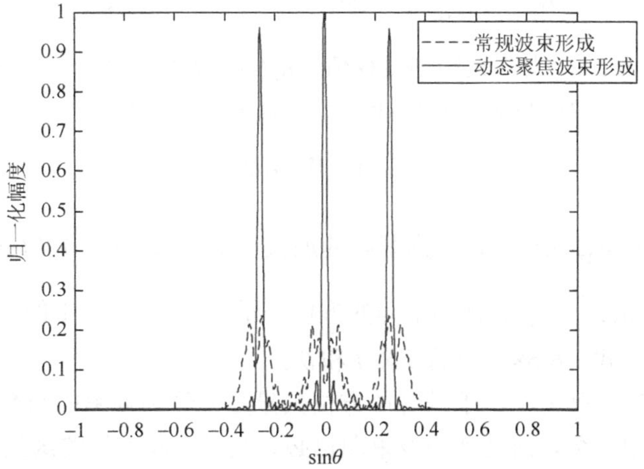

图 6-19　目标在 2m 时常规波束与动态聚焦波束形成对比

6.2.3　恒定束宽波束形成器

正如前面所讨论的，波束形成实际上是一种空间滤波过程。一个波束形成器可被设计为对空间某方位的信号有响应而抑制其他方位的信号。由线性系统理论可知，波束形成也是一种卷积运算，因而可用频域的乘积实现，所以波束也可以在频域内形成。

当信号为单频信号或者窄带信号时，对于等间隔离散线阵，常规波束形成器的输出等于对空间样本进行傅里叶变换。但对于宽带信号，则不能对空间样本直接进行傅里叶变换。必须首先将各阵元接收的时间样本序列分别进行傅里叶变换，得到各阵元信号的不同频率分量，即进行时间序列的傅里叶变换，然后对各阵元相同频率分量进行相位补偿或进行第二次傅里叶变换，得到各个频率分量的多波束输出。最后将同一指向、不同频率分量的各个波束输出平方相加，平均后得到各个宽带指向波束，过程如式（6-56）～式（6-58）所示[2]。

设 M 元等间隔线阵，首先对阵元 m 的信号 $x_m(n)$ 进行离散傅里叶变换（discrete Fourier transform，DFT）运算，即

$$X_m(k)=\sum_{n=1}^{N}x_m(n)\mathrm{e}^{-\mathrm{j}\frac{2\pi}{N}nk},\quad m=1,2,\cdots,M;n=1,2,\cdots,N \tag{6-56}$$

式中，k 为频率序号；n 为样本时间序号；$X_m(k)$ 为阵元 m 上信号的频谱。

另外，对同一序号 k 的谱线进行空间傅里叶变换。将 $X_m(k)$ 重新排列为 $X_k(m)$，进行第二次 DFT 运算，得到波束图为

$$R_k(l)=\left|\sum_{m=1}^{M}w_m X_k(m)\mathrm{e}^{-\mathrm{j}\frac{2\pi}{M}ml}\right|,\quad l=1,2,\cdots,L \tag{6-57}$$

式中，l 为波束号；w_m 为阵元的幅度权值；$R_k(l)$ 为 k 号频率分量的 m 号波束输出。

将式（6-57）写成另外一种通式，以向量表示波束图：

$$\boldsymbol{R}(\theta,f)=\left|\boldsymbol{W}^{\mathrm{T}}\boldsymbol{a}(\theta,f)\right| \tag{6-58}$$

式中，$\boldsymbol{W}^{\mathrm{T}}=(w_1,w_2,\cdots,w_M)$，称为基阵的加权矢量；$\boldsymbol{a}(\theta,f)=[X_1(m)\mathrm{e}^{-\mathrm{j}\frac{2\pi}{M}ml},X_2(m)\mathrm{e}^{-\mathrm{j}\frac{2\pi}{M}ml},\cdots,X_M(m)\mathrm{e}^{-\mathrm{j}\frac{2\pi}{M}ml}]^{\mathrm{T}}$，称为基阵的方位矢量。式（6-57）中的 k 号频率分量和 m 号波束对应了式（6-58）中的变量 f 和 θ。

由式（6-58）可见，由于基阵的方位矢量是方位和频率的函数，若基阵阵元加权系数为一组常数，则基阵的波束图也必定是频率和方位的函数，如图 6-20 所示。其中，$\boldsymbol{W}$ 为 Chebyshev 窗，旁瓣级–20dB。显然，不同频率下的波束图是不同的。

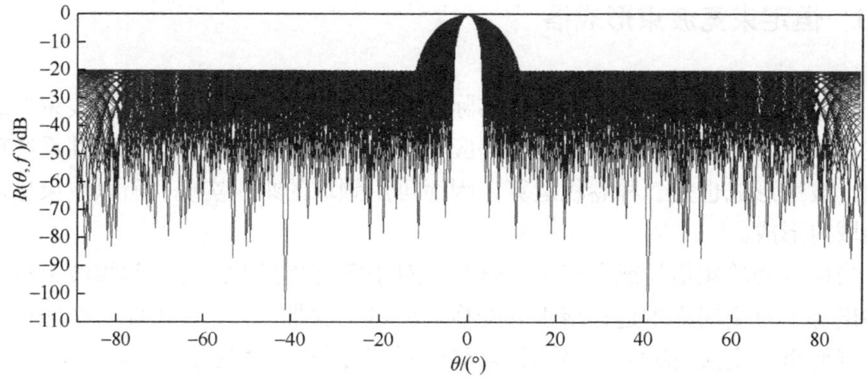

图 6-20　不同频率下的波束图（常规处理）

$d/\lambda=[1/2,\ 3/2]$

这样的处理方式对于宽带信号中的不同频率分量而言，只有在波束指向方向的空间响应是相同的。换言之，只有当波束正对目标信号方位时，才不会产生信号畸变的现象；否则，在其他方向，就会出现信号失真的情况，将对后续信号处

理产生不良影响。恒定束宽波束形成技术就是解决这种问题的关键所在，它可以使得宽带信号各个频率分量信号的波束在主瓣束宽恒定，从而当信号从主瓣宽度内任意角度入射时，各频率分量信号得到的空间增益一致，就可以得到没有失真和畸变情况的波束输出。

为了保证波束图在一定的频率范围内保持不变或者基本不变，以实现宽带信号的无畸变接收，就需要权系数能随着频率的改变而变化，且变化后的权系数需要满足

$$\boldsymbol{R}(\theta,f)=|\boldsymbol{W}^{\mathrm{T}}(f)\boldsymbol{a}(\theta,f)|\approx\boldsymbol{R}(\theta,f_0)=\boldsymbol{R}(\theta),\quad\forall\theta\in[\theta_l,\theta_h];\forall f\in[f_l,f_h]\qquad(6\text{-}59)$$

式中，$\boldsymbol{W}(f)$ 为依频率变化的基阵加权向量，对于使用两次傅里叶变换实现的宽带常规波束形成器来说，即要求式（6-57）中的 w_m 随频率不同而变化，即 $w_{m,k}$；$\boldsymbol{R}(\theta,f_0)$ 为频率 f_0 对应的参考波束图；$[\theta_l,\theta_h]$ 为观测空间；$[f_l,f_h]$ 为需要满足的频率不变波束图的频率范围。

恒定束宽的实现可以分为频域实现和时域实现两种，频域实现主要利用快速傅里叶变换（FFT）和逆 FFT（inverse FFT，IFFT），而时域实现则是利用 FIR 滤波器。频域方法是数据块处理方法，将宽带信号分成不同的子带，各子带分别用相应的加权矢量进行处理，最后由各子带的处理结果合成宽带信号，该实现方法适于子带数较少的情况。对于带宽较宽的信号，若在频域实现则需要较大的运算量。并且，在进行频域处理时，在数据块的衔接上存在一定问题，即当进行 IFFT 时，存在瞬态信息丢失问题（在某些应用中无关紧要，如测向等）；时域方法是数据流处理方法，在时域实现需要对基阵各阵元的输出进行 FIR 滤波，且使该滤波器的频率响应拟合各频率点的加权系数（可参考 6.1.3 节），相比而言，时域实现需要更多的硬件资源。下面介绍几种常见的频域恒定束宽波束形成技术[45, 49]。

1. 频域恒定束宽原理与实现结构

频域处理是基于将信号分解成子带的一种处理手段。它将阵元接收的宽带信号进行 K 点 FFT，划分成 K 个子频宽为 f_s/K 的窄带信号，如果直接对这些窄子带信号进行波束形成，其束宽会随信号频率的变大而减小，如图 6-21 所示。考虑一个 32 元的均匀直线阵，使用 $T=100\text{ms}$，$f_L=10\text{kHz}$，$f_H=30\text{kHz}$，阵元间距为最高频率信号对应波长的 1/2，采样频率 $f_s=100\text{kHz}$，信号入射方向为 10°，采用传统波束形成，不同频率子带信号的束宽是不同的。

这时候，就需要选择一个信号频率作为参考频率，按照一定的权值计算方法，计算出其他频率点的对应权系数，然后用窄带信号的波束形成方法，得到各个频率上满足相同束宽要求的波束。如果将同频带信号的处理结果相加，再进行 IFFT，就会得到束宽恒定的信号时域输出，实现过程如图 6-22 所示。常见的频域权值计

算方法有 Chebyshev 加权迭代法、空间重采样法、窗函数法、任意结构阵列的恒定束宽波束形成方法以及基于二阶锥优化的计算方法（详见 6.3.1 节）等。根据阵列结构的不同，可以选择不同的处理方法。

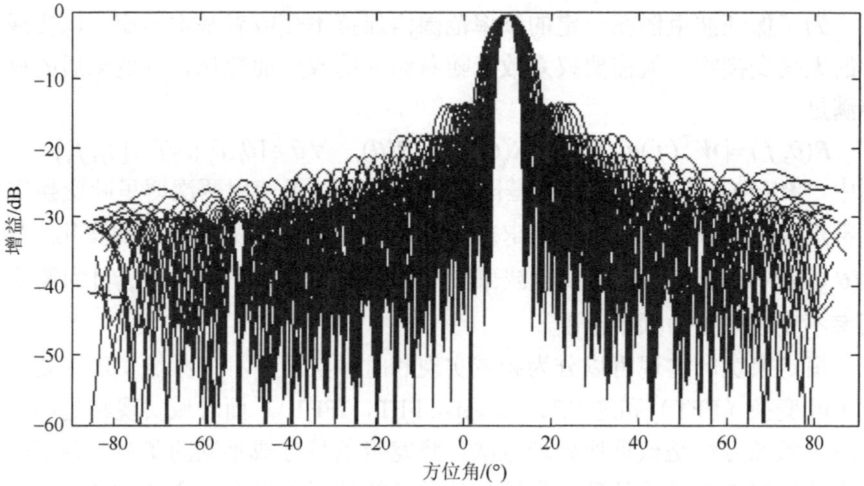

图 6-21　宽带信号进行频域常规窄带波束形成图

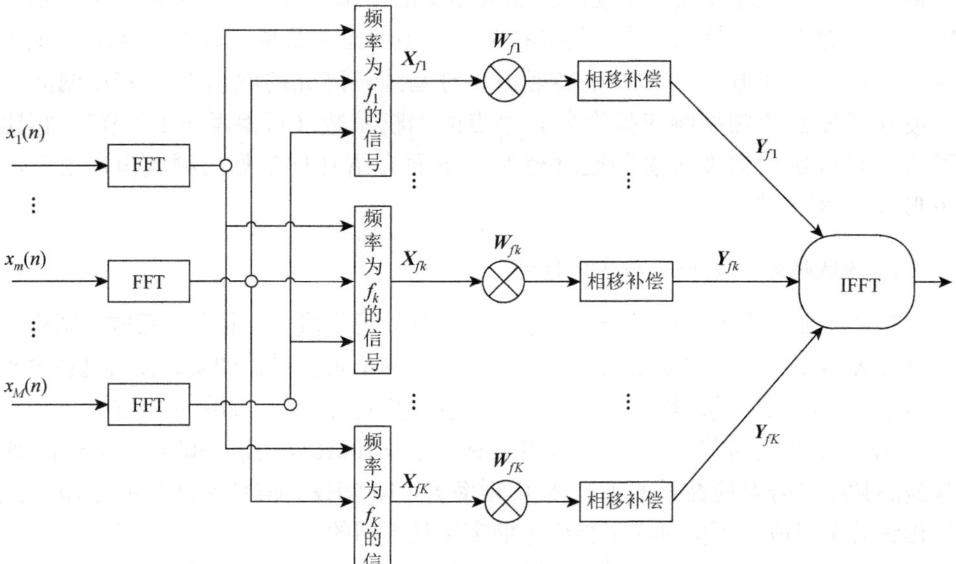

图 6-22　频域宽带恒定束宽波束形成流程图

2. 线列阵频域恒定束波束形成方法

1）Chebyshev 加权迭代法

Chebyshev 加权是声呐信号处理中一种常见的幅度加权方法，它可以通过调整旁瓣级来改变波束的主瓣宽度，此方法就是通过对不同频率的信号选取适当的 Chebyshev 加权值，来获得恒定束宽波束形成的。Chebyshev 窗表达式为

$$B = \arccos\left(\left(\cosh\frac{\operatorname{arcosh}10^{r/20}}{N-1}\right)^{-1}\right) \tag{6-60}$$

式中，B 为主瓣宽度；N 为窗口长度；r 为恒定旁瓣级。在 N 不变的情况下，调整 r 就可以改变 Chebyshev 窗的主瓣宽度。在宽带信号波束形成时，预设一个波束主瓣宽度 B_0 作为参考波束宽度，B_0 一般选择频率最低的子带信号波束宽度，然后对各子带信号进行带有 Chebyshev 加权的窄带波束形成，将得到的波束宽度与参考束宽进行比对，自适应地调整旁瓣级 r，更新权值 W_{fk}，直到得到的波束宽度与预设束宽间的误差满足设定的一个精度门限为止。旁瓣级 r 的调整过程是一个不断迭代的过程，所以迭代公式的选择和收敛步长的选取对计算速度和精度都有很重要的影响。主瓣宽度 B 是旁瓣级 r 的单调递增函数，所以采用线性迭代公式相对方便简洁，可表示如下：

$$r_{k+1} = r_k - \mu(B_k - B_0) \tag{6-61}$$

式中，B_k 是经过 k 次迭代后的束宽；μ 是收敛步长。

取 $\mu = 8$，误差门限为 0.001rad，采用该方法获得恒定束宽加权矢量后，给出了 10°方向的波束图，如图 6-23 和图 6-24 所示，证明了此方法的有效性。

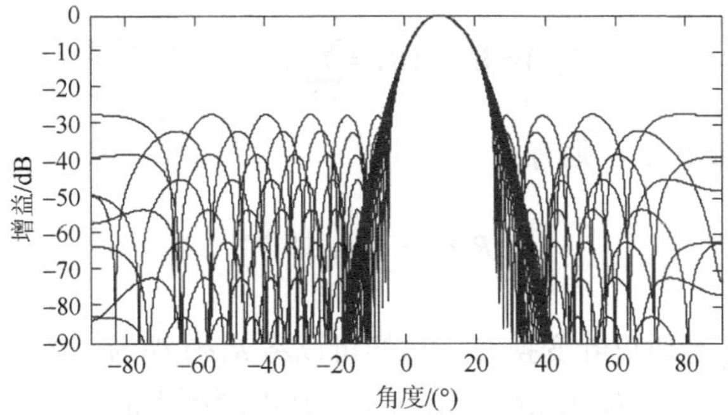

图 6-23　Chebyshev 加权迭代法获得的 10°恒定束宽波束形成

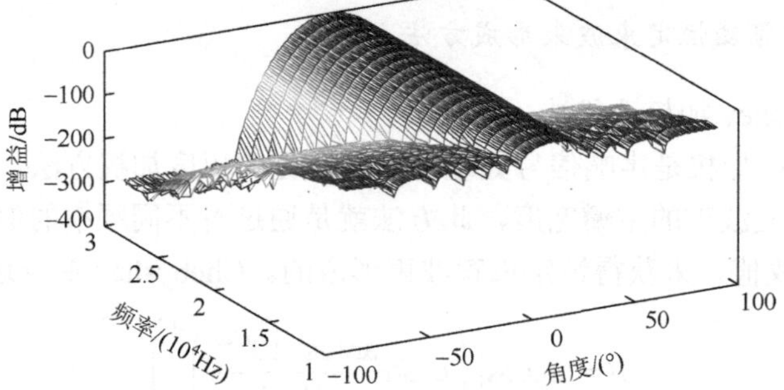

图 6-24　恒定束宽波束形成三维视图（彩图见封底二维码）

Chebyshev 加权迭代法计算恒定束宽的加权矩阵运算量较小，但是需要注意，慎重选取迭代公式中的收敛步长 μ，μ 过小会降低收敛速度，过大则会引起迭代过程的发散。

2）空间重采样法

空间重采样法的基本思想是将一个阵元均匀分布的直线阵视为对一个连续直线阵在空间上的均匀离散采样，针对信号带宽内的某一子带信号，假设存在一个对应的虚拟连续阵，通过调整空间离散采样的间隔，使该子带信号的中心频率与采样间隔的乘积保持一致，从而计算出在各子带信号随频率变化的阵元加权系数，以实现恒定束宽波束形成。

假定一个有 M 个阵元的均匀直线阵，其方向矢量为

$$\boldsymbol{a}(\theta)=[1,\mathrm{e}^{\mathrm{j}2\pi fd\sin\theta/c},\cdots,\mathrm{e}^{\mathrm{j}2\pi f(M-1)d\sin\theta/c}]^{\mathrm{T}} \tag{6-62}$$

式中，θ 为信号入射方向。令各阵元的加权矢量为 $\boldsymbol{W}=[w_1,w_2,\cdots,w_M]^{\mathrm{T}}$，则阵元系统的方向图函数可表示为

$$R(\theta,f)=\boldsymbol{W}^{\mathrm{H}}\boldsymbol{a}(\theta)=\sum_{i=1}^{M}w_i\mathrm{e}^{\mathrm{j}2\pi f(i-1)d\sin\theta/c} \tag{6-63}$$

令 $\varphi=2\pi fd\sin\theta/c$，则有

$$R(\varphi)=\sum_{i=1}^{M}w_i\mathrm{e}^{\mathrm{j}(i-1)\varphi} \tag{6-64}$$

式中，$R(\varphi)$ 与 w_i 是傅里叶变换对，这样可以将 $R(\varphi)$ 视为一个空间滤波器的频率响应，φ 是数字频率。如果 $fd=\text{constant}$，则不同频率的子带信号会具有一致的空间响应，即恒定束宽。每一个子带信号对应存在一个虚拟连续阵，将其视为一个模拟滤波器，冲激响应为 $h_a(l)$，离散空间采样后，形成一个数字滤波器，冲激响应为 $h_d(i)$，则有

$$h_d(i) = d \cdot h_a((i-1)d), \quad i = 1,2,\cdots,M \tag{6-65}$$

以宽带信号的最低频率 $f_{\min}$ 为参考频率，阵元间距 d 为最高频率 $f_{\max}$ 对应波长的 1/2，根据 $fd = \text{constant}$，继而推导出其他子带信号对应虚拟阵的阵元间距。根据信号处理中数字信号恢复到模拟信号的公式，可以推导出对应任意频率的虚拟的模拟滤波器的冲激响应：

$$\begin{aligned} h_a(l) &= \frac{1}{d_k}\sum_{i=-\infty}^{+\infty} h_d(i)\operatorname{sinc}((l - id_k)/d_k) \\ &\approx \frac{1}{d_k}\sum_{i=1}^{M} h_d(i)\operatorname{sinc}((l-(i-1)d_k)/d_k) \end{aligned} \tag{6-66}$$

式中，$h_d(i)$ 可视为参考频率信号的响应，换写成 $w_i(0)$，则有

$$w_m(k) = \frac{d}{d_k}\sum_{i=1}^{M} w_i(0)\operatorname{sinc}(((m-1)d-(i-1)d_k)/d_k) \tag{6-67}$$

其中，k 为子带号。在实际的演算中，$w_i(0)$ 可以有多种选择，可以加矩形窗，也可以加上其他的窗函数来辅助加权，达到自己期望的波束效果。

利用空间重采样法，在参考频点分别采用−30dB 切比雪夫加权和不加权两种方式，得出的恒定束宽波束图如图 6-25 和图 6-26 所示。从图中可以看到，参考频点使用了切比雪夫加权，主瓣展宽了，旁瓣也降了很多。

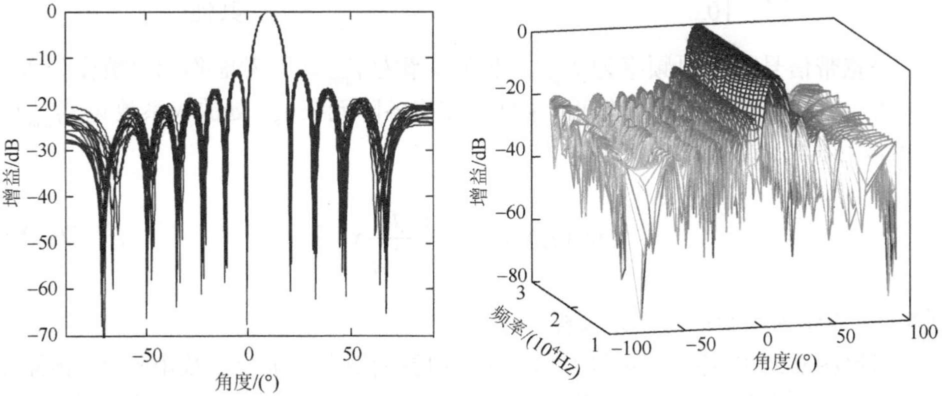

图 6-25　空间重采样法恒定束宽波束形成（参考频点不加权，彩图见封底二维码）

3）窗函数法

对于一个连续直线阵，空间上的等间隔抽样序列到方位域的映射关系可以用离散傅里叶变换来表述，这和时域上等间隔抽样序列到频域的映射关系是相互统一的。基于这一原理，通过给不同子带的信号进行空间加窗，来折中控制均匀线列阵的输出波束的主瓣宽度及其旁瓣级，这就是窗函数法实现恒定束宽的基本思想。

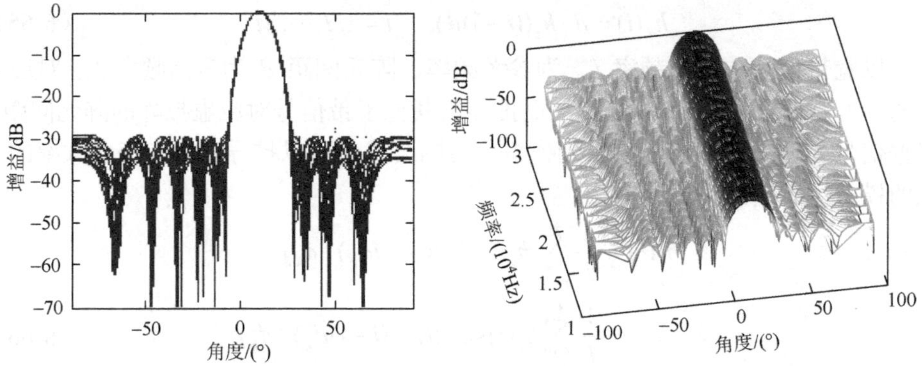

图 6-26　空间重采样法恒定束宽波束形成（参考频点加权，彩图见封底二维码）

常用的窗函数有

$$\text{Hamming：}\quad w(t)=\begin{cases}0.54-0.46\cos(2\pi t/T)\,, & 0\leqslant t\leqslant T\\ 0, & \text{其他}\end{cases} \tag{6-68}$$

$$\text{Hanning：}\quad w(t)=\begin{cases}0.5-0.5\cos(2\pi t/T)\,, & 0\leqslant t\leqslant T\\ 0, & \text{其他}\end{cases} \tag{6-69}$$

$$\text{Blackman：}\quad w(t)=\begin{cases}0.42-0.5\cos(2\pi t/T)+0.08\cos(4\pi t/T)\,, & 0\leqslant t\leqslant T\\ 0, & \text{其他}\end{cases} \tag{6-70}$$

令宽带信号的上限频率为 $f_{\max}$，下限频率为 $f_{\min}$，不考虑阵元灵敏度分布，统一置 1，通过窗函数 $w(t)$ 等间距采样，获得各阵元在 $f_{\min}$ 处的权系数 $w_{\mathrm{m}}(f_{\min})$，而对于其他子带的权系数则有

$$w_{\mathrm{m}}(f_k)=\frac{f_k}{f_{\min}}w\left(\frac{f_k}{f_{\min}}x\right) \tag{6-71}$$

式中，x 表示窗函数的等间距采样。

对比图 6-27 中各子图可以看出，在使用窗函数获得加权系数矩阵时，波束主瓣宽度基本没有随频率发生变化，同时波束的旁瓣级也有很大程度的衰减，这种效果在高频段更为明显，Blackman 窗的旁瓣级下降幅度最大。

3. 任意结构阵列的恒定束宽波束形成方法

以上三种计算恒定束宽波束形成频域的方法有一个共同的缺点就是，它们只适用于直线阵，无法运用于其他形状的阵列的信号处理。下面介绍一种求取任意结构阵列恒定束宽波束形成子带信号频域权值的方法。

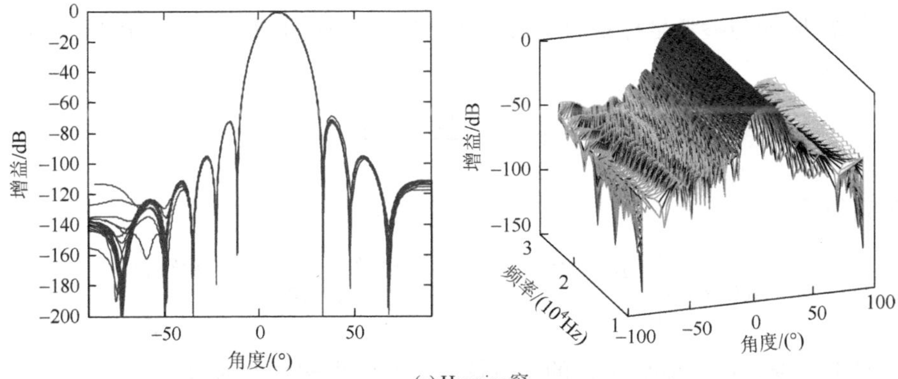

(a) Hanning窗

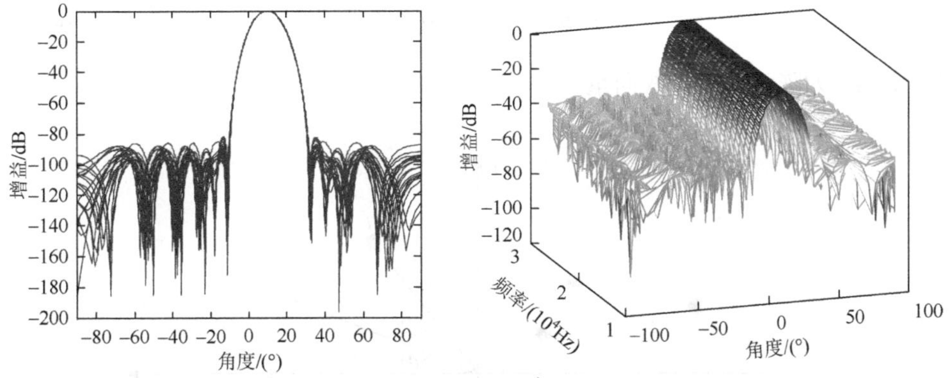

(b) Hamming窗

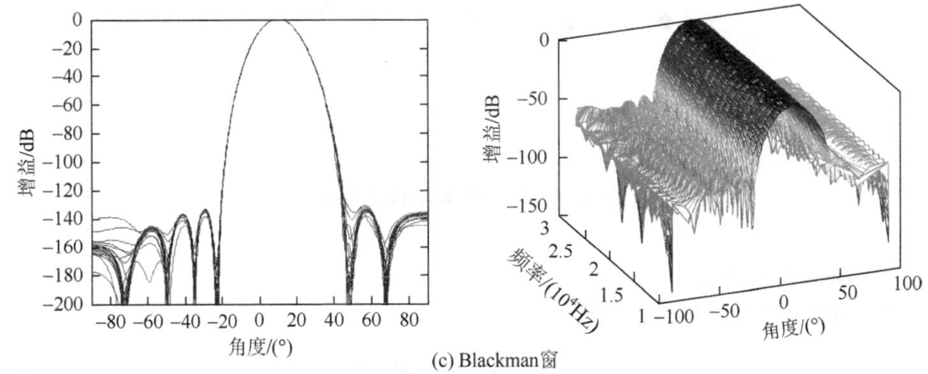

(c) Blackman窗

图 6-27　不同窗函数计算得到的恒定束宽波束图（彩图见封底二维码）

1）任意结构阵列的信号模型

考虑一个阵元数为 N 的任意结构的平面阵，阵元各向同性，灵敏度相同，接收信号为远场平面波，且信号源与基阵位于同一平面。在阵元周围，选取某一点为原点，并建立参考坐标系，如图 6-28 所示，各阵元与原点间距为 r_i，假设信号

方向为 θ，阵元与参考坐标系的夹角为 φ_i。阵元 i 相对于原点接收到的信号的时延可表示为

$$\tau_i = \frac{r_i \cos(\varphi_i - \theta)}{c} \tag{6-72}$$

则阵列矢量为

$$\boldsymbol{A}(\theta, f) = \left[\mathrm{e}^{\mathrm{j}2\pi f \frac{r_1 \cos(\varphi_1 - \theta)}{c}}, \cdots, \mathrm{e}^{\mathrm{j}2\pi f \frac{r_i \cos(\varphi_i - \theta)}{c}}, \cdots, \mathrm{e}^{\mathrm{j}2\pi f \frac{r_N \cos(\varphi_N - \theta)}{c}} \right]^{\mathrm{T}} \tag{6-73}$$

对于宽带信号中频率为 f_k 的子带信号，其波束图可表示为

$$R(\theta, f_k) = \left| \boldsymbol{w}_{f_k}^{\mathrm{H}} \boldsymbol{A}(\theta, f_k) \right| \tag{6-74}$$

式中，$\boldsymbol{w}_{f_k}$ 为阵元幅度加权向量。

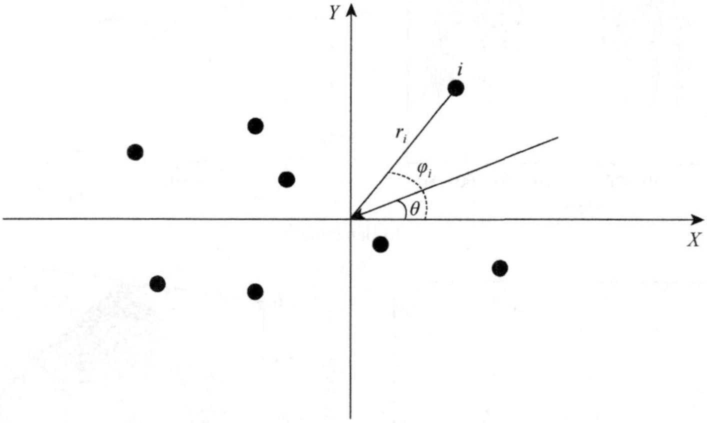

图 6-28　任意阵列结构平面图

2）Bessel 函数法

将平面波等式分解为

$$\mathrm{e}^{\mathrm{j}z\cos\varphi} = \sum_{n=-\infty}^{+\infty} J_n(z) \mathrm{j}^n \mathrm{e}^{-\mathrm{j}n\varphi} \tag{6-75}$$

则式（6-75）可以表示成核函数为第一类 Bessel 函数的无穷序列和的形式：

$$a(\varphi_i, \theta, f) = \sum_{n=-\infty}^{+\infty} J_n\left(\frac{2\pi f r_i}{c}\right) \mathrm{j}^n \mathrm{e}^{\mathrm{j}n\varphi_i} \mathrm{e}^{-\mathrm{j}n\theta} \tag{6-76}$$

将式（6-76）写为矩阵形式，有

$$\boldsymbol{A}(\theta, f) = \widetilde{\boldsymbol{T}}(f) \widetilde{\boldsymbol{w}}(\theta) \tag{6-77}$$

式中，$[\tilde{\boldsymbol{T}}(f)]_{i,n}=J_n\left(\dfrac{2\pi fr_i}{C}\right)\mathrm{j}^n\mathrm{e}^{\mathrm{j}n\varphi_i}$，$i=1,2,\cdots,N$；$[\tilde{w}(\theta)]_n=\mathrm{e}^{-\mathrm{j}n\theta}$，$n=0,\pm1,\pm2,\cdots,\pm\infty$。

观察图 6-29 所示的 Bessel 函数曲线能够发现，存在一个区间，使得 $\max|J_n(z)|<\varepsilon$，极小值 ε 根据精度要求选择。所以，当 $z=2\pi fr/c$ 在 $z_{\max}$ 处时，总能找到一个特定的阶数 n_ε，使得 $|J_{n_\varepsilon}(z)|<\varepsilon$。由此，我们可以在 $\pm n_\varepsilon$ 处将 $\tilde{\boldsymbol{T}}(f)$ 和 $\tilde{\boldsymbol{w}}(\theta)$ 截断，使得

$$\boldsymbol{A}(\theta,f)=\boldsymbol{T}(f)\boldsymbol{w}(\theta) \tag{6-78}$$

式中，$\boldsymbol{T}(f)$ 是 $N\times(2n_\varepsilon+1)$ 的矩阵；$\boldsymbol{w}(\theta)$ 是长度为 $2n_\varepsilon+1$ 的向量。频率为 f_k 的子带信号的权值可表示为

$$\boldsymbol{w}_{f_k}(\theta)=\boldsymbol{T}^{\mathrm{H}}w_{f_0}(\theta) \tag{6-79}$$

式中，$\boldsymbol{T}=\boldsymbol{T}(f_0)\boldsymbol{T}^{+}(f_k)=\boldsymbol{T}(f_0)[\boldsymbol{T}^{\mathrm{H}}(f_k)\boldsymbol{T}(f_k)]^{-1}\boldsymbol{T}^{\mathrm{H}}(f_k)$；$w_{f_0}(\theta)$ 是参考子带的波束形成的加权值。则

$$\begin{aligned}\boldsymbol{R}(\theta,f_k)&=|\boldsymbol{w}_{f_k}^{\mathrm{H}}\boldsymbol{A}(\theta,f_k)|\\&=|\boldsymbol{w}_{f_0}^{\mathrm{H}}\boldsymbol{T}(f_0)[\boldsymbol{T}^{\mathrm{H}}(f_k)\boldsymbol{T}(f_k)]^{-1}\boldsymbol{T}^{\mathrm{H}}(f_k)\boldsymbol{T}(f_k)\boldsymbol{w}(\theta)|\\&=|\boldsymbol{w}_{f_0}^{\mathrm{H}}\boldsymbol{T}(f_0)\boldsymbol{w}(\theta)|\\&=|\boldsymbol{w}_{f_0}^{\mathrm{H}}\boldsymbol{A}(\theta,f_0)|=\boldsymbol{R}(\theta,f_0)\end{aligned} \tag{6-80}$$

这样就满足了恒定束宽的要求。

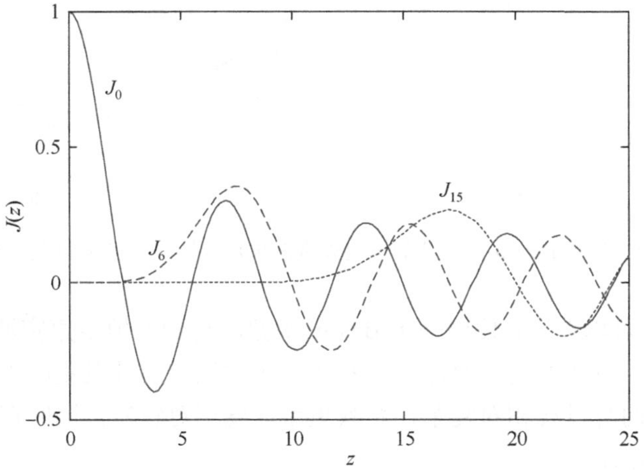

图 6-29　Bessel 函数曲线图

扩展到均匀直线阵，为了避免出现 $\boldsymbol{T}^{\mathrm{H}}(f_k)$ 和 $\boldsymbol{T}(f_k)$ 是奇异矩阵的情况，选择阵列中心位置的阵元作为参考阵元。则有

$$A(\theta,f)=\left[\mathrm{e}^{\mathrm{j}2\pi f\frac{d\left(-\frac{N}{2}\right)\sin\theta}{c}},\cdots,\mathrm{e}^{\mathrm{j}2\pi f\frac{(-1)d\sin\theta}{c}},\cdots,\mathrm{e}^{\mathrm{j}2\pi f\frac{d\sin\theta}{c}},\cdots,\mathrm{e}^{\mathrm{j}2\pi f\frac{d\left(\frac{N}{2}-1\right)\sin\theta}{c}}\right]^{\mathrm{T}} \tag{6-81}$$

进而推导出

$$T(f)=\begin{bmatrix} J_{-n_\varepsilon}\left(2\pi f\left(-\frac{N}{2}\right)d/c\right) & \cdots & J_0\left(2\pi f\left(-\frac{N}{2}\right)d/c\right) & \cdots & J_{n_\varepsilon}\left(2\pi f\left(-\frac{N}{2}\right)d/c\right) \\ \vdots & & \vdots & & \vdots \\ J_{-n_\varepsilon}(0) & \cdots & J_0(0) & \cdots & J_{n_\varepsilon}(0) \\ \vdots & & \vdots & & \vdots \\ J_{-n_\varepsilon}\left(2\pi f\left(\frac{N}{2}-1\right)d/c\right) & \cdots & J_0\left(2\pi f\left(\frac{N}{2}-1\right)d/c\right) & \cdots & J_{n_\varepsilon}\left(2\pi f\left(\frac{N}{2}-1\right)d/c\right) \end{bmatrix} \tag{6-82}$$

Bessel 函数的截断阶数取 $n_\varepsilon=50$，仿真结果如图 6-30 所示。

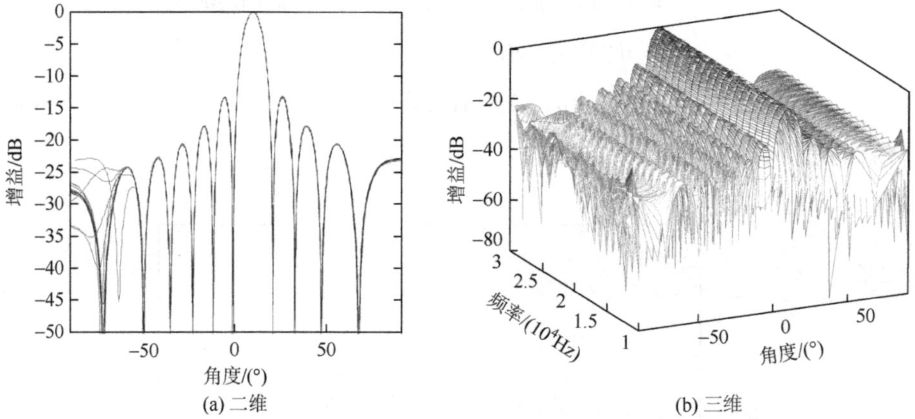

(a) 二维　　(b) 三维

图 6-30　基于 Bessel 函数法的恒定束宽波束形成图（彩图见封底二维码）

从图 6-30 可以看出，使用基于 Bessel 函数法得到的恒定束宽波束图，在主瓣范围内，保持了束宽恒定。但是使用 Bessel 函数法求解涉及矩阵求逆运算，需要较大运算量，而且过程相对复杂，系数更新速度相对较慢，同时在阵元具有指向性的情况下不适用。

6.2.4　超波束形成器

6.2.2 节提及的常规波束形成器分辨力受限于阵列的物理孔径限制（Rayleigh

限即瑞利限)，其决定了阵列的空间分辨力。也就是说，空域 FT(Fourier transform)谱估计方法不能分辨位于一个波束宽度内的几个空间目标。所以，提高空域 FT 角度估计分辨力直观有效的方法便是增大阵列的物理孔径（减小了波束宽度）。但是，对于许多实际应用场合，增大阵列孔径往往是不现实的，所以需要更好的方位估计算法来提高 DOA（direction of arrival）估计的角度分辨力。因此，如何突破瑞利限成为广大学者研究的重要方向，从而也促进了空间方位估计技术的发展。

空间信号的方位估计与时间信号的频率估计可类比。在理论上，它们均可表述为基本的非线性参数问题。因此，时域非线性信号处理技术在空域信号处理上的类比推广曾成为研究的热点，许多针对时域信号的非线性谱估计方法被推广至空域信号的方位估计方法，于是便产生了所谓的高分辨方位估计方法，如 MUSIC（multiple signal classification）等子空间分解类算法、加权子空间拟合等子空间拟合类算法，虽然子空间拟合类算法具有运算量大的缺点，但是与子空间分解类算法相比，它的估计性能优良，尤其是低信噪比、小快拍数据样本情况下，此类算法比子空间分解类算法性能好得多。另外，子空间拟合算法在信号相干的情况下仍能进行有效的估计，而此时子空间分解类算法若不作特殊的解相干处理则失效，详见参考文献[50]、[51]。

这些算法可以更好地抑制旁瓣干扰和分离相隔很近的两个目标，但对信号失配敏感，并且常常使用样本的协方差矩阵代替未知的协方差矩阵。对于信号可以被认为是在平稳的环境下，样本的协方差矩阵需要大量的信号样本来确保收敛并在波束输出上有最小的功率损失。对于非平稳的环境，如目标在运动时，特别是在具有很高的方位变化率时，在不违反平稳条件下用来构造协方差矩阵的样本数将会显著减少，这将会导致快拍缺失的情况。在这种情况下，这些高分辨的算法性能会显著降低。

高分辨方位估计方法需要满足高信噪比条件，而常规波束形成器在低信噪比，小样本情况下也具有鲁棒性，因此，两种方法的结合引起了广泛关注。换句话说，就是在采用常规波束形成器的基础上尽量提高系统的空间分辨力。下面介绍针对虚拟元技术结合常规波束形成器以及解卷积技术结合常规波束形成器的两种波束锐化技术。

1. LPAE 波束锐化技术

LPAE（linear prediction for aperture extrapolation）指的是基于线性预测模型的虚拟元技术，此波束锐化技术的基本思想是：针对空间窄带目标，根据“实际”阵元的快拍样本，采用空间线性预测方法，“虚拟”出更多的阵元样本，从而实现基阵孔径的“软”增大，实现波束锐化[49]。

1）模型建立

设 p 个具有任意幅值、相位、频率与衰减因子的指数函数，其离散时间函数形式为

$$x(m)=\sum_{i=1}^{p} b_i z_i^m, \quad m=1,2,\cdots,M \tag{6-83}$$

式中，M 为样本数；b_i 和 z_i 假定为复数，$b_i = A_i \exp(\mathrm{j}\theta_i)$，$z_i=\exp((\alpha_i + \mathrm{j}2\pi f_i)\Delta t)$，$A_i$ 为幅值，θ_i 为相位，α_i 为时间衰减因子，f_i 为频率，Δt 为时间采样间隔。

参照 Prony 谱估计的思想，认识到式（6-83）的拟合是一个常系数线性差分方程的齐次解。为了推导该线性方程组，定义特征多项式为

$$\psi(z)=\prod_{i=1}^{p}(z-z_i)=\sum_{i=0}^{p} a_i z^{p-i} \tag{6-84}$$

式中，$a_0=1$。由式（6-83）可知

$$x(m-k)=\sum_{i=1}^{p} b_i z_i^{m-k}, \quad 0\leqslant m-k \leqslant M-1 \tag{6-85}$$

两边同乘 a_k 并求和，得

$$\sum_{k=0}^{p} a_k x(m-k)=\sum_{i=1}^{p} b_i \sum_{k=0}^{p} a_k z_i^{m-k}, \quad p\leqslant m\leqslant M-1 \tag{6-86}$$

在式（6-86）中代入 $z_i^{m-k}=z_i^{m-p} z_i^{p-k}$，即有

$$\sum_{k=0}^{p} a_k x(m-k)=\sum_{i=1}^{p} b_i z_i^{m-p} \sum_{k=0}^{p} a_k z_i^{p-k}=0 \tag{6-87}$$

式（6-87）等于零是因为第二个求和项正好是式（6-84）位于根 z_i 处的特征多项式 $\psi(z)=0$。

式（6-86）意味着 $x(m)$ 满足递推的差分方程式：

$$x(m)=-\sum_{i=1}^{p} a_i x(m-i), \quad m=1,2,\cdots,M \tag{6-88}$$

从式（6-88）可以得出以下结论。

（1）式（6-88）反映了一个一阶线性预测过程。所谓线性预测是根据已知序列估计将来或过去序列的方法，它是借助于预测滤波器和预测误差滤波器来实现的。预测滤波器的作用是预测所需要的序列的值，预测误差滤波器的作用是根据实际值和预测值之间的误差来调节预测滤波器的权值，系统框图如图 6-31 所示。

（2）对于模型中的 p 个指数函数，理论上只需要不少于 p 个线性预测系数便可进行线性预测。

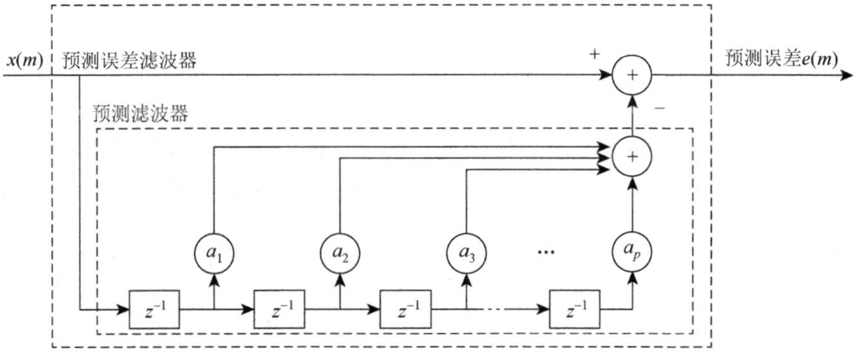

图 6-31　预测与预测误差滤波器的系统框图

2）空时等效性

对于空间阵列中按位置放置的一系列阵元，在窄带远场信号的假设下，任意两个阵元接收信号的时间差为

$$\tau_s = \frac{d\sin\theta}{c} = \frac{k\sin\theta}{f} \tag{6-89}$$

式中，$k = \dfrac{d}{\lambda}$，d 为阵元间距，λ 为窄带信号中心频率对应的波长。而时域处理中，各采样点之间的时间差即为采样间隔：

$$\tau_T = \frac{1}{f_s} \tag{6-90}$$

式中，f_s 为采样频率。

从上面的两个表达式可以清楚地看到时空信号处理之间的区别，表 6-2 直观地给出了空域信号与时域信号之间的对应关系[50]。

表 6-2　空域信号与时域信号的对应关系

名称	时域信号	空域信号
采样	$x(m)$	x_m
采样率	$f_s \geqslant 2f_H$	$f_d \leqslant \lambda/2$
变元	时间采样	空间采样
谱	频谱	空间谱
系统函数	传递函数	方位图
滤波处理	对某些频率信号的加强或抑制	对某些方位信号的加强或抑制

对于 M 元均匀线列阵来说，根据表 6-2 的对应关系和式（6-88），针对空域窄

带信号，可以写出空域线性预测的表达式：

$$x_m = -\sum_{i=1}^{p} a_i x_{m-i}, \quad m = 1,2,\cdots,M \tag{6-91}$$

式中，x_m 表示了 m 号阵元上的采样数据。通过上面的分析，我们可以看到，对于 p 个空域窄带目标，只需要一个 p 阶线性预测过程便可以建模。此时式（6-83）中的 $b_i = A_i \exp(\mathrm{j}\theta_i)$，$A_i$ 为幅值，θ_i 为相位；$z_i = \exp\left((\alpha_i + \mathrm{j}2\pi\sin\theta_i)\Delta m\dfrac{d}{\lambda}\right)$，$\alpha_i$ 为衰减因子，$\sin\theta_i$ 为空间角频率，$\Delta m\dfrac{d}{\lambda}$ 为空间采样间隔。其中，$a_1,a_2,\cdots,a_p$ 为 p 阶预测系数。很显然，式（6-91）描述了一个 AR（autogressive）过程，它是一个全极点过程，“外推滤波器”的传输函数 $H(z)$ 为

$$H(z) = \frac{1}{1 - a_1 z^{-1} - a_2 z^{-2} - \cdots - a_p z^{-p}} \tag{6-92}$$

如果使用 $\mathrm{e}^{\mathrm{j}\varphi}$ 替代 z，则 $|H(\mathrm{e}^{\mathrm{j}\varphi})|^2$ 即为最大熵谱估计或者自回归谱估计的形式。

由式（6-92）可以得到左、右预测过程的通式为

$$\begin{cases} x_m = \sum\limits_{j=1}^{p} x_{m-j} a_j, & m > M \\ x_m = \sum\limits_{j=1}^{p} x_{m+j} a_j^*, & m < 1 \end{cases} \tag{6-93}$$

式中，“*”表示复共轭。这一线性预测处理对于空域任意方位的信号都是适用的，而且不需要目标方位的先验信息。

对于空间窄带目标，由“实际”的阵元采样数据通过使用式（6-93）得到额外的“虚拟”阵元采样数据的处理方法称为 LPAE 虚拟元技术。

3）预测系数估计

很显然，预测系数 $a_1,a_2,\cdots,a_p$ 是线性预测性能的决定因素。所有预测系数估计的方法都是基于协方差域的法定方程：

$$\boldsymbol{R}_p \boldsymbol{a} = \boldsymbol{P} \tag{6-94}$$

式中，$\boldsymbol{R}_p$ 是由阵元观测数据得到的 $(p+1)\times(p+1)$ 的协方差矩阵，自回归向量 $\boldsymbol{a} = (1,-a_1,-a_2,\cdots,-a_p)'$，$\boldsymbol{P} = (D,0,\cdots,0)'$，其中 D 为 p 阶线性预测过程残差。

在实际应用中，常需要根据有限个阵元上的样本来估计预测系数，应用较多的有如下四种方法：自相关法或 Yule-Walker 法、Burg 最大熵算法、Marple 最小均方算法、直接法或协方差法。以上的方法都可以用由时间平均代替集合平均的最小平方准则推导得到。文献[52]中比较了后三种方法，考虑到预测滤波器的稳定性，排除了后两种方法，对于自相关法，其计算效率高，且能保证滤波器是最

小相位的，但用于估计预测系数的样本两端要附加零样本，实际上等效于数据加窗，这将使参数估计的精度下降。

4）LPAE 算法性能分析

LPAE 算法结合了高信噪比情况下高分辨算法的高分辨特性与低信噪比、小样本情况下 CBF（conventional beamforming）的鲁棒性。这种混合式的波束形成技术可以提高从强信号中检测弱信号的能力。这是因为对于常规波束形成器来说，强信号中检测弱信号的困难之处在于波束图的假象（如一定宽度的主瓣以及非零旁瓣）。强的窄带信号可以通过线性预测处理很好地进行建模。因此，在波束形成之前，通过线性预测处理，我们可以获取强信号方位的“先验”信息，从而可以减弱它的主瓣对弱信号检测的影响。总而言之，LPAE 算法能够使强信号更强、弱信号不弱。

5）LPAE 算法仿真

（1）仿真试验 1：单个窄带目标的 LPAE 处理。

仿真条件为：基阵为 32 元等间隔线阵，阵元间距 $d=\lambda/2$，单频信号 $f_0=1000\text{Hz}$，采样率 $f_s=5f_0$，高斯白噪声信噪比为 10dB，样本点 100，$p=6$。图 6-32（a）比较了基阵中间 16 阵元以及由此 16 阵元预测获取的 32 阵元两者波束图的比较，可以看出，相较于 LPAE 处理前，LPAE 的采用确实使主瓣变窄，旁瓣变低；图 6-32（b）则比较了基阵全部 32 阵元以及由 16 阵元预测获取的 32 阵元两者波束图的比较，可以看出，主瓣的宽度几乎相同，而 LPAE 处理后可以获取更低的旁瓣。

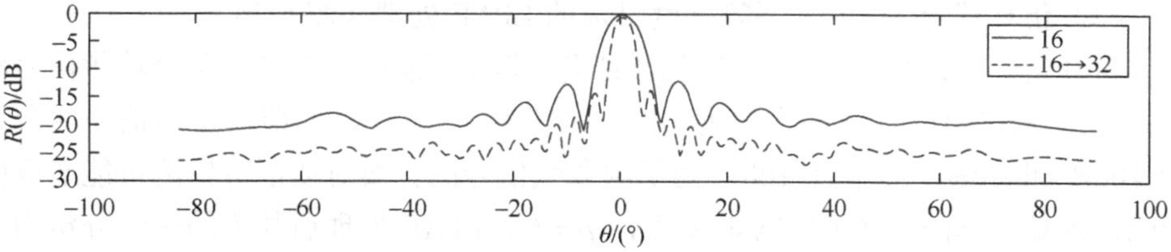

(a) 单目标指向性图(1)

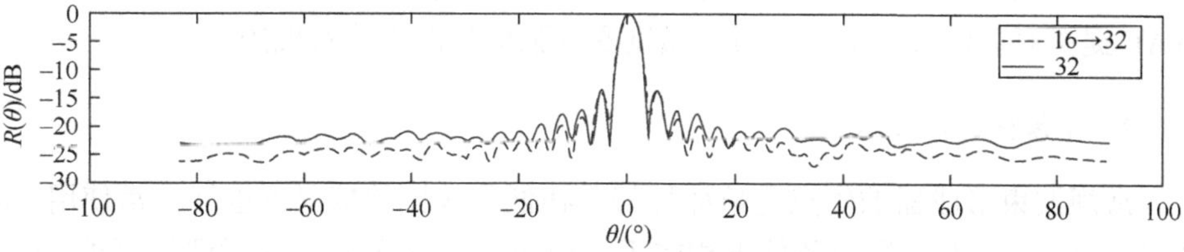

(b) 单目标指向性图(2)

图 6-32　单目标 LPAE 处理前后波束图对比

（2）仿真试验 2：两个等强度目标的 LPAE 处理。

仿真条件为：基阵为 32 元等间隔线阵，阵元间距 $d=\lambda/2$，两个单频信号频

率均为 $f_0 = 1000\text{Hz}$，空间方位为±2.25°，采样率 $f_s = 5f_0$，高斯白噪声信噪比为 10dB，样本点 100，$p=6$。从图 6-33（a）可以看出，16 阵元的波束指向性不足以分辨这两个目标；从图 6-33（b）则可以看出，利用基阵全部 32 阵元的指向性或者利用通过 LPAE 获取的 32 阵元的指向性均可以分辨两目标，并且 LPAE 处理后的指向性图有着更低的旁瓣级。

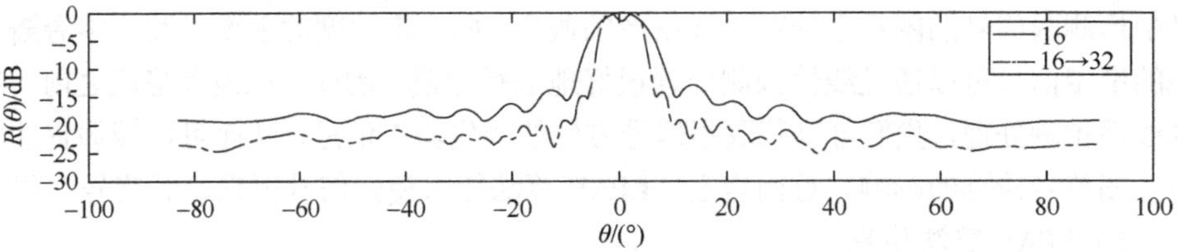

(a) 双目标指向性图(1)

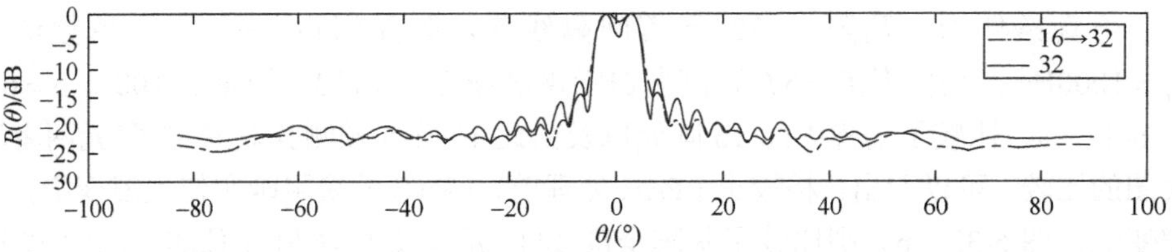

(b) 双目标指向性图(2)

图 6-33　两个等强度目标 LPAE 处理前后波束图对比

（3）仿真试验 3：两个不等强度目标的 LPAE 处理（图 6-34）。

仿真条件为：基阵为 32 元等间隔线阵，阵元间距 $d = \lambda/2$，两个单频信号频率均为 $f_0 = 1000\text{Hz}$，空间方位为±4°，采样率 $f_s = 5f_0$，高斯白噪声信噪比分别为 10dB 和−7dB，样本点 100，为了削弱强信号的旁瓣对弱信号检测可能造成的影响，此处给基阵加了 Chebyshev 窗，$p=6$。LPAE 处理后基阵的空间分辨力可以分辨这两个强弱分明的目标，且指向性图有着更低的旁瓣级。需要注意的是，LPAE 提高对弱信号的检测能力是通过变窄强信号的主瓣实现的。

2. 解卷积锐化技术

常规波束形成器的优点是鲁棒性好，在低信噪比的情况下也能正常使用；其缺点是分辨力较低（同等条件下相较于其他的高分辨算法），旁瓣泄漏严重，以至于在使用时很难在强干扰背景下分辨出弱目标。

文献[53]中首次使用了解卷积的方法对 CBF 进行后处理，得到了非常窄的主瓣宽度和低的旁瓣级，并将其应用到了低频（50Hz）的水平线阵上，获得了非常好的效果。本节给出了一种快速的 R-L（Richardson-Lucy）算法，并将其应用到了高频（500kHz）水平线阵上，也获得了非常好的效果。

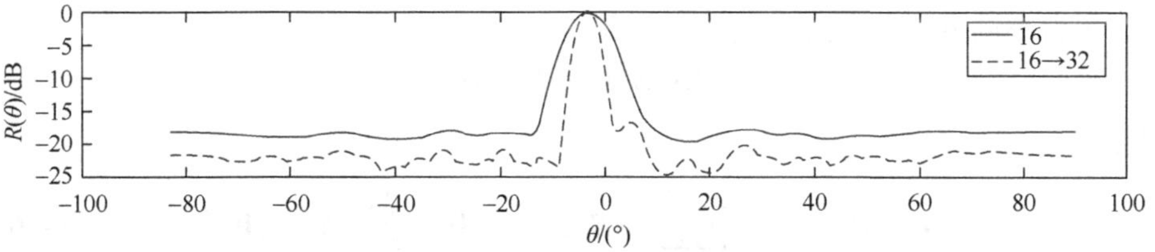

(a) 双目标指向性图(1)

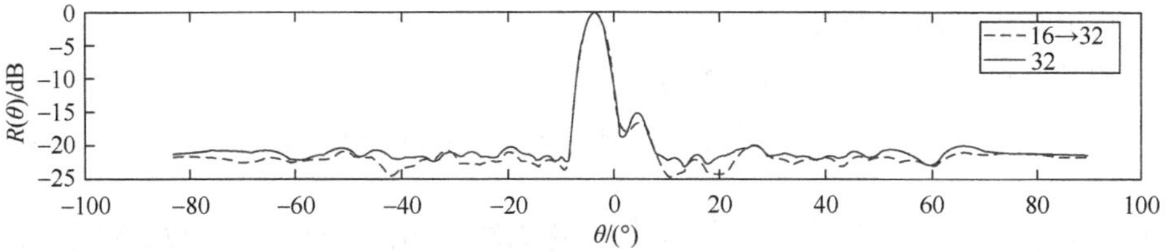

(b) 双目标指向性图(2)

图 6-34　两个不等强度目标 LPAE 处理前后波束图对比

1）常规波束形成与解卷积波束形成

（1）常规波束形成。

考虑水平线阵的 N 个阵元在空间中以间隔 d 均匀分布。信号为窄带信号，信源位于阵列的远场区，来自于与阵列法线夹角为 θ_i 方向上，如图 6-35 所示，到达阵列的平面波由 $\boldsymbol{r}=S_i\boldsymbol{a}_i+\boldsymbol{n}$ 表示，这里 S_i 是信号的强度，$\boldsymbol{a}=[a_0^i,a_1^i,\cdots,a_{N-1}^i]^{\mathrm{T}}$ 为与 θ_i 相关的导向矢量，有 $a_n^i=\mathrm{e}^{\mathrm{j}n\frac{2\pi}{\lambda}d\sin\theta_i},n=0,1,\cdots,N-1$，$\boldsymbol{n}$ 代表噪声矢量。

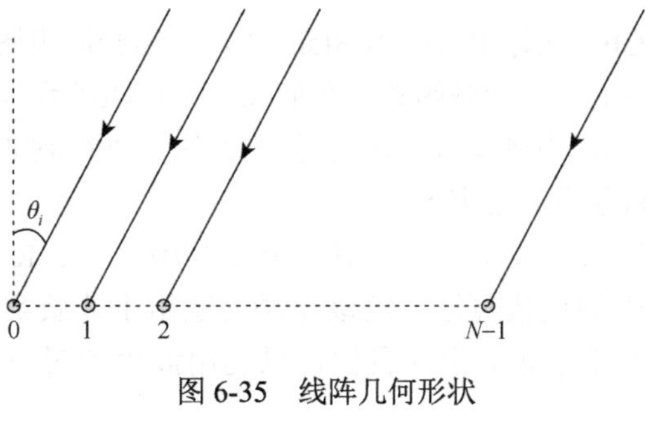

图 6-35　线阵几何形状

假设信号幅度 S_i 随机，其波束功率可由数据的样本平均值表示，即

$$B(\sin\theta)=\langle|\boldsymbol{W}^{\mathrm{H}}\boldsymbol{r}|^2\rangle=\boldsymbol{W}^{\mathrm{H}}\langle\boldsymbol{r}\boldsymbol{r}^{\mathrm{H}}\rangle\boldsymbol{W}=\sum_{i=1}^{M}\langle|S_i|^2\rangle\left|\frac{\mathrm{sinc}(\pi N(d/\lambda)x_i)}{\mathrm{sinc}(\pi(d/\lambda)x_i)}\right|^2 \quad (6\text{-}95)$$

式中，$\boldsymbol{W}=[w_0,w_1,\cdots,w_{N-1}]^{\mathrm{T}}$，$w_n=\dfrac{1}{N}\mathrm{e}^{\mathrm{j}n\frac{2\pi}{\lambda}d\sin\theta}$；$\langle \boldsymbol{r}\boldsymbol{r}^{\mathrm{H}}\rangle$ 表示采样信号的协方差矩阵。因为来自不同方位的信源是彼此不相关的，即

$$\langle \boldsymbol{S}_i^{\mathrm{H}}\boldsymbol{S}_j\rangle=\langle|\boldsymbol{S}_i|^2\rangle\delta_{ij}$$

因此有

$$\boldsymbol{W}^{\mathrm{H}}\langle \boldsymbol{r}\boldsymbol{r}^{\mathrm{H}}\rangle\boldsymbol{W}=\boldsymbol{W}^{\mathrm{H}}\left[\sum_{i=1}^{M}\sum_{j=1}^{M}\boldsymbol{a}_i\langle \boldsymbol{S}_i^{\mathrm{H}}\boldsymbol{S}_j\rangle\boldsymbol{a}_j^{\mathrm{H}}\right]\boldsymbol{W}=\sum_{i=1}^{M}\langle|\boldsymbol{S}_i|^2\rangle|\boldsymbol{W}^{\mathrm{H}}\boldsymbol{a}_i|^2 \tag{6-96}$$

（2）解卷积波束形成。

将式（6-95）重新写成如下形式：

$$B(\sin\theta)=\int_{-1}^{1}B_p(\sin\theta-\sin\alpha)S_p(\sin\alpha)d\sin\alpha \tag{6-97}$$

式中，$B_p(\sin\theta)=\left|\dfrac{\mathrm{sinc}(\pi N(d/\lambda)\sin\theta)}{\mathrm{sinc}(\pi(d/\lambda)\sin\theta)}\right|^2$，称为波束图，它只与阵元数、阵元间距、波长有关，即对于一个确定的水平线阵此函数是确定的；$S_p(\sin\theta)=\sum_{i=1}^{M}\langle|\boldsymbol{S}_i|^2\rangle\cdot\delta(\sin\theta-\sin\theta_i)$，为目标的回波信号功率分布函数，可以看到它是由若干个冲激函数构成的，不同方位角的目标对应一个冲激函数。因此，CBF 可以看成信号的方向冲激函数经过了一个线性系统得到的结果，即方位谱，如图 6-36 所示。

图 6-36　CBF 等效系统

由此可以利用 CBF 的输出方位谱 $B(\sin\theta)$，再结合波束图 $B_p(\sin\theta)$，进行解卷积运算便可以得到信号的冲激函数。我们知道，冲激函数只在变量值为 0 处有值，其他的位置都是 0，因此，采用解卷积的方法可以得到非常窄的主瓣并且没有旁瓣，从而实现高分辨的波束形成。

目前解卷积的算法有很多，R-L 算法就是其中之一。R-L 算法是一个基于贝叶斯条件概率定理的迭代算法。但该算法只适用于非负实数的情况。由于波束功率和波束图都是非负的，因此我们可以利用波束图对波束功率进行解卷积运算。

下面将式（6-97）重写并考虑噪声，得到了常规波束形成的离散模型表达：

$$F=F_p\otimes S+n \tag{6-98}$$

式中，S 表示信源的功率分布；F 表示波束功率；F_p 表示波束图，也称为点扩散

函数；n 表示噪声；$\otimes$ 表示卷积运算符号。则 R-L 算法可以写成如下形式：

$$\hat{S}_{k+1} = \hat{S}_k \left(F_p * \frac{F}{F_p \otimes \hat{S}_k} \right) \equiv \psi(\hat{S}_k) \tag{6-99}$$

式中，$\hat{S}_k$ 表示对 S 估计的第 k 次迭代结果；$*$表示相关运算；$\psi(\cdot)$ 称为 R-L 函数。利用上述的递推表达式即可实现解卷积运算。文献[54]中提出了一种快速算法，步骤如表 6-3 所示，可以估算出单次迭代需要的乘法次数为 $8N\log_2 N + 12N$，需要的除法次数为 $2N+1$，需要的加法次数为 $8N\log_2 N + 9N - 2$，需要的减法次数为 $2N$。

表 6-3　快速 R-L 算法

初始化：

$\hat{S}_0 = F$（或者 $\hat{S}_0 = [1,1,\cdots,1]^{\mathrm{T}}_{1\times N}$），$N$ 为 $\hat{S}_0$ 的元素个数，即波束的个数。

$H_p = \mathrm{fft}(F_p)$；计算 F_p 的离散傅里叶变换，$\mathrm{fft}(\cdot)$ 表示快速傅里叶变换。

for $k = 1, 2, 3, \cdots$

{

$\hat{H}_{\hat{S}_k} = \mathrm{fft}(\hat{S}_k)$；计算 $\hat{S}_k$ 的离散傅里叶变换

$\hat{H}_{\hat{F}_k} = H_p \hat{H}_{\hat{S}_k}$；计算 $\hat{F}_k$ 的离散傅里叶变换

$\hat{F}_k = \mathrm{ifft}(\hat{H}_{\hat{F}_k})$；计算 $\hat{H}_{\hat{F}_k}$ 的离散傅里叶逆变换，$\mathrm{ifft}(\cdot)$ 表示快速傅里叶逆变换。

$H_{\mathrm{temp}} = \mathrm{fft}\left(\dfrac{F}{\hat{F}_k}\right)$；

$\mathrm{temp} = \mathrm{ifft}(H_p^* H_{\mathrm{temp}})$；$H_p^*$ 表示 H_p 的共轭

$\hat{S}_{k+1} = \hat{S}_k \mathrm{temp}$；

}

for $k = 3, 4, \cdots$

{

$S'_k = \hat{S}_k + \alpha_k (\hat{S}_k - \hat{S}_{k-1})$；计算 k 时刻 S 的预测值

$\hat{H}_{S'_k} = \mathrm{fft}(S'_k)$；计算 S'_k 的离散傅里叶变换

$\hat{H}_{F'_k} = H_p \hat{H}_{S'_k}$；计算 F'_k 的离散傅里叶变换

$F'_k = \mathrm{ifft}(\hat{H}_{F'_k})$；计算 $\hat{H}_{F'_k}$ 的离散傅里叶逆变换，$\mathrm{ifft}(\cdot)$ 表示快速傅里叶逆变换。

$H_{\mathrm{temp}} = \mathrm{fft}\left(\dfrac{F}{F'_k}\right)$；

$\mathrm{temp} = \mathrm{ifft}(H_p^* H_{\mathrm{temp}})$；$H_p^*$ 表示 H_p 的共轭

$\hat{S}_{k+1} = S'_k \mathrm{temp}$；计算 $k+1$ 时刻 S 的 R-L 迭代值

$g_k = \hat{S}_{k+1} - S'_k$；计算 k 时刻 S 的梯度估计

$\alpha_{k+1} = \dfrac{g_k^{\mathrm{T}} \cdot g_{k-1}}{g_{k-1}^{\mathrm{T}} \cdot g_{k-1}}$；计算 $k+1$ 时刻的加速因子

}

2）仿真与实验数据处理

（1）仿真数据结果。

下面仿真对比分析 CBF 和解卷积波束形成的性能。仿真的基本条件有：阵元数 $M = 100$，阵元间距 $d = \dfrac{\lambda}{2}$，即信号波长的一半，使用的信号频率为 200kHz，目标来波方位角为 0°，信噪比为 40dB，得到 CBF 波束功率图和解卷积波束功率图，如图 6-37 所示。

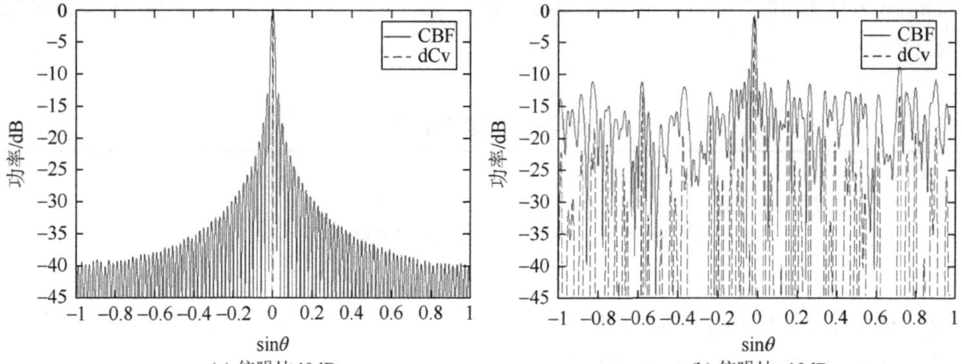

(a) 信噪比40dB　(b) 信噪比−10dB

图 6-37　CBF 与解卷积波束形成

dCv 表示解卷积

从图 6-37 中可以看到，由常规波束形成得到的波束功率图不仅主瓣很宽，而且有旁瓣泄漏。而通过解卷积得到的波束功率图其主瓣很窄，没有旁瓣泄漏，几乎是一个冲激函数，这与理论分析是一致的。在信噪比−10dB 的情况下，解卷积波束形成仍然可以在 0°方向上形成一个窄的波束，而它的噪声功率低于 CBF，低 4～5dB。这是因为，在 CBF 中噪声功率由通道噪声和信号的主瓣泄漏这两个部分构成。而在解卷积波束形成中噪声功率只来自通道噪声，因此减少的 4～5dB 的噪声功率正是由于消除了旁瓣泄漏带来的。

再加入一个来波方位角为 0.7°的等强度目标得到图 6-38(a)，我们可以看到，对于 CBF 来说这两个目标已经分不清了，成了一个目标，而解卷积波束形成则可以将它们分开，这验证了解卷积的分辨力是要高于 CBF 的，图 6-38（b）为它们的局部放大图。

（2）高频声呐实验数据结果。

本小节所使用的实验数据来自 Kongsberg 公司的 M3 多波束声呐水池现场采集。其工作频率为 500kHz，脉宽为 20μs。实验环境为全消声水池，实验用的声呐及实验使用的两个目标小球如图 6-39 所示。

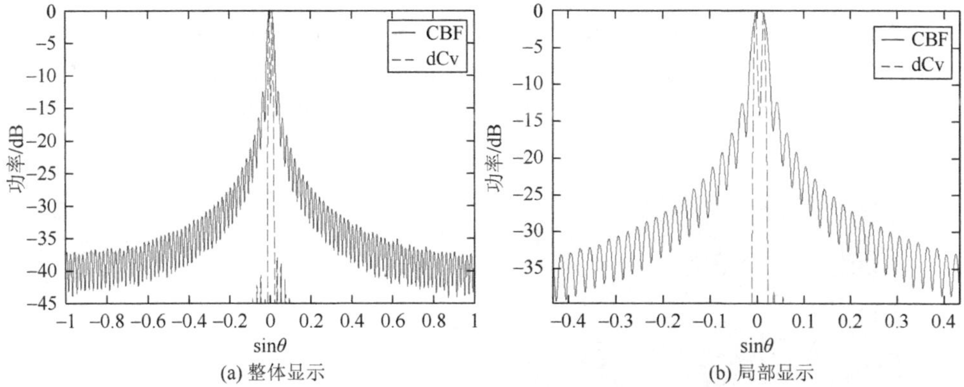

图 6-38　两个方位角分别是 0°和 0.7°的目标功率波束图

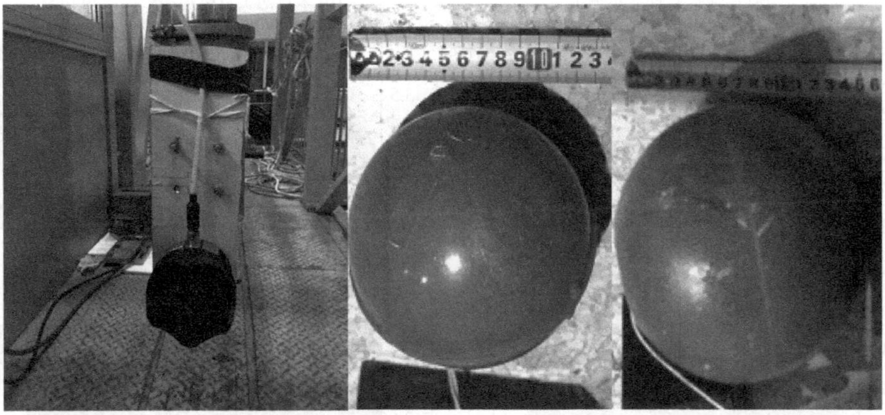

图 6-39　实验用的 Kongsberg M3 多波束声呐及两个目标小球

实验中将两个小球放置在声呐的水平正前方 3m 处的位置，让两者的几何中心相隔约 30cm，得到的 2D 声图像如图 6-40 所示。其中，图 6-40（a）为声呐显控软件输出的图像，可以看到，两个目标在软件上显示的只有一个目标，无法区分开；图 6-40（c）为利用原始数据通过常规波束形成得到的图像，图 6-40（d）为对图 6-40（c）中两个目标区域的放大图，可以看到，两个球目标也无法被区分开；图 6-40（e）为利用原始数据通过解卷积波束形成得到的图像，图 6-40（f）为对图 6-40（e）中两个目标区域的放大图，可以看到，两个目标已经被完全区分开。我们将由常规波束形成和解卷积波束形成得到的在目标距离处的波束图展示在同一张图中，如图 6-40（b）所示，可以看到，常规波束形成只有一个很宽的主瓣，对应的 2D 图中就只有一个目标，而解卷积则有两个窄的主瓣，对应的 2D 图中有两个目标，这表明，解卷积的方位分辨力要优于常规波束形成，这一结论与仿真实验是一致的；再来看旁瓣，很明显解卷积波束形成的旁瓣更低，降低了约 7dB，这在 2D 图像中表现出来的是，原来在常规波束形成的图像中的弧形亮旁瓣（和由显控软件输出显示的）在由解卷积波束形成的图像中不见了。

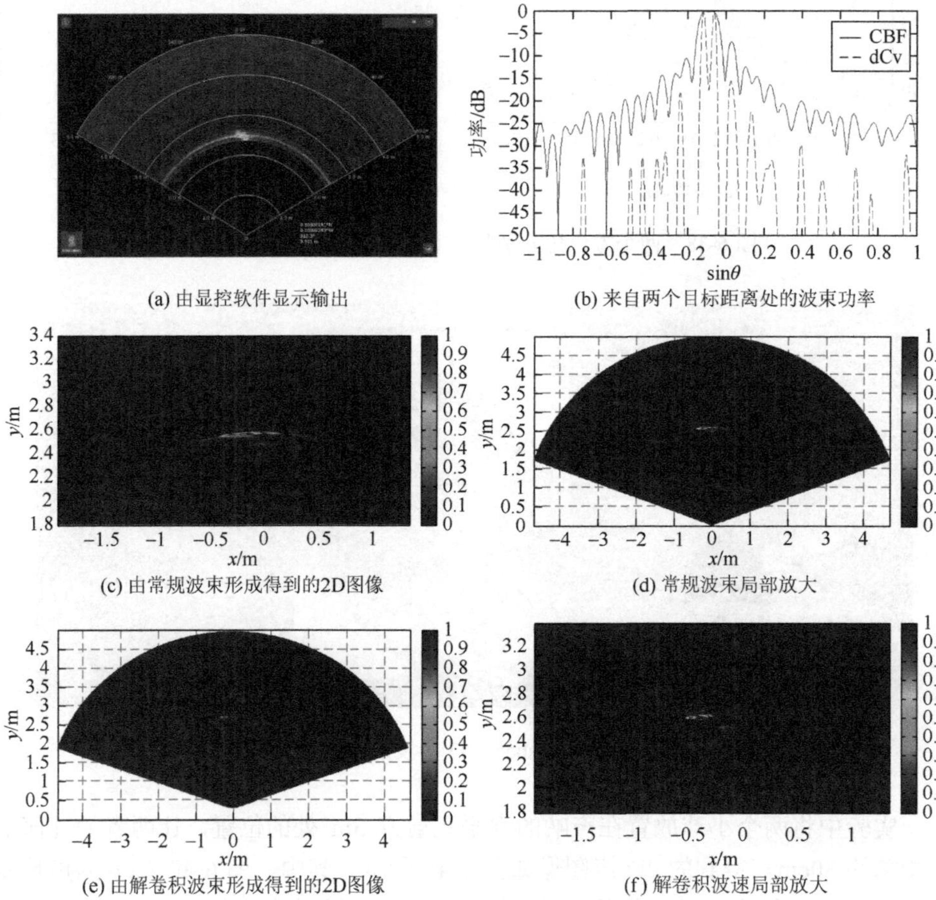

(a) 由显控软件显示输出　(b) 来自两个目标距离处的波束功率

(c) 由常规波束形成得到的2D图像　(d) 常规波束局部放大

(e) 由解卷积波束形成得到的2D图像　(f) 解卷积波速局部放大

图 6-40　M3 多波束声呐对两个靠近小球 2D 成像结果（彩图见封底二维码）

6.3 辅 助 方 法

从上面的内容可以看到，无论时域、频域还是空域信号处理，其表征出来的实现形式都是滤波器。对于滤波器的设计实现，还有一些辅助的设计方法，下面主要介绍实际工作中常用的二阶锥规划（解决滤波器系数的优化设计问题）和多相滤波器（解决滤波器前后级间变采样频率降运算量实现问题）。

6.3.1　二阶锥规划

二阶锥规划（second-order cone programming，SOCP）问题属于凸优化问题的子集，目标函数线性，其约束在仿射集和二阶锥空间的交集上。在信号处理领域，SOCP 在波束控制、滤波器设计、信道均衡等方面都有所应用。其具体表述为

$$\begin{cases}\min\ \boldsymbol{f}^{\mathrm{T}}\boldsymbol{y}\\ \text{s.t.}\ \ \|\boldsymbol{A}_i\boldsymbol{y}+\boldsymbol{b}_i\|\leqslant \boldsymbol{c}_i^{\mathrm{T}}\boldsymbol{y}+d_i\\ \qquad \boldsymbol{B}\boldsymbol{y}=\boldsymbol{h}\end{cases} \tag{6-100}$$

式中，$\boldsymbol{y}$ 是优化变量；问题参量 $\boldsymbol{f}\in\mathbf{C}^n$；$\boldsymbol{A}_i\in\mathbf{C}^{(n_i-1)\times n}$；$\boldsymbol{b}_i\in\mathbf{C}^{n_i-1}$；$\boldsymbol{c}_i=\mathbf{C}^n$；$d_i\in\mathbf{R}$；$\boldsymbol{B}\in\mathbf{C}^{m\times n}$；$\boldsymbol{h}\in\mathbf{C}^m$。其中约束条件 $\|\boldsymbol{A}_i\boldsymbol{y}+\boldsymbol{b}_i\|\leqslant \boldsymbol{c}_i{}^{\mathrm{T}}\boldsymbol{y}+d_i$ 的二阶锥的表述形式为

$$\begin{bmatrix}\boldsymbol{c}_i^{\mathrm{T}}\\ \boldsymbol{A}_i\end{bmatrix}\boldsymbol{y}+\begin{bmatrix}d_i\\ \boldsymbol{b}_i\end{bmatrix}\in Q\mathrm{cone}_i^{n_i} \tag{6-101}$$

$$Q\mathrm{cone}_i^{n_i}=\left\{\begin{bmatrix}x_1\\ x_2\end{bmatrix}\middle| x_1\in\mathbf{R},x_2\in\mathbf{C}^{n_i-1},x_1\geqslant\|x_2\|\right\} \tag{6-102}$$

式中，$Q\mathrm{cone}_i^{n_i}$ 是 n_i 维二阶锥。

约束条件 $\boldsymbol{B}\boldsymbol{y}=\boldsymbol{h}$ 可表述为零锥形式：

$$\boldsymbol{h}-\boldsymbol{B}\boldsymbol{y}=\{0\}^m \tag{6-103}$$

零锥定义为

$$\{0\}\triangleq\{x\in\mathbf{C}\,|\,x=0\} \tag{6-104}$$

则式（6-100）表述的二阶锥规划问题可写为

$$\begin{cases}\max\ \boldsymbol{b}^{\mathrm{T}}\boldsymbol{y}\\ \text{s.t.}\ \ \boldsymbol{c}-\boldsymbol{A}^{\mathrm{T}}\boldsymbol{y}\in\{0\}^{q_1}\times R_+^{q_2}\times Q\mathrm{cone}^{q_3}\end{cases} \tag{6-105}$$

式中，R_+ 为非负集合，表示优化变量有 q_1 个等式约束、q_2 个线性约束和 q_3 个元素位于二阶锥。

下面以恒定束宽波束形成器为例，阐述二阶锥规划在滤波器设计中的应用。考虑一个 N 元线列阵，宽带信号进行 FFT 划分子带之后，频率为 f_k 的子带信号的波束输出可以定义为

$$R(\theta,f_k)=\boldsymbol{W}A(\theta,f_k)^{\mathrm{H}} \tag{6-106}$$

$\boldsymbol{W}$=$[w_1(f_k),\cdots,w_i(f_k),\cdots,w_N(f_k)]$ 为阵元加权量。定义一个参考波束 $R_d(\theta)$，通过设计合适的 $\boldsymbol{W}$，使各个子带信号输出波束的主瓣逼近参考波束，即 $R(\theta,f_k)\approx R_d(\theta_k)$，从而实现波束的束宽恒定。将波束的方位角度离散化，分为主瓣区间 $\varTheta_M$ 和旁瓣区间 $\varTheta_S$，令 $\theta_m\in\varTheta_M(m=1,2,\cdots,M)$，$\theta_s\in\varTheta_S(s=1,2,\cdots,S)$，则最优的恒定

束宽波束形成就是使设计波束在主瓣内的幅度响应与参考波束幅度之间具有最小的误差，即

$$\min_{\boldsymbol{W}}\left(\sum_{m=1}^{M}\lambda_m\left|R_d(\theta_m)-R(\theta_m)\right|^2\right),\quad \theta_m\in\Theta_M;m=1,2,\cdots,M \tag{6-107}$$

式中，λ_m 为误差加权系数。

因为对式（6-107）求最优解是非凸优化问题，全局最优解很难求出。可以经过适当转换，将其转化成求次优解的凸优化问题。根据不同的实际要求，一般有以下三种次最优设计原则。

1. *旁瓣优先原则*

在确保设计波束旁瓣低于门限值 δ_s 的前提下，使主瓣内的幅度响应与参考波束幅度的加权均方误差最小，可表示为

$$\begin{cases}\min\limits_{\boldsymbol{W}}\left(\sum\limits_{m=1}^{M}\lambda_m\left|R_d(\theta_m)-R(\theta_m)\right|^2\right), & \theta_m\in\Theta_M;m=1,2,\cdots,M\\ \text{s.t. } |R(\theta_s)|\leqslant\delta_s, \quad \theta_s\in\Theta_S;\quad s=1,2,\cdots,S\end{cases} \tag{6-108}$$

2. *主瓣优先原则*

在确保设计波束主瓣与参考波束的加权均方误差小于门限 ε 的前提下，使设计波束的旁瓣级最小化，可表示为

$$\begin{cases}\min\limits_{\boldsymbol{W}}\left(\max\limits_{s=1,2,\cdots,S}\left|R(\theta_s)\right|\right)\\ \text{s.t. } \sum\limits_{m=1}^{M}\lambda_m|R_d(\theta_m)-R(\theta_m)|^2\leqslant\varepsilon,\quad \theta_m\in\Theta_M;m=1,2,\cdots,M\end{cases} \tag{6-109}$$

3. *波束指向优先原则*

在确保设计波束对目标信号方向 θ_0 的响应为 1，主瓣区间响应幅度小于参考波束主瓣响应的前提下，使设计波束旁瓣级最小化，可表示为

$$\begin{cases}\min\limits_{\boldsymbol{W}}\left(\max\limits_{s=1,2,\cdots,S}|R(\theta_s)|\right)\\ \text{s.t. }\begin{cases}|R(\theta_m)|<R_d(\theta_m), & m=1,2,\cdots,M\\ R(\theta_0)=1\end{cases}\end{cases} \tag{6-110}$$

以上三种针对恒定束宽波束设计的侧重点不一样，各有优劣，实际应用中，可根据具体要求来决定。此外，约束阵元加权矢量的范数，使波束形成对随机误差的稳健性的提高有很大帮助。只需在约束条件中加入 $\|\boldsymbol{W}\|\leqslant\gamma$ 即可，γ 为权向量范数限定值。

针对一个 N 元均匀线列阵，信号方向为 θ_0，采用旁瓣设计优先的原则，频率

为 f_k 的子带信号，其约束条件可进一步写为

$$\begin{cases} \min\limits_{W}\left(\sum\limits_{m=1}^{M}\lambda_m\left|R_d(\theta_m)-\boldsymbol{WA}(\theta_m,f_k)^{\mathrm{H}}\right|^2\right), \quad \theta_m\in\Theta_M;m=1,2,\cdots,M \\ \text{s.t.}\quad \left|\boldsymbol{WA}(\theta_s,f_k)^{\mathrm{H}}\right|\leqslant\delta_s, \quad \theta_s\in\Theta_S;s=1,2,\cdots,S \\ \qquad \|\boldsymbol{W}\|\leqslant\gamma \end{cases} \tag{6-111}$$

定义

$$\boldsymbol{v}_M(\theta_m)=\left[1,\cdots,\mathrm{e}^{\left(-\mathrm{j}2\pi f_k\frac{(i-1)d\sin(\theta_m-\theta_0)}{c}\right)},\cdots,\mathrm{e}^{\left(-\mathrm{j}2\pi f_k\frac{(N-1)d\sin(\theta_m-\theta_0)}{c}\right)}\right], \quad \theta_m\in\Theta_M;m=1,2,\cdots,M \tag{6-112}$$

$$\boldsymbol{A}(\theta_m,f_k)=\begin{bmatrix}\boldsymbol{v}_M(\theta_1)\\ \vdots \\ \boldsymbol{v}_M(\theta_m)\\ \vdots \\ \boldsymbol{v}_M(\theta_M)\end{bmatrix}, \quad \theta_m\in\Theta_M;m=1,2,\cdots,M \tag{6-113}$$

同理定义

$$\boldsymbol{v}_S(\theta_s)=\left[1,\cdots,\mathrm{e}^{\left(-\mathrm{j}2\pi f_k\frac{(i-1)d\sin(\theta_s-\theta_0)}{c}\right)},\cdots,\mathrm{e}^{\left(-\mathrm{j}2\pi f_k\frac{(N-1)d\sin(\theta_s-\theta_0)}{c}\right)}\right], \quad \theta_s\in\Theta_S;s=1,2,\cdots,S \tag{6-114}$$

$$\boldsymbol{A}(\theta_s,f_k)=\begin{bmatrix}\boldsymbol{v}_S(\theta_1)\\ \vdots \\ \boldsymbol{v}_S(\theta_s)\\ \vdots \\ \boldsymbol{v}_S(\theta_S)\end{bmatrix}, \quad \theta_s\in\Theta_M;s=1,2,\cdots,S \tag{6-115}$$

确定了设计原则之后，下一步就是将这些原则性的优化约束公式应用到用于实际的数据运算中。在 MATLAB 仿真验证方面，有很多计算二阶锥规划的工具箱，如 SeDuMi 以及 Cvx 等。Cvx 工具箱是一个计算凸规划的模型化系统，它集成了很多解决凸规划问题的数学运算工具箱，包括 SeDuMi 工具箱，所以 Cvx 计算二阶锥问题的内核函数还是 SeDuMi，只不过将其进一步优化，简化了输入参数和输出结果，使用更加方便简洁[45]。实际应用中，根据信号参数计算出矩阵 $\boldsymbol{A}(\theta_m,f_k)$ 和 $\boldsymbol{A}(\theta_s,f_k)$ 后，即可直接用 Cvx 工具箱计算出所需的恒定束宽加权矢量。

仿真条件参考 6.2.3 节，以 $f_L=10\text{kHz}$ 为基准设计参考波束如图 6-41（a）所示，主瓣区域为[−1°,21°]，宽度 22°旁瓣和主瓣都以 1°为间隔离散化，选择误差集权系数 $\lambda_m=1$，阵元加权矢量的限值 $\gamma=0.7$，预设旁瓣级为−20dB。信号在带宽

内分为 21 个子带信号，分别采用旁瓣优先、主瓣优先、波束指向优先三种二阶锥规划设计原则，设计阵元加权矢量，使信号的波束输出逼近参考波束如图 6-41(b)～(d) 所示，三张图都很好地表现出了各自设计原则的特点，其中，旁瓣优先原则和主瓣优先原则波束图的主瓣都很好地拟合了参考波束，波束指向优先原则下的波束图主瓣稍尖锐，各频率子带信号的输出波束与参考波束的拟合误差较大，不同子带波束间的误差达到 3°～4°。仿真效果证明，根据不同的环境，选择适合的设计原则，采用二阶锥规划方法设计的恒定束宽波束能够较好地拟合参考波束的主瓣形状，很好地满足宽带信号恒定束宽波束形成加权矢量的设计要求。

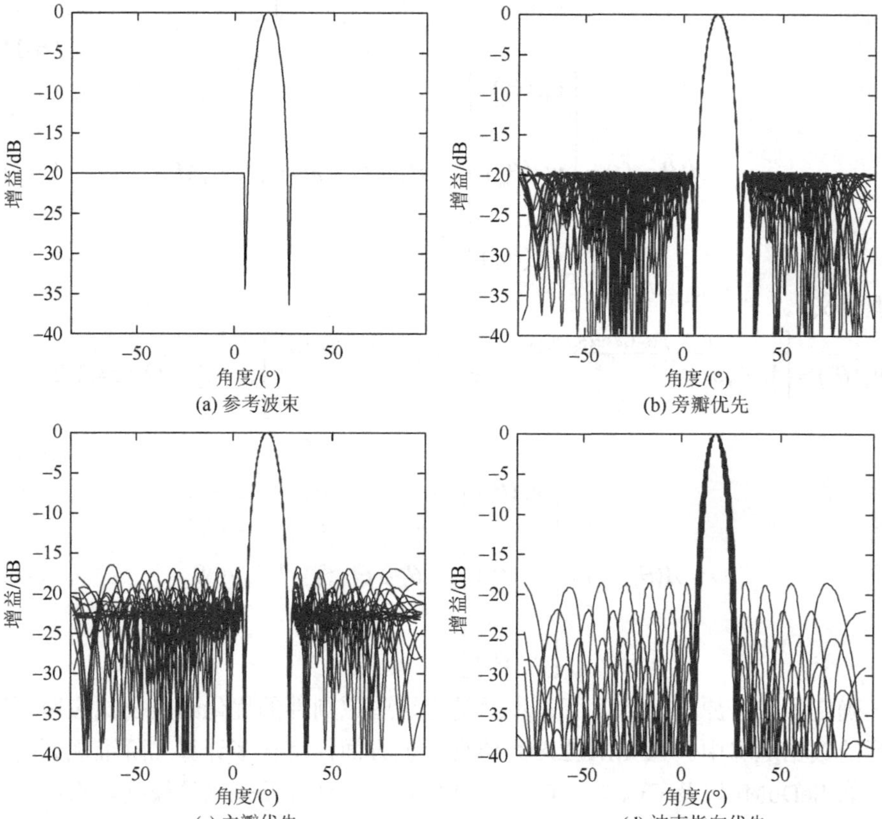

(a) 参考波束　(b) 旁瓣优先　(c) 主瓣优先　(d) 波束指向优先

图 6-41　基于二阶锥规划的恒定束宽波束形成仿真

6.3.2　多相滤波处理

从 20 世纪 80 年代初开始，多采样率数字信号处理技术已在通信、语音、图像压缩、数字音频系统、统计和自适应信号处理等领域中得到了广泛的应用，通过采样率的转换来降低信号处理的计算复杂度和数据存储量，从而高效率地完成信号的存储、传输和处理等。如今，随着软件无线电和软件声呐的兴起，多采样率数字信号处理已成为雷达、声呐等电子系统重要的信号处理技术之一[55, 56]。

1. 多采样率滤波器

多采样率滤波器是指在处理输入的采样信号时，具有提高或降低信号采样率机制的数字滤波器，其核心就是改变采样率。最简单的多采样率滤波器是实现整数倍的升采样 1∶P 和降采样 Q∶1 的滤波器，甚至可以实现任意比值（P/Q）和缓慢时变的采样率变化。

降采样处理流程如图 6-42 所示，输入信号 $x(n)$经过滤波器 $h(n)$（低通或带通）处理后得到了带宽减小了的输出信号 $y(n)$，再经过 Q∶1 降采样处理后得到了与信号 $y(n)$带宽一致、但采样率降低 Q 倍的信号 $y(m)$。图 6-43 给出 3∶1 降采样处理过程中 $y(n)$和 $y(m)$的时域、频域描述示意。首先利用低通滤波器把信号带宽限制在感兴趣的范围内（图中为输入信号带宽的 1/3），此处理过程中，对每一个输入样本都对应一个输出样本，然后对输出样本进行三选一，得到 $y(m)$。可见，$y(n)$的数据密度是 $y(m)$的 3 倍，$x(n)$滤波得到每 3 个 $y(n)$样本中需要丢掉 2 个，也就意味着这 2 个样本是没必要计算出来，因此有减小 $h(n)$滤波运算量的可能性。

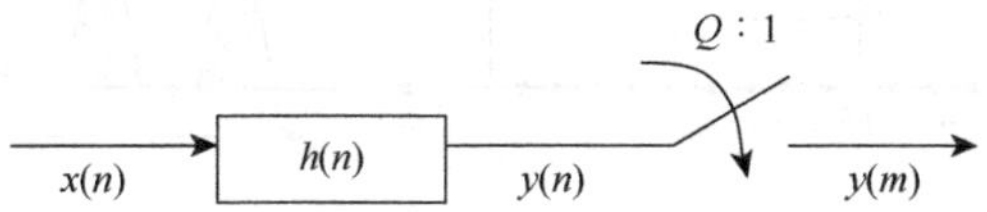

图 6-42　降采样过程中的滤波和采样率降低

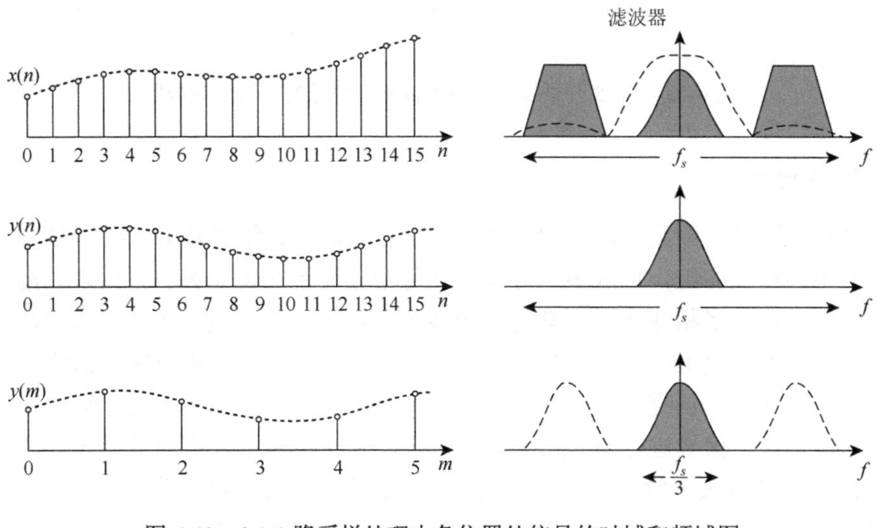

图 6-43　3∶1 降采样处理中各位置处信号的时域和频域图

升采样处理流程类似，如图 6-44 所示，输入信号 $x(n)$按照 1∶P 进行插“0”处理，提高采样率（导致频谱复制了 P 次），再经过滤波器 $h(n)$（低通或带通）处理（抑制复制的频谱副本）后得到了输出信号 $y(m)$，其具有和 $x(n)$一样的频谱结构，只是采样率高了 P 倍。图 6-45 中给出了 1∶5 升采样处理所对应的 $x(n)$、$y(n)$和 $y(m)$的时域、频域描述示意。通过在 $x(n)$相邻的样本中插入四个零，使得 $y(n)$出现了四个频谱副本，通过滤波器将输出信号 $y(m)$带宽限制在感兴趣的频带范围内。显而易见的是，对 $y(n)$进行滤波运算过程中，插入的零值没有必要和滤波器系数进行乘计算，因此也有减小 $h(n)$滤波运算量的可能性。

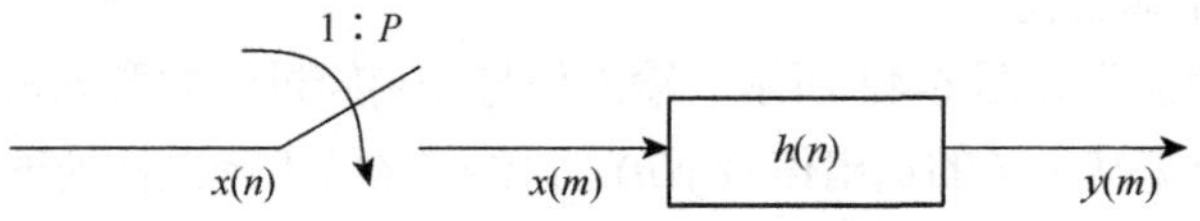

图 6-44　升采样过程中的滤波和采样率提高

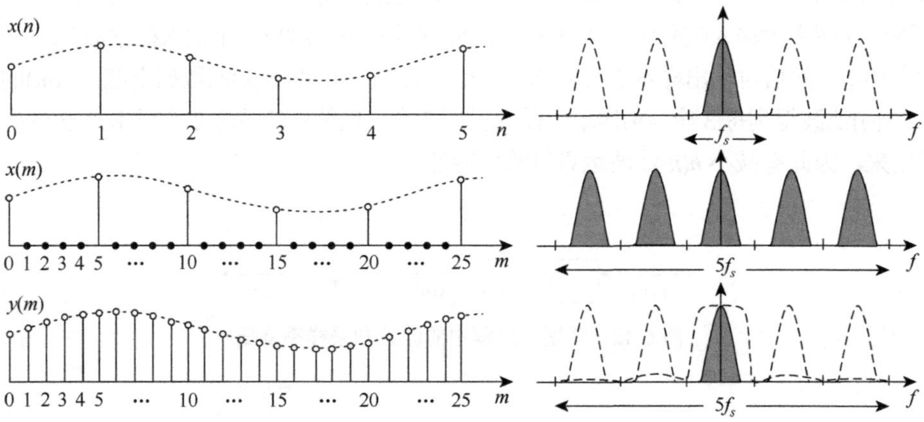

图 6-45　1∶5 升采样处理中各位置处信号的时域和频域图

2. 多相滤波器

多相滤波是指按照相位均匀划分把数字滤波器的系统函数 $H(Z)$ 分解成若干个具有不同相位的组，形成多个分支，在每个分支上实现滤波。采用多相滤波结构的滤波器称为多相滤波器，其可利用多个阶数较低的滤波来实现原本阶数较高的滤波，这为工程上高速率实时信号处理提供了实现途径（典型应用如信道器）。下面结合第 5 章中正交解调过程的数字化实现形式对多相滤波器进行阐述。

假设，对一信号进行 Nyquist 低通采样，采样率为 f_s，在后续处理任务中，需要分析 $f_s/2$ 内某个频段信号成分的包络，假设细化分析间隔为 $f_k = f_s / M$（讨论多相滤波器时，M 为远大于 1 的整数情况才有意义；另外，此假设意味着范围内的多个有用信号频带以 f_k 可分，即 $B < f_k$ ），此时意味着对每个待分析的频带宽度 B 远小于采样频率 f_s。由第 5 章可知，此时没有必要采用高采样率 f_s，因此可以对该频带进行下变频结合降采样处理。

$$y(n,k) = (x(n)\mathrm{e}^{-\mathrm{j}\theta_k n}) \otimes h(n) = \sum_{r=0}^{N-1} x(n-r)\mathrm{e}^{-\mathrm{j}\theta_k (n-r)} h(r) \tag{6-116}$$

对被选频带进行下变频处理过程如图 6-46 所示，对输入信号 $x(n)$ 进行复混频，再利用低通滤波器将信号频带限制在带宽 B 内，结合降采样可以降低输出数据的采样率。图 6-46 中各点的频谱结构如图 6-47 所示。

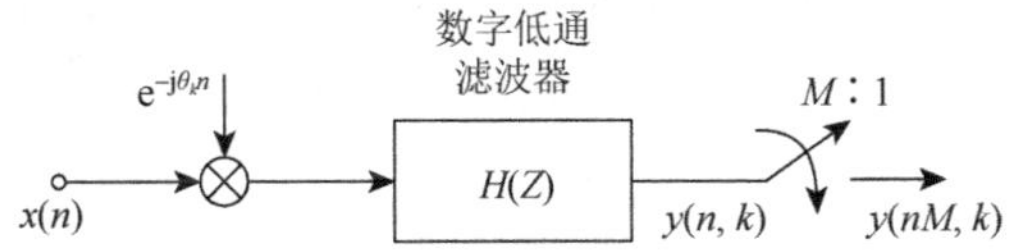

图 6-46　下变频的标准模型

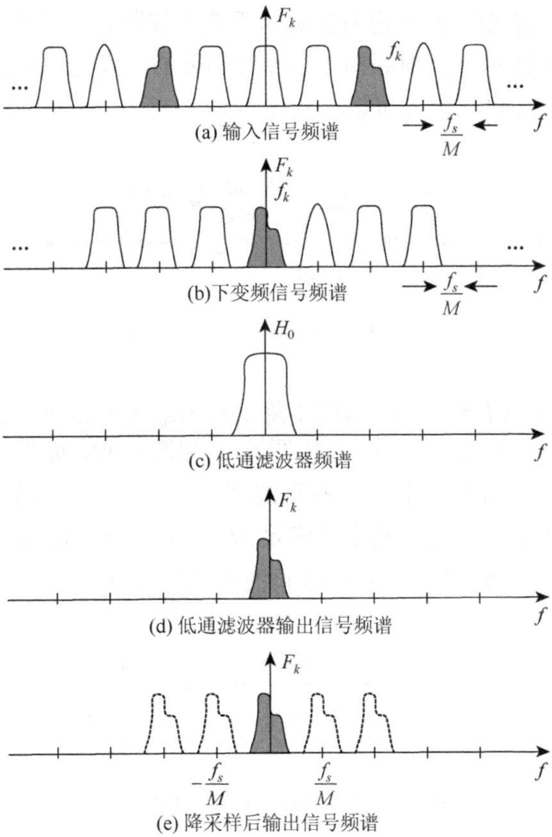

图 6-47　图 6-46 中各位置处频谱图

重写式（6-116），得到式（6-117）：

$$y(n,k)=\sum_{r=0}^{N-1}x(n-r)\mathrm{e}^{-\mathrm{j}\theta_k(n-r)}h(r)=\sum_{r=0}^{N-1}x(n-r)\mathrm{e}^{-\mathrm{j}n\theta_k}h(r)\mathrm{e}^{\mathrm{j}r\theta_k}=\mathrm{e}^{-\mathrm{j}n\theta_k}\sum_{r=0}^{N-1}x(n-r)h(r)\mathrm{e}^{\mathrm{j}r\theta_k} \tag{6-117}$$

可见，复变频后级联一个低通滤波器与采用一个带通滤波器再级联复混频处理的结果是完全一致的，可以表示成图 6-48。

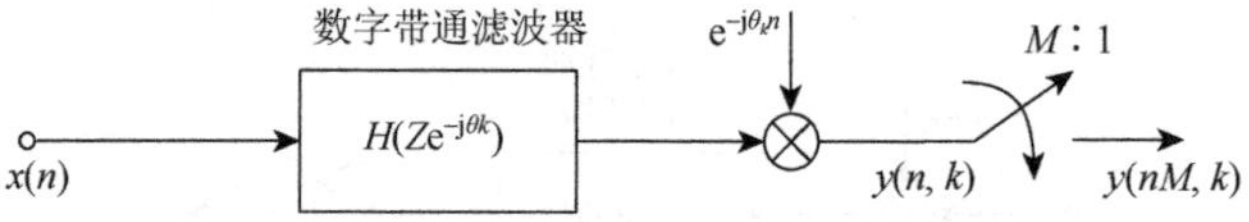

图 6-48　下变频形式下的带通滤波器

从图 6-48 可以看到，在输出复混频后需要进行降采样处理，而对降采样处理过程中将被丢掉的样本进行混频操作是没有必要的，仅需要对最终保留下来的样本进行复混频处理即可，因此可以得到图 6-49。

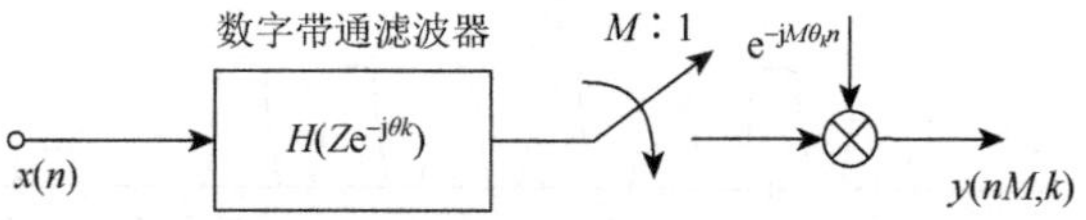

图 6-49　降采样带通下变频器

从图 6-49 中可以看到，对于 $M:1$ 降采样的输入和输出而言，复正弦的旋转率分别为 θ_k 和 $M\theta_k$（弧度/样本）。对比图 6-48 和图 6-49，如果选择复混频频率为 θ_k，图 6-48 中的处理结果会将这一频率混到直流（零频），而图 6-49 中降采样处理后，中心频率变成了 $M\theta_k$。特别当满足 $M\theta_k=k2\pi$ 条件时（$f_k=kf_s/M$，中心频率为输出样本率的整数倍），图 6-49 可改进为图 6-50。

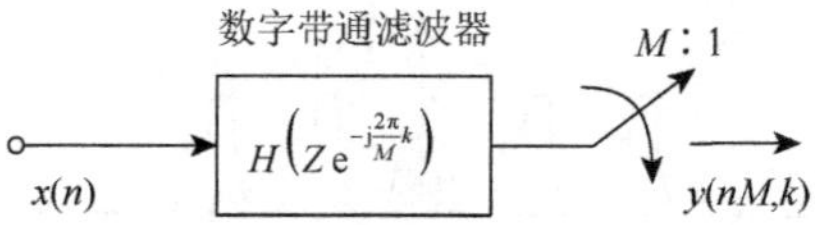

图 6-50　利用降采样实现向基带混叠的带通下变频器

图 6-50 中相关频谱特性描述如图 6-51 所示。

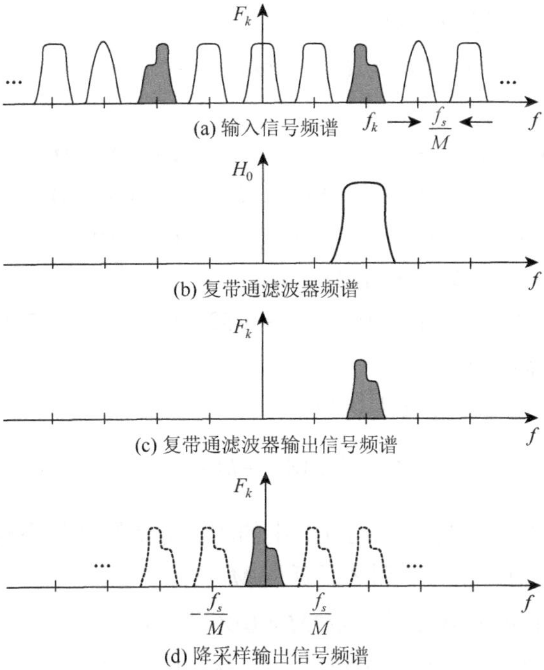

图 6-51　图 6-50 处理流程中各位置的频谱图

可以看到，滤波运算的采样率依然与输入信号采样率 f_s 一致，并没有运算量上的优势，如果能够将图 6-50 中先滤波再降采样的处理变为先降采样再滤波的处理（这一变换过程的描述称为“noble identity”特性，见图 6-52），也就是说，滤波器能够仅对输入中每隔 M 倍整数点上的样本进行处理，显然可以有效地降低运算量。

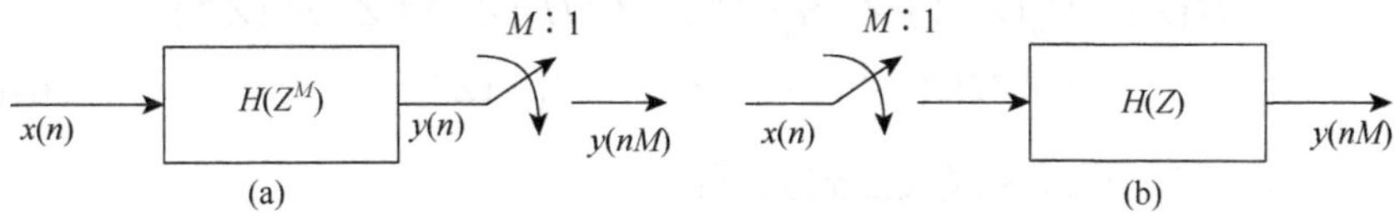

图 6-52　“noble identity”特性描述

（a）和（b）等价

1）“noble identity”特性

假设FIR滤波器 $H(Z)=b_0+b_1Z^{-1}+\cdots+b_{N-1}Z^{-(N-1)}$，则 $H(Z^M)=b_0+b_1Z^{-M}+\cdots+b_{N-1}Z^{-(N-1)M}$。

（1）先滤波再抽取。

$x(n)$ 经 $H(Z^M)$ 滤波后得到的中间值 $t(n)=b_0x(n)+b_1x(n-M)+\cdots+b_{N-1}x(n-$

$(N-1)M)$ 再对 $t(n)$ 进行 M 阶降采样，得

$$y_1(n)=t(nM)=b_0x(nM)+b_1x(nM-M)+\cdots+b_{N-1}x(nM-(N-1)M) \quad (6\text{-}118)$$

（2）先抽取再滤波。

对 $x(n)$ 进行 M 阶抽取得 $w(n)=x(nM)$，再对 $w(n)$ 用 $H(Z)$ 滤波：

$$\begin{aligned}y_2(n)&=b_0w(n)+b_1w(n-1)+\cdots+b_{N-1}w(n-(N-1))\\&=b_0x(nM)+b_1x((n-1)M)+\cdots+b_{N-1}x((n-(N-1))M)\\&=b_0x(nM)+b_1x(nM-M)+\cdots+b_{N-1}x(nM-(N-1)M)\end{aligned} \quad (6\text{-}119)$$

可见，$y_1(n)$ 和 $y_2(n)$ 完全一样。因此，图 6-52（a）、（b）结构是等价的。

2）低通滤波器应用

假设低通滤波器的 Z 变换表达如下：

$$H(Z)=\sum_{n=0}^{N-1}h(n)Z^{-n}=h(0)+h(1)Z^{-1}+h(2)Z^{-2}+h(3)Z^{-3}+\cdots+h(N-1)Z^{-(N-1)} \quad (6\text{-}120)$$

引入 M∶1 重采样，将式（6-120）中的和式分解写成如下形式，连续的 M 个滤波器系数组成一列，相邻的列之间延迟 M。

$$\begin{aligned}H(Z)=&h(0)+h(M+0)Z^{-M}+h(2M+0)Z^{-2M}+\cdots\\&+h(1)Z^{-1}+h(M+1)Z^{-(M+1)}+h(2M+1)Z^{-(2M+1)}+\cdots\\&+h(2)Z^{-2}+h(M+2)Z^{-(M+2)}+h(2M+2)Z^{-(2M+2)}+\cdots\\&+h(3)Z^{-3}+h(M+3)Z^{-(M+3)}+h(2M+3)Z^{-(2M+3)}+\cdots\\&\quad\vdots\qquad\vdots\qquad\quad\vdots\qquad\qquad\vdots\qquad\qquad\vdots\qquad\vdots\\&+h(M-1)Z^{-(M-1)}+h(2M-1)Z^{-(2M-1)}+h(3M-1)Z^{-(3M-1)}+\cdots\end{aligned} \quad (6\text{-}121)$$

式中，第一行是以 Z^M 因子展开的多项式，记为 $H_0(Z^M)$，其系数地址从 0 开始，步长为 M；第二行可表示为 $Z^{-1}H_1(Z^M)$，以此类推，式（6-121）可表示为

$$\begin{aligned}H(Z)=&H_0(Z^M)+Z^{-1}H_1(Z^M)+Z^{-2}H_2(Z^M)+Z^{-3}H_3(Z^M)\\&+Z^{-4}H_4(Z^M)+\cdots+Z^{-(M-1)}H_{M-1}(Z^M)\end{aligned} \quad (6\text{-}122)$$

将式（6-122）写成闭式表达式如下：

$$H(Z)=\sum_{r=0}^{M-1}Z^{-r}H_r(Z^M)=\sum_{r=0}^{M-1}Z^{-r}\sum_{n=0}^{(N/M)-1}h(r+nM)Z^{-nM} \quad (6\text{-}123)$$

其 M 路分解结构如图 6-53 所示。

图 6-53（a）中是将降采样放在各滤波器输出求和之后，利用“noble identity”特性，可将滤波器与降采样顺序进行互换，等效结构为图 6-53（b）。由于输入信号样本时间上的顺序性，图 6-53（b）可以简化为图 6-53（c）。对比图 6-53（a）和图 6-53（c）可见，二者运算等价但运算量却不相同，为了定量比较，举例如下。

低通滤波器性能指标如表 6-4 和图 6-54 所示。

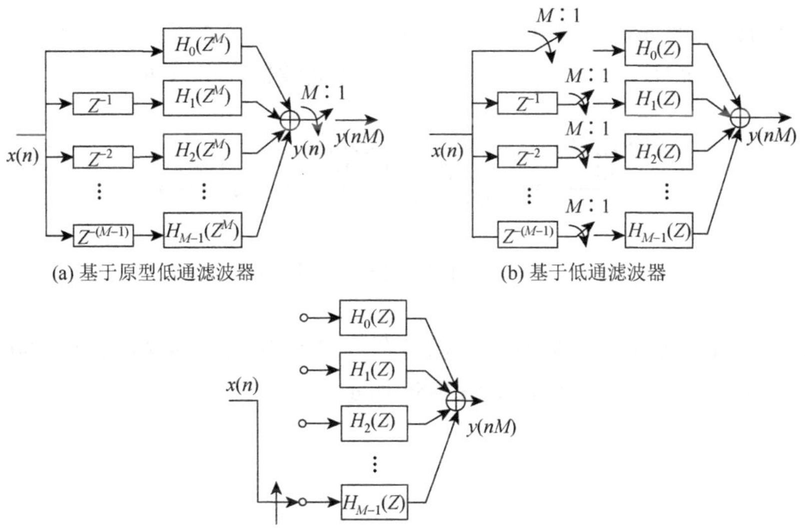

图 6-53　不同的 M 路分解结构

表 6-4　低通滤波器性能指标

参数	性能指标
采样率	20kHz
通带频率	100Hz
阻带频率	300Hz
通带纹波	0.1dB
阻带纹波	80dB
旁瓣衰减特性	6dB/oct

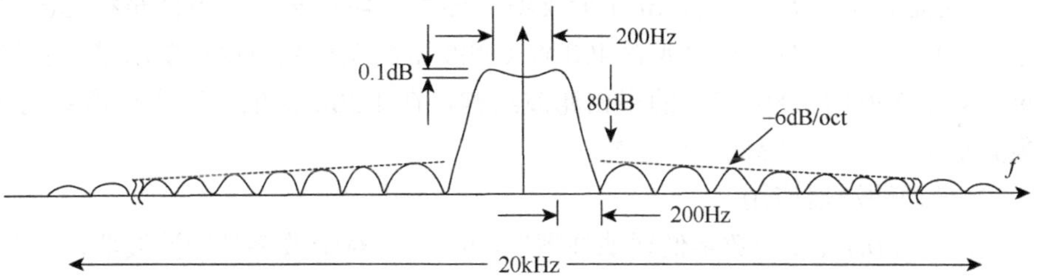

图 6-54　低通滤波器性能指标

由相关的滤波器设计理论可知，满足如上性能指标要求的 FIR 滤波器阶数不少于 360 阶。图 6-55 给出了这一 FIR 滤波器直接实现的框图。可见，该滤波器需要在 1/20kHz 的时间内完成 360 个乘累加运算。由表 6-4 可知，该滤波器的带宽为 400Hz，以 20kHz 采样率采集的信号通过该滤波器后可以进行 50 倍的降采样。

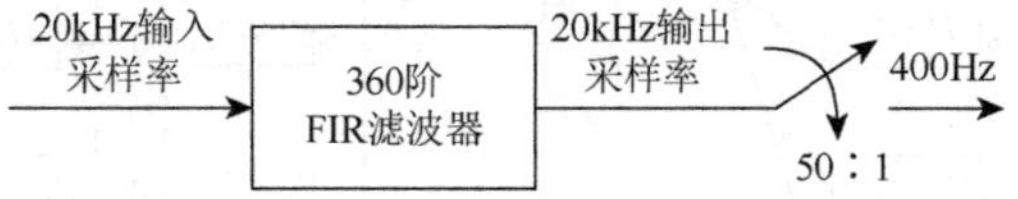

图 6-55　FIR 滤波器实现结构

利用“noble identity”特性，可以将图 6-55 转化为图 6-56，并将 360 阶滤波器分解成 50 路多相滤波结构，如图 6-56 所示。

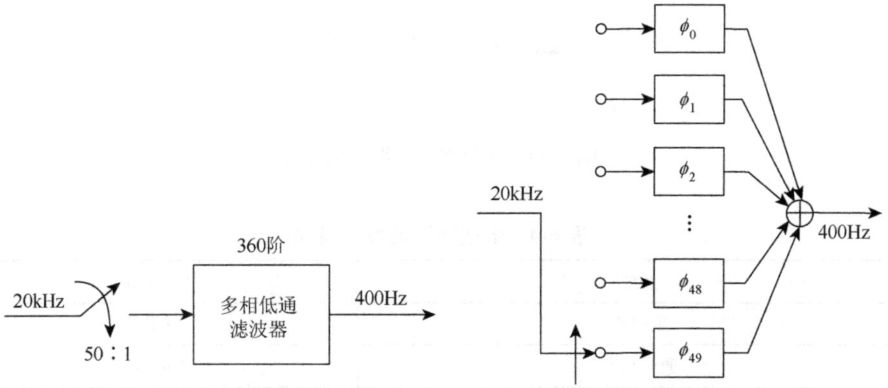

图 6-56　基于 50：1 低通滤波器的多相分解和降采样处理结构

可以得到，每路滤波器的平均阶数为 7.2（非整数），可以有两种处理方法。第一种方法是 50 个分支滤波器的阶数凑出“360”（不一定总有解），例如，前 10 个分支滤波器为 8 阶，后 40 个分支滤波器为 7 阶；第二种方法是将滤波器阶数选为 50 的倍数，如 350 阶或者 400 阶（滤波器性能参数与设计要求稍有差异）。可见，对于 350 阶（50×7）的多相滤波结构，在 1/20kHz 的时间内只需要完成 7 个乘累加运算，显著降低了运算量。

3）带通滤波器应用

上面的 $h(n)$假设为数字低通滤波器脉冲响应，对于数字带通滤波器，其脉冲响应的 Z 变换可以表示为 $H\left(Ze^{-j\frac{2\pi}{M}k}\right)$，代入式（6-123），可以得到

$$H\left(Ze^{-j\frac{2\pi}{M}k}\right)=\sum_{r=0}^{M-1}Z^{-r}e^{j\frac{2\pi}{M}rk}H_r(Z) \tag{6-124}$$

对应于图 6-53（c），其实现框图可以表示为图 6-57。

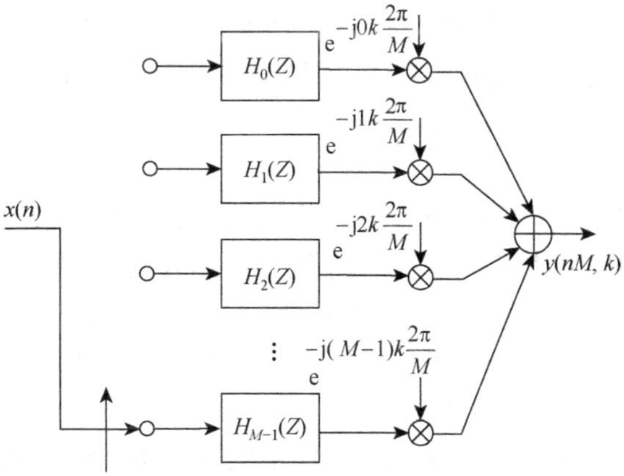

图 6-57　带通滤波器的多相实现

对照式（6-123）和式（6-124），前者多了一个复数加权项（体现带通特性），放在了降采样滤波器之后。

6.3.2 节讨论的多相滤波器与降采样结合应用，与升采样应用（如前面分数时延部分提到的内插滤波应用）的结合可与此类比，同样可以有明显的运算量改善。多相滤波器在 IIR 滤波器等中的应用还可参考文献[56]。

6.4　基于 FPGA 的近场聚焦波束形成举例

通过上面的算法分析可见，这些基本的时空信号处理算法基本都能够采用乘加运算实现，TI（Texas Instruments）、ADI（Analog Devices Inc.）等主流的 DSP 厂家都已经提供了成熟、高效的信号处理库函数便于开发者在 C 语言环境下的快速实现。近些年来，FPGA 芯片由于其明显的并行运算优势在实时信号处理方面得到了广泛的应用。本节以上面的近场聚焦波束算法为例，给出其 FPGA 实现范例[57]。

1. 仿真条件

高频多波束测深声呐，中心频率 300kHz，通道数 $M=80$，波束形成器输入数据采样频率 28kHz，波束形成数量 128。基阵长 $D=33.3\text{cm}$；近场距离 $r \gg D^2/\lambda \approx 13.3\text{m}$；近场条件下采样点数的最大值 $N_{\max}=2rf_s/c=560$；预处理后信号位宽为 16bit。

2. 实现分析

由以上分析可知，需要在35.7μs 的时间里必须完成一个采样点数据的实时动态聚焦波束形成。分析6.2.2节中式(6-54)可知主要存在以下几个变量：$\tau_{mk} \approx m\gamma_k + m^2\varphi_k / N$，$\gamma_k = -2\pi\frac{d}{\lambda}\sin\theta_k$ 以及 $\varphi_k = \frac{2f_s}{c}\pi\frac{d^2}{\lambda}\cos^2\theta_k$。

从实时实现的角度考虑这个问题，可以用查表法和实时计算的方法。

查表法具有高速的优点，但需要存储$128MN_{\max}$个系数，则存储器容量需要91Mbit，由于近场的实时处理时间为 17.7ms，则存储器的吞吐速度至少要达到4.5Gbit/s 才能满足要求，对于单片 FPGA 而言有一定的困难，即便是外扩 RAM 也需要 32bit 宽，而且时钟速率需达到 140MHz 以上才能勉强满足。γ_k 和 φ_k 由变量 θ_k 和一些常量计算而得，而 θ_k 在本系统中仅为 128 个，故把 γ_k 和 φ_k 事先计算存储在 ROM 里面，再参与动态聚焦的计算，这就需要 256 个系数，仅需要 256 个系数空间，为使计算精度上有所提高，每个系数的位宽采用 20bit，则存储器仅需 5.12kbit，仅用 FPGA 内部存储就足够了。再考虑计算 τ_{mk} 就只剩下 3 个乘法，一个除法和一个加法，因此可以考虑完全采用逻辑来实时计算。

分析近场聚焦波束形成算法实现过程，重点在于实时计算 sin 和 cos 两个三角函数，再加上复数乘累加的过程。对于三角函数的计算，在合理评估其精度与逻辑资源占用量的基础上，本小节使用坐标旋转数字计算（coordinate rotation digital computer，CORDIC）算法来实时计算三角函数。对于复数乘累加而言，由于其本身对逻辑资源的占用量巨大，考虑把输入数据串行起来计算。这就需要在一个采样周期里面，完成 128×80=10240 次的乘累加。如果充分使用流水线技术，可以保证数据每个时钟都能处理一次复数乘累加。这样系统时钟需大于 10240×28kHz = 286.72MHz，如此高的系统时钟频率，对流水线的拆分技术要求比较高，较难实现。但是由于各个波束计算的过程相互独立，故可根据速度与面积互换原则加大面积来提高数据处理速度，在本书中可以复制两套完全相同的处理逻辑来实时计算，这样时钟速率只需大于 143.36MHz 即可。

3. FPGA 实时实现

在 FPGA 里面直接实现除以 N 这样的计算是比较困难的，即便是应用 Altera 的 IP 核，充分采用其流水线技术，在该款 FPGA 中时钟频率最高也只能达到40MHz 左右，而成为整个算法的瓶颈。但经过仔细分析可以发现，本算法中 N 的变化速率仅为 28kHz，使串行化计算 N 成为可能。本例将除以 N 变为乘 $65536/N$ 再右移 16bit 的运算，而 $65536/N$ 可以采用串行除法器来实现。$65536/N$ 运算需要 20 个时钟，因为 N 的变化速率为 28kHz，因此系统时钟仅需达到 560kHz 即可满足要求，然而串行除法器模块由于其操作仅需移位、判断加减等简单操作，其速度在 FPGA 实现时里面可以达到 180MHz 左右，完全满足需求。为实时计算 τ_{mk}，在 FPGA 中构造实时计算结构如图 6-58 所示。图中，m 计数器循环产生 0～79 的通道信号，通过 m 平方器与 φ_k ROM 的预存数据相乘，其结果乘上 $65536/N$，再简单右移 16bit 即可得到 $m^2\varphi_k/N$，同时 m 计数器的输出，直接和 γ_k ROM 的预存数据相乘即可得到 $m\gamma_k$ 部分，两部分相加即可得到 τ_{mk}。

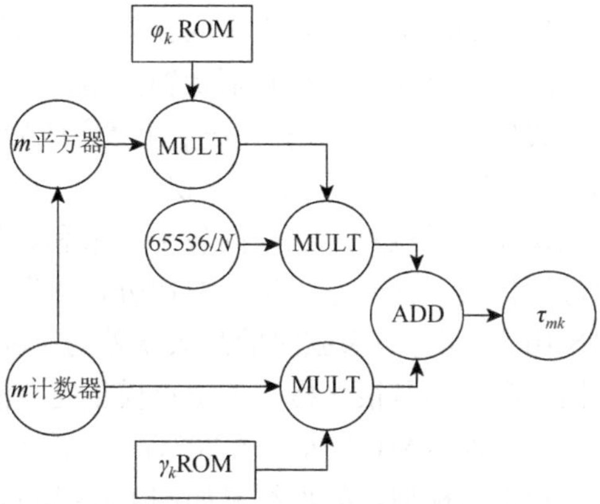

图 6-58　τ_{mk} 实时计算结构

一旦 τ_{mk} 经过实时处理，式（6-54）中的 sin 和 cos 计算也必须实时处理，综合考虑实时和精度问题，本例采用 18 次迭代的 CORDIC 算法。将 τ_{mk} 结果送入 CORDIC 处理模块中，经过迭代运算产生对应的正弦和余弦，然后与串行输入的原始数据进行复数乘法运算，最后由累加器得到波束形成结果，具体结构如图 6-59 所示。考虑到 FPGA 内部的时序问题，将系统工作的主时钟定到 150MHz，并将图 6-56 的逻辑复制两套并行计算，即可达到系统的指标要求。

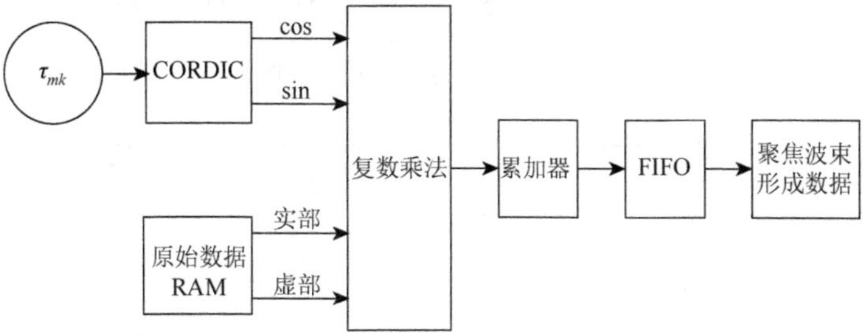

图 6-59　实时动态聚焦波束形成结构

经过前面的分析，本书中的 FPGA 采用 Altera 公司的 Stratix II 系列的

EP2S130F1020C5，该款 FPGA 包含 106032 个 ALUT、6747840 bit 存储器和 504 个 DSP 运算单元。

4. 实现结果验证

1）精度验证

通常情况下，在 FPGA 里面进行浮点处理，会消耗大量的逻辑单元，同时也会导致最大系统时钟频率下降，故在 FPGA 里面通常只进行定点计算。本书所提算法均采用定点计算，但这势必会引入定点舍入误差。分析发现本算法的主要误差来源于以下几个方面：①两个 ROM 计算后保留为定点引入的舍入误差；②引入流水线除法器进行整数除法引入的误差；③τ_{mk} 计算完成后位数较多，需舍掉部分低位才能输入 CORDIC 模块中，引入了舍入误差；④CORDIC 算法采用了 18 次迭代处理，也会引入误差。通过对算法中的各个波束和近场范围内的所有采样点的定点和浮点模型进行仿真，并对结果进行对比分析，发现在计算正弦部分时的最大误差为 1.6802×10^{-5}，而计算余弦时的最大误差为 1.6030×10^{-5}。由于实时动态聚焦波束形成对幅度要求不是很严格，该定点模型完全满足需求。

为验证以上结论，在 MATLAB 中仿真在 20°方向、距基阵 5m 处有点源目标的情况，分别经过浮点和定点模型，处理结果如图 6-60 所示。图 6-60（a）中显示了双精度浮点结果和定点结果，从图中可以发现，二者基本重叠在一起，角度都精确的指向 20°方向。然后把定点与浮点结果做差得到定点误差图如图 6-60（b）所示，最大的误差为 3×10^{-3}。由于在地形测量中往往关心的是角度和时间的准确率，而对幅度的准确率要求较低，所以本定点模型是有效的。

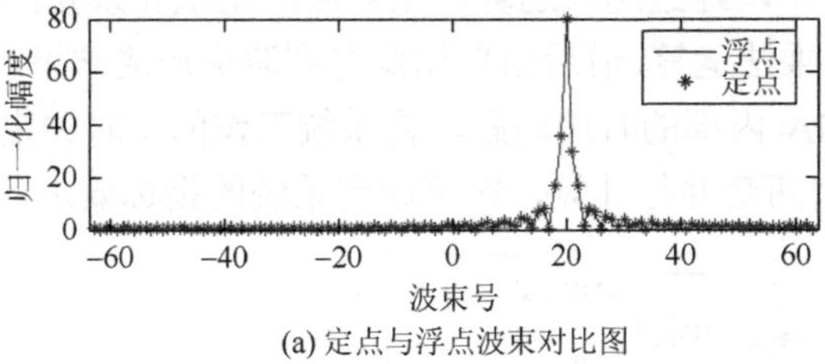

(a) 定点与浮点波束对比图

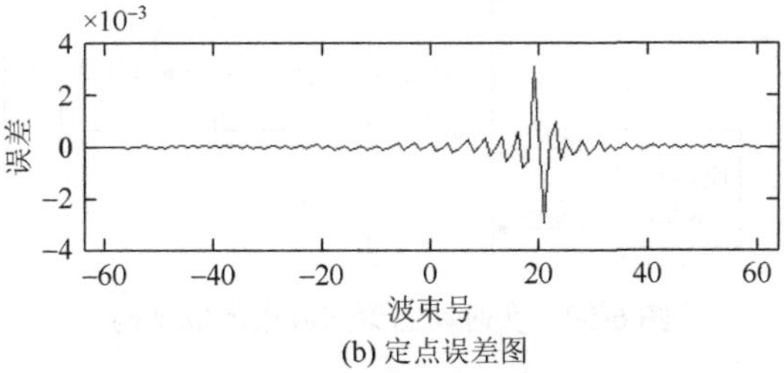

(b) 定点误差图

图 6-60　定点与浮点波束对比图和定点误差图

2）实时性验证

波束形成器的逻辑部分采用 FPGA 实现，由于逻辑部分可控性较强，该部分的时钟采用 150MHz，通过 QuestaSim6.5a 仿真可知，波束形成器处理一个采样点数据需要 5160 个时钟，共耗费时间 34.4μs，满足采样率为 28kHz、采样间隔为 35.7μs 的设计要求。

在 Quartus II 10.1 中经过 Synthesis、Fitter 和 Assember，由全编译后的报告可知，波束形成器的逻辑部分，需要占用的资源为 12 个 M4K、3744 个 ALUT、110 个 DSP 单元。经过 TimeQuest 时序分析可以得到系统时钟频率最大可以达到 177.15MHz，相对于 150MHz 的系统时钟而言，完全满足系统设计要求。由此证实了该方法的实时性，同时该方法所占的逻辑资源和存储资源相对较少，易于工程实现。

在利用 FPGA 进行数字信号并行处理运算时，需要充分考虑其片内资源利用策略，当计算实时性要求较高时（如采样率高、通道数多），应该采用并行结构，以资源换取速度；当计算实时性要求不高时（如采样率低、通道数少），可采用串行结构，以速度换取资源。

6.5　声呐信号检测

声呐信号处理，按照信号类型主要包括空、时信号处理，按照处理流程主要包括预处理、信号检测、参数估计、后置处理等。从信号处理的角度，声呐接收信号处理流程可简化如图 6-61 所示。

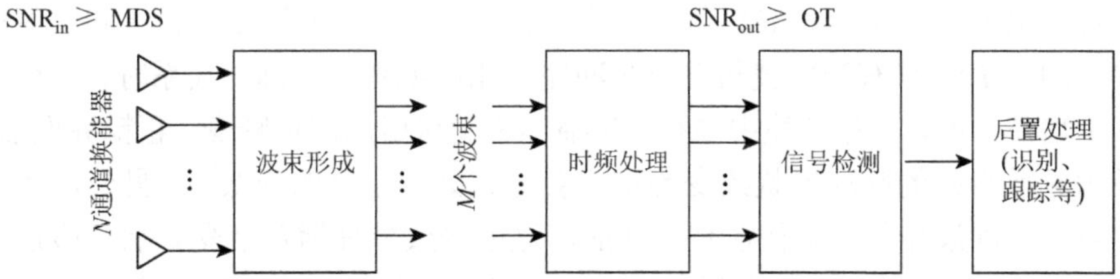

图 6-61　声呐接收信号处理流程示意图

MDS 表示基阵输入端检测门限；OT = MDS + PG = MDS + GS + GT，OT 表示信号处理输出端门限（*d*）

声呐信号处理的首要任务是通过获得水下声场的时空样本，利用信号和干扰的差别进行信号处理，提高干扰背景下目标检测能力，也就是信号检测问题，这是后续处理的前提。不同声呐的参数估计、后置处理的需求可能各不相同，但都需要尽量抑制干扰并判断信号的有无；不同的信号处理方法，抑制干扰的效果不尽相同，在同等条件下，如何选择抗干扰能力更强的处理方法是人们关心的问题，这就是“最佳检测”问题。从理论上研究最佳检测问题一般包含两个方面：一是明确衡量检测优劣的准则；二是寻求在这个准则下的最佳检测方式，从而确定最佳检测系统的具体结构。波束形成处理在前面已经有较为详细的介绍，本节主要介绍典型的主动声呐和被动声呐信号时域处理，更详细深入的分析可参考文献[26]、[58]。

6.5.1 典型主动声呐信号处理

本节主要介绍主动声呐中常用的 CW 和 LFM 脉冲信号在白噪声背景约束条件下的最优检测。

1. 基本概念

1）匹配滤波器

匹配滤波器是最大输出信噪比准则下的最佳线性检测系统，所谓最大输出信噪比准则是指在某一时刻 t_0，输出信号瞬时功率对噪声平均功率之比最大。在白噪声背景下，匹配滤波器的传输函数是输入信号频谱的复共轭。即

$$h(t)=s^*(t_0-t),\quad t\geqslant 0$$

匹配滤波器在输出端可以给出最大瞬时功率信噪比 $\mathrm{GT}=10\lg(2BT)$（B 为信号带宽，T 为信号脉宽），只与输入信号能量和白噪声功率谱密度有关，而与输入信号具体形状和噪声分布规律无关。需要注意的是，无论 BT 值有多大（实际中二者难以很大，如换能器带宽和信道带宽等限制了 B、探测距离盲区和发射机能力等限制了 T），只有当回波与发射脉冲完全相同或者存在确知关系时，才可以达到理论增益，实际工作环境中多径、传播环境起伏引起波形畸变、粗糙界面散射，以及由频散引起的脉冲形状改变等也都会导致处理增益的降低[1]；另外，实际主动声呐系统回波相位为 φ 往往是未知的，这就导致处理增益会受影响。假设初始相位是 $[-\pi,\pi]$ 之间均匀分布的随机变量，则匹配滤波器输出功率均值为 $s_o^2(t)/2$，即对初始相位未知回波信号的处理增益降低 3dB 为 $\mathrm{GT}=10\lg(BT)$ [2]。以单频 CW 脉冲简单示例说明如下。

回波初始相位 φ 的单频脉冲波形数学表达式为

$$s_i(t)=\begin{cases}\cos(\omega_0 t+\varphi), & 0\leqslant t\leqslant T\\ 0, & 其他\end{cases}$$

没有初始相位影响条件下，匹配滤波器输出波形的数学表达式为[2]

$$s_{\mathrm{o}}(t)=\begin{cases} t\cos\omega_0(t-T), & 0\leqslant t< T \\ (2T-t)\cos\omega_0(t-T), & T\leqslant t\leqslant 2T \\ 0, & \text{其他} \end{cases}$$

有初始相位影响条件下，其匹配滤波器输出波形的数学表达式为

$$s_{\mathrm{o}\_\varphi}(t)=\begin{cases} t\cos\omega_0(t-T)\cdot\cos\varphi, & 0\leqslant t< T \\ (2T-t)\cos\omega_0(t-T)\cdot\cos\varphi, & T\leqslant t\leqslant 2T \\ 0, & \text{其他} \end{cases} \tag{6-125}$$

当 φ 在 $[-\pi,\pi]$ 之间均匀分布时，其输出信号平均功率，也意味着输出信噪比降至原来的一半：

$$\overline{s_{\mathrm{o}\_\varphi}^2(t)}=\frac{1}{2\pi}\int_{-\pi}^{\pi}s_{\mathrm{o}}^2(t)\cos^2\varphi\mathrm{d}\varphi=\frac{1}{2}s_{\mathrm{o}}^2(t) \tag{6-126}$$

从式（6-125）可以看出，由于存在未知的初相位，原本在 $t=T$ 时刻应该出现的峰值可能发生变化，这就是回波信号和滤波器不匹配的体现。对于这种初始相位未知的 CW 脉冲检测，我们可以采用正交接收机结构进行处理。

2）正交接收机

正交接收机框图如图 6-62 所示。

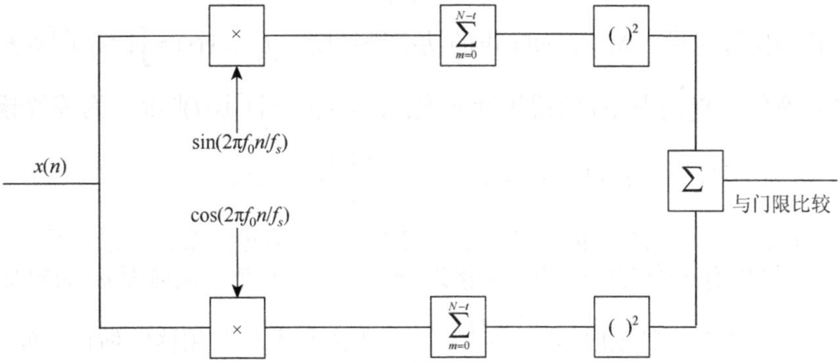

图 6-62　正交接收机框图（N 为 CW 脉冲长度）

由图可见，可将上下支路中平方运算之前的部分看成两个匹配滤波器形式（用以匹配的两路信号之间存在 90°相移），通过平方求和运算去掉未知初始相位对输出信号的影响。从图中还可以看到，其还可等价于对输入信号 $x(n)$进行 DFT 运算并提取幅度。

对于 LFM 脉冲，依然可以使用正交接收机结构，只不过需要将图 6-62 中 $\sin(2\pi f_0 n/f_s)$ 替换为 $\sin(2\pi(f_0 n/f_s+mn^2/(2f_s^2)))$，$\cos(2\pi f_0 n/f_s)$ 替换为 $\cos(2\pi(f_0 n/f_s+mn^2/(2f_s^2)))$。

3）参数估计

目标距离和速度等参数的估计是主动声呐的基本功能，下面结合脉冲形式给出距离和多普勒频移联合估计方差的克拉默-拉奥下界（Cramer-Rao lower bound，CRLB）。还是以常见的 CW 和 LFM 脉冲为例，波形可表达为

$$s(n)=b(n)\exp(\mathrm{j}(2\pi f_0 n/f_s+\varphi(n)+\theta))$$

式中，$b(n)$ 和 $\varphi(n)$ 为实函数，$b(n)=\begin{cases}1, & \left[-\dfrac{N}{2},\dfrac{N}{2}\right)\\ 0, & \text{其他}\end{cases}$；$\varphi(n)=\begin{cases}0, & \text{CW}\\ mn^2/(2f_s^2), & \text{LFM}\end{cases}$。

$s(n)$ 的复包络可以写为

$$\tilde{s}(n)=b(n)\exp(\mathrm{j}\varphi(n))\exp(\mathrm{j}\theta)$$

忽略 $\exp(\mathrm{j}\theta)$，得到连续时域表达式为

$$\tilde{s}(t)=b(t)\exp(\mathrm{j}\varphi(t)) \tag{6-127}$$

可得到该信号对应的时延 τ 和角频率 $\omega=2\pi f$ 估计方差的 CRLB 为[59]

$$\tilde{\tau}=\frac{t_d^2}{2(E/N_0)(f_d^2t_d^2-(\omega t)^2)} \tag{6-128}$$

$$\tilde{\omega}=\frac{f_d^2}{2(E/N_0)(f_d^2t_d^2-(\omega t)^2)} \tag{6-129}$$

式中，E 为信号能量；$N_0/2$ 为噪声的功率谱密度；$f_d^2=\tilde{s}(t)=\int(2\pi f)^2\left|S(f)\right|^2\mathrm{d}f$，为等效带宽值；$S(f)$为$\tilde{s}(t)$ 的傅里叶变换；$t_d^2=\tilde{s}(t)=\int t^2\left|\tilde{s}(t)\right|^2\mathrm{d}t$，为等效脉宽值；$\omega t$ 为平均频率时间积的测量值，取值为$\int t\dfrac{\mathrm{d}\varphi(t)}{\mathrm{d}t}b^2(t)\mathrm{d}t$。

式（6-128）、式（6-129）中给出的 CRLB 在高信噪比条件下最佳检测器的输出在(τ,ω) 域内有一个明确的峰，且接近于 τ 和 ω 的真值。从前面 ωt 的定义可见，当 $\tilde{s}(t)$ 不包括角度调制项时$\left(\text{即}\dfrac{\mathrm{d}\varphi(t)}{\mathrm{d}t}=0\right)$，距离和多普勒频移的估计之间没有耦合。例如，CW 脉冲就没有角度调制项，式（6-128）和式（6-129）可以简化为 $\tilde{\tau}=\dfrac{1}{2(E/N_0)f_d^2}$ 和 $\tilde{\omega}=\dfrac{1}{2(E/N_0)t_d^2}$。由第 3 章分析可知，持续时间长的脉冲（大的 t_d^2）能够获得方差更低的频率估计；另外，频带较宽（大的 f_d^2）脉冲能够获得更好的距离估计。

一个信号的时间带宽积受 $t_d^2f_d^2\geqslant(\omega t)^2+\dfrac{1}{4}$ 约束[59]，因此不能设计一个在时域和频域都很有限的信号（上式等号对于高斯脉冲成立）。另外，由于实际应用中往往难以获取混响统计特性，对于混响约束下的最优检测往往是在考虑最小化混响

对性能影响基础上参考背景噪声约束条件下的最优检测。

2. 常见主动声呐信号处理流程

对于噪声中的信号检测问题，可建立以下假设：

$$\begin{cases} H_{ij}: & x(n) = s(n - n_i, \beta_j) + g(n) \\ H_0: & x(n) = g(n) \end{cases} \tag{6-130}$$

组合接收机由一组最优检测器组成，分别对应离散频率 $\beta_j (j = 1, 2, \cdots, J)$，并计算一组不同的离散时间 $n_i (i = 1, 2, \cdots, I)$。对于每隔时间值 n_i，将 J 个检测器输出的最大值和一个门限值相比较，如果超出门限，该检测器对应的频率即可作为 β 或者多普勒频移的估计，此检测时刻即可对应距离的估计。

1）CW 脉冲

对于 CW 脉冲，回波可以表示为

$$\begin{aligned} s(n(1-\delta)) &= \exp(\mathrm{j}2\pi f_0 n(1-\delta)/f_s) = \exp(\mathrm{j}2\pi f_0 n/f_s)\exp(-\mathrm{j}2\pi\delta f_0 n/f_s) \\ &= s(n)\exp(-\mathrm{j}2\pi\delta f_0 n/f_s) \end{aligned} \tag{6-131}$$

最优检测器是图 6-62 所示的正交接收机。可以并行实现一组这样的检测器，每个检测器各自对准一个频率 $\beta_j = \delta_j f_0$，分别在 $n_1, n_2, \cdots, n_I$ 时刻计算检测器的输出。第 i 个时刻、第 j 个最优检测器的输出表示为

$$q_j^2(n_i + N) = \left(\sum_{n=n_i}^{N-1+n_i} x(n)\sin(2\pi\beta_j n/f_s)\right)^2 + \left(\sum_{n=n_i}^{N-1+n_i} x(n)\cos(2\pi\beta_j n/f_s)\right)^2 \tag{6-132}$$

由以上分析可见，式（6-130）的多假设检验方案可以利用图 6-63 来实现，全局最大值对应的 i 和 j 即为目标距离和多普勒频移的估计。对于每一个频率，在 DFT 运算（样本长度与脉宽相匹配）后接一个平方率检波器就是图 6-63 中正交接收机的近似实现。

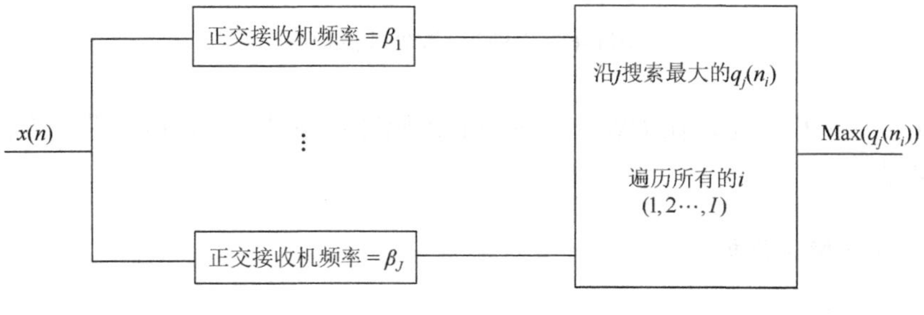

图 6-63　距离和多普勒时延多重假设检验实现框图

因此，实际中的 CW 脉冲主动信号处理流程（图 6-63 中的正交接收机组）如图 6-64 所示。

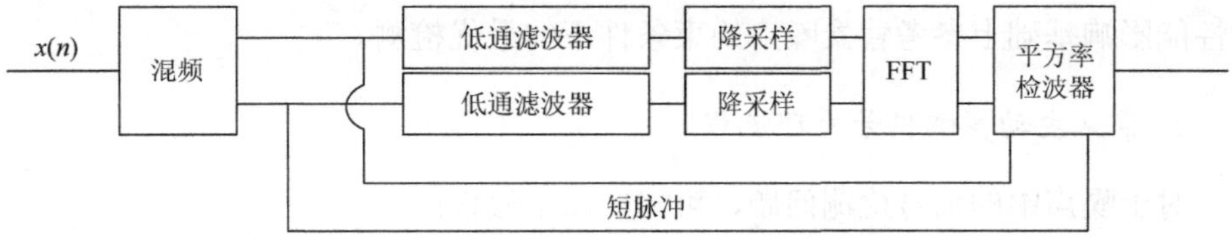

图 6-64　CW 脉冲处理流程图

图 6-64 中的降采样部分可结合多相滤波器实现；另外，对于短脉冲不进行 FFT 处理的原因是脉冲太短时从中得不到多普勒频移的信息（可参考 3.2 节信号多普勒分辨力部分）。

2）LFM 脉冲

对于 LFM 脉冲，回波可以表示为

$$s(n(1-\delta)) = \exp(\mathrm{j}2\pi(f_0 n(1-\delta_i)/f_s + mn^2(1-\delta_i)^2/(2f_s^2))) \qquad (6\text{-}133)$$

式中，δ_i 对应于 LFM 匹配滤波输出下降 -3dB 之内的多普勒范围（根据 LFM 波形参数和测速范围指标得到）。

相应于上面的 CW 处理，LFM 脉冲主动信号处理流程如图 6-65 所示。

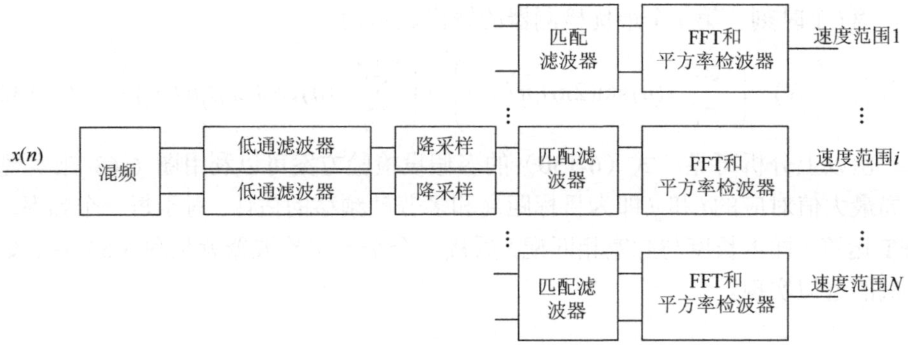

图 6-65　LFM 脉冲处理流程图

由以上分析可见，在 CW 脉冲和 LFM 脉冲处理过程中，FFT 是一个重要的运算环节。

3. 处理增益分析

1）CW 脉冲

窄带滤波器是常用的主动声呐信号处理方法。假设 CW 脉冲有效幅度为 A，输入噪声为窄带白噪声，其功率谱密度为 $N_0/2$，带宽为 B，让信号与噪声混合波形通过带宽为 ΔF 的实系数窄带滤波器，则输入信噪比为

$$\mathrm{SNR}_{\mathrm{in}} = \frac{A^2}{N_0 B} \tag{6-134}$$

而输出信噪比为

$$\mathrm{SNR}_{\mathrm{out}} = \frac{A^2}{N_0 \Delta F} \tag{6-135}$$

那么，时间处理增益为

$$\mathrm{GT} = 10\lg\frac{\mathrm{SNR}_{\mathrm{out}}}{\mathrm{SNR}_{\mathrm{in}}} = 10\lg\frac{B}{\Delta F} \tag{6-136}$$

由第3章分析可知，对于CW脉冲信号，其带宽和脉宽T之间的关系满足$\Delta F = \frac{1}{T}$，因此，对于该窄带滤波器而言，其时间处理增益$\mathrm{GT} = 10\lg BT$。显然，该窄带滤波器并没有要求严格知道输入信号参数，因此并不是匹配滤波器，其输出是带宽为ΔF的窄带噪声与CW脉冲的叠加。但如果知道该输出信号的准确形式，可以对其进一步进行匹配滤波，得到$10\lg 2\Delta FT$，即$10\lg 2$的增益。我们往往将这两个处理步骤合二为一，直接对输入信号进行匹配滤波，常见的等价处理是对该信号进行傅里叶变换（可看成窄带滤波器组，等价为图 6-63 中多组频率不同的正交接收机组合）并求幅度，在符合匹配滤波器应用前提的理想情况下，可以得到$10\lg 2BT$的处理增益，但实际应用中，理想应用条件往往难以满足，此时会导致处理增益损失。

2）LFM 脉冲

匹配滤波器是针对 LFM 信号常用的信号处理方法，其时间处理增益$\mathrm{GT} = 10\lg 2BT$，此处简单给出其推导过程。

假设一个 LFM 脉冲有效幅度为A，信号能量为E，输入噪声为窄带白噪声，其功率谱密度为$N_0/2$，带宽为B，信号脉宽为T，输入信噪比为

$$\mathrm{SNR}_{\mathrm{in}} = \frac{A^2}{N_0 B} \tag{6-137}$$

而输出信噪比为

$$\mathrm{SNR}_{\mathrm{out}} = \frac{2E}{N_0} \tag{6-138}$$

因此，时间信号处理增益为

$$\mathrm{GT} = 10\lg\frac{\mathrm{SNR}_{\mathrm{out}}}{\mathrm{SNR}_{\mathrm{in}}} = 10\lg\frac{2A^2T/N_0}{A^2/(N_0B)} = 10\lg 2BT \tag{6-139}$$

6.5.2　典型被动声呐信号处理

被动声呐的任务是在随机噪声场中检测未知的随机信号。海洋环境噪声与声

呐载体平台噪声构成了随机噪声场，而目标辐射噪声是需要检测的信号。舰船目标辐射噪声一般包括宽带连续谱噪声、时变调制谱噪声和低频线谱噪声（详见第 8 章），下面分别针对这几种噪声给出相应的处理流程。

1. 常见被动声呐信号处理流程

1）宽带连续谱噪声检测

在前面主动声呐信号处理中，阐述了在最大输出信噪比准则下，匹配滤波器是检测确知信号的最佳形式，在被动声呐信号处理中，也存在最佳检测问题，其准则一般是在 Neyman-Pearson 准则下（虚警概率小于某一事先给定值的情况下，使检测概率最大）。在此准则下，从高斯平稳背景中检测高斯平稳信号的最佳方法是平方积分处理。对于阵列接收到的信号向量 $\boldsymbol{x}(n)$，其处理结构如图 6-66 所示[37]。

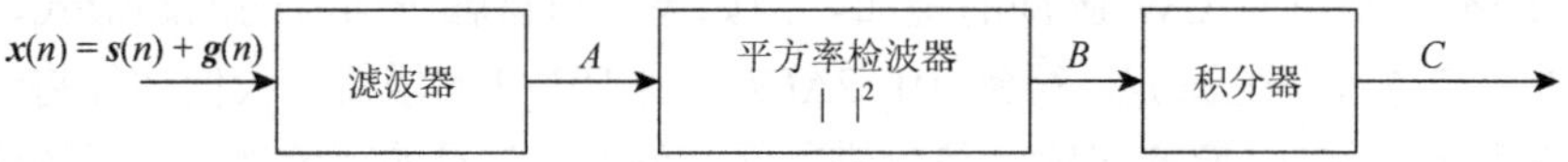

图 6-66　Neyman-Pearson 宽带检测器

此处，滤波器频率响应为

$$F^2(k)=\frac{S_s(k)\big/S_g^2(k)}{1+S_s(k)\boldsymbol{p}^+(k)\boldsymbol{Q}^{-1}(k)\boldsymbol{p}(k)\big/S_g(k)} \tag{6-140}$$

式中，$S_s(k)$ 为第 k 个频率成分的信号功率谱密度；$S_g(k)$ 为第 k 个频率成分的噪声功率谱密度；$\boldsymbol{Q}(k)$ 为第 k 个频率成分的归一化噪声空间互相关矩阵；$\boldsymbol{p}(k)=\{1,\exp(\mathrm{j}2\pi k\Delta/N),\cdots,\exp(\mathrm{j}2\pi k(M-1)\Delta/N)\}^{\mathrm{T}}$，$\Delta=f_s d\sin\theta/c$，$M$ 为阵元数，c 为声速，d 为阵元间距，f_s 为采样频率，θ 为来波方向；$\boldsymbol{p}^+(k)\boldsymbol{Q}^{-1}(k)\boldsymbol{p}(k)$ 为阵增益；+表示共轭转置。

当噪声空间不相关，且信号和噪声功率谱都为“白”时，式（6-140）可以简化为

$$F^2(k)=F^2=\frac{S_s\big/S_g}{S_g+MS_s} \tag{6-141}$$

文献[37]给出此时相关的检测指数为

$$\sqrt{d}=M\sqrt{N/2}\,S_s\big/S_g \tag{6-142}$$

式中，M 为波束形成带来的相干增益；N 为样本数；非相干增益 $\sqrt{N/2}$ 来自于后面的平方积分处理（文献[37]利用 Cauchy-Schwarz 不等式证明了空间不相关噪声的有效带宽 $\beta_{\mathrm{eff}}=\dfrac{\left(\sum\limits_{k=0}^{N/2-1}F^2(k)S_g(k)\right)^2}{\sum\limits_{k=0}^{N/2-1}F^4(k)S_g^2(k)}\leqslant N/2$，当噪声为白噪声时等号成立）。

2）低频线谱噪声检测

被动声呐中，对线谱信号的检测与主动声呐类似，可参考图 6-61。二者也有差别，主动声呐发射的 CW 脉冲信号时宽一般有限，而被动声呐接收到的线谱成分一般比较稳定，因而可以进行较长时间的积分处理，该处理过程还常被称为 LOFAR（low frequency analysis record）分析，其处理结果显示被称为 LOFAR 图（横轴为频率，纵轴为时间）。

3）调制谱噪声检测

假设宽带连续谱噪声 $s(n)$ 被 $1+m\cos(2\pi f_m n/f_s+\theta)$ 调制，此处 m 为调制指数，f_m 为调制频率。对于调制谱噪声的检测问题，可建立以下假设：

$$\begin{cases} H_{ij}: & x(n)=(1+m\cos(2\pi f_m n/f_s+\theta))s(n)+g(n) \\ H_0: & x(n)=s(n)+g(n) \end{cases}$$

式中，$s(n)$、$g(n)$ 为零均值不相关平稳高斯随机过程。在 NP 准则下，最优检测器的框图如图 6-67 所示。

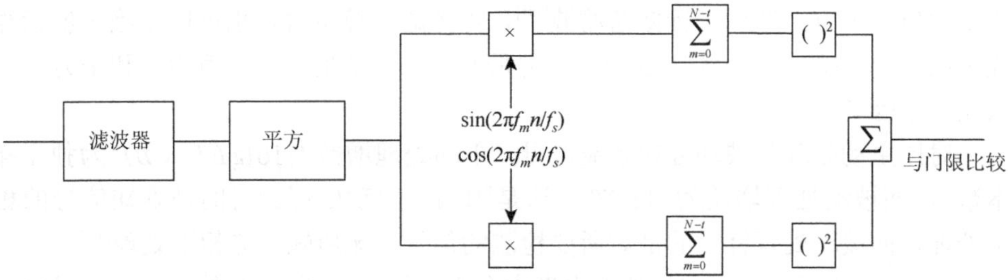

图 6-67　NP 调制检测器[37]

从图 6-67 中可见，其后半部分是窄带信号检测器（正交接收机），前半部分是宽带检测器（滤波器+平方率检波器）。假设信号功率谱密度以 f_m 为间隔缓变，则有以下近似：

$$S_s(k)+S_s(k-k_m)\approx(2S_s(k))^{1/2}(2S_s(k-k_m))^{1/2} \tag{6-143}$$

$$S_s(k)+S_s(k+k_m)\approx(2S_s(k))^{1/2}(2S_s(k+k_m))^{1/2} \tag{6-144}$$

此时该滤波器频率响应可以表示为

$$F(k)=\frac{(2S_s(k))^{1/2}}{S_s(k)+S_g(k)} \tag{6-145}$$

当信噪比较低时，式（6-141）和式（6-145）均可简化为

$$F^2(k)=S_s(k)/(S_g(k))^2$$

相对于上面所述加性线谱噪声的 LOFAR 分析，乘性线谱成分的分析被称为 DEMON（detection of envelope modulation on noise）分析。

2. 处理增益分析

以 Neyman-Pearson 宽带检测器（图 6-66）为例，假设 A 处的信噪比为 SNR_A，则 B 处的信噪比为 $\frac{1}{2}\mathrm{SNR}_A^2$，$C$ 处的信噪比为 $2BT\,\mathrm{SNR}_B$。具体实现中也可用平方率检波器代替图 6-66 中的平方处理[37]。

因此，C 处的输出信噪比与 x 处的输入信噪比关系为 $\mathrm{SNR}_C = BT\,\mathrm{SNR}_A^2$。如果定义平方积分处理的信噪比处理增益 G 为当 $\mathrm{SNR}_C = 1$ 时，输入信噪比 SNR_A 的倒数，则 $G = \sqrt{BT}$，其中，B 为白噪声带宽，T 为积分时间。也就是说，信号处理系统的时间增益与积分时间和带宽乘积成正比。

从技术实现上考虑，实现包络检波的方法可以有高通绝对值分析、检波滤波和图 6-66 中的平方解调等方法，它们的解调原理基本一致，都是对信号取绝对值或绝对值的平方，然后进行低通滤波[60]，当考虑运算量时，也可以用绝对值运算代替图 6-66 中的平方运算（噪声和信号服从高斯分布时，绝对值检波和平方检波只差一个因子）[4]。

对比主动处理与被动处理增益可见，主动处理增益为 $10\lg BT$（BT 为独立样本数），而被动处理增益为 $5\lg BT$。这是因为，主动处理针对的是确知信号的相干处理，而被动处理针对的是对所要检测的信号一无所知的非相干处理[11]。

如果将 M 元基阵的空间处理也考虑在内，那么在图 6-67 的基础上可以得到图 6-68 所示的处理流程[2]。

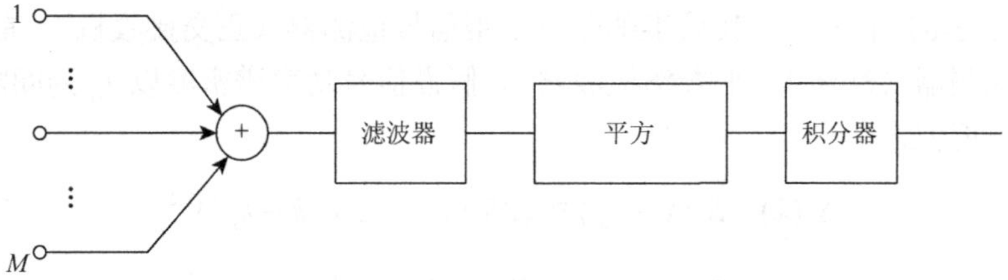

图 6-68　多阵元平方积分处理结构

此时系统的输出信噪比为 $\mathrm{SNR}_{\mathrm{out}}=\mathrm{BTM}^2\mathrm{SNR}_{\mathrm{in}}^2$。由定义可知，$\mathrm{MDS}=10\lg \mathrm{SNR}_{\mathrm{in}}=5\lg\frac{d}{\mathrm{BTM}^2}=5\lg\frac{d}{BT}-\mathrm{GS}$。如果与采样章节内容相结合，由前面的低通采样定理可知 $f_s = 2B$，则 $\mathrm{SNR}_{\mathrm{out}} = \frac{N}{2}M^2\mathrm{SNR}_{\mathrm{in}}^2$，同式（6-136）。对于 LOFAR 和 DEMON 等窄带分析，处理增益可参考图 6-68 进行计算[11]。

由上面的分析可见，在噪声带宽一定且信号持续时间足够长的条件下，积分时间越长获得的处理增益越大，但上面的等式只有在积分时间T等于信号的持续时间T_e时才成立，当$T > T_e$时，平滑过度，脉冲不能达到它的全值，于是检测阈增高；当$T < T_e$时，平滑不够，会有过多的噪声到达输出端。这种积分器失配的影响会使检测阈增加$\left|5\lg\dfrac{T}{T_e}\right|$。不仅如此，实际中积分时间太长会存在以下问题：①噪声平稳性假设无法保证；②声呐和目标的相对运动使得目标“串”波束；③距离变化引起的信号强度起伏[9, 11]。

另外，当运用重复出现的信号进行检测时，如果在做出检测判断以前，把在不同背景采样中若干次连续出现的回波非相干叠加，其效果是加长了信号的持续时间，因而可以把检测阈降低$5\lg L$（L为叠加次数）[9]。

由以上分析还可以看到，对于主、被动声呐信号检测，主要涉及的运算就是 FIR 滤波以及 FFT 运算，非常适合于现代 DSP 和 FPGA 等处理器件快速实现。DSP 中有高效的库函数便于调用，而 FPGA 芯片对于这类向量或矩阵运算也提供了丰富的 IP 核便于开发者调用，以 FIR IP 核调用为例（Altera 公司 FPGA 开发环境），其主要步骤如下。

（1）该 IP 核的参数设置，如图 6-69 所示。

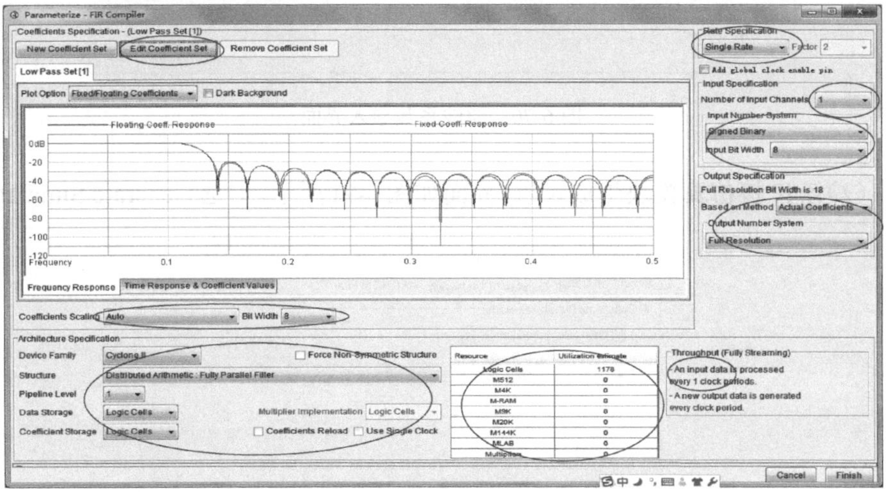

图 6-69　FIR IP 核参数设置界面

①设置 FIR 滤波器的结构、流水级数、数据存储块类型、系数存储块类型、乘法器实现结构等，并确定 FIR 使用过程中是否需要进行系数重载，如果声呐系统中具有多种不同带宽的工作信号，则一般使用系数重载功能，从而达到最佳滤波效果。

②设置需要滤波数据的输入通道数及输入数据位宽，对于输出，该 IP 核的特点是可根据实际输入系数自适应调整输出数据宽度，该宽度一般小于全输出宽度，有利于减少计算数据量。

③设置滤波器参数方式有两种方式：直接设置，可设置参数主要包括滤波器类型、窗类型、阶数、采样频率、截止频率等；将滤波器系数计算完成后按照该 IP 核导入文件格式存为相应 txt 文件，将该 txt 文件导入后即完成滤波器参数设置。滤波系数导入界面如图 6-70 所示。

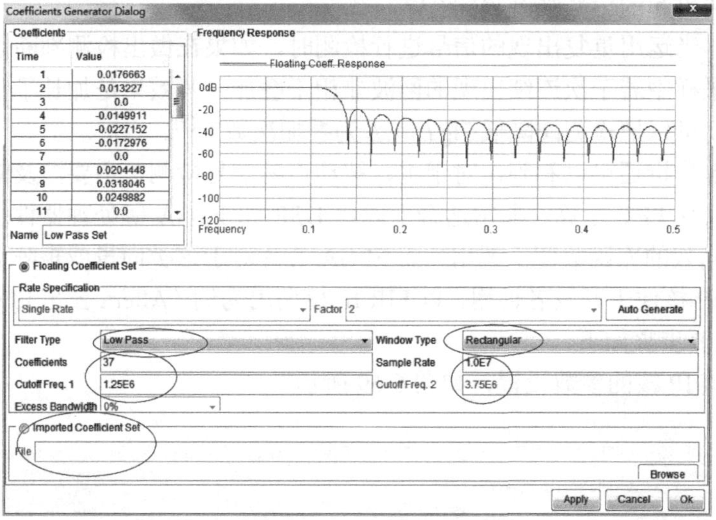

图 6-70　滤波系数导入界面

（2）该 IP 核仿真模块生成设置，界面如图 6-71 所示。勾选 Generate Simulation

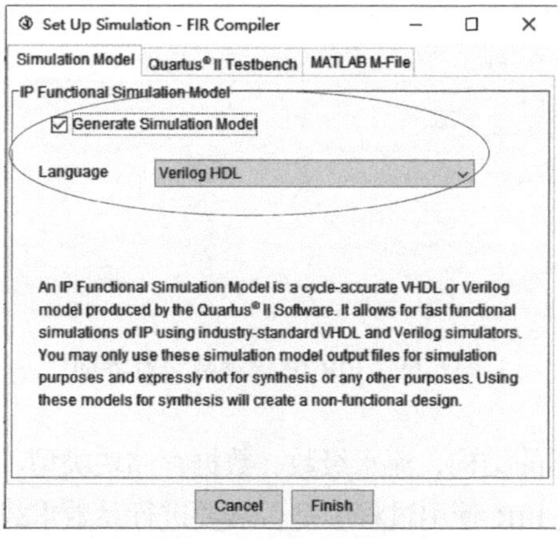

图 6-71　模块设置

Model 后即可产生用于仿真的 vo 后缀名文件，其他设置根据仿真需要自行设置即可。

（3）生成该 IP 核的相关模块如图 6-72 所示，等待生成完成即可。

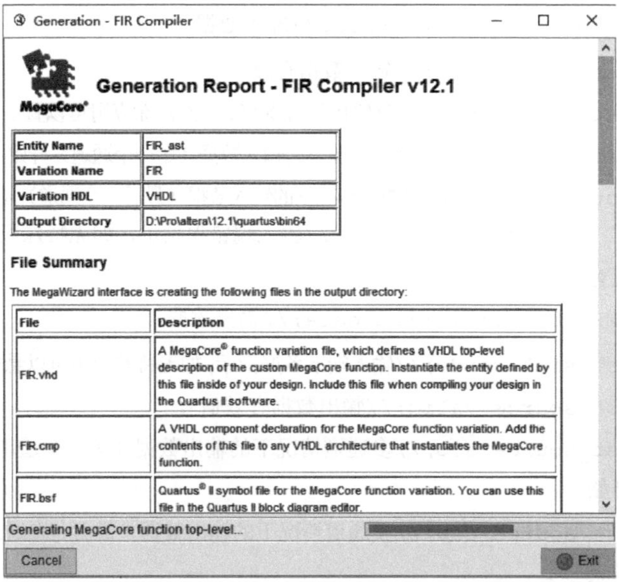

图 6-72　模块生成

该 IP 核生成后的模块及具体解释如图 6-73 所示。

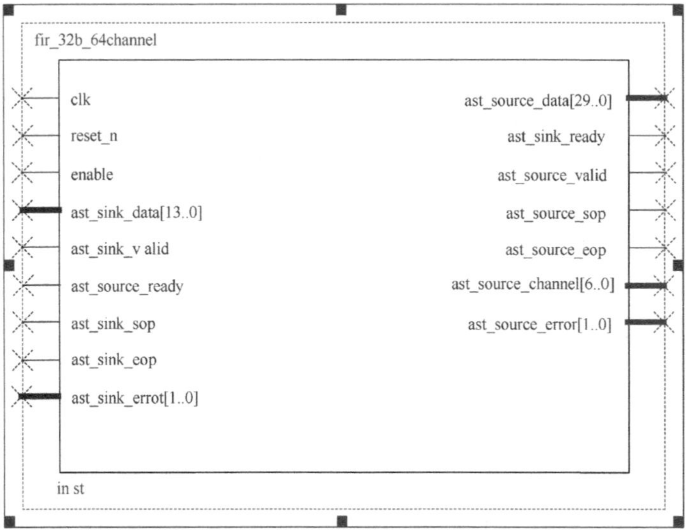

图 6-73　IP 核生成的模块框图

```
input   clk;//时钟
input   reset_n;//复位
input   enable;//时钟使能,如无特殊应用可以置 1
input   [13:0]  ast_sink_data;//输入数据
input   ast_sink_valid;//输入数据有效
input   ast_source_ready;//输出端准备好,如无特殊应用可以置 1
input   ast_sink_sop;//多通道情况下的输入数据（第一个通道）开始
input   ast_sink_eop;//多通道情况下的输入数据（最后一个通道）结束
input   [1:0] ast_sink_error;//输入端错误指示，如无特殊应用可
        以置 0
output  [29:0]  ast_source_data;//输出数据
output  ast_sink_ready;//输入端准备好指示,如无特殊应用可以悬空
output  ast_source_valid;//输出数据有效信号
output  ast_source_sop;//多通道情况下的输出数据（第一个通道）
        开始
output  ast_source_eop;//多通道情况下的输出数据（最后一个通道）
        结束
output  [6:0] ast_source_channel;//输出数据通道号标识
output  [1:0] ast_source_error;//输出数据错误指示,正常为零,如
        为其他值,需查找原因
```

第 7 章　并行信号处理平台

信号处理平台决定了声呐系统的处理能力，关系到算法功能的充分实现和技术指标的保障，是声呐系统的核心。随着电子器件，特别是 DSP 等数字器件的发展，信号处理平台规模越来越大，接口、处理等性能也越来越高，本章主要介绍其典型组成及设计要素。

7.1　信号处理平台组成

常见的信号处理平台通常由电源、时钟、处理器、存储器、外设、板间总线（板级、系统级）等部件组成（图 7-1），各部件都具有其不可替代的作用。

电源：为电路各有源部件供电。

时钟：为处理器及一些外设提供运行频率作为工作“节拍”。

处理器：是信号处理平台的运算与控制核心的超大规模集成电路。

存储器：在处理器片内存储空间基础上进一步扩展数据和程序存储空间。

外设：是增强处理器运算、控制及接口驱动等能力的硬件模块。

板间总线：连接电路板内、电路板间器件的信息共享和交换的实现方式。

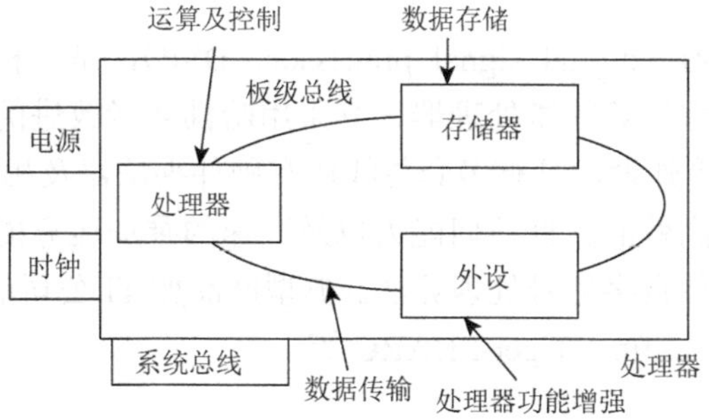

图 7-1　信号处理平台组成示意图

随着微电子技术和计算机技术的飞速发展，今天的单片处理器的性能指标可能相当于多年前的并行信号处理平台（多块电路板、多个处理器、存储器、外设等）的集成；同样，今天的并行信号处理平台能力也可能只相当于不远将来的单只处理器。随着处理器的性能快速发展，硬件开发周期大为缩短，并且开发重点逐渐从硬件向软件转变。在声呐电子系统中，模数芯片是基础，处理算法是核心，开发软件是工具。图 7-2 给出了几十年来电子系统设计实现过程中，软硬件权重的演变过程。

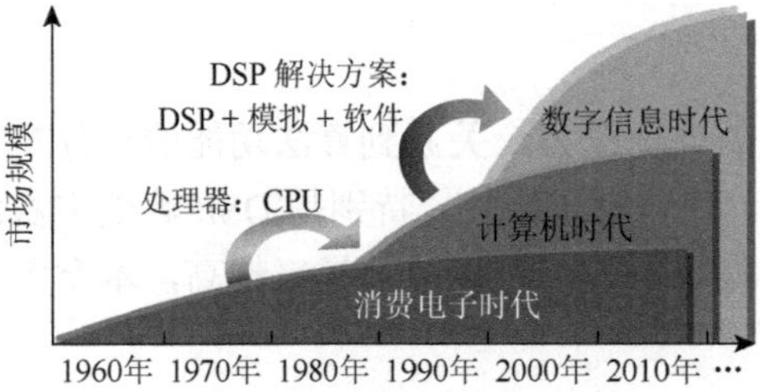

(a) 电子系统解决方案

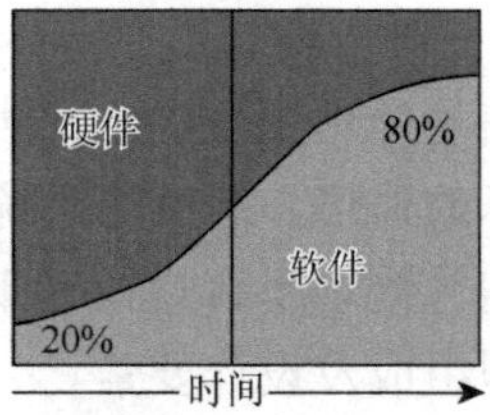

(b) 软硬件开发权重

图 7-2　电子系统中软硬件开发权重的演变过程

7.2　组成要素简介

国际上有一些较大的元器件产品芯片提供商，其产品全面覆盖了模拟和数字应用领域，如 TI、ADI 公司等，尤其是 TI 公司，近年来在处理器领域发展更为迅速、市场占有率更大，本章主要以 TI 公司产品为例对处理电路主要部件进行说明。

7.2.1　处理器

1. DSP

数字信号处理器（digital signal processor，DSP），是一种传统的、特别适合于进行数字信号处理运算的微处理器，其采用哈佛或者改进的哈佛体系结构，集成了 DMA 控制器等外设，具有多套总线还有硬件乘法器及相应的 MAC 指令等，因而充分保障了其高效的数据访问能力以及高速的乘加运算能力，其主要应用是实时快速地实现各种数字信号处理算法。典型产品如 TI 公司的 C5000、C6000 系列，ADI 公司的 Blackfin、Tiger-SHARC 等。

2. FPGA

现场可编程门阵列（field programmable gate array，FPGA），是在 PAL、GAL、CPLD 等可编程器件的基础上发展的产物，最初作为专用集成电路领域中的一种半定制电路而出现，具有可编程性，可同时进行数据并行和任务并行计算，在处理特定应用时有更加明显的效率。为了提高 FPGA 的性能，近年来芯片厂商还在芯片内部集成一些专用的硬核，如串并收发器，甚至还内嵌 DSP 模块等。典型产品如 Altera 公司的 Cyclone、Stratix 系列以及 Xilinx 公司的 Virtex 系列等。

3. ARM

ARM（Advanced RISC Machines）是微处理器行业的一家知名企业，设计了大量高性能、廉价、耗能低的 RISC（reduced instruction set computer）处理器、相关技术及软件，技术具有性能高、成本低和能耗省的特点。ARM 架构是面向低预算市场设计的第一款 RISC 微处理器，ARM 将其技术授权给世界上许多著名的半导体、软件和 OEM（Original Equipment Manufacturer）厂商，因而市场上有很多公司的 ARM 产品。由于所有产品均采用一个通用的软件体系，所以相同的软件可在所有产品中运行。ARM 是 32 位的单片机，其内部硬件资源的性能较高，可以加载操作系统成为其主要特点，有了操作系统，就可以像 PC 那样多任务实时处理，即同一时间内能完成多个任务，而且不会互相影响。

4. CPU

中央处理器（central processing unit，CPU）是一块超大规模的集成电路，是计算机的运算核心和控制核心。它的功能主要是解释计算机指令以及处理计算机软件中的数据。典型产品如 x86、PC104 等。

5. MCU

微控制单元（microcontroller unit，MCU），又称单片微型计算机（single chip microcomputer）或者单片机，是把 CPU 的频率与规格做适当缩减，并将内存、计数器、USB、A/D 转换、UART、PLC、DMA，甚至 LCD 驱动电路等都整合在单一芯片上，形成芯片级的计算机。其存储器结构一般采用冯·诺依曼结构，主频较低，但片上外设和接口功能丰富，在测控系统、智能仪表、机电一体化、民用产品等领域应用广泛。随着新一代具有 DSP 功能的 MCU 面世，MCU 和入门级 DSP 差别越来越小，例如，TI 公司网站将 TMS320 C2000 系列 DSP 作为 C2000™ Delfino™ 32 位高端实时控制 MCU 和 MSP430 超低功耗 MCU 单片机一起归类于 MCU。

6. GPU

显卡的处理器称为图形处理器（graphic processing unite，GPU），它是显卡的“心脏”，GPU 是相对于 CPU 的一个概念，只不过 GPU 是专为执行复杂的数学和几何计算而设计的，在浮点运算、并行计算等部分计算方面，GPU 可以提供远优于 CPU 的性能。典型产品如 NVIDIA 公司的 GeForce RTX、GTX 系列，以及 ATI/AMD 公司的 AMD Radeon 系列等。

7. APU

加速处理器（accelerated processing unit，APU），是 AMD“融聚未来”理念的产品，它第一次将中央处理器和独显核心做在一个晶片上，同时具有高性能处理器和最新独立显卡的处理性能，将通用运算 x86 架构 CPU 核心和可编程矢量处理引擎相融合，把 CPU 擅长的精密标量运算与传统上只有 GPU 才具备的大规模并行矢量运算结合起来，兼具了 CPU 和 GPU 的优势。

针对特定的实际应用需求，上述处理器各有优势和不足，通常一个复杂的声呐等电子系统，往往会由上述芯片中的一种或几种构成。处理器提供商甚至提供集成不同内核的处理器产品，例如，除了 APU 之外，还有内嵌 ARM 硬核、DSP 硬核的 FPGA 芯片等。图 7-3 给出了几个在实际声呐系统中应用的例子。

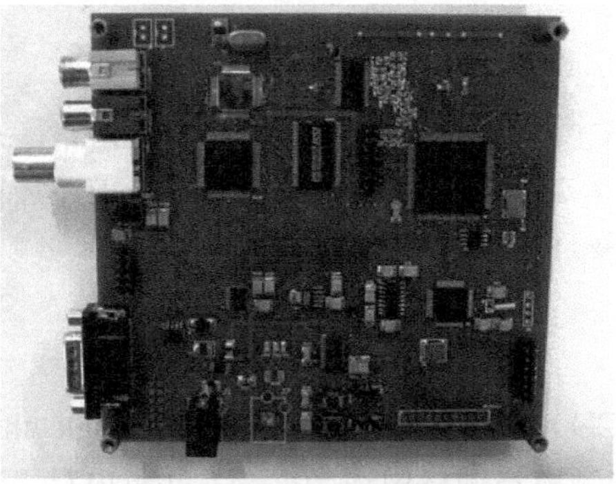

(a) MCU + DSP低功耗监控

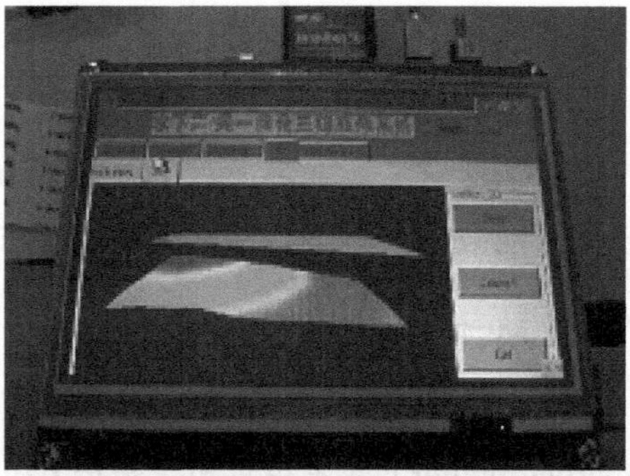

(b) OMAP(ARM + DSP)便携式测深声呐

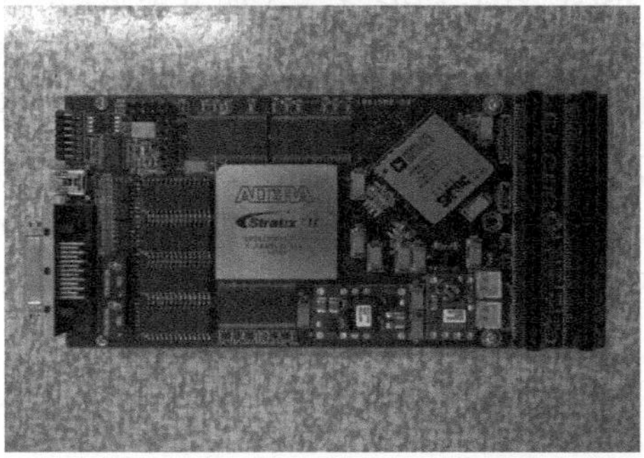

(c) FPGA + DSP高速水声信号处理

(d) FPGA + ARM图像声呐

图 7-3　水声工程应用中不同处理器的组合

单就算法实时实现应用而言，DSP 和 FPGA 目前最为常见。在 DSP 里，硬件已经完全固化，开发者要做的就是在这个固定的硬件平台实现其功能的最优化，一般

TI 的 DSP 涉及最多的是一些基本的 BIOS（basic input output system）操作系统之间的任务调度以及算法改进与优化等，DSP 的关键优势包括其对于新型及复杂算法时的更短的开发时间，以及能够运行多种算法的灵活性。FPGA 就像一张白纸，对于 FPGA 来说，开发者是一个硬件设计者，FPGA 的最大优势在于硬件实现以及通过并行处理实现的效率增益。开发 FPGA 的过程，往往更多的时间并非消耗在算法设计与优化方面，而是消耗在逻辑设计与时序约束等方面。DSP 和 FPGA 的关系与 CPU 及 GPU 关系类似，二者性能特点各有所长，因此在对实时运算能力有需求的声呐电子系统设计中，往往共同出现。

在声呐信号处理平台设计中，对上述处理器类别的选择往往考虑算法复杂度、运算精度（定点、浮点）、接口完备度、开发复杂度、成本承受度以及功耗和体积等因素。在选定某一或几种处理器后，还要进行具体选型工作，如对算法实际性能的软、硬仿真（资源、实时性），以及处理器的可并行度评估等。

7.2.2 外设

外设是增强处理器运算、控制及接口驱动等能力的硬件模块，集成在处理器芯片内的外设又称为片上外设。对外设控制使用方法就是对其相关的寄存器进行针对性的读写操作，使其实现需要的功能。外设主要包括以下几类：

（1）模拟接口芯片，包括 AD、DA、音频 Codec、视频 Encoder、Decoder 等；

（2）协处理器，用于减轻微处理器特定处理任务的专用硬件模块，包括 FFT、Graphic Accelerator、维特比协处理器、Turbo 协处理器等；

（3）接口控制器，包括 UART、USB、SD、SRIO、PCI-E、Ethernet、SATA 等。

以 TI 公司的 TMS320C6670 型 DSP 处理器为例，其功能框图如图 7-4 所示，除了有四个高性能的 C66xDSP 核外，还有 PCI-E、SRIO 等丰富的接口控制器，并且还有 FFT、BSP（board support package）协处理器等，充分保证了这款芯片在无线基带信号处理系统中的强大性能。

7.2.3 存储器

1. 存储器电路基本概念

（1）两个主体。

①存储器。

②存储器控制器。

（2）三总线接口：两个主体之间以数据、地址和控制三总线连接。

①数据总线：双向，读/写过程中在三态/输入/输出之间动态变化。

②地址总线：由存储器控制器输出给存储器，来选择存储单元。

③控制总线：由存储器控制器输出给存储器，来控制读/写操作。

（3）两种基本操作：数据、地址和控制总线之间以一定时序完成相应操作。

①读操作：控制器驱动地址、控制总线，存储器送数据至数据总线，读操作后释放数据总线。

②写操作：控制器驱动地址、控制总线，并送数据至数据总线，写操作后释放数据总线。

（4）主/从结构：存储器控制主动发起，存储器被动接受。

①存储器控制器为主。

②存储器为从。

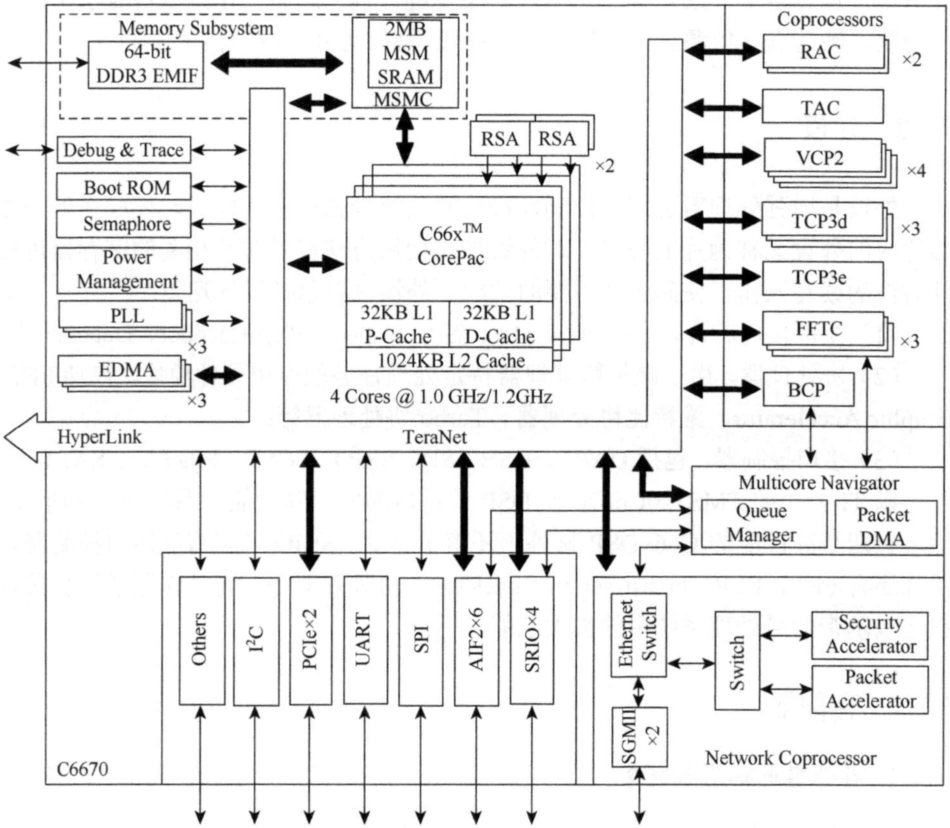

图 7-4　TMS320 功能组成框图

2. 存储器及其接口类型

（1）异步存储器接口：数据、地址和控制总线无统一的时钟进行同步。

典型产品包括 SRAM、Flash、NvRAM 等，另外还有许多以并行方式接口的模拟 / 数字 I/O 器件，如 A/D、D/A 等，也采用异步存储器接口形式实现。TI 公司的 C2000 MCU、C54x 系列 DSP 只提供异步存储器接口，所以它们只能与异步存储器直接连接，如果想要与同步存储器进行数据传输，则必须外加相应的存储器控制器。

（2）同步存储器接口：数据、地址和控制总线用统一的时钟进行同步。

典型产品包括同步静态存储器 SBSRAM 和 ZBTSRAM、同步动态随机存储器 SDRAM 以及同步 FIFO 等。相较于异步存储器，同步存储器的速度更快、容量也更大。SDRAM 是最常用的同步存储器件，它被广泛用作 PC 的内存，从第一代的 SDR SDRAM 已经发展到现在的 DDR 五代。TI DSP 中 C55x 和 C6000 系列 DSP 包含同步存储器接口，支持二者之间的无缝连接，显著简化了硬件设计过程。C55xDSP 与不同接口类型存储器连接关系图如图 7-5 所示。

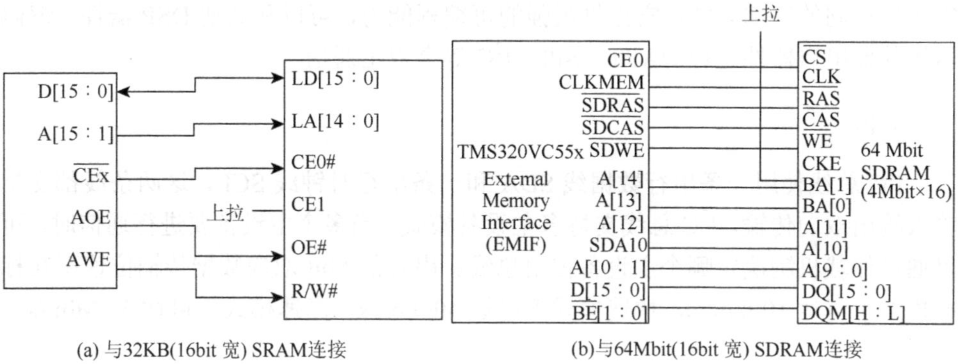

图 7-5　C55x DSP 与不同接口类型存储器连接关系图

7.2.4　板间总线

1. 并行总线

并行总线在同一时刻可以传输多位数据；相对地，另一种为串行总线，它在同一时刻只能传输一个数据，数据必须一位接一位地传输。

对并行总线来说，其性能参数有以下三个：总线宽度、时钟频率、数据传输频率。其中，总线宽度就是该总线可同时传输数据的位数，例如，16bit 总线在同一时刻传输的数据为 16bit，也就是 2Byte（B）；而 32bit 总线可同时传输 4B，64bit 总线可以同时传输 8B……，显然，总线的宽度越大，它在同一时刻就能够传输更多的数据，不过总线的位宽无法无限制增加。

总线的带宽指的是这条总线在单位时间内可以传输的数据总量，它等于总线位宽与工作频率的乘积。例如，对于 64bit、800MHz 的前端总线，它的数据传输率就等于 64bit×800MHz÷8Byte = 6.4GB/s；32bit、33MHz PCI 总线的数据传输率就是 32bit×33MHz÷8Byte = 132MB/s。

2. McBSP

McBSP 是英文 multichannel buffered serial port（多通道缓冲串行口，TI 处理器产品特有）的缩写。McBSP 包括一个数据通道和一个控制通道，通过 7 个引脚与外部设备连接。数据发送引脚 DX 负责数据的发送，数据接收引脚 DR 负责数据的接收，发送时钟引脚 CLKX、接收时钟引脚 CLKR、发送帧同步引脚 FSX 和接收帧同步引脚 FSR 提供串行时钟和控制信号。时钟信号频率可达到处理器主频的一半。

McBSP 是在标准串行接口的基础之上对功能进行扩展，因此，具有与标准串行接口相同的基本功能。它提供很强的可编程能力，可以和其他 DSP 器件、编码器等其他串口器件进行 UART、SPI、I^2C 等全双工通信。

3. I^2C

I^2C 总线使用一条串行数据线 SDA 和一条串行时钟线 SCL，这两条线都支持输入输出双向传输。I^2C 总线支持多主设备模式，当多个主设备要进行通信时，可以通过仲裁机制决定哪个主设备占用总线。串行的 8bit 双向数据传输位速率在标准模式下可达 100kbit/s，快速模式下可达 400kbit/s，高速模式下可达 3.4Mbit/s。

4. SPI

SPI 是 serial peripheral interface（串行外设接口）的缩写，是一种高速、全双工、同步通信总线，并且只占用四个芯片管脚，为 PCB 在布局上节省空间，提供方便。SPI 是一个环形结构，通常由一个主模块和一个或多个从模块组成，主模块选择一个从模块进行同步通信，完成数据的交换。SPI 最大传输速率受以下几个条件影响：SPI 的最大时钟频率、CPU 处理 SPI 数据的能力以及输出端驱动能力（PCB 所允许的最大信号传输速率）等，有的器件 SPI 可达到几兆比特每秒甚至几十兆比特每秒。具体到产品中，SPI 的速率主要看主、从器件 SPI 控制器的性能限制。

5. UART

通用异步收发传输器（universal asynchronous receiver/transmitter，UART）是一种通用串行数据总线，用于异步通信。该总线双向通信，可以实现全双工传输和接收。作为异步串口通信协议的一种，其工作原理是将传输数据的每个字符一位接一位地传输。它包括了 RS232、RS422 和 RS485 等接口标准规范和总线标准规范，即 UART 是异步串行通信口的总称，而 RS232、RS422 和 RS485 等是对应各种异步串行通信口的接口标准和总线标准，规定了通信口的电气特性、传输速率、连接特性和接口的机械特性等内容。

（1）RS232：传输速率低，抗干扰能力差，能传输的最大距离不超过 15m；

（2）RS422：定义了一种平衡通信接口，将传输速率提高到 10Mbit/s，传输距离延长到 1.2km（速率低于 100kbit/s 时）；

（3）RS485：增加了多点、双向通信能力，即允许多个发送器连接到同一条总线上，同时增加了发送器的驱动能力和冲突保护特性，扩展了总线共模范围，最高传输速率 10Mbit/s，抗干扰能力强，可以传距离 1.5km。

RS232 通常采用三线制工作，全双工模式；RS422 为 4 线制，全双工模式；RS485 为两线制，半双工模式。使用时，通过相应电平转换器件将 URAT 信号转换成对应的接口标准。

6. Rapid I/O

传统总线大多采用并行总线工作方式，这类总线一般分为三组：数据线、地址线和控制线。实现此类总线互连的器件所需引脚数较多，例如，对于 64bit 数据宽的总线，一般有 64 根数据线，32～40 根地址线以及 30 根左右的控制线，另外，由于半导体制造工艺的限制还要加上一定数量的电源引线和地线，总共会有 200 根左右的引线，这给器件封装、测试、焊接都带来了一些问题。

Rapid I/O 体系结构是为了满足与高性能嵌入式系统的独特需求相关的一些主要目标而发展的。Rapid I/O 互连定义包括两类技术：面向高性能微处理器及系统互连的并行接口和面向串行背板、DSP 和相关串行控制应用的串行接口（serial rapid I/O，SRIO）。SRIO 是物理层采用串行差分模拟信号传输的 Rapid I/O 标准。SRIO 1.x 标准支持的信号速度为 1.25Gbit/s、2.5Gbit/s、3.125Gbit/s；Rapid I/O 2.0 标准支持 5Gbit/s、6.25Gbit/s。对比可见，SRIO 虽然使用了远少于传统并行总线的数据传输引脚，但应用了差分信号传输技术，获得了优异的传输速度性能。

图 7-6 给出了基于传统并行总线和 SRIO 互联的两种方案框图。基于传统并行总线结构的数据互联方案中，ASIC 与 DSP 处理器间通过 EMIF 接口进行数据的并行传输。多个 DSP 的处理结果通过 HPI/PCI 总线传输至主控 CPU，再通过背板进行数据的板间传输。当采用基于传统并行总线结构的数据传输方案时，多个 DSP 间的数据交互困难，数据流向复杂，数据传输速率、信号位宽、灵活性和集成性都受到了器件的限制。基于 SRIO 的互联方案中，ASIC 与 DSP 处理器间通过 SRIO 接口进行高速的数据串行传输。多个 DSP 处理器间也可通过 SRIO 接口进行数据交互，系统灵活性得到了极大的增强。多个 DSP 处理器的处理结果汇总

至单个 DSP，进行数据融合后传输至主控 CPU，DSP 和主控 CPU 均可以通过背板进行板间数据传输。当采用基于 SRIO 的互联方案进行数据传输时，多个 DSP 间的数据交互灵活，数据传输速率也较传统并行总线结构具有显著提升。

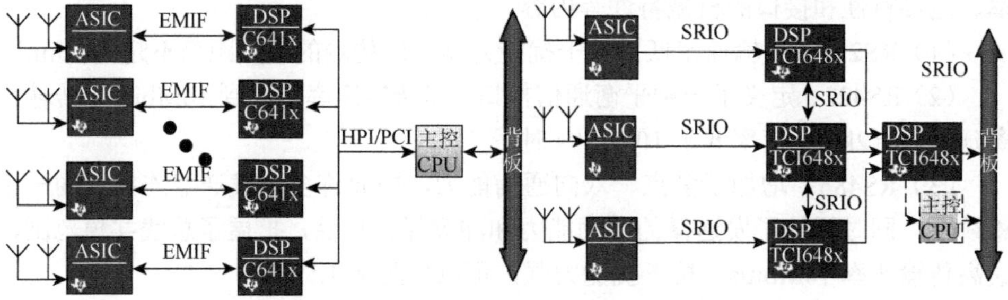

图 7-6　DSP 无线基站应用中基于传统并行总线和 SRIO 互联方案对比

7. HyperLink（TI DSP）

HyperLink 是 TI 专有的外设接口，其设计最高速率支持 12.5Gbit/s，目前集成在 TI 公司 KeyStone 架构的 DSP 上，由于受限于 SerDes（Serializer-Deserializer，串行器和解串器的简称）和板级布线，速度接近为 10Gbit/s。

相对于用于高速 SerDes 接口的传统 8bit/10bit 编码方式（目前高速串行通信中经常用到的一种编码方式，直观的理解就是把 8bit 数据编码成 10bit 来传输），HyperLink 减少了编码冗余，编码方式等效于 8bit/9bit，HyperLink 提供 4 个 SerDes 通道，所以 10Gbit/s 的 HyperLink 理论吞吐率为 $10\times4\times(8/9)=35.5$（Gbit/s）$=4.44$（GB/s）。

8. CAN

CAN 是 controller area network（控制器局域网）的缩写，是 ISO 国际标准化的串行通信协议，被广泛地应用于工业自动化、船舶、医疗设备、工业设备等方面，被誉为自动化领域的计算机局域网，为分布式控制系统实现各节点之间实时、可靠的数据通信提供了强有力的技术支持，已被公认为几种最有前途的现场总线之一。CAN 总线适合在大数据量短距离或者长距离小数据量通信，实时性要求比较高，多主多从或者各个节点平等的现场中使用。理论通信距离最远可达 10km（速率低于 5kbit/s）、速率可达到 1Mbit/s（通信距离小于 40m）。现实中常用的高速 CAN 总线速率有 500kbit/s 或 250kbit/s，低速 CAN 总线有 125kbit/s 和 62.5kbit/s，传输距离在几米到几十米。

9. 光纤

光纤通信（fiber-optic communication），是指一种利用光与光纤（optical fiber）传递信息的方式，属于有线通信的一种。光纤通信具有传输容量大、保密性好等优点。实际应用中将需传送的信息在发送端输入发送机中，将信息叠加或调制到作为信息信号载体的载波上，然后将已调制的载波通过传输介质传送到远处的接收端，由接收机解调出原来的信息。其传输速度可以达到 10Gbit/s 以上。

10. USB

USB 是 universal serial bus（通用串行总线）的缩写，是连接计算机系统与外部设备的一种串口总线标准，也是一种输入输出接口的技术规范，被广泛地应用于个人计算机和移动设备等信息通信产品，并扩展至摄影器材、数字电视、游戏机等其他相关领域。目前最新一代是 USB 3.1，传输速度可达 10Gbit/s。

11. Ethernet

以太网（Ethernet）是一种计算机局域网技术。IEEE 组织的 IEEE 802.3 标准制定了以太网的技术标准，它规定了包括物理层的连线、电子信号和介质访问层协议的内容，是目前应用最普遍的局域网技术。其传输速度提高迅速，从 10Mbit/s→100Mbit/s→1Gbit/s（当前主流）→…。

12. PCI→PCI-X、PCI-E

PCI-E（peripheral component interconnect express）是一种高速串行计算机扩展总线标准，以替代旧的 PCI 和 PCI-X 总线标准，PCI-E 最新的接口是 PCI-E 3.0 接口，将编码方案从之前的 8bit/10bit 编码升级到 128bit/130bit，其传输速度可达到 8Gbit/s。PCI-E 还有多种不同速度的接口模式（图 7-7），包括 1X、2X、4X、8X、16X 以及更高速的 32X。1X 即利用两对差分信号线（一对用来接收数据，另一对用来传输数据），速度可达到上述的 1GB/s，8X、16X 的传输速率便是 1X 的 8 倍和 16 倍，显著提升了系统总线的数据传输能力。

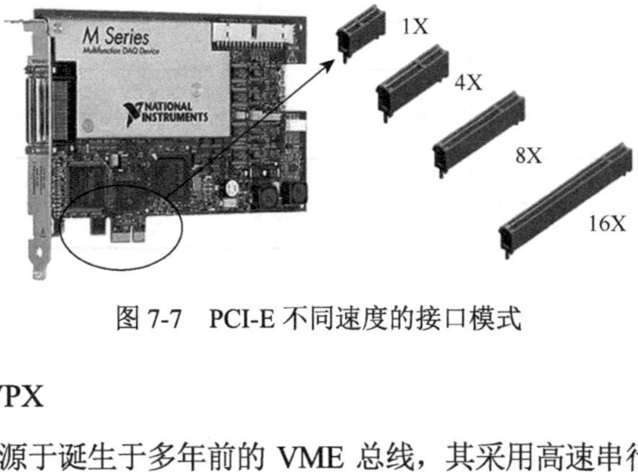

图 7-7　PCI-E 不同速度的接口模式

13. VME→VPX

VPX 总线来源于诞生于多年前的 VME 总线，其采用高速串行总线技术替代了

VME 总线的并行总线技术。VPX 总线引入了目前最新串行总线技术，如 Rapid I/O、PCI-E 和万兆以太网等，支持更高的背板带宽。VPX 核心交换可以提供 32 对差分对，每对差分对理论上可以提供 10Gbit/s 的数据交换能力，一个 VPX 模块理论上最高可以提供 8GB/s 的数据交换能力。基于 VPX 总线的电路板及 VPX 连接器如图 7-8 所示。

图 7-8　基于 VPX 总线的电路板及 VPX 连接器

上述不同接口技术参数对比如表 7-1 所示。

表 7-1　不同接口技术参数对比

接口类型	通信距离		通信速度		通信对象	
	板间	远距离	低速（<Gbit/s）	高速（≥Gbit/s）	自定义	计算机系统
并行总线	√			√	√	
McBSP	√		√		√	
I^2C	√		√		√	
SPI	√		√		√	
UART	√	√	√		√	√
Rapid I/O	√			√	√	
HyperLink	√			√	√	
CAN	√	√	√		√	
光纤	√	√		√	√	
USB	√			√	√	√
Ethernet	√	√		√	√	√
PCI-E	√			√	√	√
VPX	√			√	√	√

7.2.5　电源

常用的电源芯片类型包括线性稳压器（low dropout regulator，LDO）、DC/DC

开关稳压器等。相比而言，LDO 体积小，干扰较小，适用于输入和输出电压很接近的场合，当输入与输出电压差较大时，转换效率低；DC/DC 开关稳压器的特点就是转换效率高，可以大电流，但输出干扰较大，体积也相对较大。电源电路设计时通常要考虑电源器件的类型（转换效率、成本和空间等）、输入电压、输出电压（是否可调、通道数等）、输出电流等因素。实际电源电路中，往往还辅以具有电源电压监视功能的芯片，可以在电路供电不正常时给出中断信号。

为一个电路甚至一个芯片供电往往需要多种电源，例如，TI 公司的 DSP 可能有核电源引脚、I/O 电源引脚、锁相环（phase locked loop，PLL）电路电源引脚、Flash 编程电源引脚（仅 C2000 系列 DSP 有）、模拟电路电源引脚（仅 C2000 系列 DSP 有）等 5 种典型的电源引脚，如图 7-9 所示。

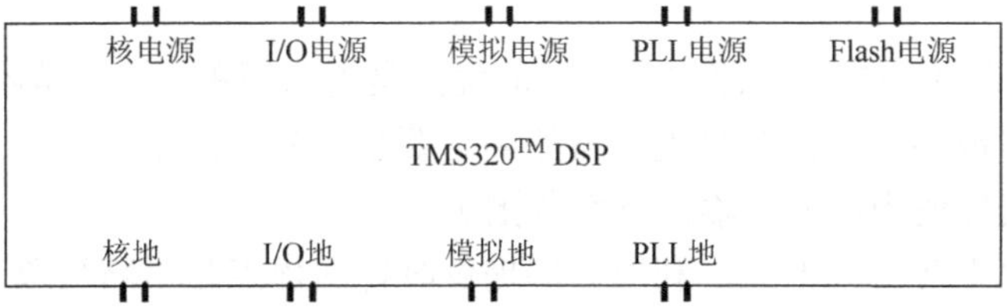

图 7-9　TI DSP 电源引脚示意图

在对需要多种电源的芯片进行供电时，还需要考虑到电源之间的上电时序。并且对模拟和数字部分应该独立供电，如图 7-10 所示。

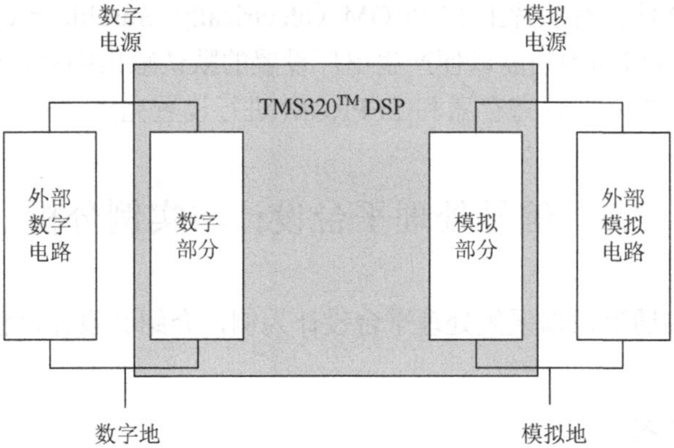

图 7-10　TI DSP 供电示意图

7.2.6　时钟振荡器

1. 基本概念

（1）晶体（crystal）。晶体是晶体谐振器的简称，是一种压电石英晶体器件，具有一个固有的谐振频率，在恰当的激励作用下，以其固有频率振荡。

（2）振荡电路（oscillator）。振荡电路为晶体提供激励和检测电路。

（3）晶振（crystal oscillator）。晶振将晶体、振荡器和负载电容集成在一起，其输出直接为一方波时钟信号。

（4）PLL 电路。PLL 用于对输入时钟信号进行分频或倍频的电路。

大多数器件片内均包含振荡电路，只需外加晶体和负载电容即可产生所需的时钟信号。也可禁止片内振荡电路，直接由外部提供时钟信号。TI DSP 提供了片内/片外振荡器、片内 PLL（分频/倍频系数可由硬件/软件配置）等多种灵活的时钟选项。

2. 时钟产生方式

（1）利用晶体和振荡电路提供时钟的优点是电路简单，只需晶体及 2 个电容，价格便宜，占地小，时钟信号电平自然满足要求；其缺点是驱动能力差，不可以提供给多个器件使用，并且输出频率范围小。

（2）相比于前一种方式，利用晶振提供时钟的优点是电路简单、占地小、驱动能力强，可提供多个器件使用。

（3）还有专门的可编程时钟芯片，输出时钟信号频率现场可编程，由专用软件进行设计，可产生特殊的频率值，例如，TI 公司 LMK61E0 系列可编程振荡器使用分数 N 频率合成器与集成 VCO（voltage-controlled oscillator）来生成常用的参考时钟。该器件具有从片上 EEPROM（electrically erasable programmable read only memory）自启动的功能以便产生出厂设置的默认输出频率，或者可通过 I^2C 串行接口在系统中对器件寄存器和 EEPROM 进行设置完成编程。

7.3　信号处理平台设计与实例分析

本节以某多通道数据采集处理平台设计为例，介绍其设计过程[61]。

7.3.1　指标要求

（1）采集能力：采样率不小于 150kHz，采样通道数为 108 通道。

（2）处理能力：利用 2 片 Cyclone V 型 FPGA、2 片 C6657 型 DSP 完成 512 个波束的波束形成及地形检测算法。

（3）接口能力：串口/吉比特网络，完成命令的下行以及结果的上行传输。

7.3.2　方案设计

为了能够保证处理速度，声呐系统中通常选择同时使用 FPGA 和 DSP 组合的方式：在 FPGA 中运行正交变换、滤波及波束形成等大量的并行运算，而在 DSP 中运行复杂的串行地形检测算法。因此在数据处理时采用了 FPGA+DSP 以充分利用 FPGA 并行处理的特性以及 DSP 高速的计算能力。由于需要用到千兆网口进行数据传输，选择一块集成有 ARM 核心的 FPGA 作为控制 FPGA，ARM 核心自带的千兆网 IP 核可以用来驱动千兆网进行数据传输，同时 FPGA 侧还可以方便地实现和采集处理 FPGA 的高速接口以及整个系统的控制。综上所述，平台采取了 FPGA+DSP+SOC（片上系统，system on chip）的方案，组成框图如图 7-11 所示。

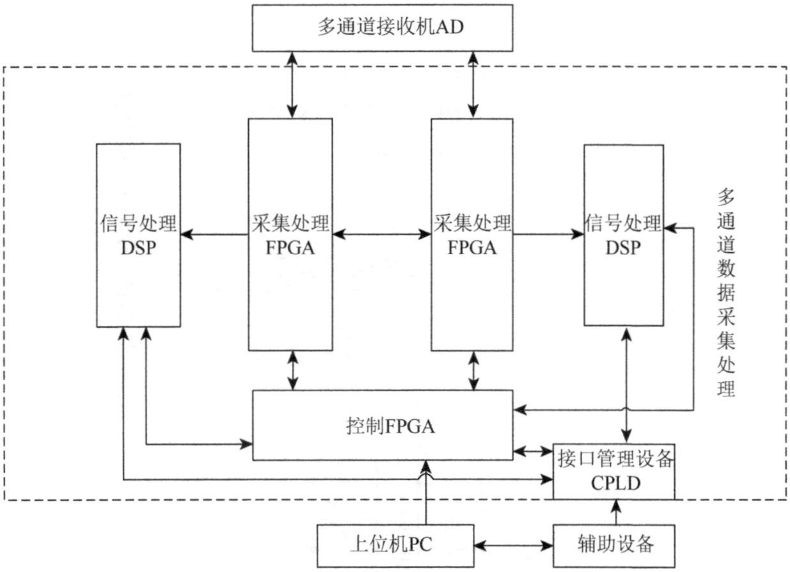

图 7-11　多通道数据采集处理平台框图

7.3.3　电路实现

1. 供电电路

多通道数据采集处理平台的供电部分需要三种电源：数字 12V、数字 5V 和模拟±5V，其中，数字 12V 提供给 DSP 核心板，数字 5V 再经过转换得到 3.3V 和 1.8V，分别提供给各个核心板，模拟±5V 并不在数据采集处理平台上使用，而是通过连接件提供给接收信号调理电路。其原理图如图 7-12 所示。

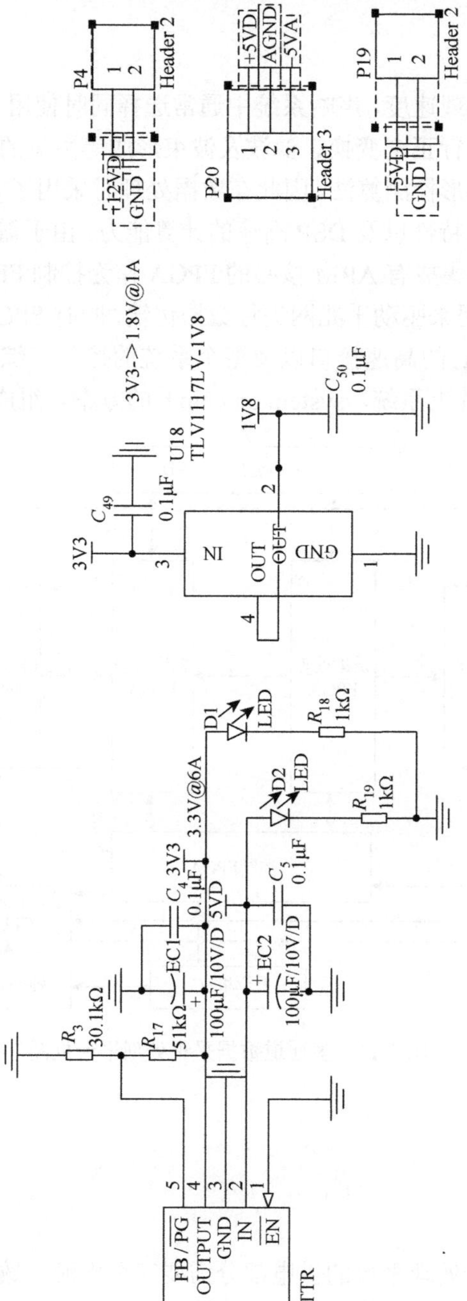

图 7-12　供电电路原理图

2. FPGA 及 DSP 电路

为简化设计、便于调试，本系统中的 FPGA、DSP 以及 SOC 均基于核心板进行设计，所以只需要按照核心板的 I/O 接口分配，在原理图上设计插座及其连线及外围电路即可。

DSP 有部分 I/O 接口直接与 FPGA 互连，因此需要考虑到工作电平和阻抗匹配的问题，可在 FPGA 与 DSP 互连的 I/O 接口处添加电平转换芯片，以适配二者不同的工作电压。在芯片信号输出的相关引脚外加上电阻，进行阻抗匹配，同时可以防止外部电压过高损伤芯片。

图 7-13 中，左侧为 FPGA 输出信号端，输出信号通过一组 33Ω 排阻进行阻抗匹配，而后通过 SN74AVC20T245 芯片将电平转换至 1.8V 适配 DSP。在 DSP 的工作中需要设计复位按键，包括完全复位和热复位。复位电路设计见图 7-14。

系统中用到的 DSP、Cyclone VGX 以及 SOC 子卡见图 7-15。

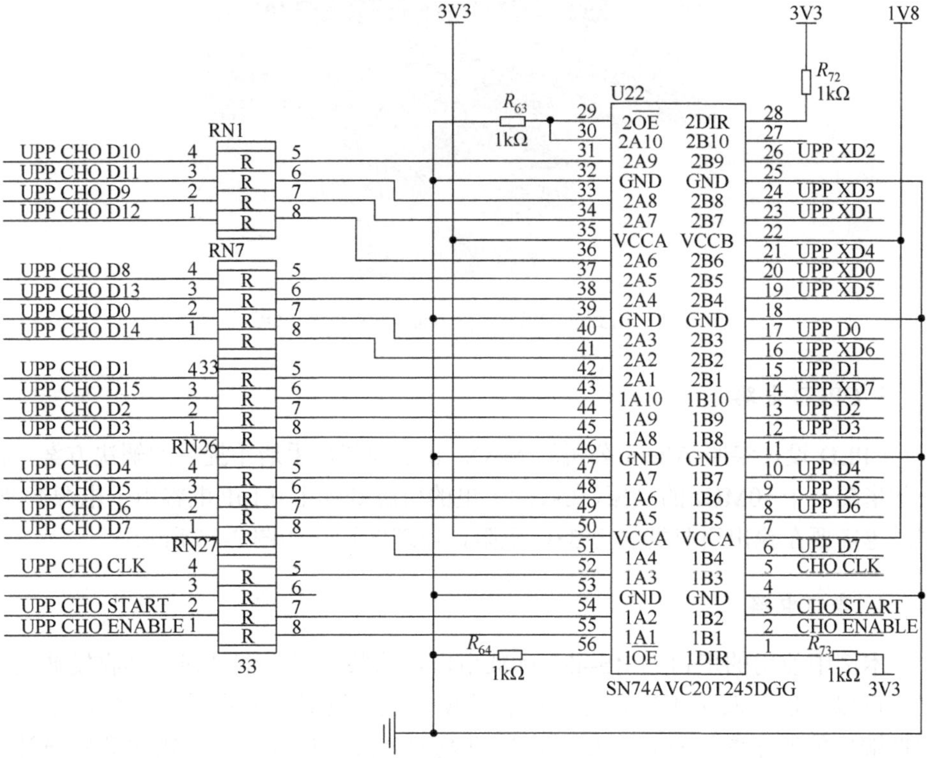

图 7-13　DSP 核心板信号输入（部分）

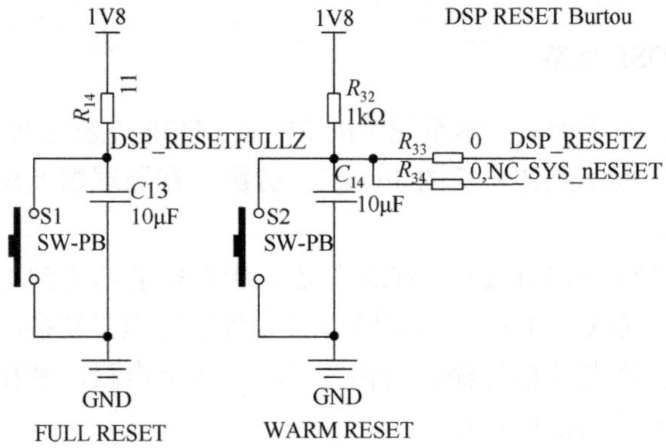

图 7-14　DSP 复位电路设计

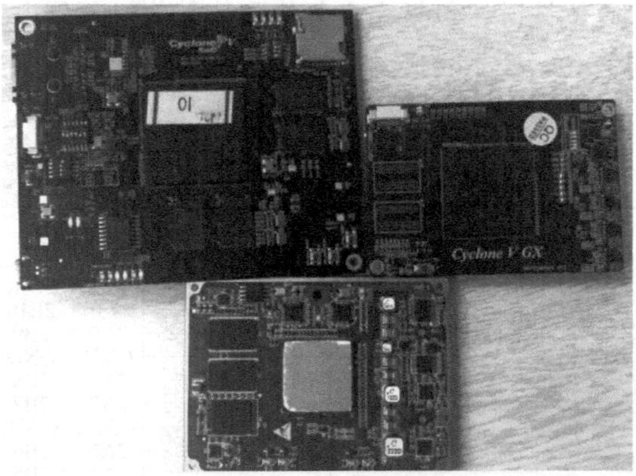

图 7-15　用到的 DSP、Cyclone VGX 以及 SOC 子卡

3. CPLD 电路

CPLD 设计参照 Altera 公司的 MAX Ⅱ系列芯片手册中提供的解决方案，在外部搭配一个 50MHz 的晶振，在芯片上电的引脚处加上 0.1μF 电容用于电源滤波，同时也需要在输出引脚端加上 33Ω 电阻，原理图设计如图 7-16 所示。

4. 串口电路

本例中使用的串口为 RS-422 标准串口，总共有五根信号线，其收发通道独立，可以实现全双工工作，为了抑制共模干扰，同时在复杂的电磁情况下保障数据端口能够正常运行，需要对串口收发部分进行设计，根据需要分别设计了隔离和非隔离两个串口，如图 7-17 和图 7-18 所示。信号处理平台实物如图 7-19 所示。

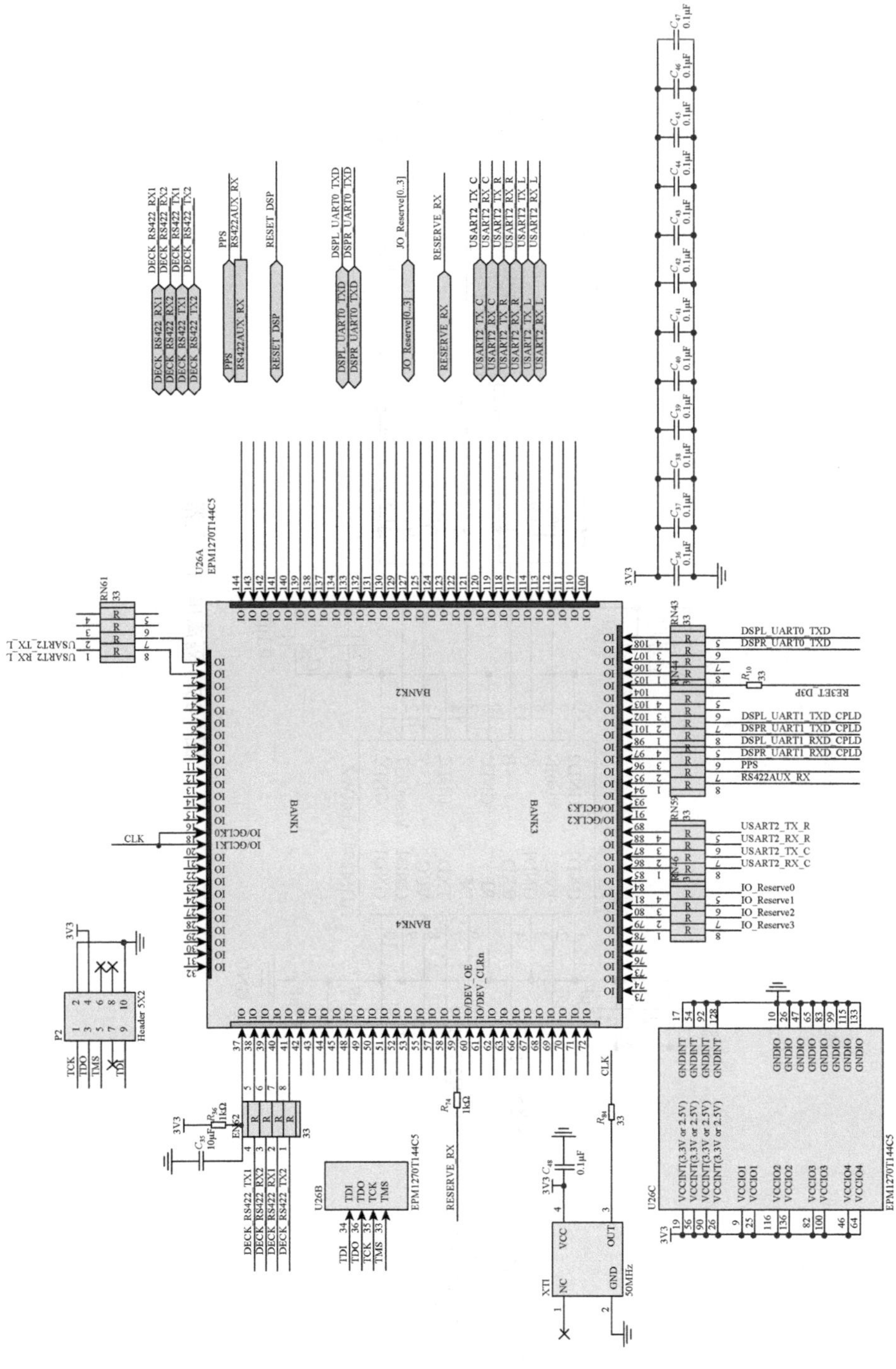

图 7-16　CPLD 及其外围电路设计

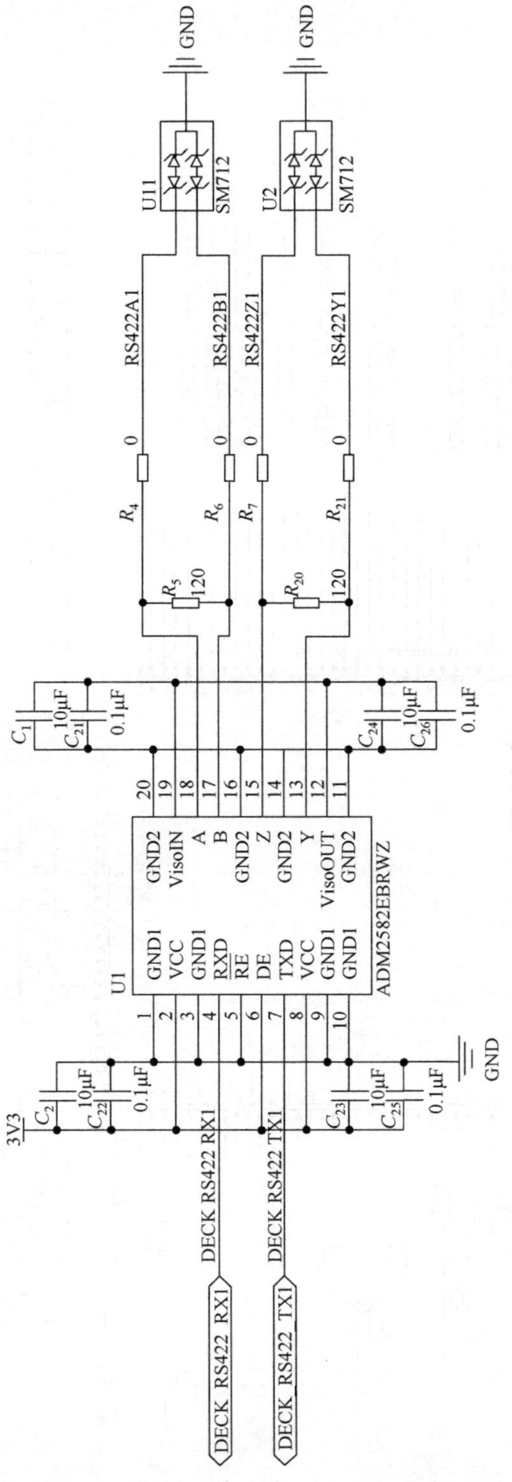

图 7-17 隔离串口收发器

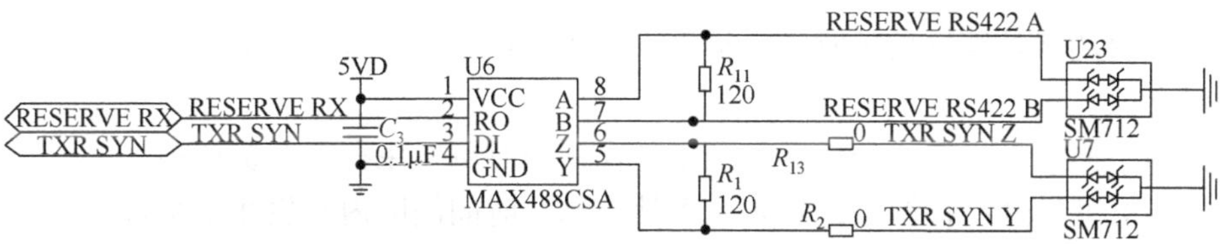

图 7-18　非隔离串口收发器

(a) 正面　(b) 反面

图 7-19　信号处理平台实物

7.4　并行理论简介

大数据、人工智能等现代信息处理技术的飞速发展对数据运算能力的需求日益提高，其显著推进了现代处理器的更新换代，但传统单处理器性能的提升终究存在瓶颈，例如，随着工作频率的提升，芯片功耗越来越高甚至可能导致芯片难以正常工作等。由于并行性蕴含着提高信息处理速度和解决大规模问题的巨大潜力，展现出由多个处理器组成更大规模的并行处理系统的前景，并行处理技术已经得到了广泛关注和深入研究，并取得了诸多成果，例如，现在的天河系列等超级计算机以及利用其进行的大规模工程计算等，都离不开并行理论的支撑。因此，并行处理系统不是凭空产生的，而是反映了单处理器向高指标发展的自然趋势。虽说声呐系统的并行处理平台并行复杂度远小于现代的巨型机，求解的问题也相对简单，但还是有必要掌握并行处理的一些常见基本概念以指导其在声呐系统中的应用与理解。

需要说明的是，并行处理技术研究之初的应用对象主要是计算机，当时的微处理器技术远不如今，由多个微处理器组成的并行处理系统得到了广泛应用，本章中为了沿用传统的并行处理理论，有些地方还是采用了“处理机”一词，但可等同理解为“处理器”。

7.4.1　基本概念

并行处理是一种有效的强调开发计算过程中并行事件的信息处理方式，其根本研究目的就是缩短处理时间、提高信息处理的可靠性和处理效率。并行性包含两种含义。

（1）同时性：指两个或者多个事件在同一时刻发生在多个资源中。

（2）并发性：指两个或者多个事件在同一时间间隔内发生在多个资源中。

并发性指两个或两个以上事件在同一时间间隔发生。并发的实质是一个物理处理器（也可以多个物理处理器）在若干道程序之间多路复用，并发性是对有限物理资源的强制多用户共享，以提高声呐系统运行效率。

并行性可以分为不同的等级，例如，从计算机系统内部执行程序的角度划分，可以分为以下四个等级[62]。

（1）指令内部：一条指令内部各种微操作之间的并行（关键在于硬件和组成的设计）。

（2）指令之间：多条指令在某一时刻或同一时间间隔内并行执行。

（3）任务或进程之间：多个任务或程序段之间的并行执行（关键在于如何进行任务分解）。

（4）作业或程序之间：多个作业或多道程序之间的并行执行。

并行性概念是推动计算机系统结构发展的重要因素，为了达到高性能的要求并满足大量计算应用领域的需要，可在处理器内广泛采取多种并行性措施，沿着时间重叠、资源重复和资源共享三条技术途径，提高处理速度和系统使用效率[63]。

（1）时间重叠（时间因素）。

在并行性概念中引入时间因素，即多个处理过程在时间上相互错开轮流重叠使用同一套硬件的各个部件以加快部件的周转而提高速度。例如，流水线计算机＜时间并行＞。

（2）资源重复（空间因素）。

在并行性概念中引入空间因素，根据以数量取胜的原则，重复设置硬件资源以大幅度提高计算机系统的性能。例如，阵列处理机＜空间并行＞。

（3）资源共享。

利用软件的方法，使多个用户分时使用同一个计算机系统，以提高计算机系统资源的利用率。例如，多处理机系统＜时间和空间上的异步并行＞。

实际应用中，上述三种并行处理方式并不排斥，甚至是几种方式的综合。

另外，系统并行性的进一步提高，必然向多处理器并行处理系统发展，把多个处理器连接起来、相互配合、各尽其能，以及重复设置多个处理器，引入程序和任务级的并行性，可以获得更高的系统效率和处理速度，达到并行处理的更高水平。即沿着功能专门化、处理器间互连和网络化这三种技术途径促进并行处理系统发展[63]。

并行处理系统是由借助某种互联网络而连接起来的多个处理部件，以及使这些部件能在一起工作的软件所组成的系统。对这种系统的分类主要取决于以下两个因素：处理部件本身以及将它们结合在一起的互联网络。互联网络可以是静态的或者动态的。静态网络中的连接是固定的链路，而动态网络中的连接是当需要时才建立。图 7-20 对这种分类进行了说明[64]。

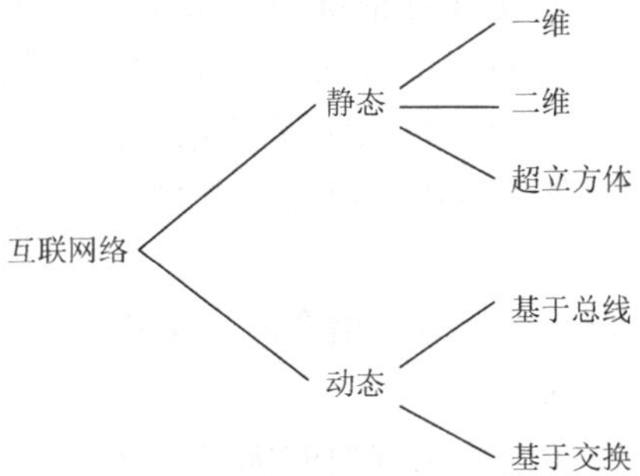

图 7-20　基于拓扑的互联网络分类方法

最流行的计算机体系结构分类方法是基于信息流的弗林（Flynn）分类法。处理器中存在两种类型的信息流：指令和数据。指令流被定义为由处理部件所完成的指令序列；数据流被定义为在存储器和处理部件之间的数据通信。指令流和数据流可以是单个的也可以是多个的，因此计算机体系结构可分为以下四种不同的类型。

（1）SISD：单处理器计算机，对保存在单一存储器中的数据进行操作。

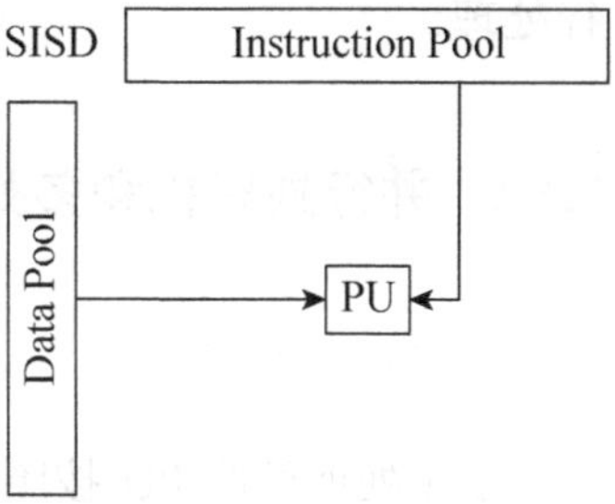

SISD 机器是一种传统的串行计算机，它的硬件不支持任何形式的并行计算，所有的指令都是串行执行。并且在某个时钟周期内，CPU 只能处理一个数据流。因此这种机器被称为单指令流单数据流机器。早期的计算机都是 SISD 机器，如冯·诺依曼架构、IBM PC 以及早期的巨型机和许多 8 位的家用机等。

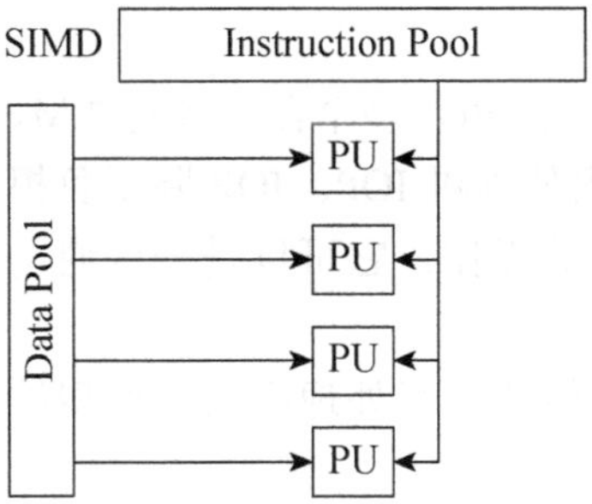

（2）SIMD：同一条指令控制多个处理器的运行。

SIMD 是采用一个指令流处理多个数据流。这类处理机在数字信号处理、图像处理以及多媒体信息处理等领域非常有效。Intel 处理器实现的 MMXTM、SSE（streaming SIMD extensions）、SSE2 及 SSE3 扩展指令集，都能在单个时钟周期内处理多个数据单元，也就是说，我们现在用的单核计算机基本上都属于 SIMD。

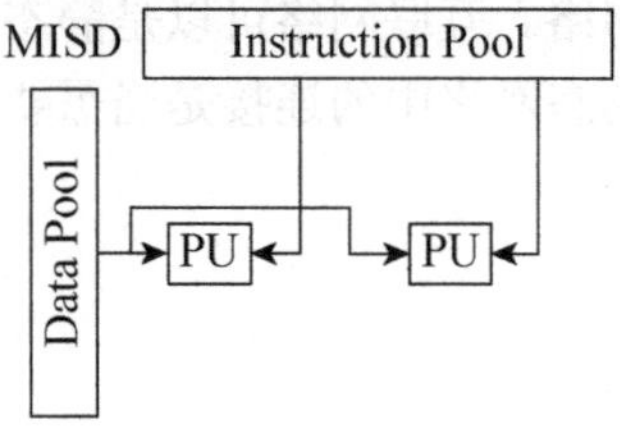

（3）MISD：单个数据流被传送到一组处理器上，每个处理器执行不同的指令序列。

MISD是采用多个指令流来处理单个数据流。由于实际情况中，采用多指令流处理多数据流才是更有效的方法，因此MISD只是作为理论模型出现，没有投入实际应用之中。

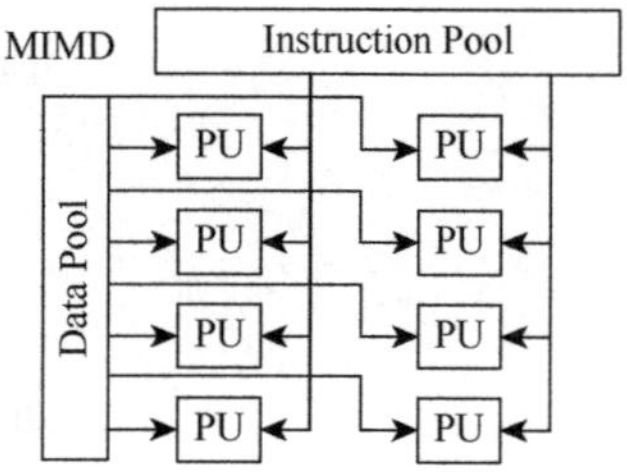

（4）MIMD：其中每个处理器用自己的指令并对自己的数据进行操作。

MIMD处理机可以同时执行多个指令流，这些指令流分别对不同数据流进行操作。近些年来，MIMD机器因为其灵活性和性价比方面的优势，已成为通用多处理机体系结构的选择。如现在的多核处理平台（如Intel和AMD的四核处理器等），都属于MIMD。

MIMD与SIMD是目前常见的两种并行架构，它们的主要区别在于：SIMD只能在同一时刻做多件相同的事情，而MIMD可以在同一时刻做多件相同或不同的事情（多指令流所致）。SIMD是数据级并行处理，MIMD是任务级并行处理。

7.4.2　并行处理机和多处理机

1. 并行处理机

多个处理部件PU按照一定方式互连，在同一个控制部件CU控制下，对各自数据完成同一条指令规定的操作。从CU看，指令是串行执行的；从PU看，数据是并行处理的。并行处理机也称为阵列处理机，属于SIMD。其主要应用如高速向量或矩阵运算等。

一台并行处理机通常由五个部分组成：多个处理单元PU、多个存储器模块M、一个控制器CU、一个互联网络ICN、一台输入输出处理机IOP。IOP除了负担输入输出工作外，还负责程序的编辑、编译和调试等工作，它可以是一台通用计算机。

并行处理机有分布存储器并行处理机和共享存储器并行处理机两种典型结构，分别如图7-21所示。

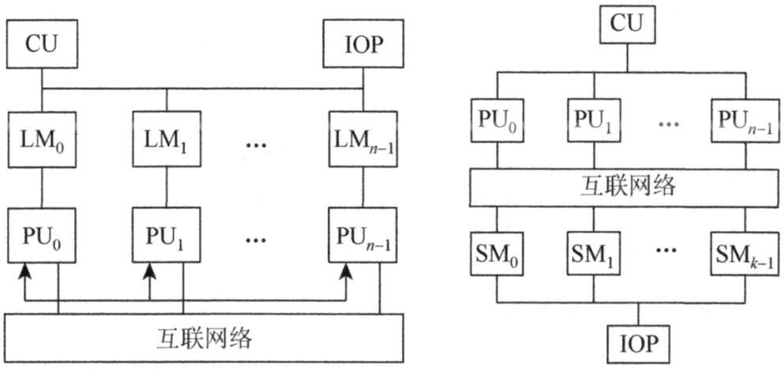

(a) 分布存储器并行处理机　(b) 共享存储器并行处理机

图 7-21　并行处理机的两种典型结构

LM 是本地存储器；SM 是共享存储器

共享存储器并行处理机的 PU 一般不多，几个至几十个，例如，BSP（burroughs scientific processor）采用了这种结构，16 个 PU 通过一个 16×17 的互联网络访问 17 个 SM。

2. 多处理机

多处理机定义：两个或两个以上处理机（包括 PU 和 CU），通过高速互联网络连接起来，在统一的操作系统管理下，实现指令以上级别的并行。其属于 MIMD，由多个独立的处理机组成，每个处理机都能够独立执行自己的程序。

多处理机按照处理机之间的连接程度，有紧耦合和松耦合多处理机两种类型。

（1）紧耦合系统：紧耦合多处理机通过共享主存来实现处理机间通信，处理机间的相互联系比较紧密。各处理机与主存经互联网络连接，由于受限于互联网络带宽及各处理机访主存冲突的概率，处理机个数不能太多，一般几个到几十个。紧耦合多处理机系统结构示意图如图 7-22 所示。

（2）松耦合系统：松耦合多处理机通过消息传递方式来实现处理机间的相互通信，而每个处理机是由一个独立性较强的计算机模块组成。松耦合多处理机之间的连接频带比较低，处理机之间互为外围设备进行连接，通过并行口、串行口、网络接口等把多台计算机连接起来，多台计算机之间的连接需要有多个接口。每台处理机都有一个容量较大的局部存储器，用于存储经常用的指令和数据，以减少紧耦合系统中存在的访主存冲突。不同处理机间或通过通道互连实现通信，以共享某些外部设备；或通过消息传送系统来交换信息。松耦合多处理机系统结构示意图如图 7-23 所示。

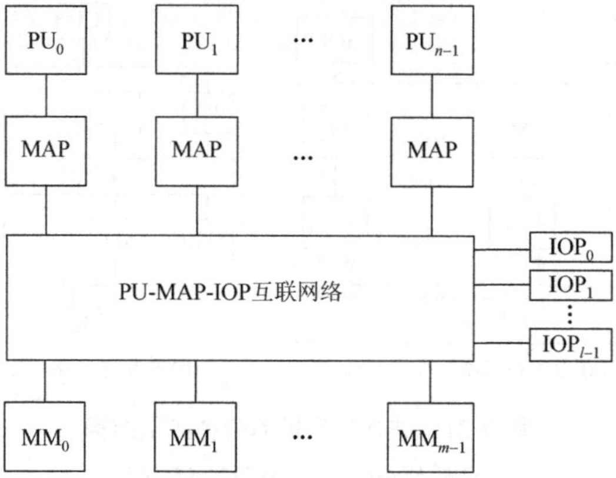

图 7-22　紧耦合多处理机系统结构示意图

MAP 为映像部件；MM 为主存储器

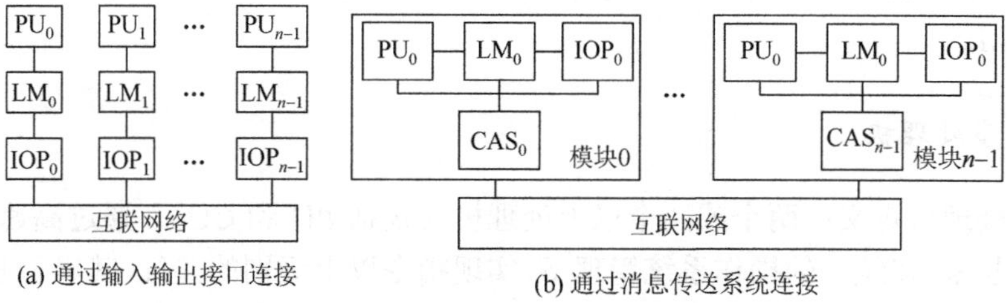

图 7-23　松耦合多处理机系统结构示意图

CAS（channel and arbiter switch）为通道和仲裁开关

7.4.3　并行处理平台加速比

使用多处理器的主要出发点是只需简单连接多个处理器就可以创建功能强大的计算机。人们期待多处理机系统可以达到比最快的单处理器系统更快的速度，此外，可以期待有许多单处理器组成的多处理机系统比单一高性能单处理系统更具性价比。加速比是常见的并行处理计算机效能的定量衡量指标。它的定义是，由单处理器求解一个给定任务所需时间 t_s 与由 n 个处理器组成的并行系统求解同一任务所需时间 t_n 的比值：

$$S(n)=\frac{t_s}{t_n} \tag{7-1}$$

假设在 n 个处理器上执行总运算量为 1 的任务，计算任务的一部分 f 不可并行，剩下的$1-f$ 可分为并发子任务，并且结合考虑通信开销所导致的时间 t_c，则在 n 个处理器上完成全部任务所需时间是 $t_n=ft_s+(1-f)(t_s/n)+t_c$。因此，加速比

可以表示为

$$S(n)=\frac{t_s}{t_n}=\frac{t_s}{ft_s+(1-f)(t_s/n)+t_c}=\frac{n}{f(n-1)+1+n(t_c/t_s)} \tag{7-2}$$

此时，最大的加速比为

$$\lim_{n\to\infty}S(n)=\lim_{n\to\infty}\frac{t_s}{ft_s+(1-f)(t_s/n)+t_c}=\frac{1}{f+(t_c/t_s)} \tag{7-3}$$

由式（7-3）可见，最大加速比不是由所使用的并行处理器数目决定的，而是由不可并行化的计算部分和通信开销决定的[64]。实际应用中，通信开销往往被忽视，而其引起的不利影响会让并行处理方案性价比降低，甚至得不偿失。这提醒系统设计人员要充分考虑单处理器运算量、数据吞吐量、并行处理器数量之间的优化关系，也由此可见，并行处理不仅是并行平台的硬件问题，也是算法设计问题，算法只有和硬件系统结构相适应，才能充分发挥硬件系统的效能。

7.5　并行处理平台设计与实例分析

现代声呐信号处理平台基本上采用了多处理器阵列结构，以满足超高运算量的实时信号处理任务，尤其自 20 世纪 80 年代以来，VLSI DSP 技术得到了飞速发展，TI、ADI 等公司各种高性能 DSP 芯片不断推出，以高速 DSP 构成的并行处理系统已成为一种潮流，现代的声呐系统并行处理平台往往会采用几十甚至上百个 DSP。

本节以 2005 年研制成功的国内首型便携式多波束测深声呐系统为例，阐述其中涉及的并行处理技术。鉴于对本系统中并行信号处理算法要求的信号处理能力和数据吞吐量的分析，以及考虑到性价比因素，该声呐系统选择了 TI 公司的 TMS320C5416 作为基本处理单元，并基于并行技术构成一个并行处理系统（该实例受限于当时项目的实施条件，权作举例示意）。

7.5.1　系统组成及工作原理

该声呐系统由硬件和软件两部分组成。硬件部分除了声学基阵以外，主要电路包括实时信号产生与发射电路、信号接收与增益控制电路、信号采集与实时信号处理电路、嵌入式 GPS 导航定位电路、电源配置电路以及主控计算机与外围设备接口；软件和算法是系统另外一个重要组成部分，主要包括信号产生软件、增益控制软件、信号采集软件、数字多波束形成与参数估计软件、深度解算和显示控制软件、测量数据后处理软件、海底 DTM 生成与成图软件，其中前 5 个软件

都是实时完成的，要求并行处理硬件平台支持。系统方案设计框图如图 7-24 所示，系统外观如图 7-25 所示。

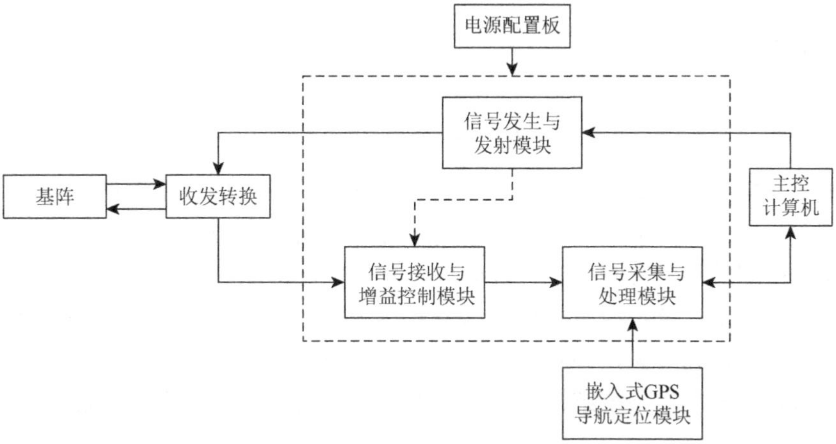

图 7-24　系统方案设计框图

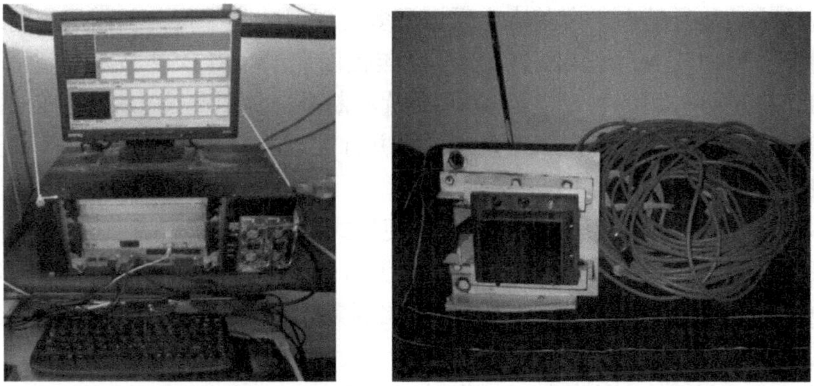

图 7-25　系统外观（左侧为工控机、右侧为收发合置一维线阵）

仪器的工作原理与流程如下。

（1）接收基阵与发射基阵由一个收发合置的一维线阵组成，通过可拆卸的基阵架在舷侧悬挂安装或直接固定在测量船的底部。为了扩大覆盖范围，声基阵可以与水平面呈一定倾斜角安装。

（2）在主控计算机上运行的系统显示控制软件的管理下，由多通道相控信号源和发射机激励发射基阵向海底辐射超声信号。

（3）声波抵达水底后，产生反向散射信号，接收基阵接收到该微弱信号后，

经前置放大和多通道接收与增益控制电路进行必要的信号调节处理，以提高信噪比便于后续的信号检测和处理。

（4）经调节处理与数字量化后的信号送至并行信号处理机以进行实时数字多波束形成运算，再经过能量和相位检测法进行 TOA 估计，得到声波由发射基阵表面到水底的传播时间，然后进一步转换成水下地形信息；最后把地形信息送后置数据处理系统。

（5）后置数据处理系统通过标准串行接口实时获取测量辅助设备提供的姿态、方位、母船位置、声速等信息并进行必要的修正，对水下地形信息进一步处理形成水深透写图、三维立体图、伪彩地形图、彩色或灰度地貌图等数字成果图。

7.5.2　并行处理平台设计

构成高性能并行信号处理系统除了选择合适的 DSP 芯片外，另一个关键问题是确定系统总线。系统总线的确定一般有两种情况：一种是采用自定义总线，自定义总线的优点是使系统的数据吞吐性能达到最大，但利用自定义总线的处理系统基本上属于“算法专用型”，通用性较差，开发手段较为原始，难以构成大系统；另一种是采用标准总线，标准总线的通用性好，开发环境有专门的软件生产商提供，利用标准总线的处理系统属于“类专用型”。随着 COTS 产品的普及，采用标准总线已经成为一种潮流。1995 年国际工业计算机制造者联合会发布了 Compact PCI（CPCI）总线规范，使 PCI 总线进入工业制造领域，至今在工业领域仍然有广泛应用。此声呐系统基于 CPCI 总线设计了信号采集与实时信号并行处理平台，它是声呐系统的实时控制和处理核心。其硬件框图与实物照片如图 7-26 和图 7-27 所示。

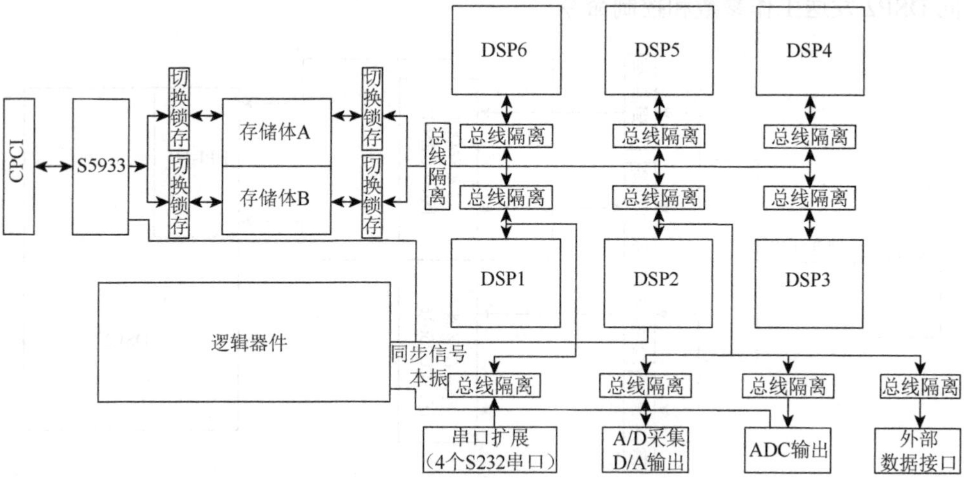

图 7-26　信号采集与实时信号处理电路的硬件框图

DSP 之间的互连采用共享总线方式，外部数据和地址线相互连在一起，通过 TI DSP 特有的 HPI16 模式（hostport interface，是一个与主机通信的并行接口，主要用于 DSP 与其他总线或 CPU 进行通信）相互通信，电路简单、可靠。根据整个系统的功能分配，将该并行处理平台分为以下几个子模块：CPCI 接口子模块、乒乓存储子模块、A/D 采集子模块、多路串口扩展子模块、DSP 并行处理阵列子模块。

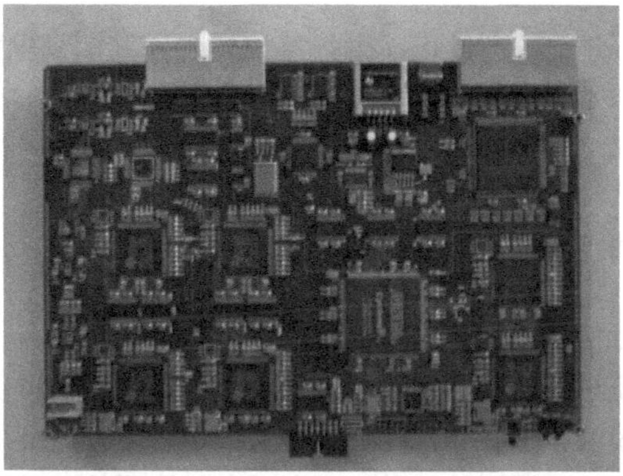

图 7-27　信号采集与实时信号处理电路实物照片

1. CPCI 接口子模块

图 7-28 给出了该模块的工作原理框图。该模块选用 AMCC 公司生产的 S5933 作为 PCI 控制器。它是一种功能强、使用灵活的 PCI 总线控制器专用芯片。其峰值传送速率为 133MB/s（32 位 PCI 数据线），完全能够胜任本系统与主机之间的数据传送要求。通过此接口模块，主控 PC 可以读取乒乓存储体的结果数据以及向 DSP2 发送工作参数和控制命令。

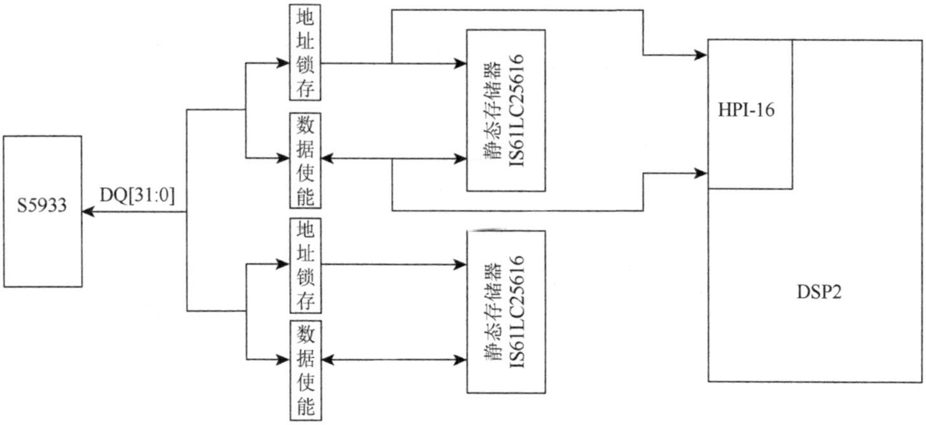

图 7-28　CPCI 接口子模块框图

2. 乒乓存储子模块

图 7-29 给出了该模块的工作原理框图。乒乓存储子模块是系统中数据传输的桥梁，也起到数据缓冲的作用。DSP 存储数据和主机读取数据可以同时进行，通过逻辑器件的仲裁，两者互不影响，并且它们只需要在一个同步周期内完成各自的数据读写操作，这对主机和 DSP 来说，数据访问时间都非常充裕。平台选用多片 16 位静态存储器 IS61IV25616 来组成系统的乒乓存储子模块。

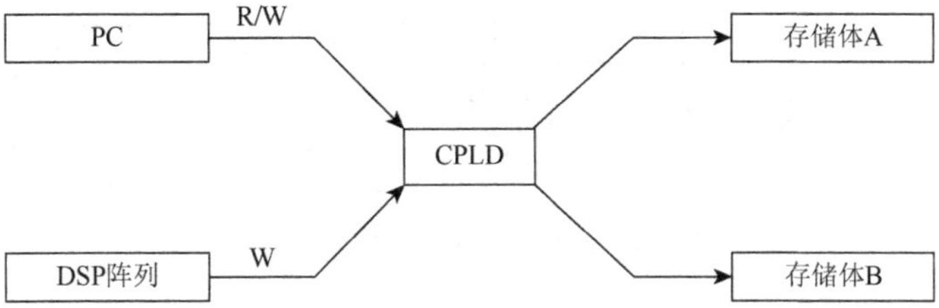

图 7-29　乒乓存储子模块框图

3. A/D 采集子模块

图 7-30 给出了该模块的工作原理框图。AD7865 是一种高速低功耗的四通道同步采样 14 位 A/D 转换器，4 个通道的输入信号是同步采样的，以保持 4 路信号的相位信息一致。工作时，由主控 DSP 给出采样时序信号。

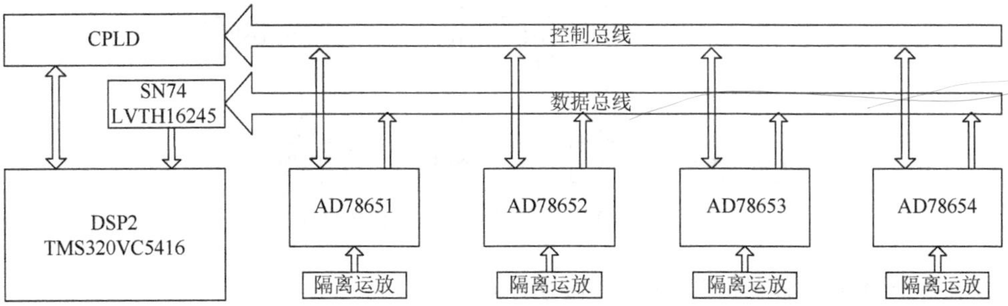

图 7-30　A/D 采集子模块框图

4. 多路串口扩展子模块

图 7-31 给出了该模块的工作原理框图。TMS320VC5416 能够同时提供 3 个同步多通道缓冲串口。在实际应用中往往要求 DSP 能够与外设进行异步串行通信。辅助设备所提供的接口一般都是 UART 接口，而且本系统需要外接多个串口辅助

测量设备（如罗经或姿态传感器）。因此，此模块在 DSP 的并行总线上扩展 UART 芯片以实现异步数据传输。其优点是实现简单，并且可以扩展出多个串口。UART 芯片选择通用异步通信芯片 TL16C554，它具有 4 路独立的数据接收/发送控制。

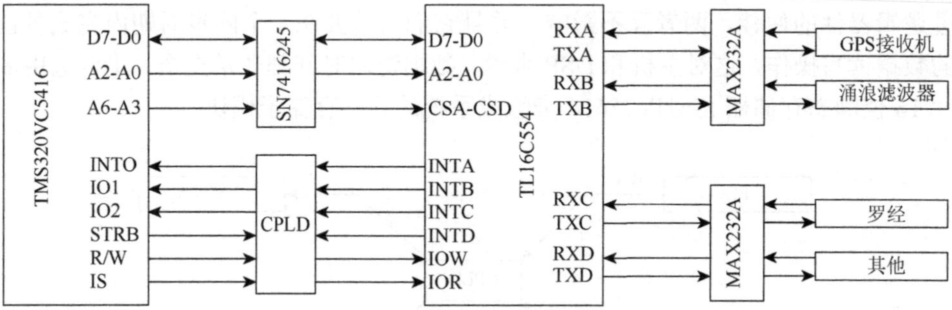

图 7-31　多路串口扩展子模块框图

5. DSP 并行处理阵列子模块

DSP 并行处理阵列子模块是本系统的核心，它直接关系到系统的工作性能。DSP 阵列要完成的任务比较繁杂，包括串口辅助设备的数据采集解算，水声信号的实时采集、监控与处理等。图 7-32 给出了该模块的工作原理框图。

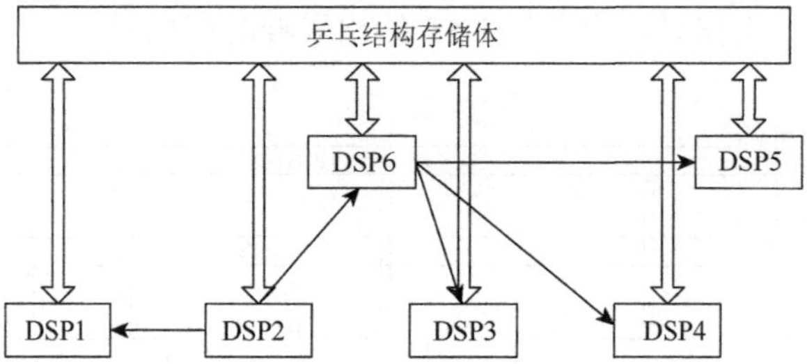

图 7-32　DSP 并行处理阵列子模块框图

各个 DSP 的任务分工如图 7-33 所示。

DSP 工作量主要包括以下几个方面。

（1）整个系统时序控制（DSP2 实现）；

（2）回波信号与辅助设备数据采集（DSP1、DSP2 实现）；

（3）垂直方向波束形成运算，并据此结果进行信号调理并实现海底跟踪算法（DSP2 实现）；

（4）正交变换（DSP6 实现）；

（5）多波束形成运算（DSP3～DSP5 并行实现）；

（6）利用波束形成的输出结果，通过海底检测算法得到海底地形信息（DSP3～DSP5 并行实现）；

（7）根据控制软件的设置，有选择地将原始数据、中间及最终结果存入计算机（DSP1～DSP5 实现）。

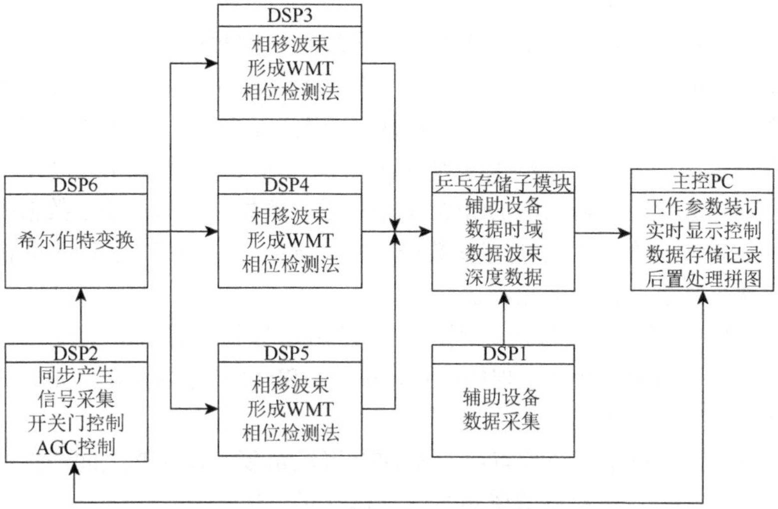

图 7-33　DSP 阵列分工

该声呐系统的采样频率为 32kHz，由于 C5416 工作频率为 160MHz，因此对于每个样本每一级流水处理的周期为 5000 个时钟周期。各 DSP 运算时间及总线占用时序关系如图 7-34 所示。

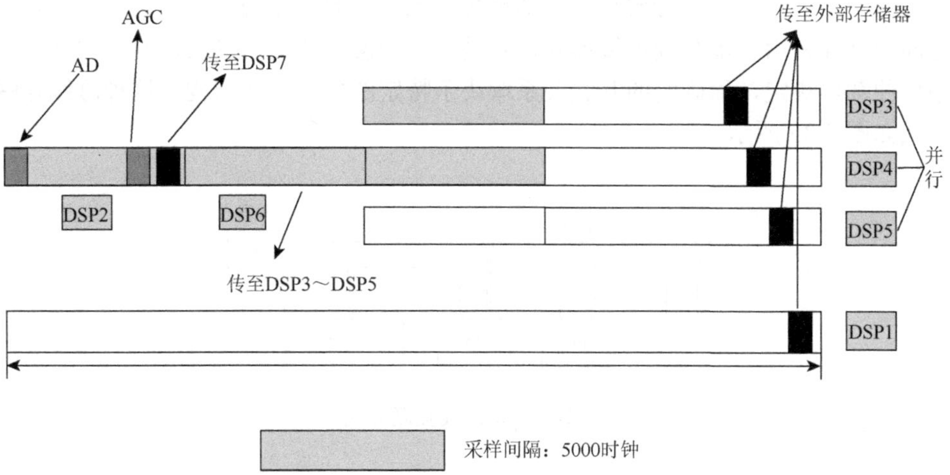

图 7-34　系统任务流水线示意图

从以上分析可以看到，整个数据处理流程分为三级流水，每一级都对实时性有严格要求，并且一、二级和二、三级之间存在着数据传输，要避免总线冲突，需要严格的时序设计和算法运算量的合理分配。项目通过算法优化，第一级流水处理，共开销 4950 个时钟周期；第二级流水处理，共开销 3000 个时钟周期；第三级流水处理，共开销 4850 个时钟周期。

为了确保数据的可靠传输，DSP 之间采用软、硬两种握手方式。一种是软握手，通过置标志位实现相互之间可以进行数据通信的 DSP 之间的握手。下一级流水处理查询标志位，当其被上一级流水处理修改，说明上一级流水处理结束，最新的数据已传送过来，该级流水处理可以启动。另一种是硬握手，利用中断实现相互之间不能进行数据通信的 DSP 之间的握手。例如，当本系统中数据处理结束后，多个 DSP 要向外部存储器存储数据，为了避免总线冲突，利用中断信号作为硬握手实现了共享存储器的轮流访问。

本设计中采用并行处理的原因一方面是由信号处理算法的高度并行性决定的，另一方面是由于受物理实现的约束，单个 DSP 性能难以满足需求。对该并行处理平台进行以下分析。

（1）设计具有以下三个特点：①多 DSP 资源重复；②DSP 之间线性流水线结构的时间重叠；③双体存储器资源共享，体现了上述并行处理的三个主要技术途径，解决了该声呐系统所需要的实时计算问题。

（2）如图 7-32 所示，DSP3～DSP5 构成紧耦合并行处理系统，而 DSP1、DSP2、DSP6 则构成了 MIMD 并行处理系统，两者之间又构成了流水型并行处理结构。顺序轮流使用的双体存储器共享资源通过 CPCI 总线确保测量数据连续不断地送往主控计算机。

（3）为了使上述并行硬件平台能够更灵活地满足复杂算法的应用需要，DSP 之间的互连采用了多总线连接形式，它是一种动态互联网络形式，确定的互联关系由仲裁器决定，而确定的互联关系取决于特定的并行算法结构。这种总线互联形式如图 7-35 所示。

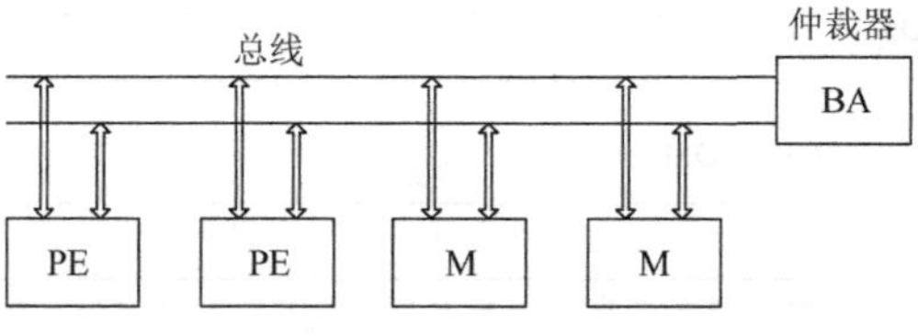

图 7-35　多总线互联形式

（4）DSP 阵列设计要充分考虑到 DSP 之间的通信能力，相互的通信能力强，也意味着 DSP 阵列进行数据处理时更具灵活性。本设计中，处理器间的相互通信除了采用级联通信的方式外，还采用了 NUMA 型的相互通信方式。这是一种非常适合 MIMD 并行处理阵列的通信方式。它的原理是采用共享存储器方式，系统中的处理器共享一个全局地址空间，只是在访问时间方面不一样。本设计中为了实现访问时间的相互错开，采用了中断串联通知的方式。即 DSP1 访问存储器后，通过 DSP2 的中断通知 DSP2，继而 DSP2 通过相同的方式通知 DSP6，以此类推。

第8章　声呐信号模拟

声呐系统模拟在声呐系统的设计、研制、测试、应用等各个阶段都起到了举足轻重的作用。例如，在声呐设计时，人们需要利用确知参数的模拟信号对声呐设计方案进行检测与完善；在声呐研制与测试阶段，由于受到多个方面条件的制约不可能经常进行海上或湖上试验，一般需要模拟器进行仿真实验来代替。

系统模拟（或仿真）是一种在计算机上进行实验的数值技术，它包含某种类型的数学和逻辑学模型，这种模型用来描述一个实时系统。系统模拟无疑会使我们在声呐研制过程中节约大量的人力和物力，并缩短研制周期。但不可否认，模拟不等于现实，尤其是水声环境场特有的复杂性，使我们难以对声呐的性能在设计阶段就做出十分准确的预计。但这也是促使我们不断改善计算机模拟技术的推动力。

8.1　声呐信号模拟基本概念

8.1.1　声呐系统模拟内容

通常情况下，声呐系统模拟对象可分为五类：环境场模拟、换能器模拟、基本信号处理模拟、后置处理模拟以及接口模拟，相互关系如图 8-1 所示。

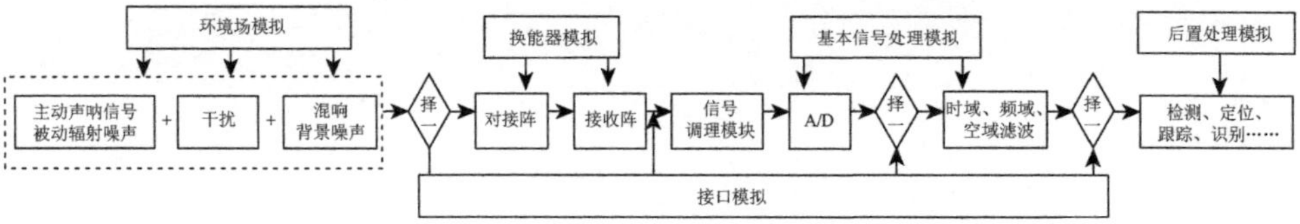

图 8-1　声呐系统模拟对象

1. 环境场模拟

环境场模拟主要模拟一定海洋环境水声信道条件下[7]，主动声呐或者被动声呐接收到的声信号，其中包含了有用信号、干扰和混响以及背景噪声几个部分。

2. 换能器模拟

有些声呐系统调试希望能从接收基阵端开始，此时需要将上面模拟的环境场声学信号通过发射基阵发射至接收基阵（发射阵和接收阵二者中换能器位置分布镜像对应）；如果不需要调试接收基阵，则可以将该信号通过模拟接口发送至声呐接收系统的信号调理电路（模拟信号），以调试声呐系统的模拟接收系统以及 A/D 功能；如果此环节也不需要调试，则可以直接输出符合接口要求的数字信号（可包含 A/D 非理想采样因素）至声呐处理平台以调试基本信号处理算法，甚至直接模拟输出上述滤波处理后的结果进行后置特定功能处理。

3. 基本信号处理模拟

如第 6 章中提到的时域、频域、空域滤波等处理算法，由于该部分需要数字信号输入，信号模拟输出接口要选择和待调试声呐系统中 A/D 后端发送数据至信号处理平台的接口相一致。

4. 后置处理模拟

基于基本信号处理部分处理输出的数字序列，进行与声呐使命、战技指标相匹配的信号和数据处理工作。

5. 接口模拟

上面提及的待调试声呐系统接收基阵接口、模拟接收系统的模拟信号输出接口、基本信号处理和后置处理需要的数字信号输出接口，为声呐系统调试提供了必要的声学信号输入。除此之外，由于声呐系统工作时还可能需要多种的辅助传感器数据，甚至其他相关声呐系统的输出结果以提升声呐系统性能，如表面声速数据、载体三维姿态数据、地理信息数据、测深声呐数据等，这些数据一般也会通过不同的数字接口接入，这往往也是声呐系统的模拟内容。数字接口部分可参考第 7 章。

8.1.2 声呐信号模拟器

最早的声呐信号模拟器也许是一个简易的信号发生器，它仅能提供单路 CW、LFM 等典型声呐信号。后来借助于模拟延迟线，能够模拟简单基阵的多路信号。随着声呐基阵基元的增加以及阵形与结构的变化，这种方法远远不能满足实际需要。为此，国内外声呐工作者在研制声呐设备的同时就考虑声呐的测试问题，并逐渐形成“声呐设备系列”模式，即不只是推出一台新的声呐，而是同时推出与此声呐相适应的其他附属设备，其中最重要的就是声呐信号模拟器[65]。

对于声呐信号模拟器的设计与实现来说，重点需要从软、硬两方面来看考虑其性能。在“软”的方面，需要引入更为精确的仿真模型以提升模拟输出数据的真实性，这样就可以显著提高任何声呐系统以及相关算法（用于探测、识别、通信等）性能估计或预测算法的鲁棒性。具体来说，首先，需要考虑建立适合特定声呐参数要求的环境模型，以准确描述海洋边界（海面、海底）和海洋中各种有形物体的散射与辐射特性，如海面、海底与体积反向散射模型、有源目标（能辐射声波的目标）的辐射模型等；其次，需要考虑结合声传播规律以构建混响模型与噪声传播模型；最后，根据实际声呐设计需要建立声呐性能模型，以满足特定声呐的应用需求，如海底地形地貌探测、水下小目标探测与识别、潜艇探测等。

在“硬”的方面，现代声呐数据模拟器更需要考虑模块化设计方式以及与声呐处理模块间的实时交互能力。随着海洋勘探、开发、应用等事项的不断拓展，人们对高性能（如高分辨、高精度、实时性、适装性、高效性等）声呐系统的需求日益迫切。而这也相应地在复杂程度、实时性、研发周期等方面给声呐系统的研发提出更高的要求。为此，为适应多种声呐系统的任务需求以及不同的环境适用条件，需要开发模块化的声呐信号模拟器，并使其兼具标准接口，良好的兼容性、通用性以及可扩展性等多种能力，从而有利于提高模拟器在通道规模、信号处理效能、连接各辅助传感器信息、数据采集、存储等方面的快速提升与拓展。

8.1.3 典型声呐模拟系统

鉴于声呐模拟系统在声呐系统研发、应用等环节的重要作用，国内外都对其进行了大量的研究，并开发出多种功能各异的模拟系统[65]。例如，在国内的 20 世纪 80 年代末，哈尔滨船舶工程学院水声工程系研制了我国首台数字式圆阵声呐的多功能多目标模拟测试装置[66]，此设备由计算机控制分机、信号源分机、数字延迟线分机和信号合成分机四部分组成。其中，计算机控制分机以 Intel8085 芯片为 CPU 和 Intel8231A 算术处理器为主要运算部件，再使用一片 Intel8259 中断芯片来实现对全机的控制和数值计算；信号源分机中有多个独立伪随机噪声产生器，用来实现对海洋环境噪声和本艇航行噪声的模拟。20 世纪 90 年代中期，海军工程学院为某型声呐研制仿真测试仪[67]。该设备由 TMS320C25 模板和 IMSA100 模板组成，完成高速数据运算。可以对目标机动、目标声辐射及其反射特性、海洋声传播、海洋混响、背景噪声以及声呐基阵接收过程进行全面仿真，产生与目标及外界环境相适应的 64 路声呐前端混合波形，使声呐在可控制的仿真条件下运行。近年来，随着计算机及电子信息技术的快速发展，声呐模拟系统的综合性能也实现飞跃提升。在文献[68]中介绍了一款依靠“曙光”高性能计算平台的信号级被动声呐仿真系统。该系统可提供仿真模型运行和计算服务，操作系统为 Linux 系统，而终端显控和数据远程获取则运行在 PC 上，操作系统为 Windows 系统。

在国外，由于相关的公司、科研机构以及院校众多，所研发的声呐数据仿真模型与模拟器也日新月异且种类繁多[69-71]。例如，Etter 在 1996 年出版的第 2 版 *Underwater Acoustic Modeling Principles, Techniques and Applications* 中[72]总结的声呐性能模型中列举了 14 个声呐模拟系统。而到 2018 年，Etter 在第 5 版的 *Underwater Acoustic Modeling and Simulation* 中[73]列举的声呐性能模型已经扩充为 41 项，无论模型应用目的还是模拟器功能都更为多样。除此之外，较为经典的模拟器还包括 SINDEL 公司研发的声呐仿真引擎（sonar simulation engine，SSE）、信号级声呐仿真器 AWESIM（the all world environment simulation）等[68]。

8.2　主动声呐信号模拟

图 8-2 所示为主动声呐建模的数据流示意图[73]。图 8-2 中对主动声呐方程中各贡献量及其在仿真建模中的参与过程进行了详细表述。在主动声呐建模过程中，除了声源及接收换能器（或其基阵）特性、传播损失、环境噪声等贡献外，最常关注且复杂多变的对象是目标回波和混响。为此，本章重点对目标回波和混响的模拟过程进行阐述。

8.2.1　要素分析

主动声呐向水下辐射声波后，接收到的信号中主要贡献来自目标回波和混响。前面提到混响是海洋中各种散射体散射声能在接收点叠加的结果。由于这些散射声波的幅度与相位都是随机的，所以作为大量的这种散射波叠加总和的混响也是一个随机过程。而这些散射体所产生的混响可分为体积混响、海面混响和海底混响三种类型，后两者又可称为界面混响。目标回波和混响干扰根据我们需要的探测任务的不同而位置可能发生转变，例如，当我们以鱼群为探测目标时，海底、海面以及水中的其他散射体为混响干扰；当我们以海底为探测目标时，包括鱼群在内的其他强散射体则为混响干扰。混响的大小取决于散射强度，定义为距离单位面积（对于海面和海底混响来说）或单位体积（对于体积混响来说）1m 处的散射声强与入射平面波声强的比值（用 dB 表示），即[74]

$$S_{b,v} = 10\lg\frac{I_s}{I_i} \tag{8-1}$$

式中，$S_{b,v}$ 为界面混响 S_b 或体积混响 S_v 的散射强度；I_i 为入射波声强；I_s 为单位面积或单位体积的散射声强。

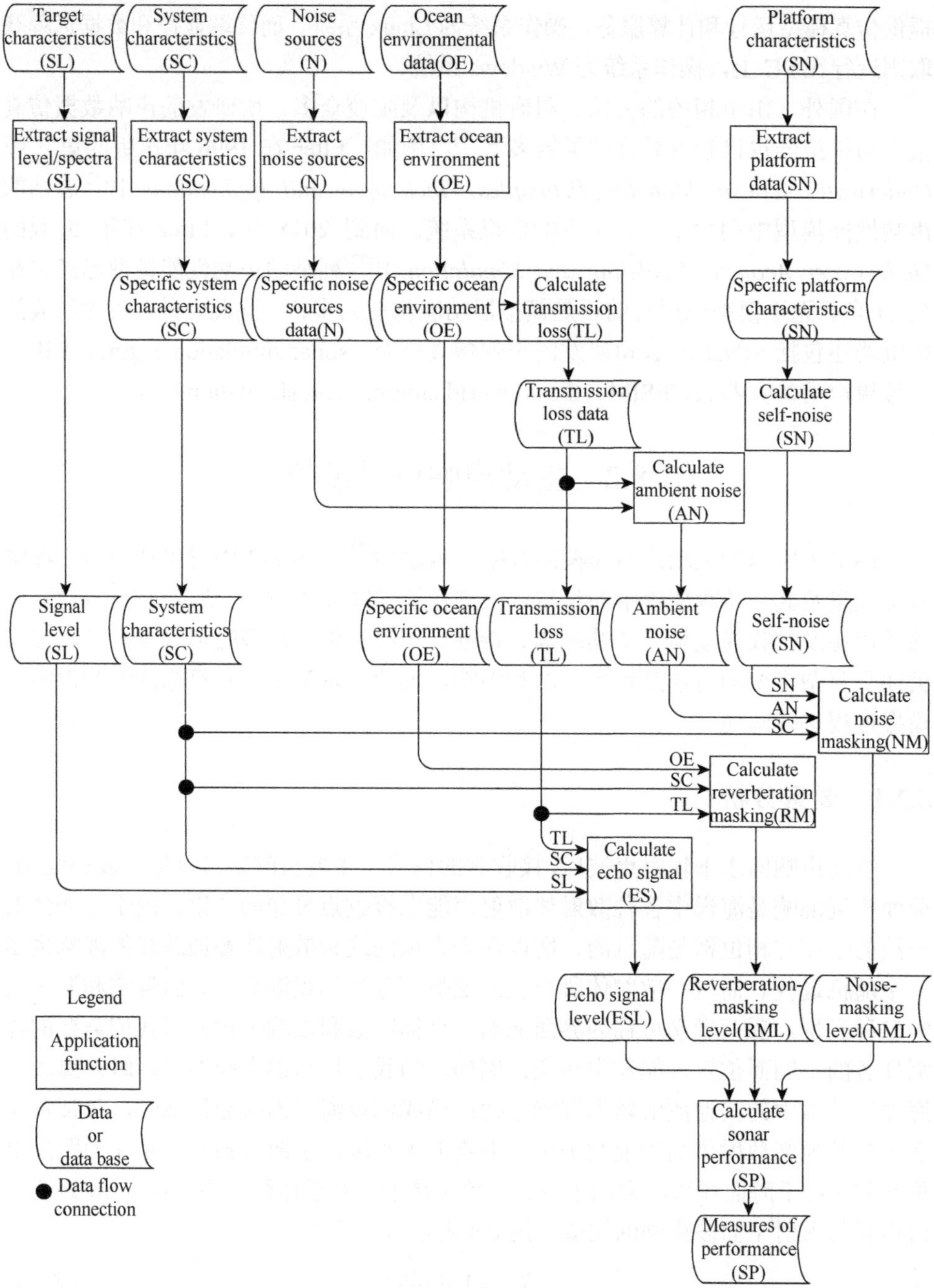

图 8-2　主动声呐建模数据流示意图[73]

当然，主动声呐接收目标回波和混响的同时也会接收海洋中各种来源的背景噪声。混响和背景噪声的共同之处在于两者都混合于声呐回波信号之中，且对目标来说均为干扰源。不同之处在于混响由声呐本身产生，而背景噪声由海洋环境、舰船等其他辐射声源产生，且混响大小与频谱特性及声呐发射信号本身的强弱和频谱有关，而背景噪声不具备此特点。在多数情况下，混响是主动声呐的主要干扰，影响量级与背景噪声相比相差较大，因此在本节的信号模拟中未考虑背景噪声的贡献。主动声呐信号的主要来源如图 8-3 所示。

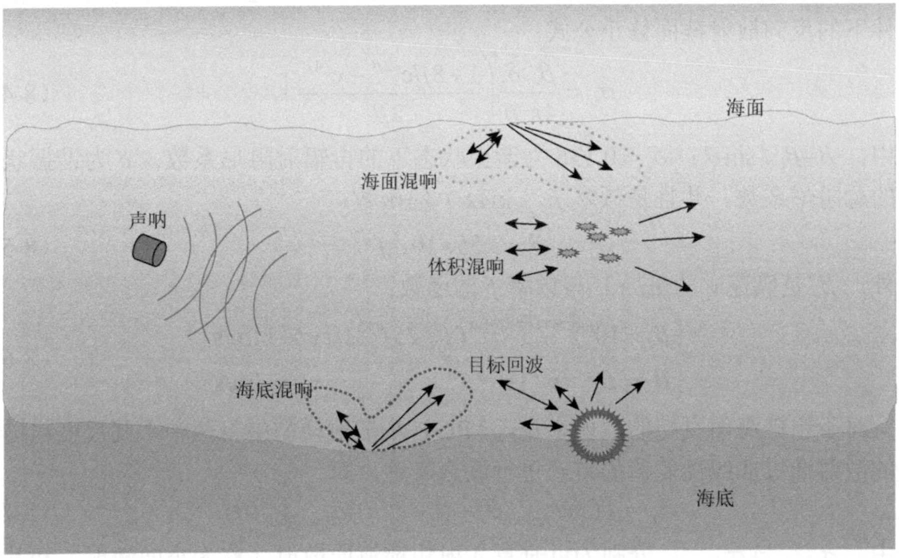

图 8-3　主动声呐信号的主要来源

8.2.2　混响模拟理论

1. 海面混响

风浪作用引起的海面不平整性以及在海面形成的具有一定厚度的气泡层是海面混响产生的主要原因。因此许多文献[74-76]主要围绕粗糙海面散射和近表面气泡层散射对总体的海面散射强度进行预报与试验验证，并且该散射强度通常以掠射角、风速以及频率函数的形式予以表述。例如，Chapman 与 Harris[77]通过测量多个角度条件下声波频率 0.4～6.4kHz 范围内的散射强度数据，总结了一个海面散射强度经验公式：

$$S_{\text{surface}} = 3.3\beta \lg\frac{\theta}{30} - 42.4\lg\beta + 2.6 \tag{8-2}$$

式中，θ 为掠射角（°）；$\beta = 158(vf^{1/3})^{-0.58}$，$v$ 为风速（kn），f 为声波频率（Hz）。

对于更高的频率，华盛顿大学应用物理实验室（Applied Physics Laboratory，University of Washington，APL-UW）提出的半经验模型[76]在 12～70kHz 频率范围得到了试验数据验证。该模型综合考虑了粗糙海面散射和近表面气泡层散射对总体的海面散射强度的贡献，即

$$S_{\text{surface}} = 10\lg\left(\sigma_{\text{r}}(\theta) + \sigma_{\text{b}}(\theta)\right) \tag{8-3}$$

式中，σ_{b} 与 σ_{r} 分别为气泡体积散射与粗糙海面散射贡献的散射截面。

对于气泡贡献，该模型中应用 McDaniel[78]提出针对近海面水平均匀的气泡层条件下的反向散射截面修正公式：

$$\sigma_{\text{b}} = \frac{\beta_{\text{v}}}{4\pi}\frac{\delta_{\text{r}}}{\delta}\left(\frac{1+8\beta\text{e}^{-2\beta} - \text{e}^{-4\beta}}{2\beta}\right) \tag{8-4}$$

式中，$\beta=\beta_{\text{v}} / \sin\theta$；$\delta_{\text{r}} = 0.136$ 为谐振状态下的再辐射阻尼系数；δ 为谐振状态下的总阻尼系数，并且是频率 f （kHz）的函数：

$$\delta = 2.55\times10^{-2} f^{1/3} \tag{8-5}$$

此外，β_{v} 是风速 v （m / s）与频率 f 的函数：

$$\begin{cases} \beta_{\text{v}} = 10^{(-5.2577+0.4701v)}(f / 25)^{0.85}, & v \leqslant 11\text{m/s} \\ \beta_{\text{v}} = \beta_{v=11}(v / 11)^{3.5}, & v > 11\text{m/s} \end{cases} \tag{8-6}$$

对于粗糙海面引起的散射来说，APL-UW 散射模型中将两种不同尺度粗糙特征的散射通过非线性差值的方式进行联合表达，即

$$\sigma_{\text{r}} = f(x)\sigma_{\text{facets}}(\theta) + (1 - f(x))\sigma_{\text{small-scale}}(\theta) \tag{8-7}$$

式中，σ_{facets} 与 $\sigma_{\text{small-scale}}$ 分别为近垂直入射粗糙海面散射（称为小面散射）和其他方向小尺度粗糙海面散射（称为涟波散射）的散射截面。其中，σ_{facets} 具体用如下公式表示：

$$\sigma_{\text{facets}} = \frac{1}{4\pi s^2 \sin^4\theta}\exp\left(\frac{-1}{s^2\tan^2\theta}\right) \tag{8-8}$$

式中，s^2 为均方坡度，为风速的函数：

$$s^2 = \begin{cases} 4.6\times10^{-3}\ln(2.1v^2), & v \geqslant 1\text{m/s} \\ 0.0034, & v < 1\text{m/s} \end{cases} \tag{8-9}$$

而涟波散射截面可表示为

$$\sigma_{\text{small-scale}} = \begin{cases} 1.3\times10^{-5}v^2\tan^4\theta, & \theta \leqslant 85^\circ \\ 0, & \theta > 85^\circ \end{cases} \tag{8-10}$$

将两种尺度联系到一起的插值函数可表示为

$$f(x) = 1 / (1+\text{e}^x) \tag{8-11}$$

式中，$x = 0.524(\theta_{\text{facets}} - \theta)$，而 θ_{facets} 为比其在 $\theta = 90^\circ$ 最大值时小于15dB处的角度，

即满足不等式$10\lg\left(\sigma_{\text{facets}}(90°)/\sigma_{\text{facets}}(\theta)\right)\leqslant 15\text{dB}$条件时的最小$\theta$角度。

2. 海底混响

1）基本几何定律模型

在海底混响的计算与模拟中，人们通常使用著名的 Lambert 定律作为简单的界面散射模型，可表示为[79]

$$\text{BS}(\theta)=\text{BS}_0+20\lg(\sin\theta) \tag{8-12}$$

Lambert 定律在低频软底沉积物散射情况下可以较好地近似描述海底反向散射贡献，因此通常适合描述深海沉积物的声散射特性。式中，BS_0称为固有反向散射强度，其大小通常与海底硬度成正比。

对于高频粗糙海底散射情况，则可以应用形式依然简单的 Lommel-Seeliger 定律进行描述[80]：

$$\text{BS}(\theta)=\text{BS}_0+10\lg(\sin\theta) \tag{8-13}$$

上述两种模型虽形式简单，便于计算，但缺乏具体的物理意义，尤其是在描述大掠射角的散射问题上，存在较大的模糊，因此无法准确描述各角度混响信号的声学特性。此外，反向散射强度与掠射角、频率、海底环境声学参数等有着紧密的联系，因此散射模型能否准确地描述海底声散射特性，直接影响到仿真混响信号的可信程度。

2）复合散射模型[81]

由 Jackson 等[82]以及 APL-UW[76]提出的复合粗糙度散射模型在海底高频声散射的物理过程上具有更加合理的描述。该模型结合 Kirchhoff 近似，基于微扰法的复合粗糙度近似以及大粗糙度散射三种近似方法并进行适当的修正，能在大角度变化范围内为海底反向散射的物理过程提供一个合理、准确的描述。此外，由于该模型是在定义了 6 个海底声学参数的基础上得到的，且该参数与沉积物颗粒的大小（或者说不同沉积物类型）有关，所以采用此模型得到的海底混响信号应能够反映不同海底底质的信息。模型中，反向散射强度可表示为

$$\text{BS}(\theta)=10\lg(\sigma_{\text{r}}(\theta)+\sigma_{\text{v}}(\theta)) \tag{8-14}$$

式中，$\sigma_{\text{r}}(\theta)$为由粗糙界面散射引起的散射截面；$\sigma_{\text{v}}(\theta)$为由沉积物体积散射引起的散射截面。

在计算粗糙界面散射引起的散射时，首先考虑海底是光滑和中等粗糙的情况。在大掠射角时采用 Kirchhoff 近似计算散射截面，其表达式为

$$\sigma_{\text{kr}}=bq_{\text{c}}\left|R(90°)\right|^2/\left(8\pi\left(\cos^{4\alpha}\theta+aq_{\text{c}}^2\sin^4\theta\right)^{(1+\alpha)/(2\alpha)}\right) \tag{8-15}$$

式中，$R(90°)$为瑞利反射系数$R(\theta)$在垂直入射时的值，其他参数定义如下：

$$q_c = C_h^2 2^{1-2\alpha} k^{2(1-\alpha)} \tag{8-16}$$

$$a = \frac{8\alpha^2 \Gamma\left(\frac{1}{2\alpha} + \frac{1}{2}\right)}{\Gamma\left(\frac{1}{2}\right)\Gamma\left(\frac{1}{\alpha}\right)\Gamma\left(\frac{1}{2\alpha}\right)} \tag{8-17}$$

$$b = \frac{a^{\frac{1}{2}+\frac{1}{2\alpha}}\Gamma\left(\frac{1}{\alpha}\right)}{2\alpha} \tag{8-18}$$

而 α 和 C_h^2 为模型中引入的两个参数：

$$\alpha = \gamma/2 - 1 \tag{8-19}$$

$$C_h^2 = \frac{2\pi\beta\Gamma(2-\alpha)2^{-2\alpha}}{h_0^\gamma \alpha(1-\alpha)\Gamma(1+\alpha)} \tag{8-20}$$

式中，$0<\alpha<1$；Γ 是伽马函数。

此外，其他掠射角时采用基于微扰法的复合粗糙度近似，复合粗糙度截面 σ_{cr} 定义为

$$\sigma_{cr} = S(\theta, s) F(\theta, \sigma_{pr}, s) \tag{8-21}$$

式中，s 为大尺度均方根坡度；$S(\theta,s)$ 为阴影修正项；函数 $F(\theta,\sigma_{pr},s)$ 表示为

$$F(\theta,\sigma_{pr},s) = \pi^{-0.5}\sum_{n=-1}^{1}\left(a_n \sigma_{pr}(\theta-\theta_n)\right) \tag{8-22}$$

式中，$\sigma_{pr}(\theta)$ 为小粗糙度微扰近似时的海底散射截面，定义为

$$\sigma_{pr}(\theta) = 4k^4 \sin^4\theta \left|Y(\theta)\right|^2 W(K_\theta) \tag{8-23}$$

其中

$$Y(\theta) = \left|(\rho-1)^2\cos^2(\theta) + \rho^2 - \kappa^2\right| \Big/ \left(\rho\sin\theta + P(\theta)\right)^2 \tag{8-24}$$

对于砾石和岩石而言，Kirchhoff 近似和复合粗糙度近似方法不再适合，模型中用下列经验方程来表示大粗糙度散射截面：

$$\sigma_{lr}(\theta) = \sigma_1 \sin^m(\pi/\text{fact}) + 0.0260\,|R(90°)|^2 \Big/ \left(s^2 \text{fact}(1+(\theta-90)^2/2.60s^2)^{1.9}\right) \tag{8-25}$$

式中

$$\text{fact}=1+0.81\,\theta_c^2/\theta^2 \tag{8-26}$$

$$m = 0.726 s^{-1/3} \tag{8-27}$$

$$\sigma_1 = 0.04682 s^{1.25} v^{3.25}((1-2/\rho)v^{-2}+1)^2 \big/ (1+3.54\theta_s/\theta_c) \tag{8-28}$$

式中，θ_c 为临界角，由声速比定义得到

$$\begin{cases}\theta_c = \arccos(1/v), & v \geqslant 1.001\\ \theta_c = 2.5613°, & v < 1.001\end{cases} \tag{8-29}$$

而最终的粗糙界面散射引起的散射截面 $\sigma_r(\theta)$ 由以上三个近似方法逐一内插计算得到，内插形式同式（8-11），只是自变量 x 的定义不同。

此外，沉积物体积散射截面定义为

$$\sigma_v(\theta) = S(\theta,s)F(\theta,\sigma_{pv},s) \tag{8-30}$$

式中，函数 $F(\theta,\sigma_{pr},s)$ 中的 σ_{pr} 用式（8-31）替换：

$$\sigma_{pv}(\theta) = 5\delta\sigma_2\left|1-R^2(\theta)\right|^2 \sin^2\theta \Big/ \left(v\ln 10\,|\,P(\theta)\,|^2\ \mathrm{Im}(P(\theta))\right) \tag{8-31}$$

3）通用海底反向散射模型

通用海底反向散射（generic seafloor acoustic backscatter，GSAB）模型[83, 84]是以 APL-UW 散射模型为基础，由多个高斯函数与余弦函数组合而成适合描述海底高频反向散射规律的经验模型，同时，该模型也有在不同环境中获取的大量实验数据作为理论支撑。

GSAB 模型与角度的关系较为明确，其角度响应结合了镜像区角度的高斯定律和非垂直入射情况下的 Lambert 定律。在 GSAB 模型的最初数学形式中，使用了五个参数描述，具体数学表达式如下[83, 84]：

$$\mathrm{BS}(\theta) = 10\lg\left(A\exp(-\theta^2/2B) + C\cos^D\theta\right) \tag{8-32}$$

虽然这个五参数模型适合多种情况下的反向散射角度的建模，但是在某些情况下模型需要一个过渡中间量使得函数表达式前后两项曲线过渡得更为平滑。所以，文献[84]将上述公式两项和的形式变更为三项和，即模型的形式改进为两个高斯函数与一个余弦函数的和，上述等式就从一个五参数的方程变成了一个七参数的方程，表达式如下：

$$\mathrm{BS}(\theta) = 10\lg\left(A\exp(-\theta^2/2B^2) + C\cos^D\theta + E\exp(-\theta^2/2F^2)\right) \tag{8-33}$$

经过改进后的七参数模型较之前的五参数模型可以更好地描述海底特性，同时也有更高的准确性。式中，第一项 $A\exp(-\theta^2/2B^2)$ 代表镜像散射区（小入射角范围）贡献；第二项 $C\cos^D\theta$ 代表 Lambert 散射的贡献（主要体现在大入射角区域）；第三项 $E\exp(-\theta^2/2F^2)$ 代表过渡区的贡献。

3. 体积混响

海洋生物与非生物散射体以及海洋自身的小尺度特征结构是体积混响的主要成因[74]。其中海洋生物的影响较为普遍，且影响程度与主动声呐发射声波频率有关。这些散射体根据应用的不同既可以是体积混响的主要贡献，也可以是需要探测的目标。体积混响主要衡量目标强度和体积反向散射强度两个物理量[75]。当散

射体相对于声呐波束来说很小时，单个或离散点散射体的散射贡献通常需用目标强度（TS）来反映，定义为[80]

$$\mathrm{TS}=10\lg\left(\frac{\sigma_{\mathrm{bs}}}{R_{\mathrm{ref}}^2}\right) \tag{8-34}$$

式中，σ_{bs} 为离散散射体的反向散射截面；R_{ref} 为参考距离，通常为 1。更为具体的是，当散射体为有鳔鱼或海洋哺乳动物时，反向散射截面可以用其自身长度来定义。例如，有鳔鱼的目标强度可表示为[75]

$$\mathrm{TS}=10\lg L^2-26.4 \tag{8-35}$$

当该散射体是人类潜水员时，由于人体自身肺部器官与骨架等以及随身装备的潜水器械等作用，计算反向散射截面的理论比较复杂。但总体来说，其目标强度在 100kHz 时介于–25dB 和–20dB 之间[75]。

而对于大量点散射体群集而成时，其混响贡献需要将这些散射体作为一体来进行考虑更为合适。假设这群散射体由鱼群构成，则整体的目标强度可表示为

$$\mathrm{TS}=10\lg\left(\frac{\sum_{i=1}^{N}\sigma_{\mathrm{bs},i}}{R_{\mathrm{ref}}^2}\right) \tag{8-36}$$

式中，N 为波束照射与脉冲分辨单元共同限制的体积范围内的鱼的数量。此时，人们通常还利用体积反向散射强度（volume backscattering strength，VBS）的定义对这种分布、密集式散射体的混响贡献进行描述，此时的目标强度可表示为[80]

$$\mathrm{TS}=10\lg(S_{\mathrm{v}}B)=S_{\mathrm{v}}+10\lg B \tag{8-37}$$

式中，S_{v} 为体积反向散射强度；B 为声有效照射体积，由波束宽度与脉冲分辨单元共同约束决定。

4. 混响的随机特性

前面已经介绍，混响是由大量独立散射体的散射声波在接收点叠加而成，即

$$v(t)=\sum_{i=1}^{n}a(t_i)v(t-t_i) \tag{8-38}$$

式中，$a(t_i)$ 是对应于第 i 个散射体的散射波的随机幅度；函数 $v(t-t_i)$ 表示单个散射信号的形状。假设每个散射波的相位是在 0 ～ 2π 内随机取值，根据中心极限定理，当 n 足够大时，混响瞬时值满足正态分布规律，其包络服从瑞利分布规律。而近年来高分辨声呐正快速发展，这些系统通常采用波束形成技术来增加信混比和方位分辨率，提高发射信号带宽来改善距离分辨率。这将造成在分辨单元内的有效散射体数量减少，以至于不满足中心极限定理，输出的混响包络的概率密度

函数也将会不满足瑞利分布。为此，有许多模型用来仿真混响的非瑞利统计特性，其中主要包括 Weibull 分布、K 分布等模型。本书结合实测海底混响信号统计特性主要对瑞利分布和 K 分布这两种模型进行讨论[81]。

其中，瑞利分布的概率密度函数为

$$f_z(z)=\frac{2z}{\lambda_0}\mathrm{e}^{-(z^2/\lambda_0)} \tag{8-39}$$

而 K 分布则可以利用 Oliver 的乘积模型[85]进行描述。该模型将混响包络理解为两种不同物理过程的结合：

$$Z=X\cdot Y \tag{8-40}$$

式中，X 是慢变分量，与海底界面各散射体的物理性质有关，服从广义 χ 分布；Y 是快变分量，服从瑞利分布。整体来看，混响包络的 K 分布概率密度分布表示为

$$f_z(z)=\frac{4}{\sqrt{\lambda}\Gamma(v)}\left(\frac{z}{\sqrt{\lambda}}\right)^{v}K_{v-1}\left(\frac{2z}{\sqrt{\lambda}}\right) \tag{8-41}$$

式中，$K_{v-1}(\cdot)$ 为第二类 $v-1$ 阶修正的 Bessel 函数；λ 为尺度参数，与回波强度有关；v 为形状参数，决定 K 分布偏离瑞利分布的程度，v 越小，K 分布的峰态越陡峭，偏离瑞利分布程度越大，具有比瑞利分布更大的尾部。所以在采用相同检测门限进行检测的情况下，虚警概率越大。因此通过估计形状参数 v 来了解混响包络分布的尖锐程度是非常必要的。而当 $v\to\infty$ 时，分布趋于瑞利分布，此时 $\lambda=\lambda_0/v$。文献[86]指出，尺度参数为 1、形状参数为 v 的伽马分布随机变量的平方根与均值为零，方差为 λ 的复高斯随机变量乘积的模服从参数为 (v,λ) 的 K 分布。即式（8-42）的模服从参数为 (v,λ) 的 K 分布：

$$\tilde{R}(t)=\sqrt{V(t)}\tilde{W}(t) \tag{8-42}$$

式中，$\tilde{W}(t)$ 是均值为零、方差为 λ 的复高斯随机过程；$V(t)$ 是尺度参数为 1、形状参数为 λ 的伽马随机过程。

这里结合多波束测深声呐采集的水底回波数据对上述分布特性进行分析。多波束测深声呐采集多通道的水底回波信号后，经波束形成后得到各方向波束输出信号的包络，这样分别用 K 分布和瑞利分布拟合曲线与实测数据的统计分布进行比较。从图 8-4 可以看出，实测多波束数据波束形成后信号包络的概率分布与 K 分布较为相近。在不同的入射角情况下，K 分布拟合曲线都能较好地反映试验数据的概率分布情况。对比图 8-4 中各子图可以看出，近垂直入射情况下，数据统计特性与瑞利分布差别较大，分布曲线拖尾与瑞利分布比相对长些，与 K 分布更为接近。而在中等入射角范围，如 40.5°～64.2°，瑞利分布拟合曲线与实际数据结果相比，差距相对缩小。

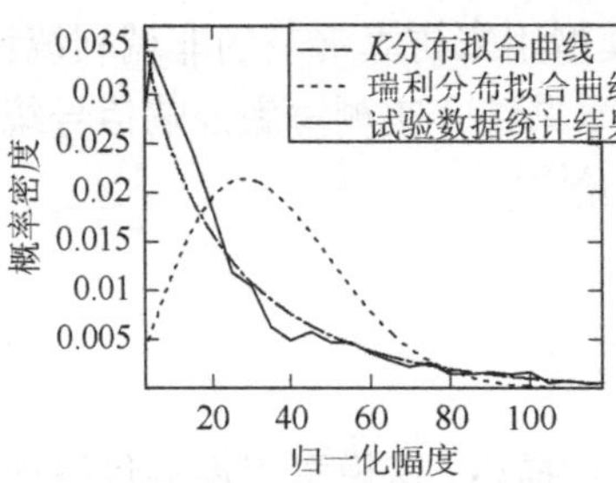

(a) 入射角为0°时的试验数据统计结果及理论分布模型拟合情况

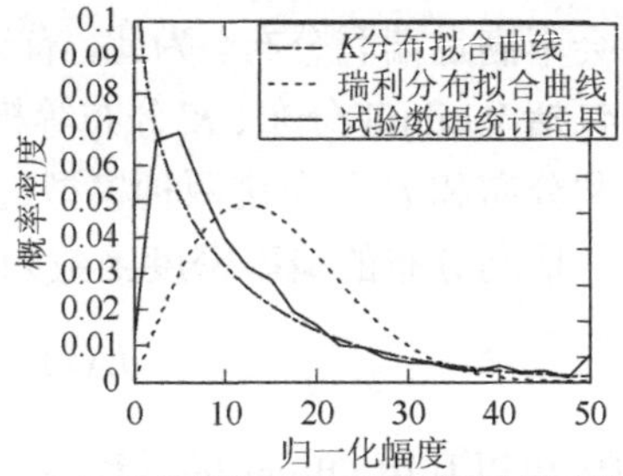

(b) 入射角为7.5° 时的试验数据统计结果及理论分布模型拟合情况

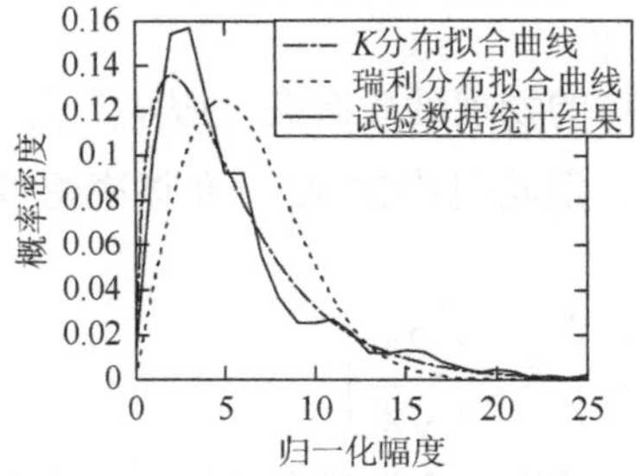

(c) 入射角为20.5°时的试验数据统计结果及理论分布模型拟合情况

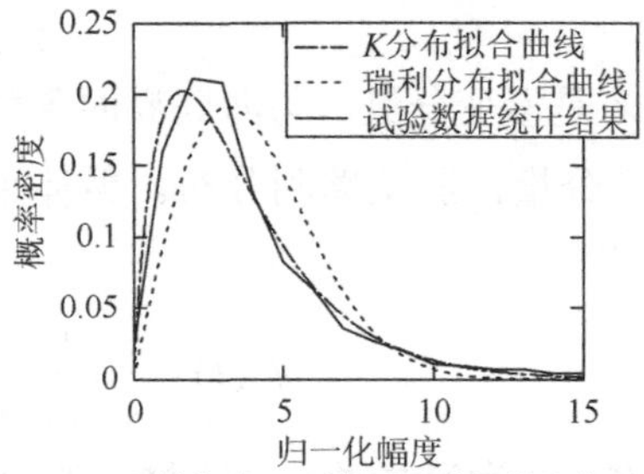

(d) 入射角为30°时的试验数据统计结果及理论分布模型拟合情况

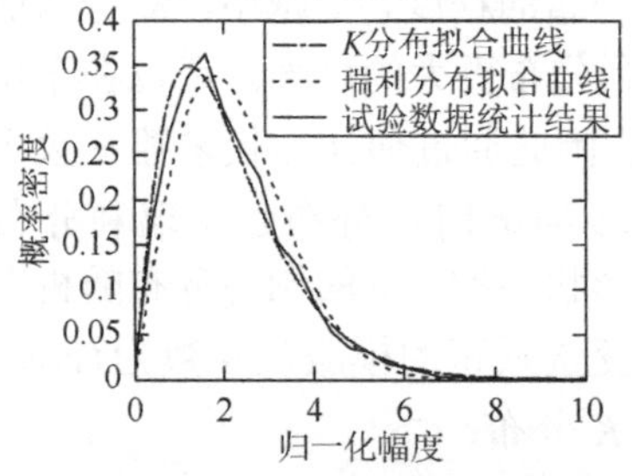

(e) 入射角为40.5°时的试验数据统计结果及理论分布模型拟合情况

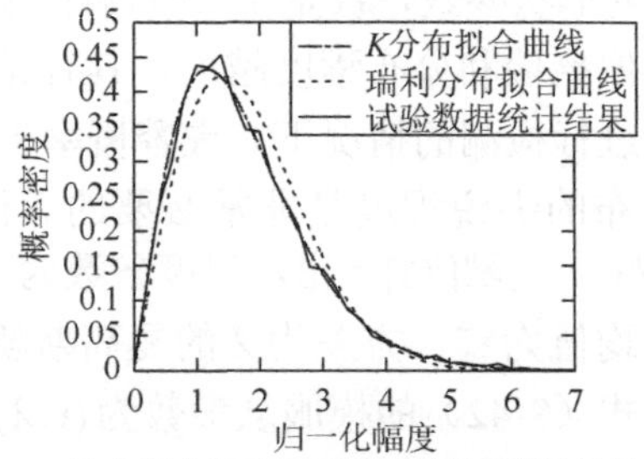

(f) 入射角为50.8°时的试验数据统计结果及理论分布模型拟合情况

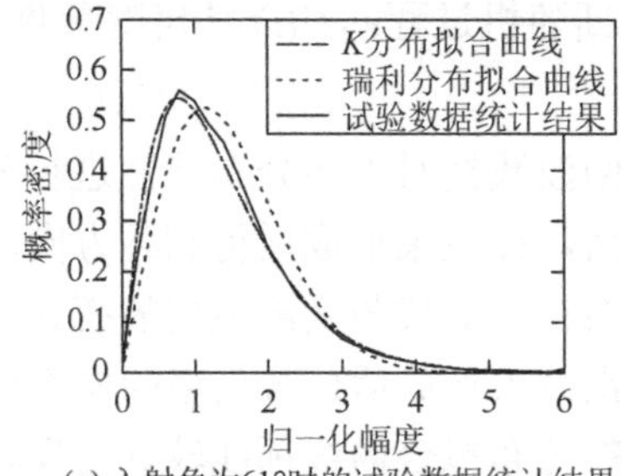

(g) 入射角为61°时的试验数据统计结果及理论分布模型拟合情况

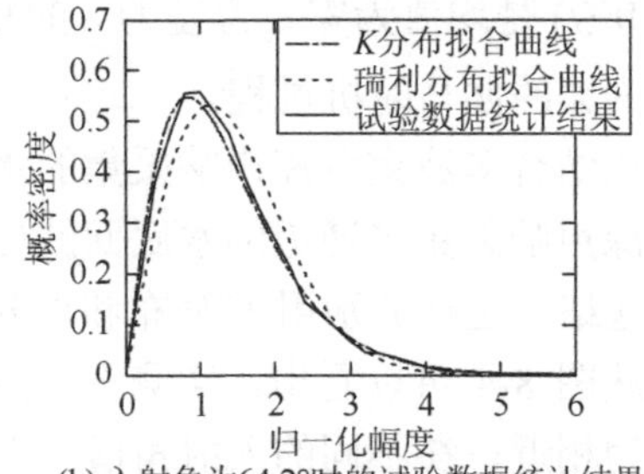

(h) 入射角为64.2°时的试验数据统计结果及理论分布模型拟合情况

图 8-4　各波束输出信号包络的概率分布统计及理论分布模型拟合曲线

5. 混响模拟的数学模型

在高频声呐混响仿真建模中主要的技术方向为点散射模型和单元散射模型。

在点散射模型中，假设散射体随机分布在海中，估计的混响级是通过每个散射体回波求和得到；而更为常用的是单元散射模型；该模型中假设散射体均匀地分布在波束照射区域内，因此可以将声照射区划分成多个单元，且在各单元内都有大量的散射体。此时估计的混响级就是这些散射单元回波求和的结果。此外，根据主动声呐方程中各项定义可知，在计算混响时，除了考虑界面和体积散射体的反向散射强度贡献之外，还需要充分考虑海洋传播损失、声呐波束图等贡献。

实际海洋环境的复杂性使得混响仿真十分困难，需要做某些理想化的假设。例如，通常不考虑多途效应，声波都是沿直线传播，不考虑海底各散射单元间的散射、海水均匀、等声速等。

这里以海底混响仿真为例对单元散射模型的应用进行深入理解。图 8-5 所示为海底混响计算的几何关系。假设声波向海底辐射后，在 t 时刻有贡献的散射元个数为 N，$y_i(t)$ 为第 i 个散射元在 t 时刻产生的回波，则在 t 时刻接收的混响信号 $y(t)$ 为

$$y(t)=\sum_{i=1}^{N}y_i(t) \tag{8-43}$$

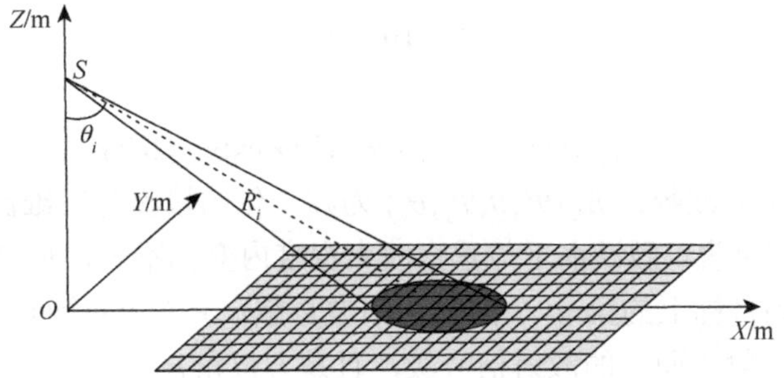

图 8-5　海底混响计算的几何关系

通常，与入射信号相比，反向散射信号在幅度和相位上都会发生改变，则有

$$y(t)=\sum_{i=1}^{N}A_i\mathrm{e}^{\varphi_i}x(t-\Delta t_i) \tag{8-44}$$

式中，A_i 和 φ_i 分别为第 i 个散射元反向散射信号的幅度和附加相移。不同散射体所产生的反向散射波与附加相移都是不一样的，不同时刻参与叠加的散射波也不尽相同，这一切都是随机发生的，因而海底混响信号的包络具有随机信号的特点。文献[87]指出，如果散射体幅度服从指数分布，其相位服从 0～2π 均匀分布，则得到的混响信号包络服从 K 分布。假设，h 为海底深度，$R_i=h/\cos\theta_i$ 为第 i 个散射元到发射点的距离，Ψ 为发射波束束宽，且发射脉冲时间为 t_0，则发射信号 $x(t)$ 经第 i 个散射元到接收点处产生的延迟时间为

$$\Delta t_i=\frac{2R_i}{c} \tag{8-45}$$

式中，c 为声波在水中传播速度。

此外，在仿真中令反向散射信号幅度 A_i 服从均值为 η_i 指数分布，相位服从 0～2π 均匀分布。综合考虑到声波在传播过程中受几何扩展、海水声吸收、海底反向散射、声呐系统发射与接收指向性图等因素的影响，将均值 η_i 表示为

$$\eta_i = \frac{A_0}{R_i^2} 10^{-0.1\alpha R_i} D_{\mathrm{T}}(\vartheta_i) D_{\mathrm{R}}(\vartheta_i) \sqrt{\Delta S_i S_{\mathrm{b}}'} \tag{8-46}$$

式中，A_0 为发射信号的幅度；α 为海水声吸收系数；$D_{\mathrm{T}}(\vartheta_i)$ 为发射阵指向性图；$D_{\mathrm{R}}(\vartheta_i)$ 为单个接收阵元的指向性图；S_{b}' 为与海底反向散射强度 S_{b} 有关的一个量，两者的关系为 $S_{\mathrm{b}} = 10\lg S_{\mathrm{b}}'$。

8.2.3 目标回波模拟

文献[88]在模拟目标回波时，假设目标表面由许多密集小面元构成，整体的目标强度可以由这些声波照射的小面元产生的回波共同叠加而估计得到，具体数学形式如下：

$$\mathrm{TS} = 10\lg|S_r|^2 \tag{8-47}$$

$$S_r = s_1 + s_2 + s_3 + \cdots + s_i + \cdots + s_n \tag{8-48}$$

$$s_i = V_i(\sigma) \times B_N(\Psi, \theta, \Psi_s, \theta_s) \times \exp(-\mathrm{j}2kr_i) \tag{8-49}$$

式中，$k = 2\pi/\lambda$ 为波数；$B_N(\Psi, \theta, \Psi_s, \theta_s)$ 为归一化的接收阵三维波束图，对于目标强度预测过程来说，假设水平与垂直波束宽度内变化不大，$B_N(\Psi, \theta, \Psi_s, \theta_s) \approx 1$；$s_i$ 为声波照射到目标上的第 i 个面元的回波贡献；r_i 为第 i 个面元对应的斜距；$V_i(\sigma)$ 为第 i 个照射小面元的散射信号级，且是方位角 σ 的函数：

$$V_i(\sigma) = \frac{A\sin\left(\dfrac{2\pi a \sin\sigma}{\lambda}\right)\cos\sigma}{2\pi a \sin\sigma} \tag{8-50}$$

其中，a 为面元边长；A 为面元面积；λ 为波长。

此外，对于每个面元的目标强度可以表示为

$$\mathrm{TS}(\sigma) = 20\lg V_i(\sigma) \tag{8-51}$$

对于一些规则形状的目标来说，我们可以根据其形状、尺度大小对其目标强度进行估计。例如，文献[89]中提供了一些典型规则形状对应的目标强度计算公式。

8.2.4 实例分析

1. 多波束测深声呐海底回波模拟

多波束测深声呐是海洋遥感、勘探中重要的声呐仪器设备之一，可具备海底

地形地貌测量、水体成像、底质分类等多种探测能力。多波束测深声呐在研制过程中受到各方面条件的制约不可能经常进行外场试验，因此一般需利用海底混响仿真技术设计模拟器，进行系统的实验室调试。随着海洋测绘机构对测深精度以及海底成像功能的要求不断提高，如何获得高质量的海底混响仿真信号成为多波束声呐信号模拟器的研究重点。

本节以多波束测深声呐海底回波模拟为例对上述主动声呐的仿真理论进行分析[81]。多波束声呐系统通过发射具有一定扇面开角的多个波束，在海底形成一条带状的声照射区域。根据网络模型，在这一散射区域内沿船横截面方向划分散射元，最终各阵元接收到的混响信号为所有散射元上反向散射信号的叠加。图 8-6 所示为计算多波束声呐混响的几何关系。图中，h 为海底深度，Ψ 为发射波束宽度，R_i 为第 i 个散射元到接收点的距离，θ_i 为第 i 个散射元处对应的掠射角。

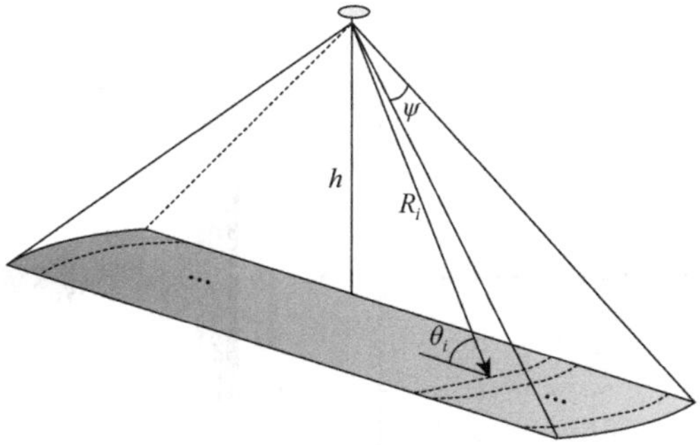

图 8-6　计算多波束声呐混响的几何关系示意图

因为海底散射区域沿船横截面方向覆盖范围较大，所以如果在整个有效散射区域内均匀分布散射元，运算量将较为繁重。为此，本书中采取的方法是以等声程差形式将散射元分布在有效散射区域内。这样得到的散射元面积是随掠射角变化的，而这也与多波束声呐分辨单元面积随掠射角变化的一般规律相符。当分辨单元内散射元数目为 N 时，第 i 个散射元散射面积 ΔS_i 可近似表示为

$$\Delta S_i \approx \frac{c\tau R_i \Psi}{2N\cos\theta_i} \tag{8-52}$$

式中，c 为声波在水中传播速度；τ 为脉冲宽度。

设发射信号为 CW 脉冲，则某一阵元在 t 时刻接收的海底混响信号可表示为

$$y(t) = \sum_{i=1}^{N} A_i \exp(\mathrm{j}\varphi_i)\exp(\mathrm{j}\omega t)(u(t-\Delta t_i) - u(t-\tau-\Delta t_i)) \tag{8-53}$$

式中，A_i 和 φ_i 分别为第 i 个散射元反向散射信号的幅度和附加相移；$u(\cdot)$ 为单位阶跃函数；Δt_i 为发射信号经第 i 个散射元到某一阵元处产生的延迟时间，对于不同的接收阵元，Δt_i 是变化的。

根据上述原理设定与模型有关的声呐系统和海洋环境参数，可以得到相应条件下的仿真信号。这里基本参数选择为：垂直海深 $h=100\text{m}$，接收阵为线阵，阵元数 $M=40$，多波束开角 120°，发射波束束宽 3°，发射信号频率 $f_0=50\text{kHz}$，采样频率 $f_s=300\text{kHz}$，脉宽 $\tau=1\text{ms}$，声速 $c=1500\text{m/s}$，此外，海底散射过程采用 APL-UW 散射模型进行计算，并采用 K 分布混响生成原理对海底回波幅度的统计分布进行建模。

图 8-7 中，反向散射强度的计算分别选取“淤泥、粗砂、砂砾、岩石”底对应的海底声学参数，最终得到 4 种代表不同海底沉积物类型的仿真信号。对比图 8-7（a）～图 8-7（d）可以看出，随着海底界面粗糙程度的增加，仿真混响信号强度逐渐增大。

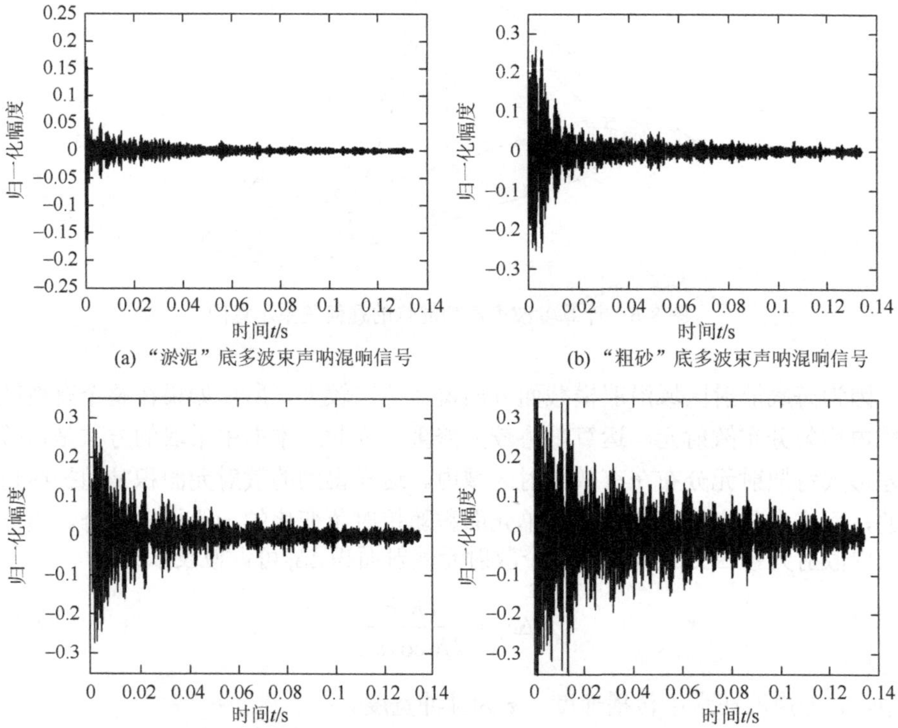

(a)“淤泥”底多波束声呐混响信号　(b)“粗砂”底多波束声呐混响信号

(c)“砂砾”底多波束声呐混响信号　(d)“岩石”底多波束声呐混响信号

图 8-7　不同海底沉积物类型下仿真的多波束声呐混响信号

图 8-8 给出了某一阵元上的信号包络概率密度分布的统计结果，并用 K 分布和瑞利分布两个理论模型的拟合曲线与之比较。从图中可以看出，仿真数据同 K 分布较为吻合，达到了仿真的目的。各阵元输出信号的包络为时间慢变函数，且阵元间距都很小，因此其在整个基阵孔径上的时间变化是可忽略不计的。基于此近似处理，经过波束形成处理后得到的各波束方向输出信号包络 V 与阵元输出信号包络 U 相比可近似用如下线性关系表示：

$$V = \mu \cdot U \tag{8-54}$$

式中，μ 为波束响应，其大小与波束形成器的加权系数和波束方向有关。

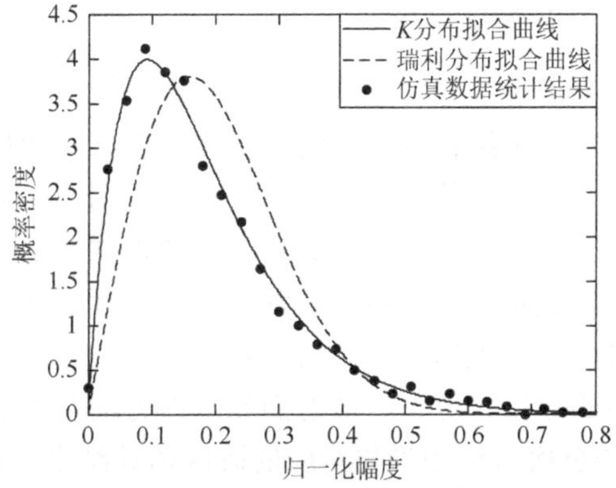

图 8-8　多波束海底混响包络的概率密度检验

如令 U 服从 K 分布，即

$$f_U(U) = \frac{4}{\sqrt{\lambda}v}\left(\frac{U}{\sqrt{\lambda}}\right)^v K_{v-1}\left(\frac{2U}{\sqrt{\lambda}}\right) \tag{8-55}$$

则有

$$f_v(V) = \frac{4}{\mu\sqrt{\lambda}v}\left(\frac{V}{\mu\sqrt{\lambda}}\right)^v K_{v-1}\left(\frac{2V}{\mu\sqrt{\lambda}}\right) \tag{8-56}$$

可见，波束形成后的信号包络仍为 K 分布，其形状参数不变，只是尺度参数变为 $\mu^2\lambda$ 。

图 8-9 为仿真的多通道信号经 DFT 波束形成后得到的多波束输出结果。图中能够反映出不同的波束角所对应的信号到达时间及其幅度信息，因此可应用于多波束系统测深算法的检验。

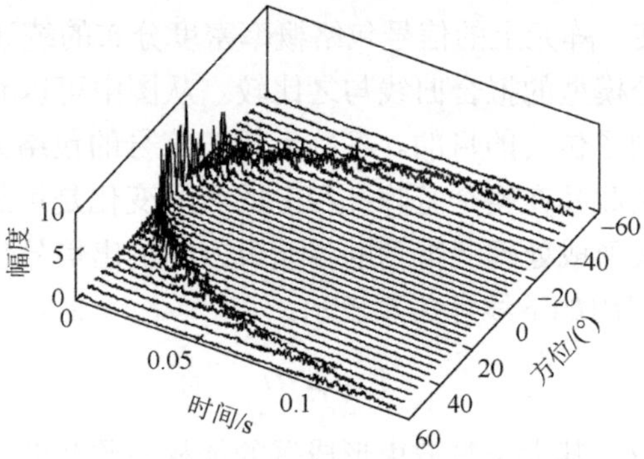

图 8-9　仿真多通道信号的 DFT 波束形成输出

2. 侧扫声呐海底目标图像模拟

上面的仿真例子中考虑了海底混响信号的多通道接收，海底是平海底，且海底中无其他目标存在。这里结合侧扫声呐的仿真示例，对粗糙海底以及在海底中存在特定几何形状目标的回波信号仿真进行进一步说明。首先，当海底存在凸起目标时，声波照射目标会存在盲区，因此我们需要根据声呐发射接收阵参数以及声呐和目标的相对位置关系，采用声线追踪方法对目标影区进行估计。这样，我们在计算混响信号时，可以根据声波是否照射到目标的判断结果来计算实际贡献某时刻混响的散射体的数量、位置、散射面元法线方向与入射声波夹角等参数。图 8-10 为一组海底与沉底目标场景与对应的影区估计结果，目标分别是圆柱体、长方体与球体。图 8-10（b）中，浅色部分为声波可以照射的地方，而深色部分为声影区。此外，由于实际的海底或海面为随机粗糙面，我们通常也需要考虑随机粗糙界面的构建方法。文献[90]中详细讲解了如何利用高度起伏均方根、功率谱等参数以及蒙特卡罗方法构建随机粗糙界面，这里不再赘述。图 8-11 所示为综合考虑粗糙海底与有沉底目标时的海底环境构建结果图，目标位置及形状与图 8-10 相同。此时，假设一侧扫声呐做匀速直线运动，其右侧收发换能器阵在行进中照射到了上述三个目标，而扫侧结果如图 8-11（b）所示。

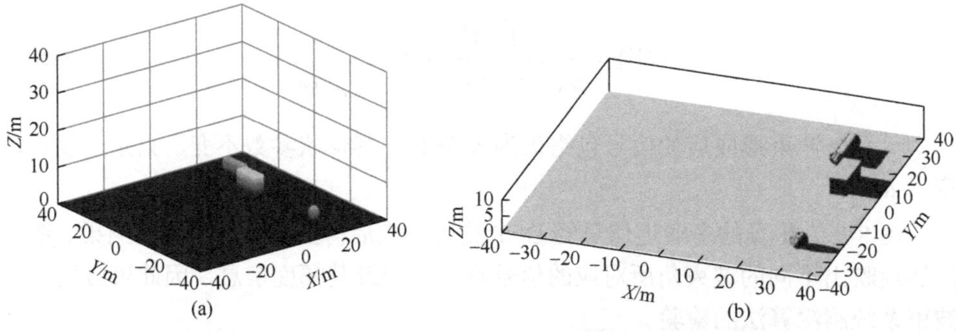

图 8-10　沉底目标场景与对应的影区估计图（彩图见封底二维码）

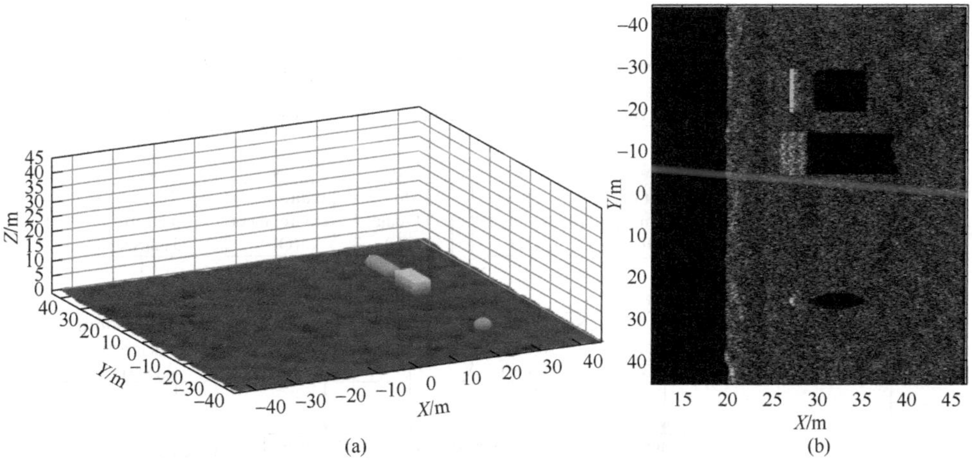

图 8-11　起伏海底与沉底目标场景以及该区域的侧扫声呐海底目标图像仿真图（彩图见封底二维码）

8.3　被动声呐信号模拟

图 8-12 所示为被动声呐建模的数据流示意图[73]。图 8-12 中对被动声呐方程中各贡献量及其在仿真建模中的参与过程进行了详细表述。在被动声呐建模过程中，除了接收换能器（或其基阵）特性、传播损失等贡献外，水下噪声是需要重点关注与分析的。为此，本节重点对水下噪声贡献及其模拟原理进行阐述。

8.3.1　要素分析

由被动声呐方程可知，被动声呐接收到的信号主要是水下噪声。而海洋中的噪声来源较多，总体上可分为海洋环境噪声和目标辐射噪声。对于海洋环境噪声来说，通常包括风成噪声（海面波浪噪声）、海洋湍流引起的噪声、热噪声、雨噪声、海洋中的生物噪声等。而目标辐射噪声通常指舰船、潜艇和鱼雷在航行或者作业时产生的噪声[91]。当这些平台是被测目标时称为目标辐射噪声，而当这些平台上装备水听器进行测量时，这些平台噪声也称为自噪声。推进器和各种机械都在工作，它们产生的振动通过船体向水中辐射声波，这就是舰船辐射噪声。当然，除水面、水中航行平台之外，能辐射噪声的目标还可能有许多，例如，蛙人水下呼吸时会产生周期性的噪声，水下作业产生的噪声，海上其他各种非合作声呐系统工作时可能辐射的声音，等等。而本书中重点讨论海洋中经常存在的噪声，如舰船辐射噪声以及海洋环境噪声，并对其主要贡献与模拟方法进行详细介绍。被动声呐信号的主要来源示意图如图 8-13 所示。

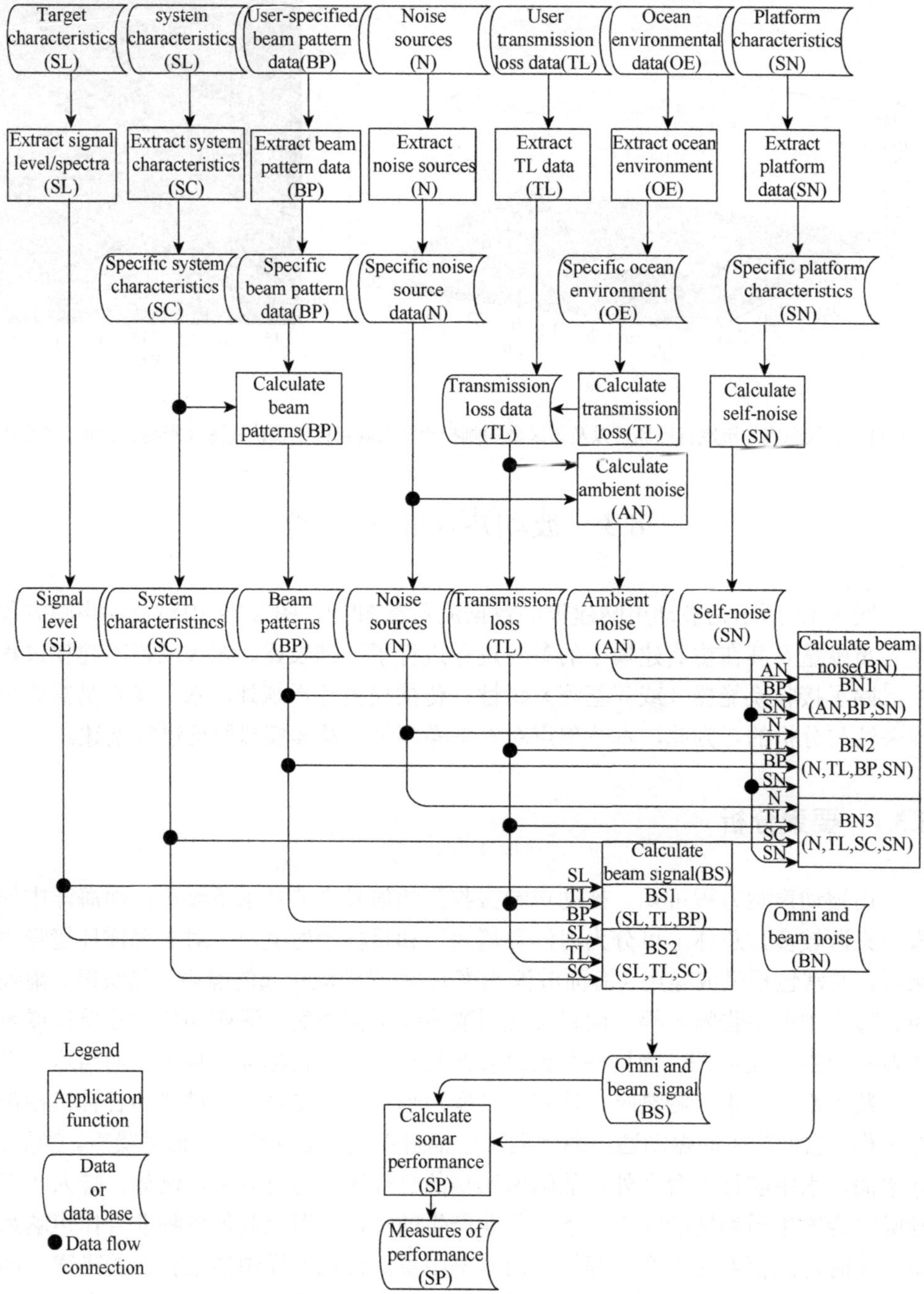

图 8-12　被动声呐建模数据流示意图[73]

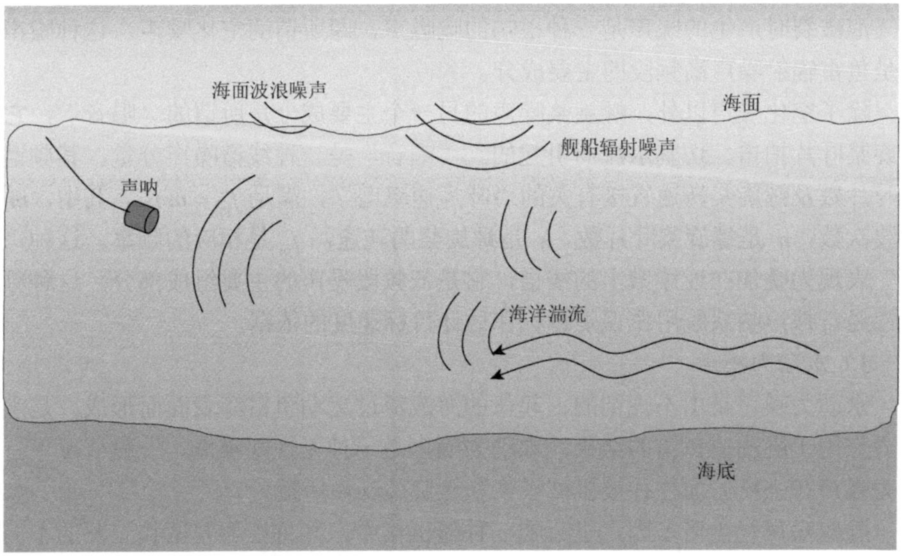

图 8-13　被动声呐信号的主要来源示意图

8.3.2　典型目标辐射噪声模拟

1. 噪声源分析

水下辐射噪声谱一般有两种基本类型，一种是连续谱，噪声级是频率的连续函数；另一种是单频噪声，它的谱线为线谱。而舰船、潜艇和鱼雷的辐射噪声是众多噪声源的综合效应，在很大的频率范围内由上述两类噪声混合而成。这些目标的辐射噪声源一般可以分为三类：机械噪声、螺旋桨噪声和水动力噪声。

1）机械噪声

机械噪声指的是航行或作业时，各种机械的振动通过壳体向水中辐射而形成的噪声。由于各种机械的运动形式不同，它们所产生的水下辐射噪声的性质也就不同。一般地，不平衡的旋转部件、重复不连续的工作部件和往复部件所产生的噪声大多为线谱噪声，其主要成分是振动基频以及它的谐波分量。各种管道与泵中流体的空化、湍流，排气以及轴承、轴颈上的机械摩擦等所产生的噪声属于连续谱噪声。所以，机械噪声应看作强线谱和弱连续谱的叠加。机械噪声是舰船辐射噪声低频段的主要成分。

2）螺旋桨噪声

螺旋浆噪声是由旋转着的螺旋桨所辐射的噪声，包括螺旋桨空化噪声和螺旋浆叶片振动所产生的噪声。螺旋桨在水中旋转时，叶片尖上和表面上会产生负压区，如果负压足够高，就会出现空化，这些空气泡破裂时会发出尖的声脉冲，大量气泡破裂时产生的噪声是一种很响的嗞嗞声，即所谓的空化噪声，这种噪声往往是鱼雷辐射噪声高频段的主要成分。

除了空化噪声以外，螺旋桨噪声的另一个主要成分是所谓的“唱音”，它是螺旋桨叶片拍击、切割水流而引起的。“唱音”是一种线谱噪声分量，其频谱是与叶片数及螺旋桨转速直接有关的“叶片速率谱”，满足 $f_m = mns$。其中，m 是谐波次数，n 是螺旋桨叶片数，s 是螺旋桨的转速，f_m 是相应的频率。这种“唱音”表现为叠加在连续谱上的线谱，它是低频段噪声的主要组成部分。这种频谱特性经常被声呐系统用作识别目标和估计目标速度的依据。

3）水动力噪声

水动力噪声是由不规则的、起伏的海流流过运动鱼雷等表面而形成，是水流动力作用于舰船或鱼雷的结果。水动力噪声是一种无规则噪声。一般情况下，水动力噪声在强度方面往往被机械噪声和螺旋桨噪声所掩盖。

舰船噪声是由诸多因素引起的一种随机信号，其特性随舰型和工况的不同而显著变化，对这种非平稳随机过程进行完全精确的仿真是极为困难的。实际上，无论在检测估计还是识别的过程中，声呐都是尽力提取有稳定统计规律的那些噪声特征量加以利用，以达到发现目标类型的目的。为此舰船噪声的仿真在相当程度上与声呐对噪声特征的利用内容相联系，即仿真的重点是声呐所要加以利用的那些典型特征。

根据普遍采用的假设，可以认为舰船噪声近似服从高斯分布，其统计特性可通过二阶矩来描述。因此对舰船噪声的仿真就归结为对随机信号相关特性或功率谱特性的仿真。在现代声呐检测和识别的过程中，已经利用了舰船噪声连续谱、低频线谱和包迹谱（时变调制谱）的特性。我们采用文献[67]中所提供的模型，把舰船噪声时变功率谱表示为

$$G(t,f) = G_L(f) + G_x(f) + m(t)H(f)G_L(f) \tag{8-57}$$

式中，$G_L(f)$ 为平稳各态历经高斯过程的连续谱；$G_x(f)$ 为在频率上离散分布的线谱；$m(t)H(f)G_L(f)$ 为谱级受到周期调制的时变功率谱；$m(t)$ 为调制函数，代表连续谱所受到的周期时变调制；$H(f)$ 为调制深度谱，反映对不同频率成分具有的不同的调制程度。接下来，我们将对式（8-57）中各噪声项的模拟方法进行介绍。

2. 长周期高斯白噪声的产生

我们需要的各种噪声中，连续谱噪声可以用宽带平稳随机过程来拟合，一般先建立宽带连续谱的噪声发生器，产生作为线谱信号背景噪声的信号。该背景噪声信号通常是利用高斯白噪声信号通过一个 AR 滤波器来实现的。所以，对于下面即将讨论的噪声模型，利用数学方法实时产生足够真实的长周期高斯白噪声是不可或缺的。

长周期高斯白噪声的产生可以使用一种基于贝斯-德拉姆（Bays-Durham）洗牌技术的平均分布随机数产生器算法，这种算法的核心是引入了一个随机索引寄存器 SI 和长为 NT 的随机数表 *T*，在随机地对 SI 和 *T* 进行初始化后，就可以按以下步骤产生均匀分布的随机数。

（1）由 SI 的值 VSI 确定 $j = \text{VSI}(\text{mod}\,\text{NT})$，NT 为随机数表 *T* 的长度。

（2）用 $T[j]$ 更新 SI 的值。

（3）用 X_n 按线性同模取余法产生随机数 random，并用 random 更新 $T[j]$。

（4）将 SI 的值映射到指定的区间，并作为 X_{n+1} 输出。

其流程图如图 8-14 所示。

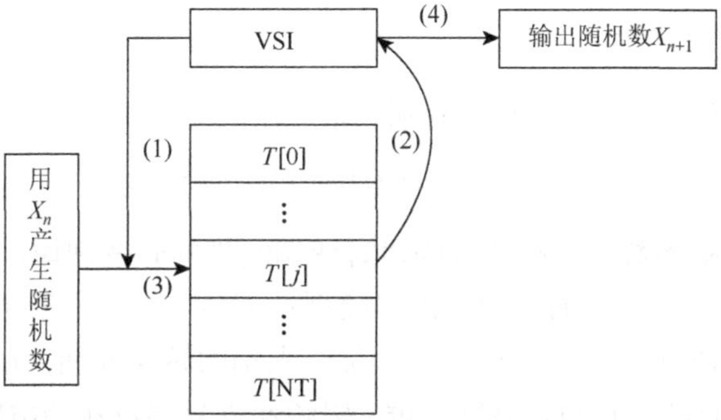

图 8-14　长周期高斯分布白噪声的产生流程图

3. 连续谱噪声的仿真

舰船辐射连续谱噪声的功率谱在高频段满足 –6dB/oct 衰减，模型可选取简化的三参数模型：

$$G(f) = \frac{a}{a^2 + (f + f_0)^2} + \frac{a}{a^2 + (f - f_0)^2} \tag{8-58}$$

式中，f_0 是谱峰所在的频率；a 能够影响谱峰的尖锐程度。

产生具有一定功率谱特征的信号一般是将高斯白噪声通过 AR 滤波器，其中 AR 滤波器的系数就反映了所需信号的功率谱特征。

根据式（8-59）组合计算出噪声信号：

$$x(n) = -\sum_{k=1}^{p} a_k x(n-k) + u(n) \tag{8-59}$$

式中，p 是滤波器的阶数；a_k 是第 k 阶滤波系数；$u(n)$ 是方差为 σ^2 的高斯白噪声。

4. 线谱的仿真

线谱不仅可以用来提高检测性能，而且可以根据它的频率特征与时变特征分析目标的各种参数与状态，是声呐目标检测与识别的一个重要依据。对于线谱的模拟，一般是一些单频信号的直接集合：

$$S(t)=\sum_{i=1}^{N} A_i \sin(\omega_i t+\Phi_i) \tag{8-60}$$

式中，N 是线谱的分量个数；Φ_i 是初始相位，服从于 $[0,2\pi]$ 上的均匀随机分布；A_i 是可以相对于连续谱信号进行调整的幅度值。

5. 噪声调制的仿真

这里用式（8-61）来对噪声进行调制：

$$B(t,f)=m(t)H(f)G_x(f) \tag{8-61}$$

式中，$m(t)$ 是调制函数，反映辐射噪声时变调制谱的时变规律，一般采用图 8-15 所示的幅度和宽度可调节的矩形脉冲串模型；$H(f)$ 是调制深度，简单地用矩形函数近似。图 8-15 中，参数 T_s 取决于螺旋桨主轴的转动周期；t_b 为螺旋桨叶频的倒数；n 为螺旋桨的叶片数；脉冲宽度 τ 影响线谱显著存在的范围。

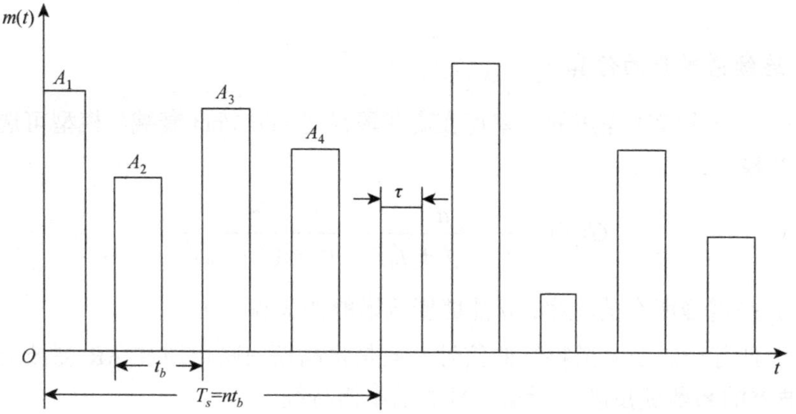

图 8-15　时变谱调制函数

8.3.3　环境噪声模拟

背景噪声为本舰自噪声与海洋环境噪声综合的干扰噪声，本舰自噪声和海洋

环境噪声在空间上都可以近似认为是各向同性噪声，而且都近似服从高斯分布。自噪声为限带白噪声；海洋环境噪声的模拟方法与模拟连续谱噪声的方法一样，由高斯白噪声经过 AR 滤波器得到。不过它的谱模型一般取为$1/|f|^{\nu}$。为了得到具有 sinc 函数形式的空间函数的多路环境噪声，则需要将多路环境噪声进行数学加权处理[65]。

8.3.4　实例分析

准确的信号是实现模拟器的基础，为此我们就上述算法用 MATLAB 仿真实现给出几种典型噪声的仿真波形[65]。图 8-16 是按照贝斯-德拉姆洗牌技术产生的高斯白噪声仿真图形。图 8-17 分别是连续谱信号的时域波形及其功率谱密度波形。图 8-17 中包含了连续谱噪声，下限频率为 200Hz，峰值频率为 600Hz，上限频率为 10000Hz。

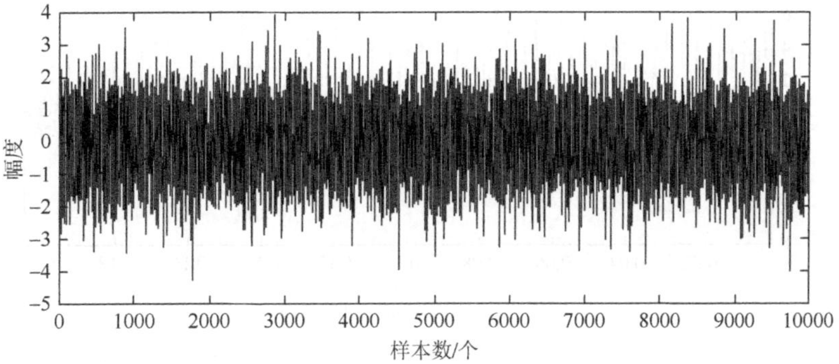

图 8-16　高斯白噪声时间波形

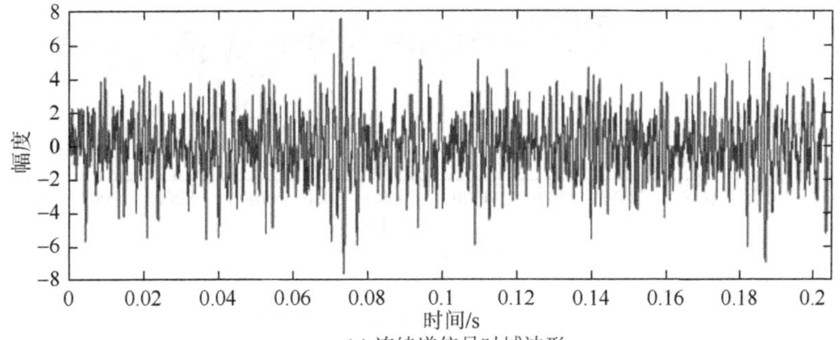

(a) 连续谱信号时域波形

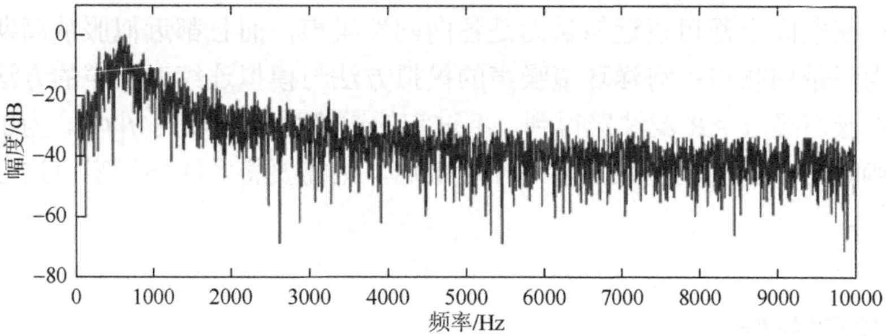

(b) 连续谱信号功率谱密度

图 8-17　连续谱信号时域波形与功率谱密度（一）

图 8-18 是另外一个连续谱信号时域波形及其功率谱密度，图中包含了连续谱噪声以及一根线谱，连续谱噪声下限频率为 200Hz，峰值频率为 600Hz，上限频率为 10000Hz，线谱噪声的频率为 1000Hz，幅度为 20dB。

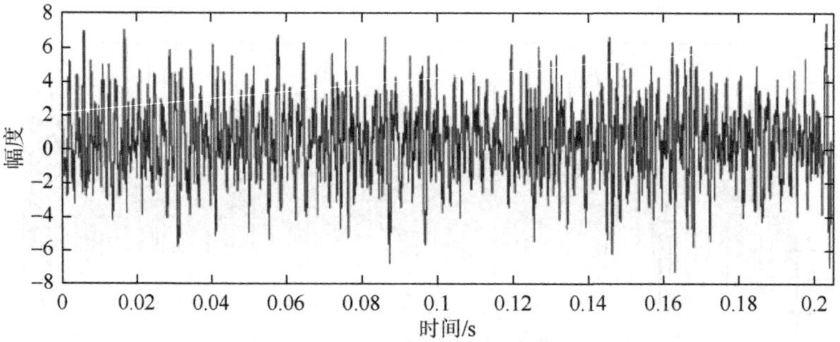

(a) 连续谱信号时域波形

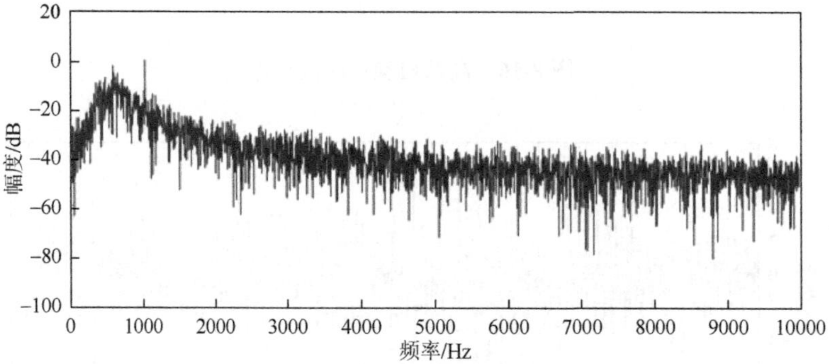

(b) 连续谱信号功率谱密度

图 8-18　连续谱信号时域波形与功率谱密度（二）

图 8-19 分别是第三个连续谱信号的时域波形及其功率谱密度，图中包含了连

续谱噪声以及四根线谱，连续谱噪声下限频率为 200Hz，峰值频率为 600Hz，上限频率为 10000Hz，线谱噪声的频率分别为 800Hz、1000Hz、1500Hz、2000Hz，幅度均为 25dB。

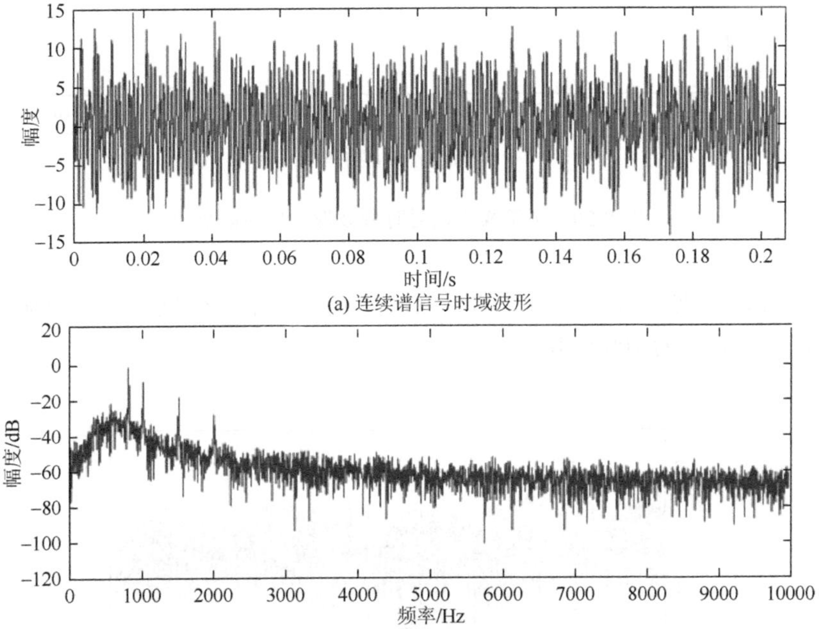

(a) 连续谱信号时域波形

(b) 连续谱信号功率谱密度

图 8-19　连续谱信号时域波形与功率谱密度（三）

图 8-20 分别是环境噪声信号的时域波形及其功率谱密度波形。下限频率为 600Hz，上限频率为 10000Hz，高频段衰减特征为 −6dB/oct 。

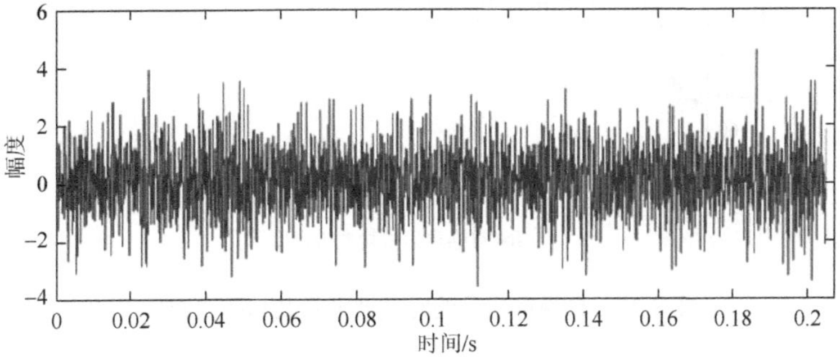

(a) 环境噪声信号时域波形

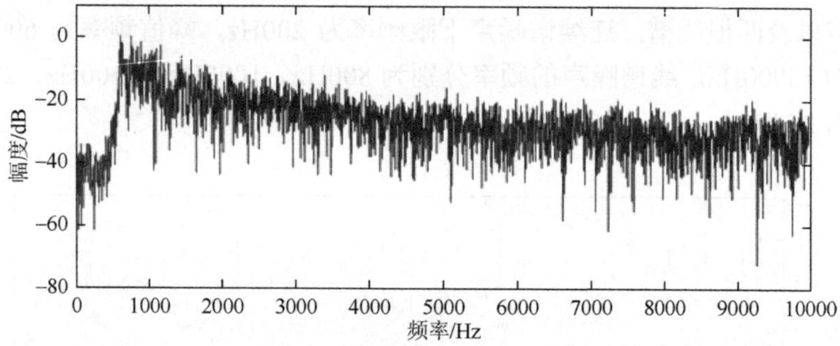

(b) 环境噪声信号功率谱密度

图 8-20　环境噪声信号时域波形与功率谱密度

图 8-21 分别是自噪声信号的时域波形及其功率谱密度波形。下限频率为 600Hz，上限频率为 10000Hz。

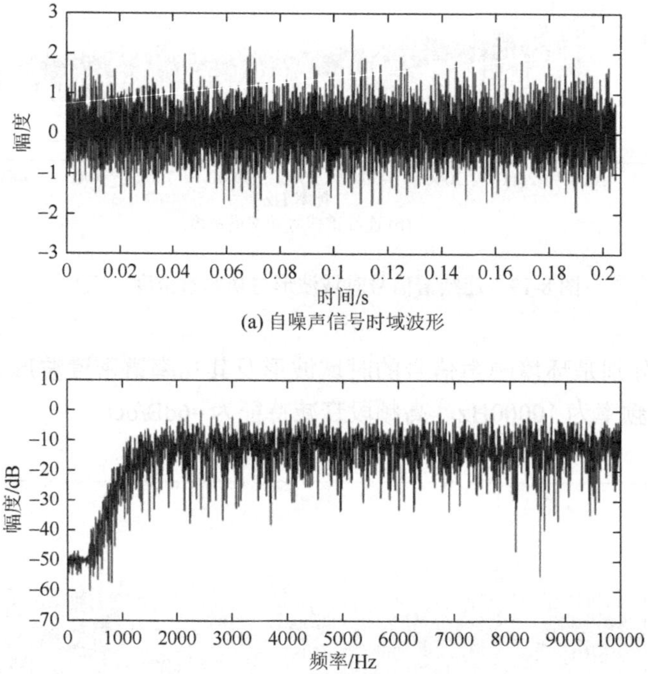

(a) 自噪声信号时域波形

(b) 自噪声信号功率谱密度

图 8-21　自噪声信号的时域波形及其功率谱密度

8.4　声呐模拟器设计举例

前面介绍了主动与被动声呐信号模拟的基本原理，包括各种相关的混响模型、目标回波与辐射噪声模型以及环境噪声模型等，下面进一步通过实例对上述模拟算法与模拟器硬件系统开发进行介绍。

8.4.1　主动声呐模拟器实例——多波束测深声呐模拟器

1. 设计思路

多通道信号及运动姿态模拟器是多波束测深声呐的重要组成部分。其主要作用是在实验室（或陆上验收）条件下对接收机、信号处理分机及主控软件进行调机和性能测试，可节省大量实验费用，缩短整个系统的研制周期。本书中列举的多波束测深声呐模拟器的主要功能包括模拟 80 路海底回波信号和系统使用的各种辅助设备的数据，如差分 GPS（differential global position system，DGPS）、秒脉冲信号、运动姿态传感器、水下分机等。利用这些模拟数据，在实验室里就可完全模拟真实的测量，甚至可以进行后续的拼图、成图工作。具体设计指标如下。

1）海底回波信号

（1）通道数：80；

（2）信号形式：按照海底混响模型仿真得到的各路幅度相位可控的海底回波信号。

2）辅助设备的数据

按照辅助设备的规范输出：

（1）DGPS 数据（RS232）；

（2）秒脉冲信号（I/O）；

（3）姿态传感器数据（RS232）；

（4）水下分机数据（RS232）。

在实验室调机阶段，需要对接收机、信号处理分机及主控软件的性能进行测试，最简单的方法是使用模拟器模拟固定方位的海底回波信号接入接收机，这样，无论接收机的滤波、放大、AGC，还是信号的采集处理，还有主控软件的控制、显示，都可以有效地进行验证。本模拟器中，海底回波信号的仿真方法同 8.2 节中介绍的海底混响仿真原理。还需要注意的是，本模拟器还考虑了向声呐接口单元输出姿态、艏向等辅助设备信息能力。本例并没有详细研究升沉、纵摇和横摇产生的物理内在原因以及它们之间的相互关系，而是通过三个函数分别给出了升沉值、纵摇角和横摇角各自随时间变化的关系，而且这三个函数并不是从动力学的角度推导出的，它们只是形象地、假设性地给出了升沉值、纵摇角和横摇角随时间变化的规律。

测量船的升沉、纵摇和横摇有很大的随机性，在下一个时刻的变化是未知的。但共同规律是它们的变化是连续的，而且是慢变可导的，即升沉、纵摇和横摇在变化中没有突变、跳变的情况发生。因此，仍然选取三角函数作为基本的函数。设测量船的升沉函数为$H(t)$，纵摇函数为$\Theta(t)$，横摇函数为$\Psi(t)$，则有如下公式成立。

升沉公式：

$$H(t) = h_0\left(\sin(\omega_{11}t + \alpha_0) + \sin(\omega_{12}t + \alpha_1)\right) \tag{8-62}$$

纵摇公式：

$$\Theta(t) = \theta_0\left(\sin(\omega_{21}t + \beta_0) + \cos(\omega_{22}t + \beta_1)\right) \tag{8-63}$$

横摇公式：

$$\Psi(t) = \varphi_0\left(\cos(\omega_{31}t + \lambda_0) + \sin(\omega_{32}t + \lambda_1)\right) \tag{8-64}$$

式中，h_0、θ_0、φ_0为其各自幅度的加权，通过改变它们来改变升沉、纵摇和横摇的最大变化幅度；ω_{11}、ω_{12}、ω_{21}、ω_{22}、ω_{31}、ω_{32}为函数中的角频率因子，通过改变它们来改变各函数的变化周期；α_0、α_1、β_0、β_1、λ_0、λ_1为初相位角，以改变各函数的初始状态。

式（8-62）～式（8-64）建立起了姿态传感器数据生成模型，通过改变其中的各参数，可以控制升沉、纵摇、横摇的幅度和周期，从而模拟出不同海况时测量船的升沉、纵摇和横摇规律。

测量船的位置信息是通过 DGPS 得到的，在测区已知的情况下，我们可以认为，测量船的位置是沿某条测线按三角函数上下摇摆的。因此，首先按照测区信息得到测线信息，求得按测线为中心正弦摆动测量船的大地坐标，再按高斯-克吕格投影把大地坐标转换成经纬度信息，最终得到 DGPS 的数据。

2. 实现方案

首先考虑 80 路海底回波信号的模拟。由于要模拟的通道数较多，信号频率较高（300kHz），传统的使用单个 DSP 加多路 D/A 的信号模拟器结构已不能满足本例的要求，DSP 的外部总线 EMIF 不可能在规定时间内完成如此多次的读写操作。本例充分考虑了 FPGA 器件的多 I/O 特点，利用 FPGA 构建多个异步 RAM 总线接口，以数量换取时间，实现了多路信号的同时发送。80 路海底回波信号的产生需要大量的运算，如果利用 DSP 器件实时计算，势必会增加设计中 DSP 器件的规模，本例采用了事先用 DSP 计算，将数据存储于 RAM 中的设计思想，降低了对 DSP 器件的要求，从而节省了硬件成本。

由于 DGPS、姿态传感器和水下分机的数据的接口都是 RS232，对于各种辅助设备的数据的模拟有多种方式可以实现。其中一个方法就是可以利用 DSP 的多通道缓冲串口模拟 RS232 接口，缺点是 DSP 的控制程序较为复杂；也可以通过 DSP 的外部总线扩展通用异步收发器（universal asynchronous receiver/transmitter，UART）如 TL16C554，它的缺点是增加了硬件的成本。本例采用了更为简洁的设计方案，即利用 FPGA 构建了多个 UART 模块，实现了各种辅助设备数据的接收和发送。DGPS 的秒脉冲信号也通过 FPGA 的 I/O 进行模拟。

本例在实现过程中，为了降低成本，减小信号线长度从而获得较好的信号质量，将一块模拟器板设计成 40 路，通过插针和短接电阻的巧妙结合，利用两块板叠加的方式实现了 80 路信号的模拟，此时其中一块板可以不焊接 DSP 和 FPGA，节省了费用。

按照以上设计思想，最终实现的信号模拟器的硬件结构框图如图 8-22 所示。

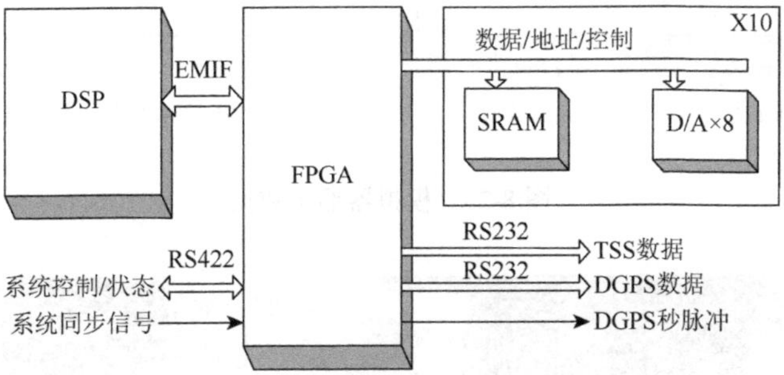

图 8-22　信号模拟器的硬件结构框图

本例采用 DSP + FPGA + SRAM + D/A 的方式构成信号模拟器的主体。DSP 选用美国 TI 公司的高性能信号处理器 TMS320VC5509A，主要完成回波数据的计算功能；FPGA 选用 Altera 公司 Cyclone II 系列 EP2C35F484，主要完成 SRAM 中数据的读写、D/A 的控制、辅助设备数据的产生与发送接收等功能；SRAM 选用 ISSI 公司的大容量异步静态存储器 IS61LV51216，用来存储待发送的回波数据；D/A 选用 ADI 公司的 AD5405，配合带通滤波器将数字信号转换成模拟信号发送出去。

DSP 通过 EMIF 总线与 FPGA 相连；SRAM 挂接在 FPGA 上，它们共用地址总线，数据总线独立，由 FPGA 控制读写，DSP 可以通过 FPGA 读写 SRAM；每片存储器的数据线都与 8 路 D/A 相连，D/A 由 FPGA 控制。

FPGA 通过 RS232 接收信号处理板的控制命令，并上传各种状态信息，包括模拟的水下分机温湿度传感器和数字倾角仪的数据以及模拟的自检数据。DSP 在上电时按照默认参数计算回波数据，并通过 FPGA 写入 10 片存储器中，当 FPGA 检测到主机需要改变数据参数（幅度、相位、深度等）时重新计算数据。正常工作时，FPGA 按照同步周期把存储器中的数据依次写入 D/A 发送出去。同时，FPGA 控制各辅助设备模块把数据按照相应设备的规范发送出去。DGPS 的秒脉冲信号也一并给出。

3. 典型模拟结果

主机采集得到的组合姿态传感器的姿态波形如图 8-23 所示。模拟器设计好后，与水上分机进行联调，经过接收机、数据采集板和信号处理板后由主机采集得到的通道波形如图 8-24 所示。所模拟的方位分别是 0°、10°、–10°、20°和–20°。

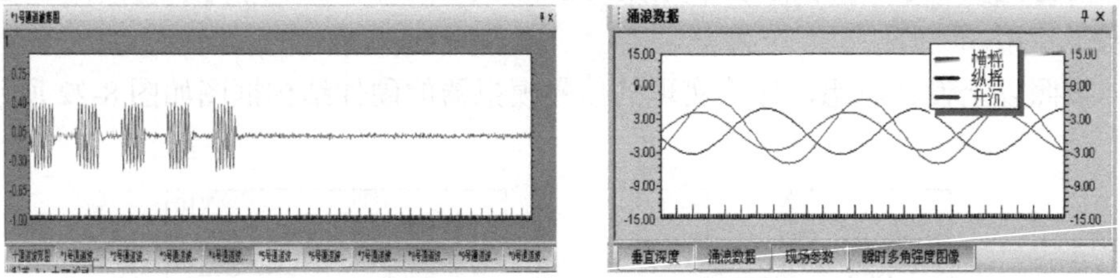

(a) 五个固定方位海底回波单通道波形图　　(b) 模拟的姿态传感器数据

图 8-23　模拟器输出数据

图 8-24　水上分机与主机采集得到的通道波形

8.4.2　被动声呐模拟器实例——拖曳阵声呐信号模拟器

1. 设计思路

当水面舰船或潜艇拖曳水听器阵列时，可接收到来自其他舰船或鱼雷辐射的噪声，此外还有海洋环境噪声、流噪声等。本节介绍一种基于嵌入式 SHARC（super Havard architecture）处理器阵列的被动声呐信号模拟器，其结合了并行处理理论对拖曳阵模拟器的工作任务进行优化分配，实时完成了对目标机动、声呐信号等过程的仿真计算；产生与外部环境条件相适应的 96 路声呐（共 3 条拖曳阵，每条为 32 元接收阵）前端仿真波形；通过信噪比来反映信号与背景噪声两者的强弱关系，并由此控制信号和噪声的相对幅度；此外，当接收基阵是一个组合基阵时，还要对鱼雷噪声的方位变化进行模拟，其效果可以等效为对基阵时延进行控制。基于以上思想，本实例提出的以下设计思路如图 8-25 所示[65]。

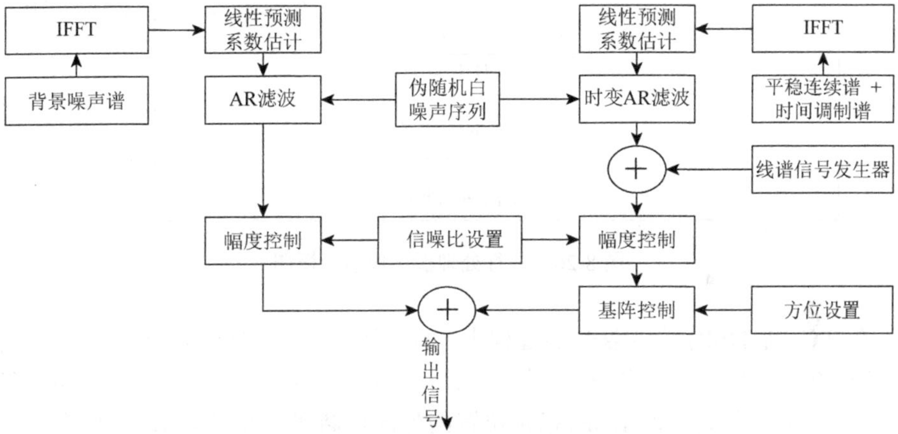

图 8-25　拖曳阵声呐信号模拟器系统实现原理框图

通过分析图 8-25 可以看到，要实现此原理框图，组合得到我们需要的声呐目标信号，主要包括如下几个技术的实现问题：宽带噪声信号的时延（详见第 6 章）、多路相关噪声的产生及 SHARC 处理器阵列实时处理等信号产生与处理的相关问题。

2. 实现方案

对于给出的仿真数学模型的实时实现，本例采用了 SHARC3000 模板。其具有高速运算、扩展能力强、通信方便的特点，而且与计算机的交互能力强。经过一定的软件优化，完成了具有可调信噪比的 96 路舰船辐射噪声信号的实时模拟产生。

1）多 DSP 拓扑方案

SHARC 的软件开发系统为用户提供了一个 C++的库，在 PC 中编写的 C++程序可以调用这个库，这就可以实现人机交互功能和对 SHARC3000 系统的控制。在本系统中，使用 VC++编写了运行于 PC 中的接口程序，完成参数装订、控制 SHARC3000 系统以及从 SHARC 中接受计算结果等功能：首先将参数传入 SHARC3000 模板上的根 SHARC 中；而后启动其他 SHARC，脱机工作，直至算法结束，将运算结果返回 PC。在根处理器 SHARC 中，有一段从 PC 处理器中接收参数的程序，接收到参数后，迅速传到其他 SHARC 处理器，同时处理器启动工作，最大限度地使用该并行处理模板的功能。其过程如图 8-26 所示。

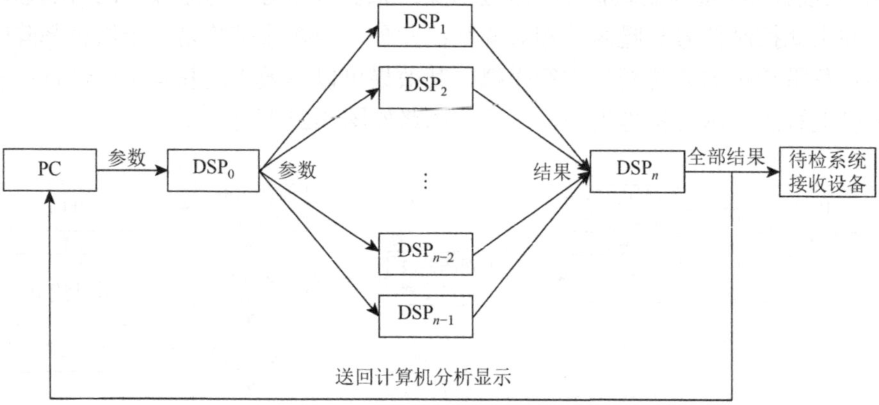

图 8-26　并行处理板工作示意框图

在 PC 向 DSP_0 传送参数的过程中，PC 首先启动 SHARC3000 模板，询问 SHARC3000 模板是否准备就绪，如果已经准备好，DSP_0 将返回一个 BOOL 真值。PC 可以直接将参数写入 DSP_0 指定位置的外部存储器，并且向 DSP_0 中发送一个 PACKET 询问 DSP_0 是否收到参数，如果 DSP_0 收到，则由 DSP_0 返回一个 BOOL 真值，表明双方握手完毕，由 DSP_0 将参数列表移入内部存储器。

2）算法分配方案

多 DSP 并行处理系统实际上就是一个 MIMD 并行处理机，为了使处理机能够高效可靠地工作，必须协调好各 DSP 之间的工作量分配，同时，要注意减少运算时间。并且，为了避免由数据通道堵塞而导致的工作效率下降甚至出现“死锁”现象，应该尽量使得数据流在链路中进行单向传输。

本声呐信号模拟器需要完成的计算任务主要包括产生 96 路背景噪声、连续谱噪声、线谱噪声以及调制谱噪声。需要模拟的目标个数为 4 个，现有的资源是 12 个 DSP 处理器。经过实际的运算时间分析，使用 8 个 DSP（每个 DSP 负责 12 路基元信号的处理）进行背景噪声产生以及各路信号的延时运算。使用 2 个 DSP 处理器进行模拟信号（连续谱噪声、线谱噪声以及调制谱噪声）的产生，每一个 DSP 处理器模拟两个目标的模拟信号，并使用 2 个 DSP 负责接收 8 个处理器中的混合信号。通过任务的分配可以看到：处理延时的 8 个 DSP 的运算量是完全一致的，负责信号产生的 2 个 DSP 的运算量也是完全一致的，并且我们使用调试软件 APEX-DEBUG 对程序运行的监测得到两种情况下的 DSP 的运算量也是几乎相同的。这恰是能够保证并行处理机高效工作的重要条件，并且在这种情况下，一般不会出现因为工作量分配不均导致的并行处理机的“死锁”现象。

3）多路相关噪声产生方案

已知各向同性噪声场中，相距 d 的两点的双边谱单频时空相关系数为 sinc 函数形式：

$$q_s(\tau,\omega)=\frac{\sin\left(\frac{\omega}{c}d\right)}{\frac{\omega}{c}d}\mathrm{e}^{\mathrm{i}\omega\tau} \tag{8-65}$$

式中，ω 是角频率；τ 为时间。噪声的时空相关系数 $\tilde{q}(\tau)$ 应当是双边单频噪声场时空相关系数 $q_s(\tau,\omega)$ 在整个频率轴上按功率谱密度 $Q(\omega)$ 的加权积分，具体如下：

$$\tilde{q}(\tau)=\frac{1}{2\pi}\int_{-\infty}^{+\infty}Q(\omega)q_s(\tau,\omega)\mathrm{d}\omega \tag{8-66}$$

令 $\tau=0$，即得到噪声的空间相关系数。

设三路相关噪声 $y_1(t)$、$y_2(t)$、$y_3(t)$ 分别为

$$\begin{cases}y_1(t)=ax_1(t)+bx_2(t)+bx_3(t)\\ y_2(t)=bx_1(t)+ax_2(t)+bx_3(t)\\ y_3(t)=bx_1(t)+bx_2(t)+ax_3(t)\end{cases} \tag{8-67}$$

式中，a、b 是两个加权系数，不妨分别定义为自相关加权系数和互相关加权系数。有以下条件成立：

（1）$x_1(t)$、$x_2(t)$、$x_3(t)$ 在同一时刻 t 相互独立；

（2）各路噪声功率相等，即 $\langle x_1^2\rangle=\langle x_2^2\rangle=\langle x_3^2\rangle=\langle y_1^2\rangle=\langle y_2^2\rangle=\langle y_3^2\rangle$；

（3）三路相关噪声 $y_1(t)$、$y_2(t)$、$y_3(t)$ 的空间相关系数应该等于 q；

（4）自相关加权高于互相关加权，即 $a>b$。

解上面的方程组，得到

$$b^2=\frac{4+2q\pm\sqrt{(4+2q)^2-36q^2}}{18} \tag{8-68}$$

$$a^2=1-2b^2 \tag{8-69}$$

即相互独立的三路噪声序列 $x_1(t)$、$x_2(t)$、$x_3(t)$ 经过 a、b 加权后输出了具有一定时空相关性的三路噪声序列 $y_1(t)$、$y_2(t)$、$y_3(t)$ 。

3. 典型模拟结果

本小节主要对信号处理机的处理结果进行分析。图 8-27 和图 8-28 给出模拟单个目标时几种不同形式的信号以及某声呐信号处理机实时处理结果。其中，输出的波束形成图是系统对 96 路声呐数据进行波束形成处理给出的结果，横轴是方位，纵轴是幅度；时频谱图即通常所说的 LOFAR 分析图，横轴是频率，纵轴是时间，其一般都是声呐系统在被动检测时对正交接收机的输出进行短时积分或者长时积分给出的结果；调制谱图即通常所说的 DEMON 分析图，横轴是频率，纵轴是时间，它也是被动声呐系统对得到的声呐目标螺旋桨节奏信息的一种表示方式，与 LOFAR 检测过程类似；目标跟踪图实际上就是时间-历程图，横轴是方位，纵轴是时间；目标方位图比时间-历程图要更直观一些，它以本舰为圆心，在圆周上标记出目标的方位。

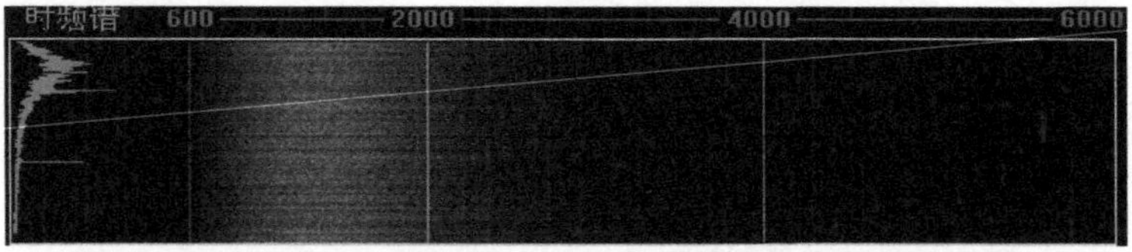

图 8-27　单目标，连续谱与线谱仿真（2000Hz、4000Hz）

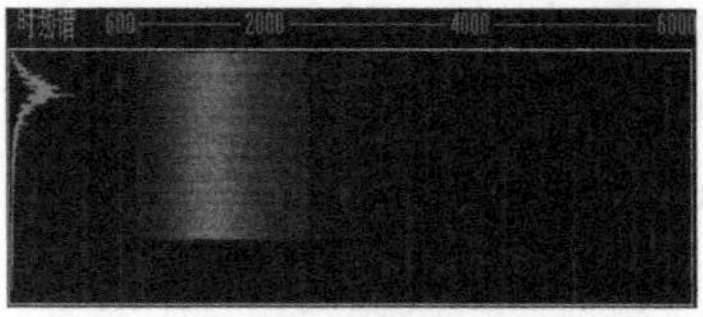

(a) 连续谱

(b) 调制谱(800r/min, 桨叶4片)

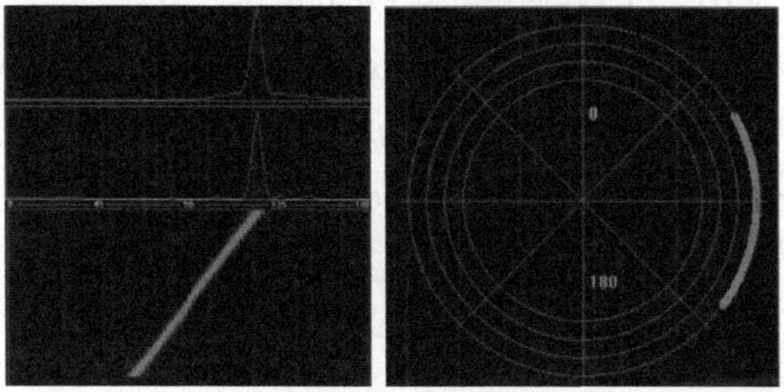

(c) 声呐信号处理机实时结算结果

图 8-28　连续谱与调制谱仿真

第 9 章　多波束测深声呐系统设计举例

多波束测深声呐是现代海洋勘探的重要设备之一，本章在前面章节的基础上，以国家 863 计划项目支持下的超宽覆盖多波束测深声呐系统具体设计为例，详细阐述了该声呐系统的工作原理、核心算法、硬件平台设计开发等内容，以助于对前面章节相关知识的理解。

9.1　多波束测深声呐工作原理

多波束测深声呐的工作原理是利用发射换能器阵列向海底发射宽扇区覆盖的声波，并由接收换能器阵列对声波进行窄波束接收，通过发射、接收波束指向的正交性形成对海底地形的照射足印，对这些足印内的反向散射信号进行到达时间（time of arrival，TOA）和到达角度（direction of arrival，DOA）的估计，就能得到该点的水深值。现代多波束测深声呐每次探测的交叉波束足印达到几百个甚至上千个，形成与船行方向垂直的测深条带线，随着测量船沿测线航行连续测量便可得到一条沿船行方向具有一定覆盖宽度的水深条带，完成多条测线后便可得到一定面积的海底地形图。多波束测深技术原理框图如图 9-1 所示。

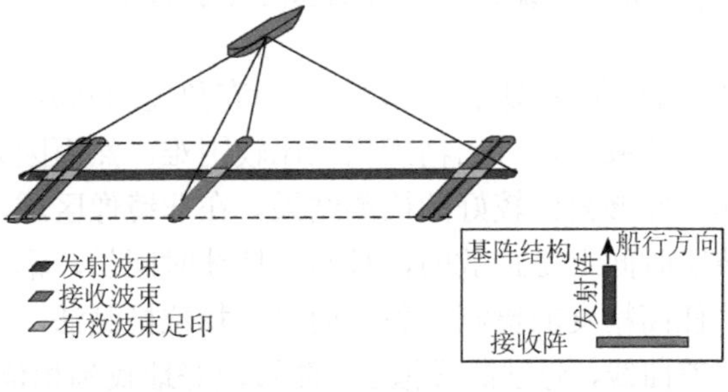

图 9-1　多波束测深技术原理框图（彩图见封底二维码）

9.2　主流测深算法

测深算法是保障多波束测深声呐技术性能的关键，其针对性与有效性必须建立在对声呐接收到的海底反向散射回波特性认识基础上。按照海底散射区域及其散射特性的不同，可分为镜像区域和非镜像区域。所谓镜像区域指的是声波垂直照射的海底区域，因为声波垂直照射，且接收波束在海底的足印很小，在波束范围内，照射声波几乎同时触及海底，因此产生了十分短暂的回波信号。并且因为镜像区域的声波走过最短的声程，传播损失最小，它们的幅度也最强；而所谓的非镜像区域指的是声波以小掠射角照射的海底区域。接收基阵在倾斜方位的有效孔径减小，导致了接收波束足印增大，接收到的回波信号会有较长的持续时间。因为非镜像区域回波传播的声程较长，传播损失大，且小掠射角的海底反向散射贡献相对较弱，导致了回波信号的幅度很小，如图 9-2 和图 9-3 所示。

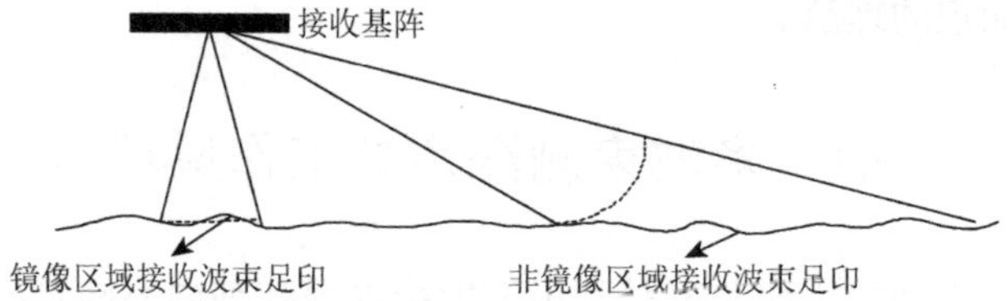

图 9-2　镜像区域及非镜像区域的足印特点

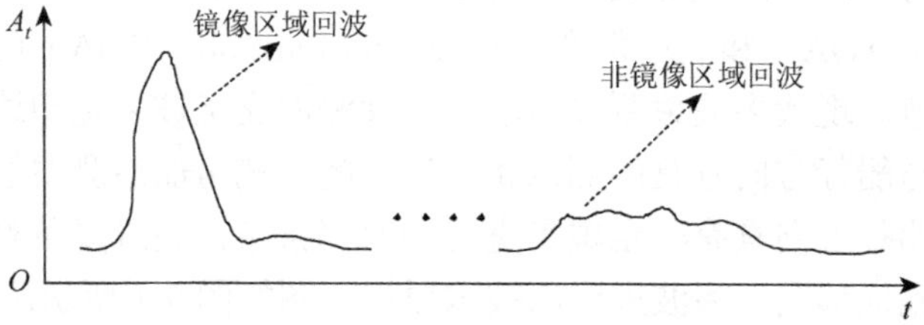

图 9-3　镜像区域及非镜像区域的回波特点

对于镜像区域，接收波束覆盖的区域中，所有角度的回波几乎是同时到达的，使用相位检测法获取波束内信号的精确相位比较困难。然而因为回波持续时间较短，使用幅度检测法能够得到较好的检测结果。在非镜像区域，在一个波束内来自不同角度的回波在时间上是扩散的，且回波持续时间长，幅度波形比较平缓，幅度检测法不能胜任高精度的检测任务。而对于相位检测法，波束内长的回波时间对应了长的相位差曲线，通过曲线拟合，能够较好地找到相位差曲线的过零点，确定相应波束的 TOA[49]。

9.2.1　幅度检测法

加权平均时间（weighted mean time，WMT）算法是一种典型的幅度检测法，算法的原理是按照等角或等距模式预先设定波束控制角，利用波束形成后各波束的能量信息进行回波到达时间估计。

对于每一个波束控制方向，将各采样点上与其对应的回波幅度按时间顺序进行排列，然后利用起始、终止门剔除门外数据，落在动态门限以下的数据在计算时将被舍弃，最终保留的数据只是包含在起始、终止门内，且超过了门限的那些时间片的数据。

本系统参考了一种搜索区域迭代的方法进行能量窗范围的搜索，如图 9-4 所示[2]。

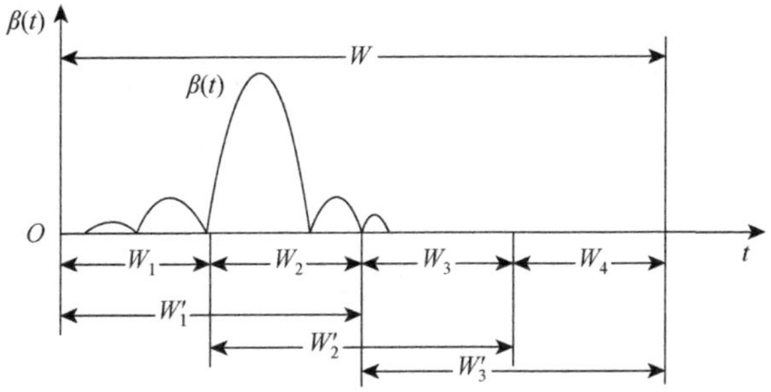

图 9-4　能量中心检测法示意图

将搜索范围$[T_1(k), T_2(k)]$划分为 4 个独立子窗W_1、W_2、W_3、W_4，分别求出每个子窗内的信号能量之和E_i：

$$E_i = \int_{W_i} S^2(t)\,\mathrm{d}t, \quad i = 1,2,3,4 \tag{9-1}$$

将上述 4 个子窗合并为重叠的 3 个子窗W_1'、W_2'、W_3'，计算 3 个重叠子窗内的能量和$E_{W_i'}$：

$$E_{W_i'} = E_i + E_{i+1}, \quad i = 1,2,3 \tag{9-2}$$

找出其中能量最大的子窗W，则回波能量一定收敛于该子窗内，之后继续进行迭代搜索，直至子窗范围$\Delta T < W < 2\Delta T$。其中，考虑到外侧波束回波信号具有展宽，搜索窗长可按照角度进行动态变化，例如，可选取窗长：

$$\Delta T(k) = \tau f_s / \cos\theta_k \tag{9-3}$$

式中，τ为发射信号脉宽长度；θ_k为波束控制角；f_s为采样率。为了防止搜索精度在$\Delta T < W < 2\Delta T$之间下降，再进行滑动搜索，选取滑动步长$\Delta t(k)$：

$$\Delta t(k) = (t_2 - t_1 - W) / N \tag{9-4}$$

式中，N为搜索次数，得到最终的搜索区间$[t_1(k)，t_2(k)]$，之后按照式（9-5）即可估计出回波到达时刻并计算出深度值：

$$\hat{t}_{\mathrm{TOA}} = \sum_{i=t_1}^{t_2} A_i t_i \bigg/ \sum_{i=t_1}^{t_2} A_i \tag{9-5}$$

9.2.2 相位检测法

多波束测深声呐中应用的各类相位检测法都源于传统的分裂子阵相关器，对于线阵或与其类似的基阵来说，分裂子阵相关器法的定向精度接近 CRLB[92, 93]。

1. 分裂子阵相关器

1）信号模型

基阵模型如图 9-5 所示，基阵与水平方位夹角为α。

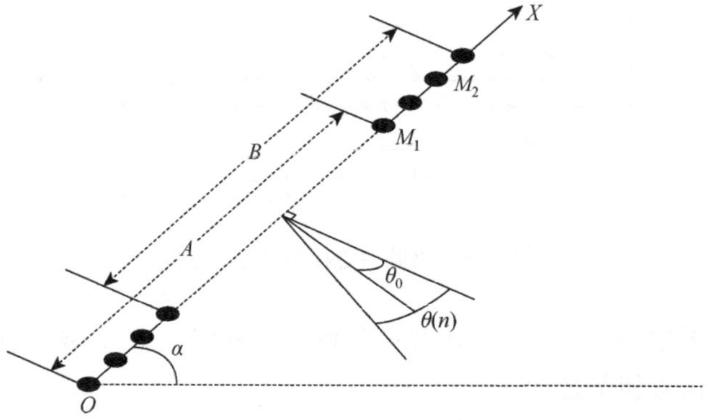

图 9-5 基阵模型

设θ_0为波束控制角，$\theta(n)$为时刻n的回波到达角，d为阵元间距，子阵声中心间距为$M = M_2 - M_1$个阵元，总阵长为L个阵元，H为每个子阵的长度。由基阵理论知两个子阵在θ_0方位的相位差表达式为

$$\Delta\varphi_{AB}(\theta(n), j) = \frac{2\pi}{\lambda} Md\sin(\theta(n) - a) - \frac{2\pi Mj}{N} \tag{9-6}$$

为了保证子阵间同号波束内回波信号的相位差变化范围在$[-\pi, \pi]$范围内，必须满足$H \geqslant 2M$（推导见下面内容），利用上面的$\Delta\varphi_{AB}(\theta(n), j)$，根据式（9-7）可以解算出相应回波信号的 DOA：

$$\theta(n) = \arcsin\left(\frac{c\left(\Delta\varphi_{AB}(\theta(n), j) + \dfrac{2\pi Mj}{N}\right)}{2\pi fMd}\right) + a \tag{9-7}$$

式中，j为 FFT 波束形成的序号；N为波束形成的波束数；f为信号的载频；c为水中的声速；$\dfrac{2\pi Mj}{N}$为相位补偿项，是由 FFT 波束形成的参考阵元坐标的不一致引起的[49]。

2）相位差序列的获取

由式（9-7）可见，只要知道在 n 时刻两个子阵 j 号波束间的相位差 $\Delta\varphi_{AB}(\theta(n),j)$，就可以求出回波信号的 DOA。但是，在实际应用中，由于回波信号不可避免地受到噪声的干扰，使用分裂子阵得到两个子阵 A 和 B 在 n 时刻的 j 号波束输出 $S_A(n,j)$ 和 $S_B(n,j)$ 后，相位差的获取不能直接采取式（9-6）的形式，一般有以下几种求取相位差序列的方法。

（1）将 $S_A(n,j)$ 和 $S_B(n,j)$ 的共轭相乘结果 $S_{AB}(n,j)=S_A(n,j)S_B^*(n,j)$ 进行复数滑动平均，对平滑后的复序列求相位，得到相位差序列 $\Delta\varphi_{AB}(\theta(n),j)$。滑动平均的公式为

$$S'_{AB}(n,j)=\frac{\sum_{i=-L/2}^{L/2} S_{AB}(n+i,j)w(i)}{\sum_{i=-L/2}^{L/2} w(i)} \tag{9-8}$$

对求得的 $S'_{AB}(n,j)$ 序列求相位，即可得到两子阵同号波束的相位差序列 $\Delta\varphi_{AB}(\theta(n),j)$。

（2）直接求 $S_A(n,j)$ 和 $S_B(n,j)$ 的共轭相乘结果 $S_{AB}(n,j)=S_A(n,j)S_B^*(n,j)$ 的相位，然后对所求得的相位差序列进行平滑，得到相位差序列 $\Delta\varphi_{AB}(\theta(n),j)$。

（3）分别对 $S_A(n,j)$ 和 $S_B(n,j)$ 求相位，得相位序列 $\varphi_A(\theta(n),j)$ 和 $\varphi_B(\theta(n),j)$，再求两子阵的相位差序列 $\Delta\varphi_{AB}(\theta(n),j)=\varphi_A(\theta(n),j)-\varphi_B(\theta(n),j)$。

前两种方法引入了子阵的共轭相乘，所得结果的幅度是子阵 A 和 B 同号波束输出幅度的乘积。对于复序列的平滑，幅度乘积是一个方便的加权因子，这是因为非相关回波对应的幅度比相关回波的类似幅度小了相应的权值。此处理方法能够有效地去除叠加在两子阵上的缓慢时变相乘性噪声，所求得的相位差序列干扰和起伏较小。而第三种方法受子阵噪声的干扰严重，所求得的相位差序列起伏很大。而在前两种方法中，又以第一种方法为优。

3）零相位点检测

经过上面的预处理后，可以对每个波束内的海底散射回波信号采用相位检测。对于 j 号波束，上面求得的相位差序列在 $\Delta\varphi_{AB}(\theta(n),j)$ - n 平面内的表示应该是一条随时间变化的过零点的相位差曲线。在 j 号波束范围内，此相位差曲线具有单调分布特性。相位检测简单说来就是依据每个波束的相位差时间序列寻找相位零点，通过对过零点的确定最终得到相应波束方位的 TOA 估计。

对于利用相位进行检测的方法，普遍存在的问题是相位值受到噪声和干扰的影响。干扰的主要来源是海面和海底的多途反射以及由于在相同距离上存在多个目标所造成的干扰。这导致了相位差曲线存在随机的起伏，给判断过零点带来困难。为了比较精确地确定相位差曲线的过零点，首先需要对相位差序列

进行有效提取，然后进行曲线拟合确定回归模型；回归模型确定后，通过反预测得到过零点。

4）曲线拟合

用一个解析函数描述数据（通常是测量值），可以采取曲线拟合的方法。曲线拟合确定了回归模型。它的原理是设法找出某种光滑曲线，它不必经过任何测量值点，但能够最佳地拟合数据。最佳拟合一般情况下被解释为测量值点的最小误差平方和。当拟合的曲线限定为多项式时，曲线拟合的方法是简洁有效的。

5）分裂子阵检测法的应用限制

应用分裂子阵相关器进行水底地形检测的方法称为分裂子阵检测法，它要对非模糊区间内相位差曲线进行拟合，拟合曲线的阶数由海底地形及回波角度决定，然后检测相位差曲线的过零点。为了减小曲线拟合的误差，希望非模糊相位差曲线较长，这对子阵结构来说就是要求子阵短。但是，越短的子阵就意味着利用越少的阵元数据，分裂子阵检测法只用了两个子阵，因而可能不能利用基阵全部的阵元数据进行处理，其输出信噪比较低，性能自然较差。为了提高输出信噪比，可以采用多子阵对检测法。

2. 多子阵对检测法

1）最优子阵结构模型[94]

基阵模型同上。为了得到最小的相位差，对式（9-6）左右求导（$\theta(n)$简记为θ），得到

$$\delta\theta=\frac{\lambda}{2\pi Md\cos(\theta-\alpha)}\delta\Delta\varphi_{AB} \tag{9-9}$$

相干测量的相位差误差可以表示为[95]

$$\delta\Delta\varphi_{AB}=\sqrt{\frac{1}{\mathrm{SNR}}\left(1+\frac{1}{2\mathrm{SNR}}\right)} \tag{9-10}$$

式中，SNR为阵列的输出信噪比，不考虑阵元的指向性衰减，SNR与阵元输入信噪比SNR_i的关系为$\mathrm{SNR}=L\mathrm{SNR}_i$。将式（9-10）代入式（9-9）得到

$$\begin{aligned}\delta\theta&=\frac{\lambda}{2\pi Md\cos(\theta-\alpha)}\sqrt{\frac{1}{H\mathrm{SNR}_i}\left(1+\frac{1}{2H\mathrm{SNR}_i}\right)}\\&=\sqrt{\frac{L}{L-M}\left(1+\frac{L\frac{1}{L\mathrm{SNR}_i}}{2(L-M)}\right)}\frac{1}{M}\frac{\lambda}{2\pi d\cos(\theta-\alpha)\sqrt{L\mathrm{SNR}_i}}\end{aligned} \tag{9-11}$$

令 $A=\dfrac{\lambda}{2\pi Ld\cos(\theta-\alpha)\sqrt{\text{SNR}}}$；$B=1/\text{SNR}$，表示全阵输出信噪比的倒数，式（9-11）可写为

$$\delta\theta(M)=\sqrt{\frac{L}{L-M}\left(1+\frac{LB}{2(L-M)}\right)\frac{LA}{M}} \tag{9-12}$$

为了得到$\delta\theta$的最小值，对式（9-12）求导得到

$$M_{\text{opt}}=\frac{5+2B-\sqrt{(1+2B)^2+2B}}{6}L \tag{9-13}$$

当全阵输出信噪比较高，即 B 很小时，得到子阵间距 $M_{\text{opt}}\approx 2L/3$，子阵长度 $H_{\text{opt}}\approx L/3$。将 M_{opt} 代入式（9-9），得到 A、B 两个子阵相位差：

$$\Delta\varphi_{AB}(\theta,j)=\frac{2\pi}{\lambda}\frac{2L}{3}d\sin(\theta-\alpha)-\frac{2\pi Mj}{N} \tag{9-14}$$

以声呐系统中常采用的半波长布阵为例，式（9-14）等号右边的第一项简化为 $\pi\dfrac{2L}{3}\sin(\theta-\alpha)$，可见，如果要使得到的 $\Delta\varphi_{AB}$ 对应唯一 θ 角，必须要求 $\pi\dfrac{2L}{3}\sin(\theta-\alpha)\in[-\pi,\pi]$。由于多波束测深系统采用的接收阵元数 L 很大，该条件不能满足，要想利用式（9-7）确定海底回波到达方位 θ，必须要对相位解 2π 模糊。

2）解相位差模糊

目前广泛应用的相位解 2π 模糊的方法为 Vernier 方法，其利用 3 个接收子阵组成两个相干子阵对来消除相位 2π 模糊，其中每一个相干对的相位差测量可以表示为

$$\text{mod}(\Delta\varphi,2\pi)+2n\pi=\frac{2\pi Md\cos(\theta-\alpha)}{\lambda} \tag{9-15}$$

式中，$\text{mod}(\Delta\varphi,2\pi)$ 表示含有相位模糊的相位差测量值，这样，每一个相干对测量得到的相位差都对应了几个回波方向 θ，但是实际中海底回波到达方向是确定的，两个子阵对观察到的海底回波方向也应该是相同的。因此，如果把两个相干子阵对计算得到的回波到达角度的可能方向画出来，两个相互重合且属于不同的相干子阵对的回波到达方向才对应于真实的相位差值，因此满足式（9-16）的整数 n_1、n_2 分别对应两个相干子阵对的相位模糊数：

$$\frac{\text{mod}(\Delta\varphi_1,2\pi)}{2\pi M_1 d}+\frac{n_1\lambda}{M_1 d}=\frac{\text{mod}(\Delta\varphi_2,2\pi)}{2\pi M_2 d}+\frac{n_2\lambda}{M_2 d} \tag{9-16}$$

式中，M_1、M_2 分别为两个子阵对中的子阵间距。

实际中，两个子阵对获取的到达角度不可能完全重合，在实际测量中要找的

是利用两个相干对方位估计得到的最接近的两个回波到达方向，即使得式（9-17）中ε最小的n_1和n_2：

$$\varepsilon=\frac{\mathrm{mod}(\Delta\varphi_1,2\pi)}{2\pi M_1 d}-\frac{\mathrm{mod}(\Delta\varphi_2,2\pi)}{2\pi M_2 d}+\frac{n_1\lambda}{M_1 d}-\frac{n_2\lambda}{M_2 d} \tag{9-17}$$

如果得到的ε大于 Vernier 有效门限，则很有可能对相位差的解模糊处理是错误的，因为此时由于噪声的存在不能分辨出真实的和错误的回波到达方向。为了提高 Vernier 有效门限，可以采用大的子阵间距，但会导致 Vernier 效率的降低，因此 Vernier 方法的缺点在于对噪声的敏感性，噪声的存在会显著降低算法的性能。下面给出一种高效准确、低复杂度的相位解 2π 模糊方法——多子阵对相干算法。

3）多子阵对相干算法

此算法解决相位模糊的出发点是首先推导出两个子阵的相位差不存在 2π 模糊的条件，然后在满足此条件的前提下，通过子阵结构配置解决子阵相位差模糊问题。

根据式（9-6）及图 9-5，假设j号波束的波束宽度为θ_R，假设此时不存在相位模糊，将$\theta=\theta_0\pm\frac{\theta_R}{2}$分别代入式（9-9），根据形成非模糊区间的条件约束，得到

$$\Delta\varphi_{AB}\left(\theta_0+\frac{\theta_R}{2},j\right)=\frac{2\pi}{\lambda}Md\sin\left(\theta_0+\frac{\theta_R}{2}-\alpha\right)-\frac{2\pi Mj}{N}\leqslant\pi \tag{9-18}$$

$$\Delta\varphi_{AB}\left(\theta_0-\frac{\theta_R}{2},j\right)=\frac{2\pi}{\lambda}Md\sin\left(\theta_0-\frac{\theta_R}{2}-\alpha\right)-\frac{2\pi Mj}{N}\geqslant-\pi \tag{9-19}$$

由式（9-18）、式（9-19）可得

$$\begin{aligned}\Delta\varphi_{AB}(\theta_0,j)&=\Delta\varphi_{AB}\left(\theta_0+\frac{\theta_R}{2}-\alpha\right)-\Delta\varphi_{AB}\left(\theta_0-\frac{\theta_R}{2}-\alpha\right)\\&=\frac{4\pi}{\lambda}Md\cos(\theta_0-\alpha)\sin\frac{\theta_R}{2}\leqslant 2\pi\end{aligned} \tag{9-20}$$

当子阵的孔径H较大时，有

$$\sin\frac{\theta_R}{2}\approx\sin\left(\theta_0+\frac{\theta_R}{2}\right)-\sin\theta_0\approx\frac{\eta\lambda}{dM} \tag{9-21}$$

将式（9-21）代入式（9-20）得到，在保证形成非模糊区间的条件下，子阵阵元数H与子阵等效中心间隔M、波束号j之间应该满足的关系式为

$$H\geqslant 2\eta M\cos(\theta_0-\alpha)=2\eta M\left(1-\left(\frac{\lambda j}{Md}\right)^2\right)^{\frac{1}{2}} \tag{9-22}$$

在零号波束（$j=0$）、余弦加权（$\eta=1.25$）条件下，式（9-22）变成

$$H\geqslant 2.5M \tag{9-23}$$

即当 $M=\frac{H}{2.5}$ 时，相位差曲线的区间为 $[-\pi,\ \pi]$，正好对应于足印回波持续区间 $[-n_l,\ n_r]$；当 $M<\frac{H}{2.5}$ 时，相位差曲线的区间 $\subset[-\pi,\ \pi]$；当 $M>\frac{H}{2.5}$ 时，相位差曲线的区间 $\supset[-\pi,\ \pi]$，即此时会出现相位模糊。子阵长度、间距与相位模糊的关系具体表示如图 9-6 所示。

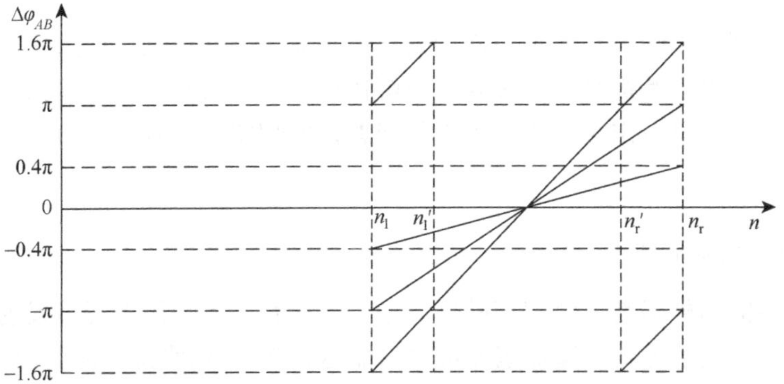

图 9-6　子阵长度、间距与相位模糊的关系

由上面的分析可知，当两个子阵的间距满足式（9-23）时，其相位差不存在相位模糊，而式（9-13）推导出的最优子阵结构并不满足式（9-23），此处的多子阵对解模糊的原理是在最优子阵结构基础上，利用两个子阵间的阵元构建额外的多个子阵，从而使得这些子阵结构满足式（9-23）的要求。

9.3　超宽覆盖多波束测深声呐设计实例

结合前面各章节内容，本节介绍某超宽覆盖多波束测深声呐电子系统设计过程如下[96]。

9.3.1　主要技术指标

通过对国外多波束测深系统及其技术的研究与分析，这里提出以下技术指标，并论证各项指标的可行性。该超宽覆盖多波束测深声呐主要技术指标如下。

（1）测深范围：1～500m。

（2）中心频率：180kHz。

（3）波束宽度：1.25°×1.25°。

（4）覆盖扇面：12 倍水深。

（5）脉冲长度：0.15ms、0.5ms、1ms、2ms 可选。

（6）最大帧率：20Hz。

（7）实时波束补偿：实时横摇、纵摇补偿（±15°）。

（8）实时表面声速修正。

9.3.2 超宽覆盖基阵技术

多波束测深声呐的超宽覆盖性能是众多多波束测深声呐厂商追求的主要技术指标之一，可以显著提高测绘效率，要解决这个问题必须从多方面入手，但首先要解决的是能够“发出去、收回来”的问题，即超宽覆盖发射与接收换能器阵列技术。

1. 超宽覆盖基阵方案设计

在众多的国外多波束测深声呐厂商中，大多数产品采用弧形阵发射、交叉线阵接收的水平安装方式，覆盖扇面最大只能达到 7～8 倍水深，而使用“V”形阵的产品，覆盖扇面可以达到 12 倍以上。其中，L-3 ELAC Nautik 公司的 SeaBeam 系列多波束产品的最大覆盖扇面是 153°即 8 倍覆盖，其采用了双侧“V”形安装的平面阵；Atlas 公司的 FanSweep20 多波束测深声呐兼具测深和侧扫功能，测深功能最大可达到 12 倍覆盖，其基阵也为双侧“V”形安装；Kongsberg 公司的 EM2040，发射和接收换能器独立，也可“V”形安装，覆盖 200°开角范围，达到 10 倍以上的超宽覆盖性能。

通过以上分析可知，宽覆盖性能受限的主要因素之一是采用常规的 Mills 交叉线阵水平安装，导致边缘波束的传播距离远、散射信号弱，获得信号的能量远小于中央波束的能量，此种基阵很难适应宽覆盖工作。通过基阵的“V”形安装，使发射波束主轴偏离基阵正下方，增强了边缘波束方向的能量，倾斜的接收基阵也有利于接收边缘波束信号，并改善边缘波束的分辨能力。

本系统借鉴了以上多波束产品基阵方案，采用双侧“V”形安装的“T”形线阵，扩大了基阵的发射接收覆盖范围，并将发射线阵从单条扩展到三条，每条线阵在平面内的倾斜角度不同，工作频率也不同，各覆盖一个较小的扇面，通过改变发射机功率可进一步降低边缘波束与中央波束的回波强度起伏范围，进一步扩大覆盖范围；这样做的另一个好处是，单条发射阵的能量更为集中，有利于提高作用距离。

2. 超宽覆盖发射基阵参数计算

上面内容确定了双侧“V”形安装的方式，每侧各三条发射阵一条接收阵。

为了区别三条发射阵的信号，每条发射阵采用不同的频率。根据 CW 脉冲的宽度确定信号带宽为 12kHz，以 180kHz 为中心向两侧扩展，三条发射阵的中心频率分别为 168kHz（水平覆盖 24°）、180kHz（水平覆盖 36°）和 192kHz（水平覆盖 36°）。下面计算发射基阵的各种参数。

首先计算基阵尺寸，发射波束宽度要求为 1.25°×96°，其中航向波束宽度为 1.25°，阵长和波束宽度间关系为

$$L=\frac{0.443\lambda}{\sin\frac{\theta_{-3\mathrm{dB}}}{2}} \tag{9-24}$$

式中，λ 为信号波长。对于 168kHz 的发射阵，代入式（9-24）可以得到发射阵长度尺寸为 $L=35.7\mathrm{cm}$，为便于加工，选择三条长度相同发射阵，将长度尺寸代入式（9-24）得到 180kHz 和 192kHz 发射阵的航向波束宽度分别为 1.19°和 1.11°，均小于 1.25°。

考虑到最大纵摇±15°时进行发射波束相控，当发射阵阵元间距大于半波长时，可能会引入发射栅瓣，其也可能被接收波束接收到，从而影响测深精度。依据式（9-25）：

$$\sin\theta=\frac{\lambda}{2d}=\frac{N\lambda}{2L} \tag{9-25}$$

可见，当发射基元数目 N 越大时，接收到发射波束栅瓣的概率越小，同时大的基元数有利于提高相控的精度，再考虑到系统的硬件规模，取 $N=56$，此时基元间距 $d=L/N=0.64\mathrm{cm}$，代入式（9-25）可得三条发射阵的栅瓣位置，已经足够远离接收阵覆盖角度。

发射阵的尺寸确定后，就可以确定发射阵的声源级和发射指向性指数。声源级根据式（9-26）计算：

$$\mathrm{SL}=170.8+10\lg P+\mathrm{DI}_T \tag{9-26}$$

指向性指数可由式（9-27）计算：

$$\begin{cases}\mathrm{DI}_{T\_168}=10\lg\dfrac{4S_{168}}{\lambda^2}=25.3\mathrm{dB}\\ \mathrm{DI}_{T\_180}=10\lg\dfrac{4S_{180}}{\lambda^2}=23.9\mathrm{dB}\\ \mathrm{DI}_{T\_192}=10\lg\dfrac{4S_{192}}{\lambda^2}=24.2\mathrm{dB}\end{cases} \tag{9-27}$$

换能器的辐射声功率 P 与其辐射面积成正比，以 $20\mathrm{W/cm^2}$ 估算（参考空化域等限制），声功率分别为

$$\begin{cases} P_{168} = S_{168} \times 20 = 1356\text{W} \\ P_{180} = S_{180} \times 20 = 850\text{W} \\ P_{192} = S_{192} \times 20 = 800\text{W} \end{cases} \tag{9-28}$$

把式（9-28）和式（9-27）代入式（9-26），得到换能器的声源级为

$$\begin{cases} \text{SL}_{168} = 170.8 + 10\lg 1356 + 25.3 = 227(\text{dB}) \\ \text{SL}_{180} = 170.8 + 10\lg 850 + 23.9 = 224(\text{dB}) \\ \text{SL}_{192} = 170.8 + 10\lg 800 + 24.2 = 224(\text{dB}) \end{cases} \tag{9-29}$$

可见，各条发射换能器的声源级差别不大，可通过调整各个发射机对各不同发射阵的声源级进行调整。

综上，发射阵的各项参数如表 9-1 所示。

表 9-1　发射阵参数

频率/kHz	基阵长度/cm	基阵宽度/cm	阵元间距/cm	声源级/dB
168	35.7	1.90	0.64	227
180	35.7	1.19	0.64	224
192	35.7	1.12	0.64	224

3. *超宽覆盖接收基阵参数论证*

超宽覆盖多波束测深声呐每侧各有一条接收基阵，接收波束宽度为20°×1.25°。根据式（9-24），对于 192kHz 信号，将航向波束宽度 20°代入得接收阵宽度为 $L_{yr} = 2\text{cm}$ ，在此尺寸下，168kHz 和 180kHz 的信号波束宽度为 22.9°和 21.3°，均大于 20°，不会遗漏信号。同样，对于 168kHz 信号，将横向波束宽度 1.25 代入式（9-24）得接收阵的长度为 $L_{xr} = 35.7\text{cm}$ ，在此长度下，对于 180kHz 和 192kHz 信号的横向波束宽度为 1.19°和 1.11°，均小于 1.25°，满足要求。

取阵元间距为 168kHz 的半波长，即 $d = 0.45\text{cm}$，则通道数为 $N = L/d = 80$，对于 180kHz 和 192kHz 信号，栅瓣在±69.1 °和±61.1°，而我们只关注±48 ° 接收扇面，且使用了空间频率编码，故无影响。

对于三种频率的信号，接收指向性指数 DI_r（即 GS ）为

$$\begin{cases} \text{DI}_{r\_168} = 10\lg \dfrac{4S_r}{\lambda^2} = 25.5\text{dB} \\ \text{DI}_{r\_180} = 10\lg \dfrac{4S_r}{\lambda^2} = 26.1\text{dB} \\ \text{DI}_{r\_192} = 10\lg \dfrac{4S_r}{\lambda^2} = 26.7\text{dB} \end{cases} \tag{9-30}$$

综上，接收阵的各项参数如表 9-2 所示。

表 9-2　接收阵参数

频率/kHz	基阵长度/cm	基阵宽度/cm	阵元间距/cm	接收指向性/dB
168	35.7	2	0.45	25.5
180	35.7	2	0.45	26.1
192	35.7	2	0.45	26.7

9.3.3　关键参数论证

1. *声呐方程及各项参数*

多波束测深系统是典型的主动声呐，声呐方程可表示为

$$\mathrm{SL}-2\mathrm{TL}+\mathrm{TS}-(\mathrm{NL}-\mathrm{GS}-\mathrm{GT})=\mathrm{DT} \tag{9-31}$$

各发射阵的声源级 SL 参见式（9-29）。传播损失 TL 包括声吸收和扩展损失：

$$\mathrm{TL}=20\lg R+\alpha R \tag{9-32}$$

式中，R 是传播距离；α 是声吸收系数，根据第 2 章中公式，得到对应于三个频率的 α 分别为

$$\begin{cases}\alpha_{168}=0.046\mathrm{dB/m}\\ \alpha_{180}=0.047\mathrm{dB/m}\\ \alpha_{192}=0.048\mathrm{dB/m}\end{cases} \tag{9-33}$$

目标强度 TS 在这里用海底反向散射强度 BS_b 表示，它取决于底质类型和地形条件以及每个波束照射海底的面积，可以表示为

$$\mathrm{TS}=\mathrm{BS}_b+10\lg A \tag{9-34}$$

式中，A 可表示为[97]

$$\begin{cases}A=\theta_{\mathrm{T}}\theta_{\mathrm{R}}R^2, & \text{镜像区域波束}\\ A=\dfrac{1}{2}c\tau\theta_{\mathrm{T}}R/\sin\theta, & \text{非镜像区域波束}\end{cases} \tag{9-35}$$

其中，c 为声速；τ 为发射脉宽；θ_{T} 和 θ_{R} 分别为发射和接收波束宽度；θ 为波束角度。BS_b 称为海底反向散射强度，中央波束和边缘波束的散射强度不同，有

$$\begin{cases}\mathrm{BS}_b=\mathrm{BS}_N, & \text{镜像区域波束}\\ \mathrm{BS}_b=\mathrm{BS}_0+10\lg\cos^2\theta, & \text{非镜像区域波束}\end{cases} \tag{9-36}$$

BS_N 一般取−15dB，BS_0 一般取−25dB。综合以上各式，声呐方程左侧的回声级 EL 可表示为

$$\begin{cases}\mathrm{EL}=\mathrm{SL}-2\alpha R-20\lg R+10\lg\theta_{\mathrm{T}}\theta_{\mathrm{R}}+\mathrm{BS}_N, & \text{镜像区域波束}\\ \mathrm{EL}=\mathrm{SL}-2\alpha R-30\lg R+10\lg\left(\dfrac{1}{2}c\tau\theta_{\mathrm{T}}\cos\theta/\tan\theta\right)+\mathrm{BS}_0, & \text{非镜像区域波束}\end{cases}\tag{9-37}$$

环境噪声谱级取 25，则

$$\mathrm{NL}_{\mathrm{spl}}=\mathrm{NL}_0+10\lg B_w=25+10\lg 36000=70.6(\mathrm{dB})\tag{9-38}$$

对于灵敏度$M=-180\mathrm{dB}$的接收基元，等效电噪声约为$3.4\mu\mathrm{V}$；系统电噪声取为$3\mu\mathrm{V}$（与电路设计、系统增益大小有关）；接收换能器热噪声与二者相比可以忽略。三者相互独立，前放输入端合成噪声约为$4.8\mu\mathrm{V}$，折合噪声级为$\mathrm{NL}=73.6\mathrm{dB}$。

虽然声呐发射脉冲多样，但先验已知，因此可采用不同带宽的窄带滤波器对其进行处理[98]，并得到时间处理增益$\mathrm{GT}=10\lg(B_w\tau)$。取检测指数$d=36$（对应于检测概率 99%、虚警概率 0.2%），最小探测脉宽$\tau=0.15\mathrm{ms}$时，$\mathrm{DT}=8\mathrm{dB}$（对于外侧回波采用的多子阵对相位检测法处理增益计算复杂[49]，但 DT 要求更高，此处考虑到外侧声源级更高且为了估算简单起见，DT 统一取为 8dB）。

2. 接收机放大倍数

系统能够收到的最强信号为水深 1m 时的中央波束，其回声级为

$$\begin{aligned}\mathrm{EL}_{R=1,\theta=0}&=\mathrm{SL}-2\alpha R-20\lg R+10\lg(\theta_{\mathrm{T}}\theta_{\mathrm{R}})+\mathrm{BS}_N\\&=215.5-2\times0.05\times1-20\lg(1)+20\lg(1.25/180\times\pi)-15=167.3(\mathrm{dB})\end{aligned}\tag{9-39}$$

发射机功率可控范围为 20dB。接收机增益分为固定增益和可变增益。考虑接收机的固定增益，在水深 1m 并且发射最小功率时，使接收信号接近 5V（定为 4V）的接收机放大倍数即为固定增益：

$$\mathrm{EL}_{R=1,\theta=0}\ -20-180-20\lg(4/1)=-44.7(\mathrm{dB})\tag{9-40}$$

接收机固定增益取$A_{\mathrm{fix}}=40\mathrm{dB}$。

当作用距离最远，系统刚好检测到目标时，接收信号最小，此时发射机一定工作在最大功率，固定增益和可变增益共同把接收信号放大到接近 5V（定为 4V），则

$$\mathrm{NL}-\mathrm{DI}_{r\_168}-\mathrm{GT}+\mathrm{DT}-180-20\lg 4=-143.2(\mathrm{dB})\tag{9-41}$$

则接收机可变增益范围为

$$A_{\mathrm{variable}}=A-A_{\mathrm{fix}}=103.2\mathrm{dB}\tag{9-42}$$

为了更直观地表示出在各个覆盖扇面下系统所能达到的最大工作深度，本书选取几个典型覆盖扇面（最外侧波束与垂直方向夹角），计算回波信号强度并与检测阈比较。如图 9-7 所示，选取的角度分别为 0°、26.6°（1 倍）、45°（2 倍）、

63.5°（4 倍）、71.6°（6 倍）、76°（8 倍）、80.5°（12 倍）。

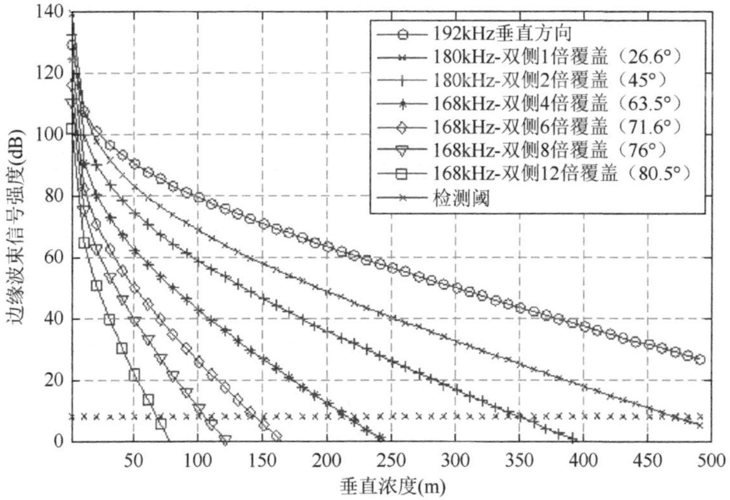

图 9-7　典型覆盖宽度下的作用距离

上述覆盖性能是理论上的计算结果，实际上有很多因素可以影响到多波束测深声呐的覆盖性能，主要有以下几个方面。

（1）海底地形：当条带两侧深浅不同时，较浅一侧覆盖范围变窄，较深一侧覆盖范围变宽，但掠射角变小，很容易导致波束丢失或者数据质量变差，平坦的海底使得系统在覆盖宽度和数据质量上达到平衡。

（2）海底底质：海底底质类型多种多样，如泥底、砂底、基岩等，大体可分为软质海底和硬质海底两种。砂底、硬质泥砂底和基岩海底都是硬质海底，软泥海底是典型的软质海底。两种类型海底对声波的反射和吸收有很大区别，即反向散射强度不同，硬质海底反向散射强度大，有利于提高覆盖宽度。

（3）海况：当海况较差时，测量船的摇摆和颠簸很容易造成边缘波束的丢失。发射纵摇补偿功能使得发射波束时刻对准前后方向的正下方发射，可抵消纵摇的影响。接收横摇补偿功能使得接收波束范围对准左右方向的正下方，抵消横摇的影响。但横摇对发射波束和纵摇对接收波束的影响无法补偿，角度过大超过所留余量后将造成波束丢失，降低覆盖宽度甚至丢失整个条带。

（4）水文：海水的温度、盐度和深度压力会对声速产生影响，声速会对声波在水中的传播路径产生影响。负声速梯度使声线向下弯曲，减小覆盖扇面，正声速梯度使声线上翘，覆盖扇面变大，但同时声波掠射角变小，反向散射强度变低，也可能会造成波束的丢失。

9.4 系统分机实现

9.4.1 系统硬件组成

基于上面讨论的换能器组成、增益控制等方案，本书确定多波束测深声呐系统框图如图 9-8 所示。

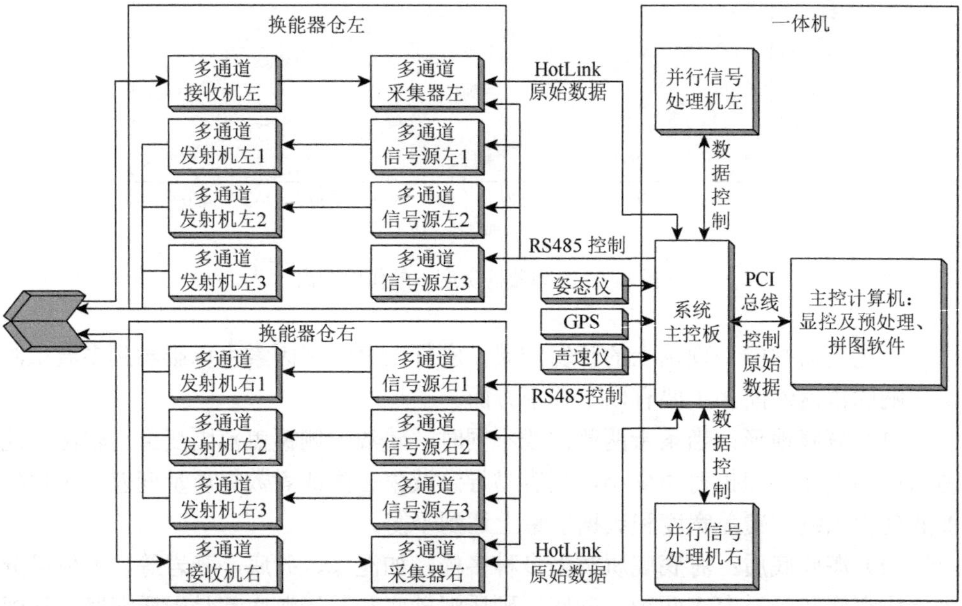

图 9-8　多波束测深声呐系统框图

整个声呐系统主要由换能器阵、换能器仓、便携式一体计算机和辅助设备组成。换能器阵是实现超宽覆盖的前提，对于发射和接收波束覆盖不到的区域，使用任何的电路系统、处理算法都无能为力；辅助设备包括组合姿态传感器、全球定位系统、声速剖面仪、表面声速计以及潮位仪等，声呐电子系统需要与这些辅助设备进行数据传输。水下换能器仓和水上一体机组成了本系统的硬件核心，换能器仓分左右两个，每个仓由三个 56 通道信号源、三个 56 通道发射机、80 通道的接收机、80 通道的采集器以及它们的供电系统组成，实现了探测信号的发射、接收与采集功能；水上一体机主要由系统主控板、双侧的高速信号处理平台以及计算机主板组成，实现了信号处理及显示控制功能。水上与水下通过高速数字接口相连，传送数字信号和各种控制命令。下面介绍以上各组成部分的实现过程。

9.4.2　多通道发射机设计与实现

发射机是多波束测深系统的重要组成部分，直接关系到系统的作用距离等关键技术指标。随着电子技术的发展，高速、低功耗处理器与低功耗运算放大器性能的日益提高，发射机系统已经成为整个多波束测深系统中用电量最大的部分，在保证发射机其他性能指标的前提下，提高转换效率、降低功耗成为发射机设计的一大要求。

1. 方案设计

本例实现的多波束测深声呐双侧呈“V”形安装，每侧有三条不同频率的发射阵，由三个相同结构的发射机驱动，每个发射机主要由多通道功率放大电路和信号源组成，根据前面分析的发射基阵方案，确定多通道发射机的主要技术指标如下。

（1）通道数：56×3。

（2）发射频率：168kHz、180kHz、192kHz。

（3）发射带宽：10kHz。

（4）发射功率：单基元电功率 20W。

（5）输出动态范围：大于 20dB。

（6）发射信号形式：脉冲方波。

2. 功率放大电路设计

1）电路形式选择

第 3 章介绍了常见各类功放的特点，在此系统中，由于要将发射电路集成在水下换能器仓内，对体积、功耗及散热等要求高，因此选择推挽式 D 类功率放大器作为基本电路形式，再配合相应的辅助电路，形成最终的功放电路。

2）器件选择及各参数选取

功放管选用 MOSFET 管。MOSFET 管属于电压控制型器件，输入阻抗高，无须推动级，因此控制功率小，电路简单，工作频率范围宽，开关速度快，开关损耗小，也可多个并联使用来提高输出功率而无须均流电阻。图 9-9 为单路功率放大电路原理图。图中，TVS 管起到抑制功放管开关瞬间尖峰电压的作用。

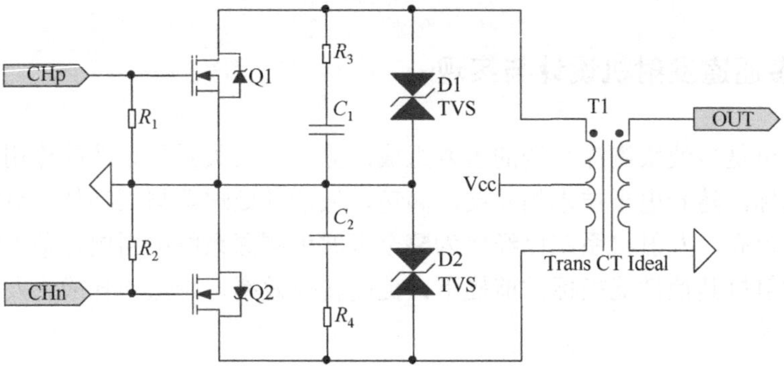

图 9-9　单路功率放大电路

根据单通道电功率 $P_0 = 20\text{W}$，变压器的转换效率 $\eta = 1.2$，则要求功放管的输出功率为

$$P_0' = \eta P_0 = 24\text{W} \tag{9-43}$$

再根据电源电压计算功放管最大输出电流为

$$I_{\max} = \frac{\pi^2}{2} \times \frac{P_0'}{\text{Vcc} - V_{\text{SD}}} = 2.5\text{A} \tag{9-44}$$

式中，$\text{Vcc} = 48\text{V}$；V_{SD} 为功放管饱和压降，一般很小可忽略不计。由于变压器的存在，当一个功放管导通时，加在另一个功放管上的电压为两倍的电源电压。所以功放管的参数应该满足 $I_{\text{DM}} \geqslant 2.5\text{A}$，$V_{\text{DSS}} \geqslant 96\text{V}$。$V_{\text{SD}}$ 越小，效率越高，增大 Vcc，可明显提高输出功率及效率，但不宜过大。另外，由于电磁辐射等因素，实际性能会略小于理论值。综合考虑工作电流、耐压、导通电阻和成本、体积、散热等因素，本例选用 IR 公司的 IRF540N 作为发射机的功放管，其主要参数为：$V_{\text{DSS}} = 100\text{V}$，$I_D = 33\text{A}$，$R_{\text{DS(on)}} = 44\text{m}\Omega$。

图 9-9 中的变压器起到升高功放管输出电压、阻抗变换的作用，使功放管的输出阻抗与换能器基元输入阻抗一致，保证发射机能够工作在最大输出功率。变压器一般由导磁材料、线圈和骨架等构成。根据声呐工作频率，选择镍锌铁氧体作为导磁材料。设计线圈时需要确定变比和匝数，设换能器基元阻抗 $R_L = 1\text{k}\Omega$（三个频率各自不同，平均计），电功率为 $P_0 = 20\text{W}$（三个频率各自不同，平均计），由式（3-37）推出次级的最大电压 $U_m = 200\text{V}$。由式（3-38）得到变比 k 为

$$k = \frac{U_m}{\text{Vcc}} = \frac{200}{48} \approx 4$$

根据式（3-40）考虑初级线圈的电感。功放管的最大导通阻抗 $R_{\text{DS(on)}} = 44\text{m}\Omega$，为保证尽量多的功率消耗在变压器上，变压器初级阻抗要远远大于功放管导通阻抗，在大功率的场合下一般都取十倍以上。设变压器初级阻抗是功放管导通阻抗的 15 倍，则：

$$\omega L_{初} = 15 \times R_{DS(on)} = 0.66\Omega \tag{9-45}$$

$$L_{初} = 0.66/(2\pi \times 168 \times 10^3) = 6.3 \times 10^{-7}\text{H} \tag{9-46}$$

考虑到通道数众多及电路板面积等因素，选用直径为 18mm 的 GU-18 型镍锌铁氧体磁罐，其饱和磁通密度为 $B_S = 100\text{mT}$，工作磁通密度为 $B = 10\text{mT}$，有效磁通面积为 $A_e = 33\text{mm}^2$，则初级线圈匝数为

$$N_1 = L_{初} I_{max}/(BA_e) = 6.3 \times 10^{-7} \times 2.5/(0.01 \times 33 \times 10^{-6}) \approx 5 \tag{9-47}$$

实际制作时因为各种损耗的存在，各参数要留有余量，k 取 5，初级匝数 N_1 取 10，则次级圈数匝数 $N_2 = 50$。根据最大电流选择直径为 0.4ms 的导线，18ms 瓷罐的骨架空间完全可以容纳 70 圈导线。由于各基元的阻抗略有不同，为了使各基元的输出功率相同从而形成较好的发射波束指向性，次级线圈的匝数需要根据基元阻抗进行调整。

以上各参数的计算中假定换能器是一个纯阻负载，实际上压电换能器是一个有抗负载。若变压器直接连接到换能器上，因为电抗的存在会产生很大的无功功率，降低发射机的效率，必须加入电抗相反的元件来抵消此电抗分量的影响，即所谓的阻抗匹配（详见第 3 章）。本例中经实际测量，换能器的容性分量远远小于阻性分量，可以忽略不计，从而省去了阻抗匹配电路，降低了电路的复杂度。

3. 多通道信号源设计

设计中对信号源的要求包括：第一，发射机的输出功率动态范围要大于 20dB；第二，能够实现对发射波束的纵摇补偿。

在前面内容中，功率放大电路采用了推挽功放电路形式，功放管选用 MOSFET 管，它属于电压控制型器件，输入阻抗高，因此只要使用两路脉冲方波信号就可控制功放管的开关。当开关信号是脉冲方波信号时，功放管输出以及变压器的输出也是脉冲方波信号，由于换能器基元具有一定的频率响应，可看成一个带通滤波器，方波的谐波分量无法通过换能器辐射到水中，发射到水中的就只有正弦脉冲信号了，水介质的高频衰减特性也进一步抑制了高频谐波分量的影响。这两路方波信号的相位相差必须是 180°，以保证最终输出的正弦波不产生畸变。当功放管的导通时间小于半个周期，即存在上下两只功放管都不导通的时刻时，信号的功率势必会减小，如图 9-10 所示。

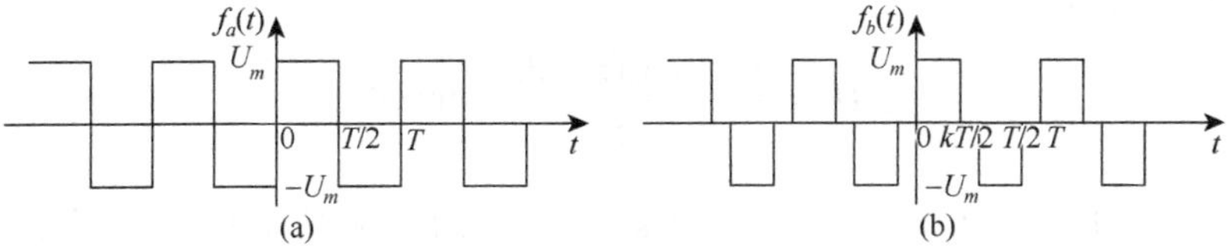

图 9-10　周期方波信号

设减小的比例为 k，方波的周期为 T，幅度为 U_m，则两个信号可以分别表示为

$$f_a(t)=\begin{cases}U_m, & 0\leqslant t<\dfrac{T}{2}\\ -U_m, & \dfrac{T}{2}\leqslant t<T\end{cases} \tag{9-48}$$

$$f_b(t)=\begin{cases}U_m, & 0\leqslant t<\dfrac{kT}{2}\\ -U_m, & \dfrac{kT}{2}\leqslant t<\dfrac{(1+k)T}{2}\end{cases} \tag{9-49}$$

根据傅里叶级数变换原理，任何具有周期为 T 的波函数 $f(t)$ 都可以表示为三角函数所构成的级数之和，即

$$f(t)=\frac{1}{2}a_0+\sum_{n=1}^{\infty}(a_n\cos(n\omega t)+b_n\sin(n\omega t)) \tag{9-50}$$

式中

$$\begin{cases}a_0=\dfrac{1}{T}\displaystyle\int_{t_0}^{t_0+T}f(t)\mathrm{d}t\\ a_n=\dfrac{2}{T}\displaystyle\int_{t_0}^{t_0+T}f(t)\cos(n\omega t)\mathrm{d}t, & n=1,2,\cdots\\ b_n=\dfrac{2}{T}\displaystyle\int_{t_0}^{t_0+T}f(t)\sin(n\omega t)\mathrm{d}t, & n=1,2,\cdots\end{cases} \tag{9-51}$$

其中，ω 为角频率，$\omega=\dfrac{2\pi}{T}$，将 $f_a(t)$ 代入式（9-51）得

$$\begin{cases}a_0=0\\ a_n=0\\ b_n=\begin{cases}0, & n=2,4,6,\cdots\\ \dfrac{4U_m}{n\pi}, & n=1,3,5,\cdots\end{cases}\end{cases} \tag{9-52}$$

将式（9-52）代入式（9-51）并忽略二次及高次谐波得

$$f_a(t)=\frac{4U_m}{\pi}\sin(\omega t) \tag{9-53}$$

按同样方法可得

$$f_b(t)=\frac{2(1-\cos(\pi k))U_m}{\pi}\sin(\omega t)\pi \tag{9-54}$$

式中，当 $k=1$ 时，$f_b(t)=f_a(t)=\dfrac{4U_m}{\pi}\sin(\omega t)$，为最大功率情况；当 $k=0$ 时，

$f_b(t)=0$，此时无功率输出。

当 k 在 0 和 1 之间变化时，发射机输出不同的功率，输出功率的动态范围取决于 k 能够达到的最小值。本例使用 FPGA 器件的 I/O 引脚来控制脉冲方波的电平宽度，每个信号源所需的 I/O 数量为 112 个，产生方波所需的逻辑资源较少，FPGA 的工作时钟频率决定了 k 的控制精度，综合三条发射阵的中心频率（168kHz、180kHz、192kHz），选定三个信号源的主时钟频率分别为 84MHz、90MHz 和 96MHz，周期为 11.9ns、11.1ns 和 10.4ns，这样半个信号周期的时钟个数都为 250 个。通过查询 IRF540N 的器件手册可知 $t_{d(\text{on})}=11\text{ns}$，$t_r=35\text{ns}$，$t_{d(\text{off})}=39\text{ns}$，$t_f=35\text{ns}$，因此当 I/O 信号高电平时间持续大约 4 个时钟周期时，功放管刚刚导通，若此时 I/O 信号变为低电平，则功放管的导通时间为 $t_{d(\text{off})}=39\text{ns}$，不到 4 个时钟周期，因此取功放管的最小导通时间为 4 个时钟周期，则理论上 k 的最小值为 $k_{\min}=4/250=0.016$。则发射机电功率的理论变化范围为

$$10\lg\frac{\left|f_b\right|_{k=1}^2}{\left|f_b\right|_{k=0.016}^2}=64\text{dB} \tag{9-55}$$

经水池实际测量，当导通时间为 8 个时钟周期时能够收到较规则的回波信号，当大于 200 个时钟周期时，回波信号幅度基本不变，能够达到的最大变化范围为 20.2dB，满足系统要求。当 k 较小时，高电平持续时间与导通、关断延迟时间及信号上升时间处在同一量级，各通道信号的相位不一致性影响变大。选用开关特性好的功放管将有助于提高发射机的动态范围。

另外，在多波束的测量过程中，测量船的姿态是不断变化的，发射波束在船行方向很窄，另一个方向很宽，当纵摇角较大时，发射波束无法作用到船体正下方，会导致测量点分布不均甚至地形信息的遗漏，因此需要根据纵摇角对发射波束角度进行实时补偿。在 FPGA 中，可以通过改变相邻两路 I/O 信号的发射时延 τ 来形成指向不同角度的发射波束（发射波束形成）：

$$\tau=\frac{d\sin\theta}{c} \tag{9-56}$$

式中，d 为阵元间隔；c 为声速；θ 为纵摇角。

FPGA 选用 Altera 公司的 EP2C35F484C6N，其 I/O 引脚的供电电压 VCCIO 最大为 3.3V，而一般 MOSFET 的导通电压都大于 5V，因此需要进行电平转换，又考虑到大功率信号与数字电路的隔离问题，本例选用 ADI 公司的隔离型双通道门驱动器 ADuM3220，它采用双电源供电，输入端采用 3.3V 供电，输出端采用 7V 供电，其他各项指标均满足要求。多通道信号源的功能框图如图 9-11 所示。

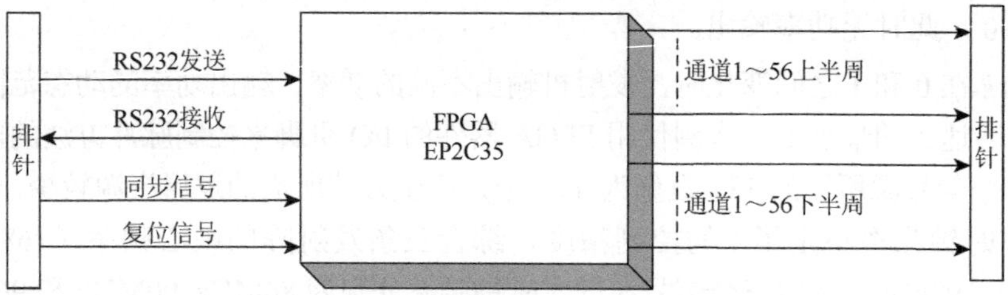

图 9-11 多通道信号源功能框图

图 9-11 中，RS232 串口用于接收采集板转发的控制命令，包括发射机功率信息和通道间时延信息等；同步信号是整个多波束系统的时间基准，使系统各部分协调工作；56 对 I/O 信号通过 ADuM3220 隔离后驱动发射机。

9.4.3 多通道模块化接收机设计与实现

接收机性能的优劣直接关系到后续处理算法的效果。在高频多波束声呐系统中，越来越多的接收通道数给系统带来许多问题。首先，功耗的增加是显而易见的，随之而来的就是接收机的散热问题；其次，系统的便携化趋势使得必须在不影响性能的前提下增加接收机电路的密度，这给设计者带来许多困难；最后，通道间的一致性将直接影响波束形成算法的效果。本节基于第 4 章的内容，从接收机的主要性能指标出发，在滤波器设计、放大器设计和增益控制方法三个方面具体解决以上提出的问题。

1. 方案设计

多波束测深声呐是典型的主动声呐系统，发射机发出大功率信号，经过水体传播和水底的散射后到达接收基阵，一方面，接收信号已变得非常微弱，必须经过放大后才能进行数字量化处理；另一方面，回波信号必然受到环境噪声以及系统自身的电噪声的污染，所以必须引入带通滤波器；另外，多波束测深声呐（以浅水型为例）的探测距离一般从几米到上百米，不同探测水深的传播损失不同，不同底质的目标强度也不同，使得回波信号的强度变化范围很大，特别对于超宽覆盖多波束声呐，同一探测周期的不同角度的回波信号强度也有很大差别，因此必须对接收信号进行动态范围压缩和归一化（自动增益控制）。

综上所述，本章设计的接收机主要由固定增益放大电路、带通滤波电路、可变增益放大电路三部分组成。实际设计中，要根据接收机各性能指标的要求，合理选择三种功能电路的位置、个数及参数。本例在图 4-1 基础上简化确定最终的电路结构如图 9-12 所示。

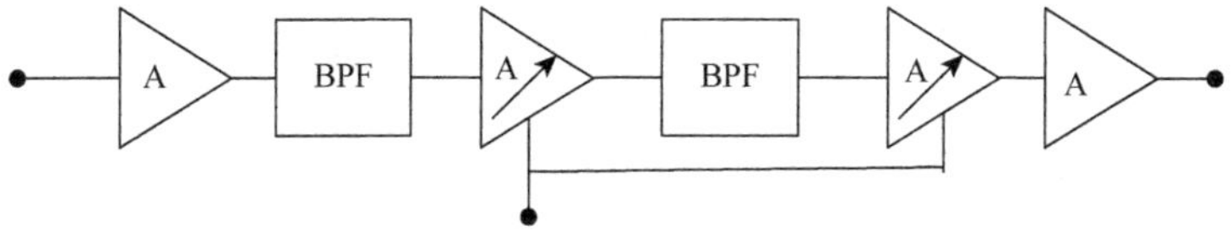

图 9-12　接收机组成框图

根据系统指标分解，确定接收机的主要指标如下。

（1）工作频率：180kHz。

（2）通频带：162～198kHz。

（3）固定增益：40dB。

（4）可变增益：120dB。

（5）幅度一致性：1%。

（6）相位一致性：1.5°。

（7）等效输入噪声：3μV。

2. 固定增益放大电路

固定增益放大电路的增益是 40dB（前后各 20dB），选择单运放 AD8031 搭建一级放大电路即可满足要求。为了增加输入阻抗、减小输出阻抗，本接收机采用同相比例放大电路形式。如图 9-13 所示，输入和输出端加入阻容网络以滤除直流分量，在反馈电阻上并联电容 C_3 可以防止电路产生自激。

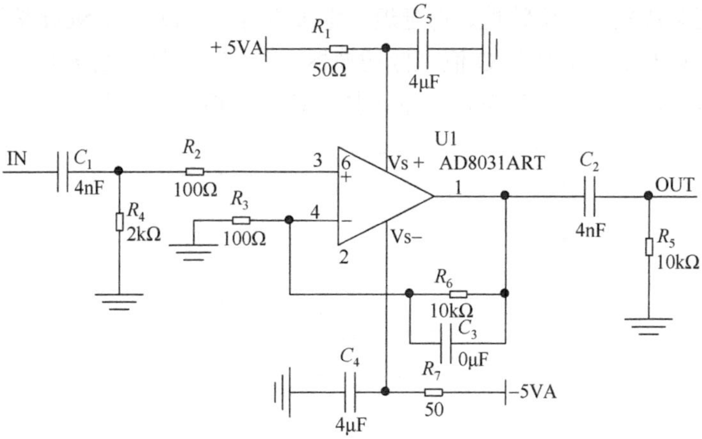

图 9-13　固定增益放大电路

通过以上的讨论，可变增益放大电路、带通滤波电路和固定增益放大电路的电路结构都已确定，然而它们在电路中的位置并不是随意的，由于可变增益放大器中衰减器的存在，不合适的位置有可能导致某级电压限幅。

3. 带通滤波电路

本系统选择有源 *RC* 滤波器来设计所需的带通滤波器。设计软件选择 Filter Wiz Lite v1.22，过程如下。

（1）启动软件后选择菜单 Start Design→Band Pass，弹出基本参数输入对话框，滤波器阶数选择 8 阶，通带衰减 Apb=3dB，通频带 Bpb=36kHz，中心频率 f_0=180kHz，增益 G=0dB，点击按钮 Calculate，得到在各种逼近函数下的阶数、通带起伏、零极点、Q 值等信息，如图 9-14 所示。

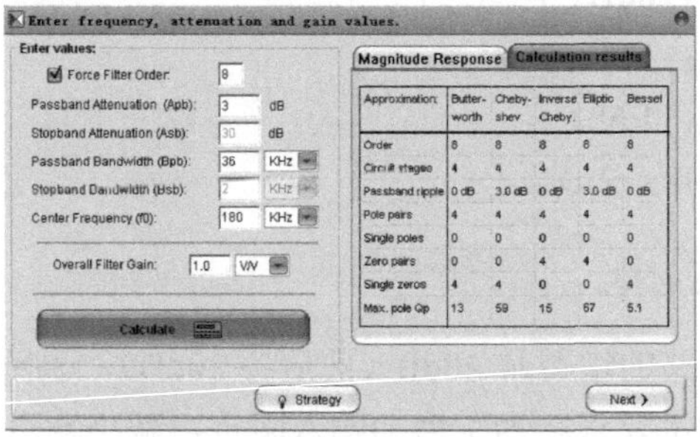

图 9-14　参数及逼近函数计算结果

（2）点击 Next 按钮，进入逼近函数选择对话框，共有 5 种逼近函数，可观察到它们的幅频特性、相位特性、群延迟、零极点等，通过点击 Next 按钮可以观察各种逼近函数的 Q 值，通常 Q 值越低滤波器越稳定，反切比雪夫和椭圆逼近函数具有限波节点，电路结构复杂，所以选择巴特沃思逼近，如图 9-15 所示。

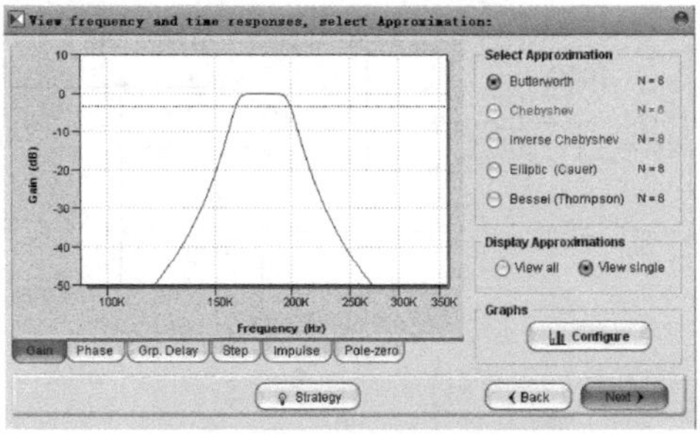

图 9-15　逼近函数选择

（3）点击 Next 按钮，进入电路结构选择对话框，一共分 4 级，每级都有 5 种电路结构可供选择，右侧显示每种电路的元件数量和元件值分布范围、增益、带宽等，最终，前两级选择多端负反馈 I 型二阶节点电路（MFB），后两级选择多端负反馈 II 型二阶节点电路，在满足要求的情况下元件最少，元件值相差不多，增益和带宽都能满足，如图 9-16 所示。

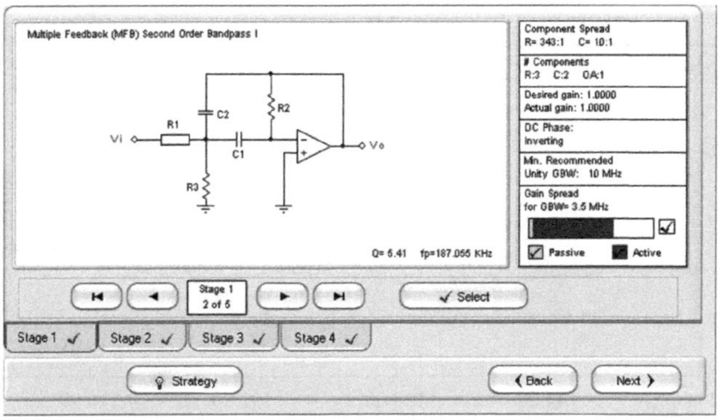

图 9-16　电路结构选择

（4）点击 Next 按钮进入元件值计算对话框，软件自动给出各级的电阻电容值，其中电容值为标称值，电阻值为满足所需条件的精确值，在这里需要把各电阻电容调整到标称值，使得得到的滤波器特性最接近设计值。这是一个复杂的过程，软件给出了几种调试的手段，Scale 框里可选择调整 All Capacitor、C2 Only 或者 Rx/Ry，在 Resistors 框里可选择标称电阻值系列，点击 Trim 按钮可以调整 C1 和 C2，点击 Tuning 按钮会弹出软件推荐的调整信息，如图 9-17 所示，点击 Next 按钮可查看调整后的幅度、相位等信息。

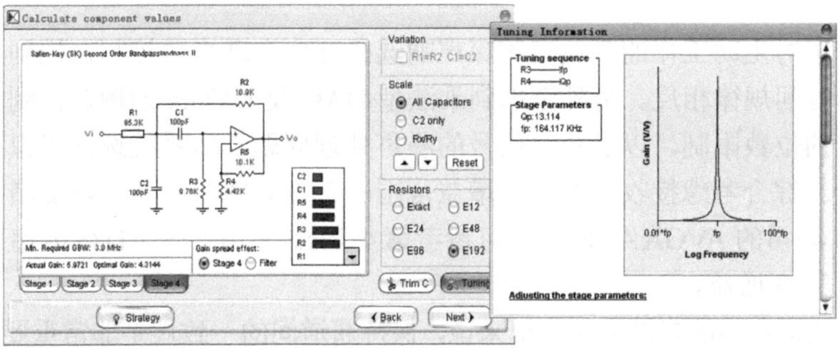

图 9-17　计算元件值

有时滤波器设计软件并不能很好地调整各电阻电容值，可借助其他电路仿真软件进行仿真，精确计算滤波器的各种参数，本系统通过 Multisim 软件进行仿真，得到的滤波器幅频和相频特性曲线如图 9-18 所示。

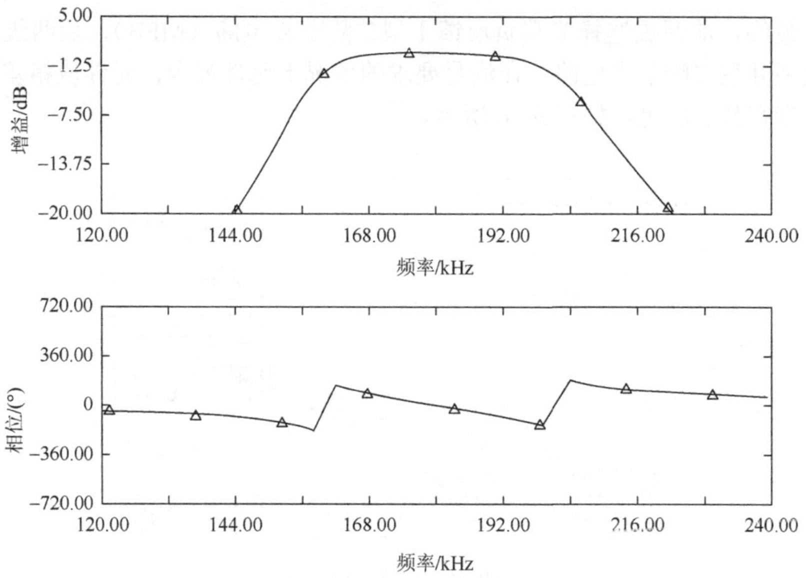

图 9-18　滤波器幅频和相频特性曲线

滤波器还受到运算放大器性能的影响，选择合适的运算放大器至关重要，一方面要满足设计指标的要求，而且还要考虑到成本、体积、功耗等。本系统选择 ADI 公司的 AD8032，它是一款低功耗、电压反馈型轨到轨输入输出双核放大器，小信号带宽 80MHz，摆率 35μV/s，噪声 $15\text{nV}/\sqrt{\text{Hz}}$，输入偏置电流 450nA，满足要求且功耗低、成本低。

4. 自动增益控制电路

本方案对主动工作的多波束测深声呐选择开环自动增益控制，控制规律与传播损失的时间规律相反。另外考虑到乘法型 DAC 及 DVGA 的增益控制步长受到数字接口的位数限制，以及数字信号的噪声处理问题，本系统选择模拟型可变增益放大器。综合考虑接收机的可变增益范围、工作频率等参数，可变增益放大器选择 ADI 公司的 AVGA AD8336（可参考第 4 章）。使用 2 个 AD8336 串联即可达到 120dB 可变增益。

对于通道众多的多波束接收机来说，保持通道间的一致性是非常重要的，本系统中主要从以下几个方面考虑：第一，电路结构的一致，把单通道电路做成小模块，各模块的布局布线完全相同，同时，安装模块的底板走线也要考虑输入输出信号线的等长；第二，元件的一致，包括运算放大器和电阻电容，同一接收机相同位置的元件必须是同一批次，电阻和电容必须经过高精度 LCR 表挑选；第三，调试环境的一致，如测试元件的仪表和测试时的温度，调试之前进行预热，待稳定后再进行调试，测试时手拿测试仪器表笔的力度也可能对结果产生影响；第四，选用低温度系数的电阻电容，特别是电容，普通材质的电容受温度的影响很大。保证以上几点将会节省很多调试时间。通过测试，本例中设计的接收机相位一致性为 1.4°，幅度一致性为 1%，均能满足要求。

等效输入噪声是衡量接收机性能的一个重要指标。其测量方法为：将接收机输入端接地，同时使接收机工作在最大增益下，测量接收机输出端的噪声电压，用这个电压除以接收机的放大倍数后就是接收机的等效输入噪声。通常，前级对噪声的贡献比后级要大，所以前级电路一般要使用性能较好的元件。提高滤波器性能有利于对带外噪声的抑制。通过测试，等效输入噪声为 3μV，满足要求。

9.4.4　多通道数据采集电路设计与实现

多通道数据采集电路是接收机与信号处理平台之间的桥梁，主要完成多通道模拟数据的数字化，并对数据进行预处理以适应长距离的数据传输等功能，本节将从硬件电路设计和预处理算法两个方面展开讨论。

1. *方案设计*

1）总体框图

多波束数据采集器需要完成的功能包括模数转换、数据预处理、处理结果上传、可变增益控制和系统控制信号的接收与转发。

首先，考虑模数转换，若要实现 80 路 ADC 的同时连接，无论处理器选用 DSP 还是 FPGA，都无法与总数超过 1000 个引脚的 80 路并行接口 ADC 连接，所以只能选择串行接口 ADC；其次，对于 80 路串行口 ADC 的控制，显然要使用 FPGA 而不是 DSP，因为没有哪款 DSP 会有如此多的串行接口，而在 FPGA 上编写串行口逻辑是一件很容易的事情，所以本例选择 FPGA 和串行口 ADC 来完成数据采集功能。

由 FPGA 处理后的数据需要上传给水上的处理平台，数据量大，而且需要实时传输，常用的串行总线有 RS232、RS485、USB、IEEE1394 和以太网接口等，其中，RS232 和 RS485 的传输速率过低，USB 和 IEEE1394 开发难度大，而常用百兆以太网的实时性较难保证。Cypress 公司的 HOTLink 协议数据收发器 CY7B923 和 CY7B933 非常适合点对点串行高速通信，且使用灵活、可靠性高，传输速率可达 400Mbit/s，传输介质支持同轴电缆、双绞线以及光纤等，使用双绞线和同轴电缆传输距离可达 100～500m，而使用光纤更可达到数千米，考虑到需要的传输速率以及成本等因素，本例选择 4 个 HOTLink 接口并使用双绞线作为传输介质。

接收机的可变增益是通过电压来控制的，在 FPGA 上挂接一个数模转换器（DAC）可以很方便地产生这个电压。DAC 的数字接口方式同样适合选择串行模式。

水上分机通过 RS422 串口向水下分机传送发射机功率、发射指向、脉冲宽度等控制命令，串口的速度完全可以满足要求，同步信号等控制命令也可以通过 RS422 收发器来实现，使用差分线传输可以提高信号的质量。在 FPGA 上使用 UART IP Core 比使用专用芯片更加经济实用，FPGA 把控制命令解码后再通过 RS232 串口发送给信号源。采集板的总体框图如图 9-19 所示。

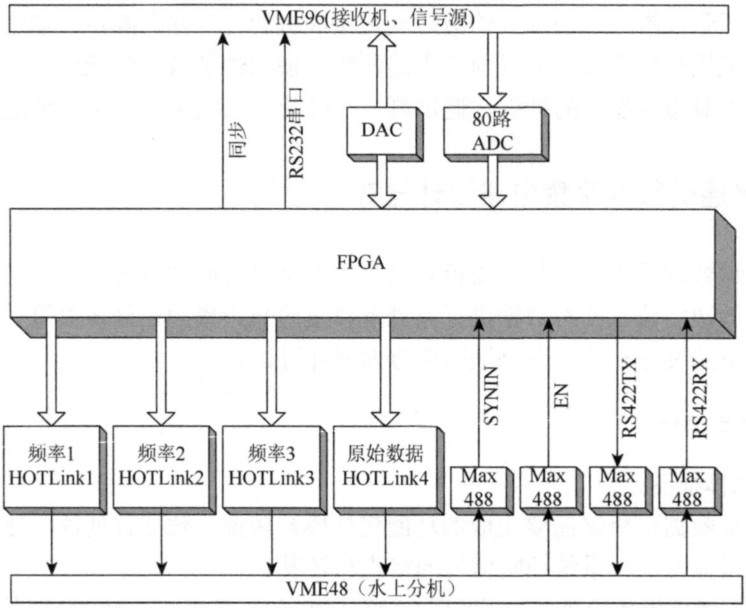

图 9-19　多通道数据采集器框图

2）模数转换器

前面分析提到选择串行口的 ADC 较为合适，此外还要考虑采样率、精度等指标。本例接收信号的中心频率 $f_0 = 180\text{kHz}$，带宽 $B_w = 36\text{kHz}$，中心频率是带宽的 5 倍，因而采用带通采样，根据第 5 章中的公式，确定采样频率 $f_s = 140\text{kHz}$。考虑到模拟电路中发射机 20dB 以及接收机 120dB 的大动态范围，此处选择 14 位 ADC AD7657，采样率最大为 250Sample/s，具有可选的并行接口和与 SPI/QSPI/MICROWIRE/DSP 兼容的高速串行接口，能够同步采集 6 路模拟信号，具有 3 个串行数据输出端。在本例中使用其串行接口，6 路数据通过 3 根串行数据输出端输出；使用内部参考电压，设置模拟信号输入范围为±5V；3 个转换信号由 FPGA 的同一个 I/O 信号控制，保证同步采样。

3）增益控制 DAC

本例选用了 MAXIM 公司的 D/A 转换芯片 MAX5442DAC 产生差分电压来控

制接收机中的可变增益放大器 AD8336（详见第 4 章）。

为了在接收端得到幅度一致的接收信号，接收机的放大倍数必须增加相应的放大量来补偿信号的衰减，即时间增益控制（time-varied gain control，TVGC），假设 TVGC 起点为距离 R_0，则距离 R_1 时要增加的放大量为

$$\Delta \mathrm{TL} = 20\lg\left(\frac{R_1}{R_0}\right) + \alpha(R_1 - R_0) \tag{9-57}$$

距离 R_1 可表示为

$$R_1 = c\tau n_1 \tag{9-58}$$

式中，c 为声速；τ 为采样间隔；n_1 为 R_1 时距离同步开始时刻的采样点数，同理可得 R_0，代入式（9-57）得

$$\Delta \mathrm{TL} = 20\lg\left(\frac{n_1}{n_0}\right) + \alpha c\tau(n_1 - n_0) \tag{9-59}$$

则要增加的 DAC 的码为

$$\Delta \mathrm{code} = \frac{2^{16}}{120} \times \Delta \mathrm{TL} \tag{9-60}$$

当水深和底质等发生变化时，接收机的起始增益也可以调整（实际中可通过显控软件调节，也可以根据信号强弱自动调节），起始 DAC 码和式（9-60）中要增加的 DAC 码的和即为总的 DAC 码。增益的控制频率与采样率相同，在采样间隔内，FPGA 记录 n_0 和 n_1，按照上述公式计算出总的 DAC 码发送出去即可。

2. 数据预处理

利用带通采样得到的数字信号频谱中包含了三个不同频率的谱线，它们分别对应于三条发射阵的工作频率，且覆盖不同的角度，需要对三个频带的信号独立处理。可以将三个频带分别搬移零中频以进一步降低采样率。数据处理的流程为：首先，对原始信号进行三次正交变换，即分别乘以 $\sin(2\pi n f_0 / f_s)$ 和 $\cos(2\pi n f_0 / f_s)$ 分别得到三个频率下的复信号，其中 f_0 为三个信号的频率；其次，对正交变换后的六路信号分别进行不通截止频率的低通滤波，滤除另外两个不需要的频率成分；最后，对信号进行降采样以减小数据量。

利用 MATLAB 对上述处理流程进行简单仿真。信号频率分别为 168kHz、180kHz、192kHz，对信号进行正交变换、滤波、降采样后的信号频谱如图 9-20 所示。

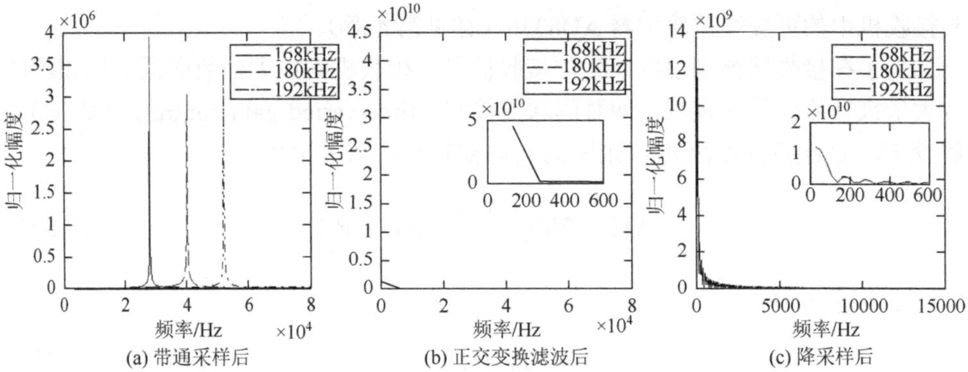

图 9-20　不同阶段的信号频谱

图 9-20（a）为带通采样后信号频谱，包含三个频率 28kHz、40kHz、52kHz；图 9-20（b）为对三个窄带信号进行正交变换并滤波后，得到的三个信号的频谱，它们的中心频率都在零频；图 9-20（c）为 5 倍降采样后三个信号的频谱，采样率为 28kHz。

在 FPGA 中使用 Verilog HDL 语言实现上述处理过程。低通滤波器使用 Quartus II 自带 IP Core 实现，滤波器系数通过 MATLAB 设计获得，截止频率 6kHz，55 阶。为检验 FPGA 算法的正确性，将 MATLAB 中模拟的带通采样数据存入 FPGA 作为测试数据，使用 Modelsim 软件进行仿真，把处理结果存成文件并与 MATLAB 的处理结果进行比较，如图 9-21 所示。图 9-21（a）和（b）为正交变换后三个频率信号的实部虚部对比，图 9-21（c）和（d）为滤波并 5 倍降采样后三个频率信号的实部和虚部数据对比。因为运算时数据类型的不同，图中数据的数量级有所不同，但形状一致。

在 FPGA 的运算过程中，如正交变换和滤波，参与运算的数据类型为有符号整数，原始数据为 14bit 有符号整数，正交变换样本为 16bit 有符号整数，滤波器系数为 16bit 有符号整数，那么最终的运算结果为 49bit 有符号整数，但是上传到水上信号处理平台的数据必须是 16bit 有符号数，因此必须对数据进行截断处理。如果只是简单的对所有采样点都取高 16bit 或者低 16bit 或任意的 16bit，那么当输入信号的幅度有较大起伏时，截取的 16bit 运算结果就可能是一个错误值，例如，信号太大时可能没能截取到符号位，信号太小时可能截取的都是符号位，因此必须根据运算结果动态选择截取位置。对于某个采样点，某个频率的复数据，分析这 160 个 49bit 有符号数，找到最小的符号位个数 N，那么截取的位置就是高位起第 N 位至 $N+15$ 位，并将数字 $49-N-15$ 同 160 个 16bit 有符号数一起上传给信号处理平台，后续算法在使用时，为不改变各采样点数据的相对大小，必须将数据和 $34-N$ 一同处理。

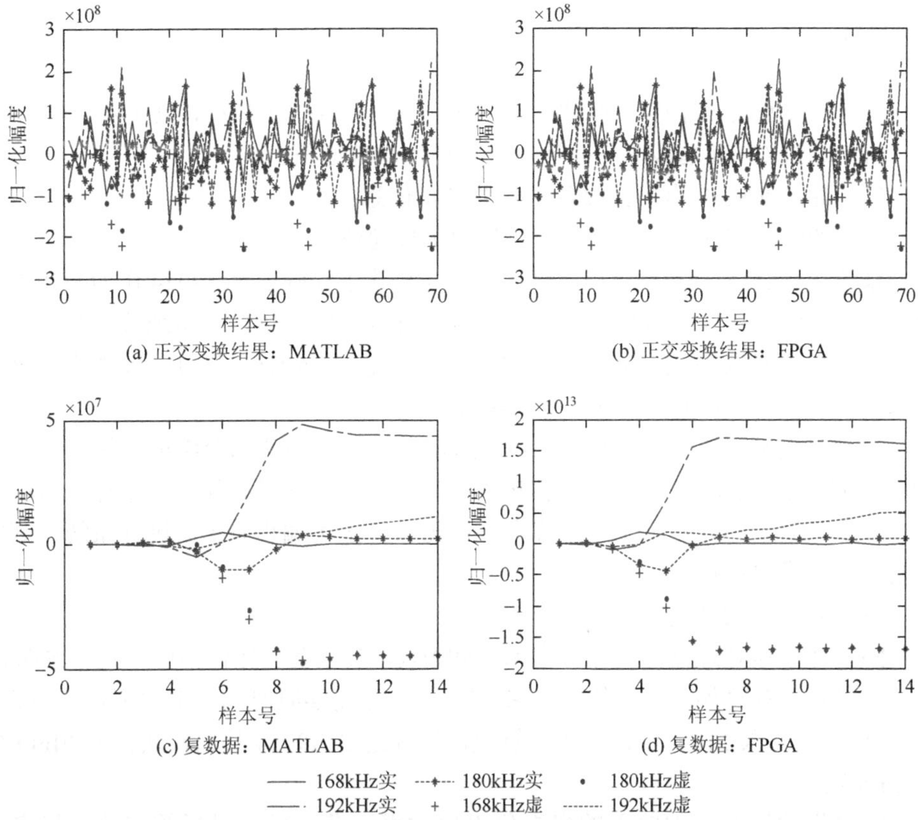

图 9-21　MATLAB 和 FPGA 处理结果比较（彩图见封底二维码）

9.4.5　高速信号处理平台设计与实现

1. 设计方案

多波束测深声呐水上分机是一台 CPCI 总线的便携式一体机，在 Windows 操作系统下运行显示与控制软件来实时监视、控制系统的运行，高速信号处理平台是操作系统下的 PCI 设备。

高速信号处理平台是超宽覆盖多波束测深系统的核心部分，其主要功能包括接收水下分机复数据、高速信号处理、辅助设备信息采集、系统控制、数据上传等。复杂的功能给设计、调试带来很多困难，若将最为核心的信号处理功能设计成高速信号处理子板，其余功能设计成 6U 结构的底板，这种模块化设计可以化整为零，显著降低单板的复杂度，方便调试和后期的维护。本系统是双侧阵“V”形安装，具有两套独立的发射接收系统，因此高速信号处理子板也有两块。

2. 控制底板设计

高速信号处理平台的控制底板是连接水上分机各部分的桥梁，其主要功能包括：

（1）通过 CPCI 总线与主控计算机的显控软件通信；

（2）通过 RS232 串口接收各种辅助设备信息；

（3）通过并口和串口与高速信号处理子板通信。

系统选择 PLX 公司的 32 位 33MHz PCI 总线主控制器 PCI9054 作为 PCI 总线接口芯片，使用突发传输模式时，传输速度可达 132MB/s，其本地总线具有三种模式，可与多种类型的 CPU 直接接口。系统选择 Altera 公司的大规模 FPGA EP2C70 实现与 PCI9054 之间的接口逻辑。

控制底板硬件原理框图如图 9-22 所示，它主要由两部分组成：第一部分是 FPGA 外部的专用硬件电路，包括 PCI 接口芯片、大容量存储器、串行口电压转换芯片等；第二部分是 FPGA 内部的 SOPC（片上可编程系统）硬件系统，其中主要的硬件模块包括如下。

（1）Nios II 软核处理器。

Nios II 软核处理器的工作频率为 100MHz，其主要功能包括以下几个方面。

①接收并解算外部输入的 GPS 串口数据，获得实时时间、地理位置等信息。将 GPS 数据存入 FIFO 中，主控计算机可以通过 PCI9054 接口模块读取 FIFO 中的 GPS 数据。

②接收并解算外部输入的姿态仪串口数据，获得横、纵摇等信息。将姿态数据存入 FIFO 中，主控计算机可以通过 PCI9054 接口模块读取 FIFO 中的姿态数据。

③读取共享存储器 DPRAM 中的由上位机写入的控制字，根据约定的串口协议与水下分机以及子卡进行串口通信。

（2）PCI9054 接口模块。

PCI9054 接口模块的主要功能是实现 PCI9054 的本地总线到 SOPC 系统中的 Avalon 总线的转换。该接口模块作为一个 SOPC 系统的组件与 FPGA 片上资源进行互连，其工作时钟为 40MHz。主控计算机通过此模块与其他模块进行通信。

（3）同步模块。

根据外部输入的 GPS 秒脉冲、GPS 时间信息以及上位机写入的控制字，产生不同帧率下的系统同步，同步系统其他部分的工作。

（4）复位模块。

由主控计算机控制产生 1ms 的复位信号，复位子卡和水下分机。

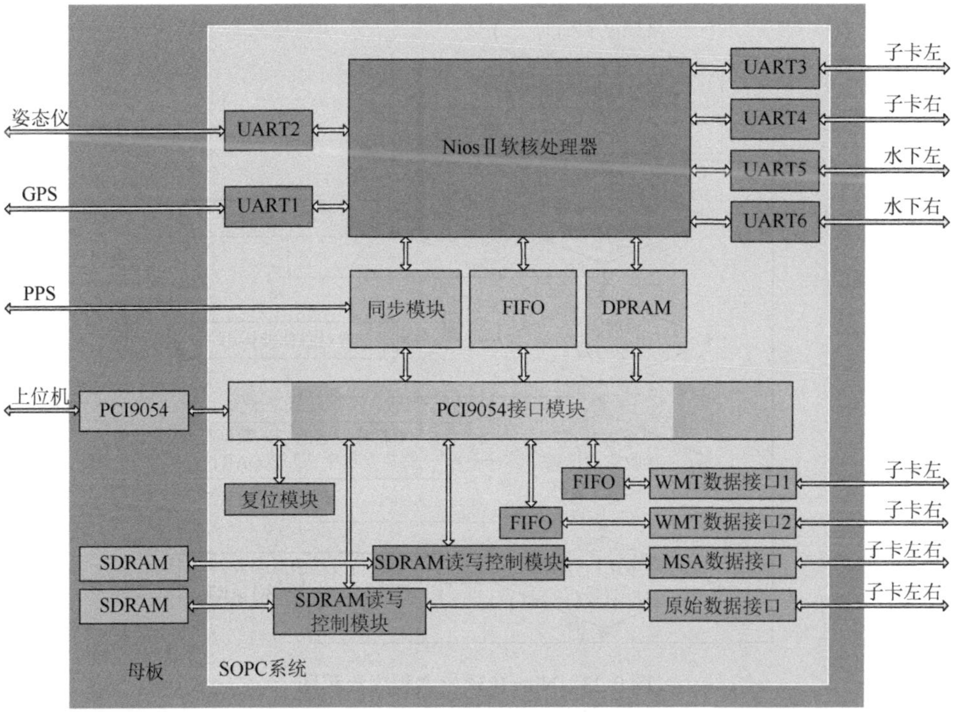

图 9-22　控制底板原理框图

（5）SDRAM 读写控制逻辑模块。

控制 SDRAM 将子卡写入的数据存储到 SDRAM 中，根据上位机的读取请求上传 SDRAM 中的数据，设置 SDRAM 数据存储深度寄存器，主控计算机根据该寄存器值发起 DMA 操作。

搭建好上述硬件系统后，在 Nios II 软核中运行控制软件，主程序流程图如图 9-23 所示。

3. 高速信号处理子板设计

高速信号处理子板需要实现的主要功能包括：

（1）接收水下分机上传的复数据及原始数据；

（2）把原始数据转发给控制底板并通过 PCI 总线上传给主控计算机；

（3）处理复数据，并最终得到深度值，发送给控制底板并上传给主控计算机；

（4）把来自控制底板的控制命令通过 RS422 串口转发给水下分机。

首先考虑子板的结构，典型的 CPCI 的扩展功能是通过使用各种规格的板卡

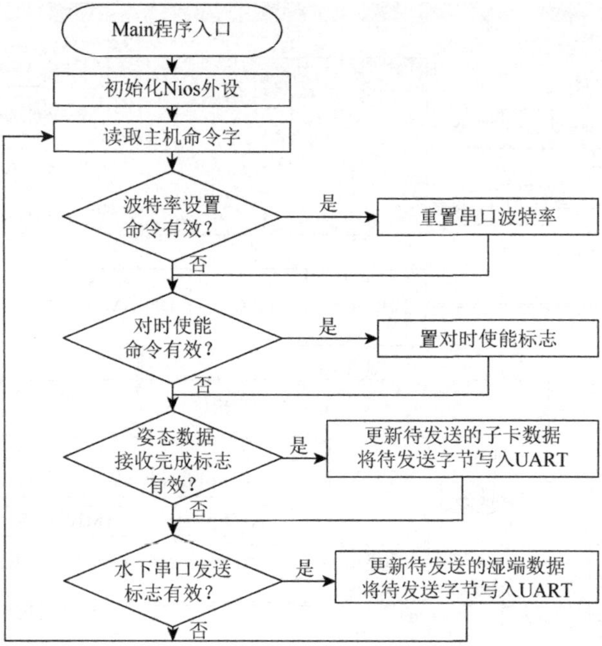

图 9-23　Nios II 软核主程序流程图

来实现的，PMC（PCI mezzanine card）是 PCI 设备的中层转接卡，PMC 总线采用 PCI 标准的电气层和逻辑层的定义，符合 PCI 总线协议。PMC 规范把 PCI 总线信号映射到 CMC 定义的连接器上。32 位宽的 PCI 总线需要 2 个 64 针连接器：P1 和 P2。64 位 PCI 总线需要 3 个 64 针连接器：P1、P2 和 P3。余下的 64 针连接器 P4 用来把 I/O 信号引到底板，本章选用 PMC 转接卡作为 6U CPCI 板卡的子板，但由于底板上已有 PCI 接口芯片，4 个 64 针连接器可作为自定义 I/O 使用。

高速信号处理器选用 DSP 和 FPGA 组合的方式，FPGA 适合处理结构简单、并行的、重复性的算法，如滤波、FFT 等；DSP 适合处理复杂的、顺序性的算法，通过合理的划分算法结构使系统性能达到最优。FPGA 主要完成的算法包括正交变换、滤波、波束形成、相位差计算等幅度检测法和相位检测法需要的预处理算法和一些控制逻辑，DSP 主要完成 WMT 算法和多子阵对相干算法的后续处理。综合考虑算法的工作量，FPGA 选择 Altera 公司的 EP2S130F1020，它拥有 132K 个逻辑单元，6.7MB 的内部存储器单元，63 个 DSP 块，满足算法要求。DSP 选择 ADI 公司的 ADSP TS201S，最高工作主频可达 600MHz，拥有 3.6GFLOPS 的浮点处理能力，适用于大存储量、高性能、高速度的信号处理。

高速信号处理子板组成框图如图 9-24 所示。图中，FPGA 扩展 SDRAM + FLASH 用于软件代码的存储和运行，另外两片 SDRAM 用于数据的存储，四路 HOTLink 接口用于接收原始数据和复数据，对水下分机的控制通过 RS422 串口和差分 I/O 实现，板载的 USB Blaster 可以方便地对 FPGA 进行调试，DSP 通过外部总线与 FPGA 相连来读写数据，FPGA 通过 PMC 插槽的自定义总线与底板通信。

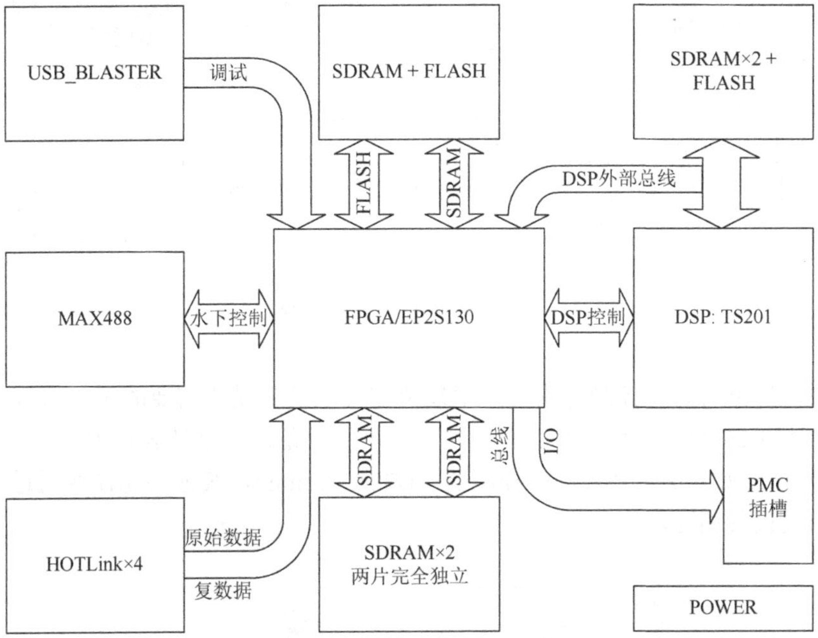

图 9-24　高速信号处理子板组成框图

在 FPGA 中实现的逻辑框图如图 9-25 所示，主要可以分成两类：一类是在调试过程中根据实际情况经常调整的逻辑；另一类相对固定的逻辑通过 SOPC 系统实现，SOPC 系统外的逻辑主要包括以下几个方面。

（1）HOTLink 接口逻辑。控制 HOTLink 协议的接收芯片，将接收到的复数据和原始数据存入相应的 FIFO。

（2）定浮点转换逻辑。根据每个采样点数据的截取位置把 16 位有符号数转换成浮点数。其中复数据传递给预处理逻辑，原始数据传递给 SOPC 系统的 FIFO。

（3）预处理逻辑。实现 WMT 算法和多子阵对相干算法的预处理功能，并把处理结果和复数据存入 SOPC 中的 FIFO。

（4）控制命令转发逻辑。把底板的控制串口数据以及同步等控制信号转发到水下分机。

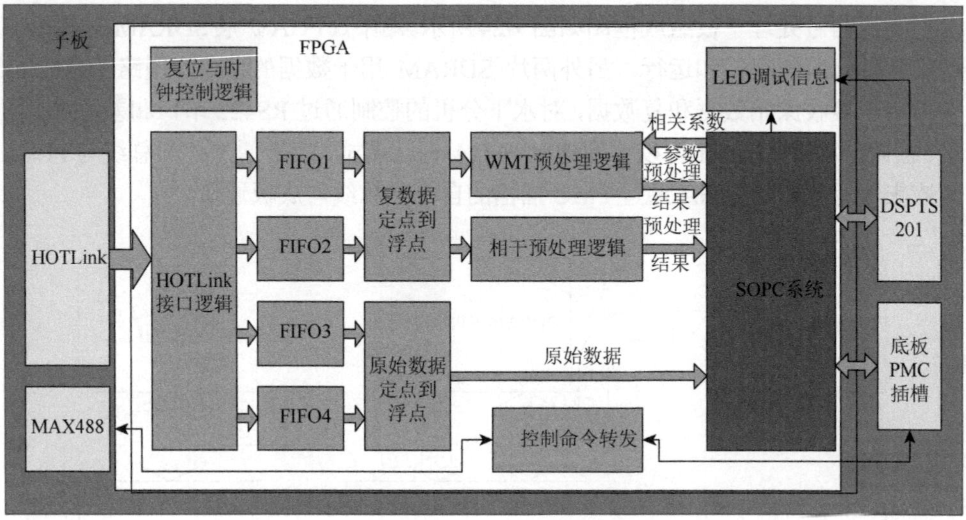

图 9-25　FPGA 逻辑框图

（5）复位与时钟控制逻辑。产生复位信号以及各模块需要的时钟信号。

如图 9-26 所示，在 SOPC 系统中有两个主设备，一个是 Nios II 软核处理器，另一个是 TS201 映射到内部的控制器（ts201_avalon），其他功能模块通过 avalon 总线与主设备相连。

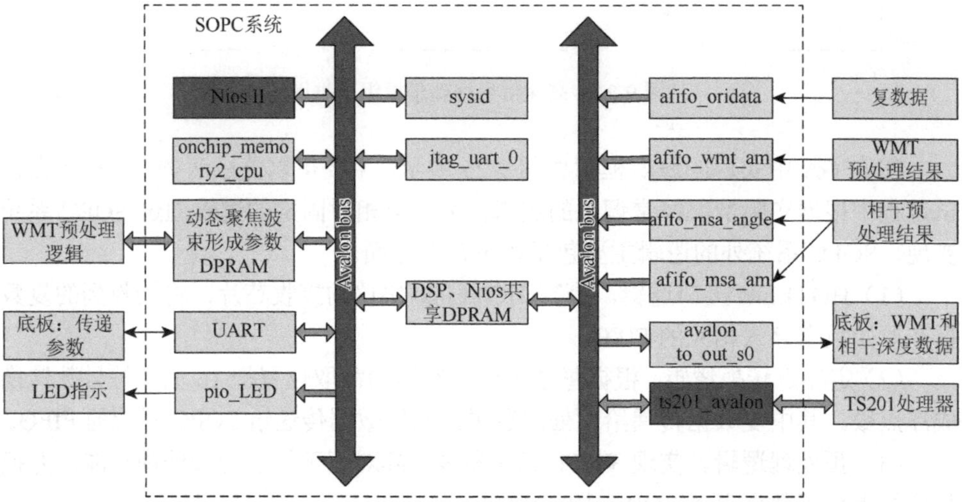

图 9-26　子板 SOPC 系统框图

Nios II 软核处理器作为主设备完成的功能包括：

（1）根据底板串口发来的横摇信息计算 WMT 预处理所需的聚焦波束形成的参数并发送给 WMT 预处理逻辑；

（2）把底板发来的各种参数信息放入 DPRAM 以便 TS201 可以读取。

TS201 作为主设备完成的功能包括：

（1）读取 FIFO 中复数据、两种算法的预处理结果、140kHz 原始数据，完成两种算法的后续处理，并把处理结果（深度）发送给底板 FIFO 接口；

（2）读取 DPRAM 中底板传来的各种参数信息用于算法后处理。

在 Nios II 中运行的代码相对比较简单。在串口中断服务程序中，当接收到有效的参数信息后直接放入 DPRAM 中即可。主程序上电初始化后，根据收到的横摇信息循环计算聚焦波束形成系数并写入与 WMT 预处理逻辑共享的 DPRAM。

9.5　系统测试与试验

9.5.1　水池测试与联调

1. 声学基阵测试

声学基阵加工完成后，加工单位在水池对声学基阵的性能做了详细的测试。测试依据《声学 水声换能器测量》（GB/T 7965—2002）。在消声水池中，利用水声自动测量校准系统，使用标准水听器 Reson TC 4034 进行接收，布放深度为 2m，左侧基阵收发距离为 14.1m，右侧基阵收发距离为 13.5m，水温 22℃。测试项目主要包括发送电压响应、声源级、电阻抗、方向性、灵敏度等。表 9-3 为发射阵测试结果。

表 9-3　发射换能器基阵主要测试结果

测试参数	发射 168kHz	发射 180kHz	发射 192kHz
频率 f/kHz	168	180	192
发送电压响应 S_V	180.4	178.5	178.1
声源级/dB	≥228	≥225	≥225
垂直方向性 θ_{-3dB}/(°)	27	40.5	39
水平方向性 θ_{-3dB}/(°)	1.28	1.2	1.13

对照表 9-3 与前面章节中的论证结果，在发射阵指向性及声源级方面的实测结果与设计指标相当。

2. 整机水池测试

整机调试完成后，在消声水池中对系统性能进行测试。各分机电路板外观如图 9-27～图 9-32 所示。

图 9-27　信号源

图 9-28　多通道发射机

图 9-29　多通道宽带接收机

图 9-30　多通道数据采集器

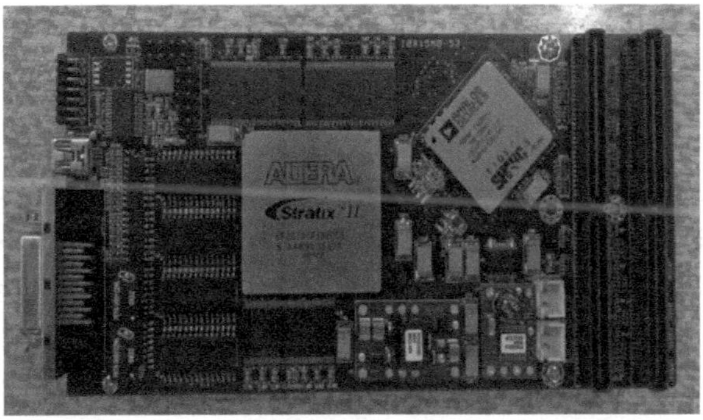

图 9-31　高速信号处理子板

图 9-32　高速信号处理底板

为验证系统性能，在消声水池对系统性能进行初步测试，基阵吊放及现场显控软件情况如图 9-33 和图 9-34 所示，从图中可以清晰地看出水池底、垂壁等形状信息。

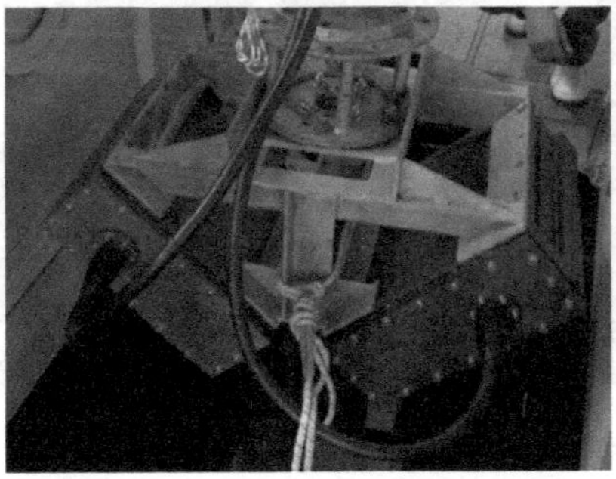

图 9-33　“V”形布置的双侧收、发基阵

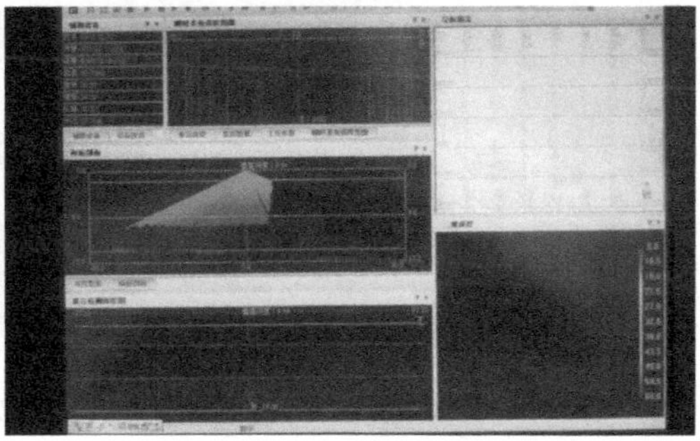

图 9-34　显控软件界面

9.5.2 湖上试验验证

本系统在吉林省松花湖进行了湖上试验来验证系统性能。验证的主要指标包括覆盖扇面、系统软硬件稳定性等。试验所需设备如图 9-35 所示，包括水上便携式一体机、水下“V”形基阵以及姿态仪、GPS、声速仪等辅助设备。

图 9-35 系统主机、“V”形阵及辅助设备

本次试验在吉林省松花湖水库大坝附近，测量水域水深为 2～65m，试验船左舷悬挂安装基阵，基阵吃水约 0.9m。现场安装情况如图 9-36 所示。

图 9-36 基阵安装

试验过程中对大坝前区域进行了测量，现场监控软件如图 9-37 所示。

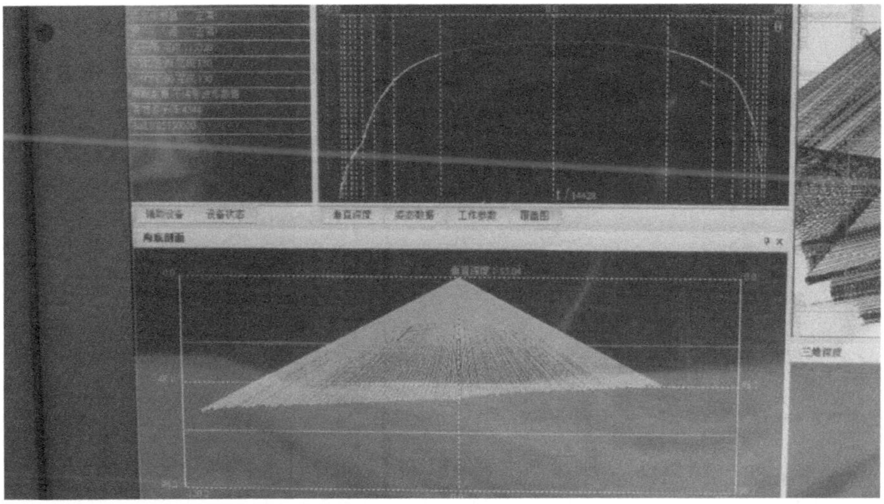

图 9-37　现场监控软件显示

从图 9-37 可以看到，在超过 50m 水深时，双侧覆盖可达到 16 倍开角覆盖，从绝对覆盖上可以看到水平覆盖宽度可达到 600m（之所以没有达到 16 倍覆盖所对应的 800m 水平距离，是因为受负梯度声速剖面的影响）。根据本系统实测覆盖性能指标和试验区水深情况，采用 200m 测线间隔对大坝前区域进行高效测量，航迹图、等深线图以及水下三维地形图如图 9-38 和图 9-39 所示。

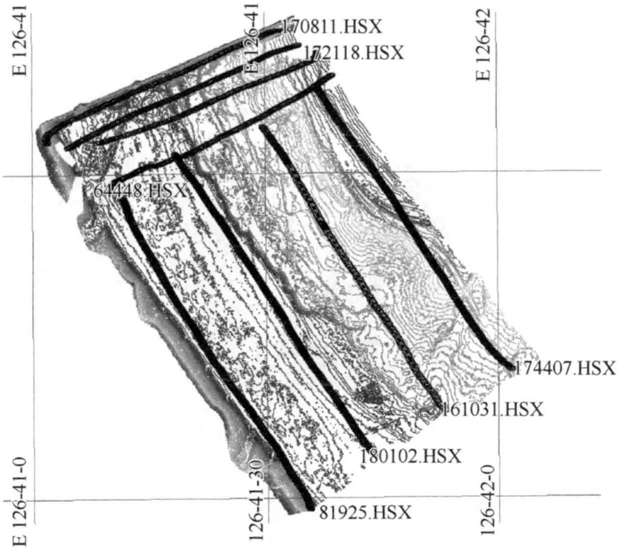

图 9-38　航迹图和等深线图（彩图见封底二维码）

图 9-39　湖试水下三维地形图（彩图见封底二维码）

上面的现场工作状态照片及测量成果图很好地证明了超宽覆盖多波束测深系统软硬件工作正常，覆盖性能先进，达到了预期的试验考核目的。

9.5.3　海上试验验证

系统湖上试验后在青岛胶州湾海域进行了海上试验，以验证系统在复杂海况条件下的覆盖性能、测量精度、稳定性等指标。试验区域水深 6～70m，基阵安装情况如图 9-40 所示。

图 9-40　海试测量船和基阵安装

为考核系统在高航速状态下的工作稳定性、适应性和测量结果可靠性，在水深具有深浅变化的复杂地形区域进行了多测线的往返测量和交叉测量，这是传统并有效的检查多波束系统性能的方法。图9-41给出了高航速往返交叉测量航迹图。

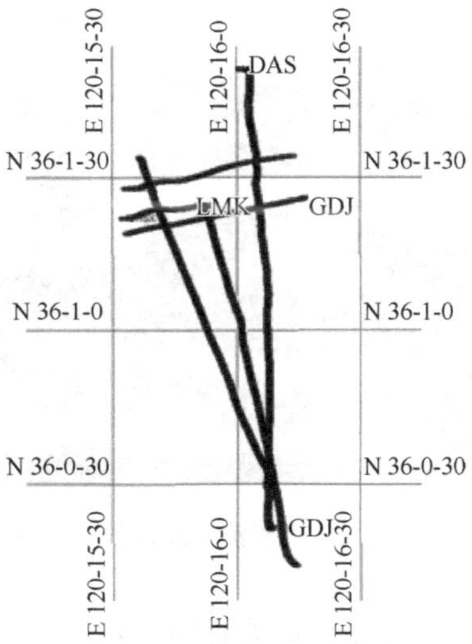

图 9-41　交叉测量航迹图

为了进一步验证系统测深结果的有效性和一致性，从图 9-41 右侧的多个交叉点选择一个十字交叉区域对测量结果进行考察，交叉区域数字水深图如图 9-42 所示。经逐点比对，交叉测量结果吻合很好，验证了系统的测量一致性和测量精度。测量结果表明，本系统对复杂地形适应性良好，设备工作稳定可靠。为进一步考核系统性能，作者选择一个地形较为复杂的海域进行大面积测量。测量现场系统工作照片如图 9-43 所示。

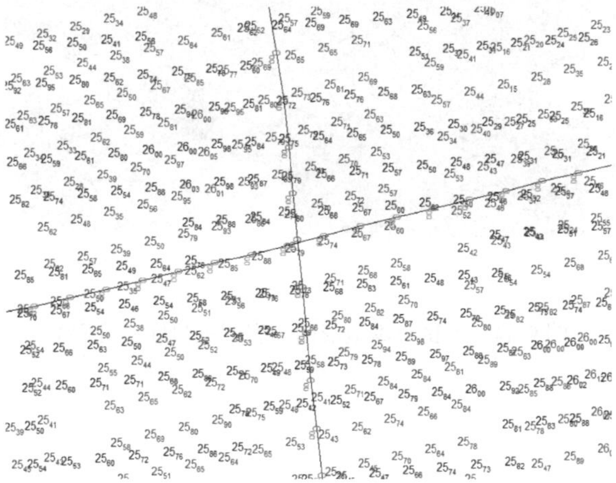

图 9-42　交叉区域数字水深图

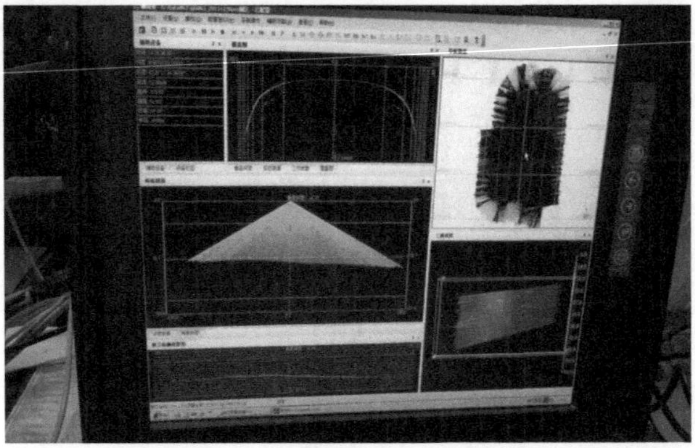

图 9-43　大面积测量现场显控软件

由图 9-43 可以看出，在超过 50m 水深时，水平绝对覆盖可以达到 500m，不如湖上试验的测量效果，主要原因是：第一，海上的海况环境相对比较恶劣，当船体随着风浪的作用左右摇摆或前后颠簸时，边缘波束容易丢失；第二，海底地质状况的影响，硬质湖底比软质海底的反向散射强度大，覆盖宽度也略宽。本次海试，测线间距为 300m。系统在此区域测量获得的三维地形图如图 9-44 所示，测区水深范围为 20～70m。相邻测线测量结果一致性较好，具有很高的测量精度。

图 9-44　海试三维地形图（彩图见封底二维码）

参 考 文 献

[1] Ainslie M A. Principles of Sonar Performance Modeling[M]. Berlin: Springer, 2010.

[2] 田坦. 声呐技术[M]. 2 版. 哈尔滨: 哈尔滨工程大学出版社, 2010.

[3] Stergiopoulos S. Advanced Signal Processing Handbook Theory and Implementation for Radar, Sonar, and Medical Imaging Real-Time Systems[M]. Boca Raton: CRC Press LLC, 2001.

[4] 李启虎. 数字式声呐设计原理[M]. 合肥: 安徽教育出版社, 2002.

[5] 蔡志明, 王希敏. 软件声呐的概念与趋势[J]. 声学技术, 2007, 26（5）: 968-971.

[6] 肖国有, 屠庆平. 声信号处理及其应用[M]. 西安: 西北工业大学出版社, 1994.

[7] 惠俊英, 生雪莉. 水下声信道[M]. 2 版. 北京: 国防工业出版社, 2007.

[8] Marage J P, Mori Y. Sonar and Underwater Acoustics[M]. London: ISTE Ltd. , 2010.

[9] Urick R J. 水声原理[M]. 3 版. 洪申, 译. 哈尔滨: 哈尔滨船舶工程学院出版社, 1990.

[10] 刘伯胜, 雷家煜. 水声学原理[M]. 哈尔滨: 哈尔滨工程大学出版社, 1993.

[11] Waite A D. 实用声呐工程[M]. 王德石, 等, 译. 北京: 电子工业出版社, 2004.

[12] 李贵斌. 声呐基阵设计原理[M]. 北京: 海洋出版社, 1993.

[13] 孙超. 水下多传感器阵列信号处理[M]. 西安: 西北工业大学出版社, 2007.

[14] 栾桂冬, 张金铎, 王仁乾. 压电换能器和换能器阵[M]. 北京: 北京大学出版社, 2005.

[15] Hodges R P. Underwater Acoustics Analysis, Design and Performance of Sonar[M]. Hoboken: John Wiley & Sons Ltd. , 2010.

[16] 刘孟庵. 水声工程[M]. 杭州: 浙江科学技术出版社, 2002.

[17] Leonard J J. Introduction to ocean science and technology, fall 2002 [EB/OL]. https://dspace.mit.edu/bitstream/handle/1721.1/36876/13-00Fall-2002/NR/rdonlyres/Ocean-Engineering/introduction to sonar.pdf [2019-12-01].

[18] Li Q. Digital Sonar Design in Underwater Acoustics Principles and Applications[M]. Berlin: Springer, 2011.

[19] Stergiopoulos S. Advanced Signal Processing Theory and Implementation for Sonar, Radar, and Non-Invasive Medical Diagnostic Systems[M]. Boca Raton: CRC Press, 2009.

[20] He H, Li J , Stoica P. Waveform Design for Active Sonar Systems[M]. Cambridge: Cambridge University Press, 2012.

[21] 冯军, 谢嘉奎. 电子线路非线性部分[M]. 5 版. 北京: 高等教育出版社, 2010.

[22] 陈友淦, 许肖梅, 雷开卓, 等. 宽度水声发射系统换能器分段匹配方法研究[J]. 兵工学报, 2010, 31（3）: 297-302.

[23] 高天赋, 曾娟, 李海峰, 等. 压电陶瓷发射换能器的 Butterworth 匹配定理[J]. 声学学报, 2006, 31（4）: 297-304.

[24] 杜鹏, 姜楠, 宋波. 超声换能器频率特性及匹配研究[J]. 电声技术, 2016, 40（1）: 41-45.

[25] 崔娟, 张文栋, 王红亮, 等. 小型水声功率放大设计及换能器匹配技术研究[J]. 自动化仪表, 2015, 36（5）: 100-102.
[26] 朱埜. 主动声呐检测信息原理[M]. 北京: 科学出版社, 2014.
[27] Levanon N. Radar Signal[M]. Hoboken: John Wiley & Sons Inc., 2004.
[28] 张海燕, 李庆忠. 几种常用解析子波的特性分析[J]. 石油地球物理勘探, 2007, 42（6）: 651-657.
[29] Symons P. Digital Waveform Generation[M]. Cambridge: Cambridge University Press, 2014.
[30] 陈志纯. 成像声呐信号源与信号采集系统设计实现[D]. 哈尔滨: 哈尔滨工程大学, 2009.
[31] 朱建军, 陈宝伟, 李海森. 宽带大功率声呐 AM 信号发射机的设计与实现[J]. 应用声学, 2014, 33（6）: 490-495.
[32] Kraeutner P H. Small aperture acoustic imaging using model based array signal processing[D]. Burnaby: Simon Fraser University, 1998.
[33] Williams A B , Talor F J. Electronic Filter Design Handbook[M]. 4th ed. New York: McGraw-Hill, 2006.
[34] Oppenheim. 信号与系统[M]. 2 版. 刘树棠, 译. 西安: 西安交通大学出版社, 1998.
[35] Richards M A. 雷达信号处理基础[M]. 邢孟道, 王彤, 李真芳, 等, 译. 北京: 电子工业出版社, 2008.
[36] 杜文萍, 王静宇, 蒋立军, 等. 带通采样在高分辨率图像声呐中的应用[J]. 计算机工程与应用, 2008, 44（12）: 228-231.
[37] Richard O N. Sonar Signal Processing[M]. Boston: Artech House Inc., 1991.
[38] 黄鑫. 用于 Sigma-Delta ADC 的数字滤波器的设计方法及实现技术研究[D]. 沈阳: 沈阳工业大学, 2008.
[39] Tsui J. 宽带数字接收机[M]. 杨小牛, 陆安南, 金飚, 译. 北京: 电子工业出版社, 2002.
[40] 朱建军, 李海森, 杜伟东. FrFT 解线调浅剖信号增强算法及 FPGA 实现[J]. 哈尔滨工程大学学报, 2014, 35（1）: 102-108.
[41] 陶然, 齐林, 王越. 分数阶 Fourier 变换的原理及应用[M]. 北京: 清华大学出版社, 2004.
[42] 朱建军, 魏玉阔, 杜伟东, 等. 基于分数阶傅里叶变换的 Chirp 浅剖精细探测方法[J]. 电子与信息学报, 2015, 37（1）: 103-120.
[43] 邹红星, 李衍达. 基于时频面旋转的线性调频信号增强[J]. 清华大学学报（自然科学版）, 1999, 39（7）: 103-106.
[44] 陈鹏, 侯朝焕, 马晓川, 等. 基于匹配滤波和离散分数阶傅里叶变换的水下动目标 LFM 回波联合检测[J]. 电子与信息学报, 2007, 29（10）: 2305-2308.
[45] 张秉致. 基于 VFD 的宽带波束形成算法及其在 C6748 上的实现[D]. 哈尔滨: 哈尔滨工程大学, 2013.
[46] Cox H. Resolving power and sensitivity to mismatch of optimum array processors[J]. The Journal of the Acoustical Society of America, 1973, 54（3）: 771-785.
[47] Born M , Volf E. Principles of Optics[M]. 5th ed. London: Pergamon, 1981.
[48] 鲁东. 浅水多波束测深声呐关键技术研究[D]. 哈尔滨: 哈尔滨工程大学, 2015.
[49] 周天. 超宽覆盖海底地形地貌高分辨探测技术研究[D]. 哈尔滨: 哈尔滨工程大学, 2005.
[50] 王永良, 陈辉, 彭应宁, 等. 空间谱估计理论与算法[M]. 北京: 清华大学出版社, 2004.

[51] 王永良, 丁前军, 李荣锋. 自适应阵列处理[M]. 北京: 清华大学出版社, 2009.
[52] Swingler D N, Walker R S, Lewis G B. Linear prediction for aperture extrapolation in line array beamforming[C]. Proceedings of IEEE ICASSP'86, Tokyo, 1986.
[53] Yang T C. Deconvolved conventional beamforming for a horizontal line array[J]. IEEE Journal of Oceanic Engineering, 2017, 43（1）: 160-172.
[54] Huang J, Zhou T, Du W. Smart ocean: A new fast deconvolved beamforming algorithm for multibeam sonar[J]. Sensors, 2018, 18（11）: 1-16.
[55] 王霞, 张国梅, 刘树堂. 通信系统中的多采样率信号处理[M]. 西安: 西安交通大学出版社, 2008.
[56] Milić L. Multirate Filtering for Digital Signal Processing MATLAB Applications[M]. NewYork: Information Science Reference, 2009.
[57] 李海森, 鲁东, 周天. 基于 FPGA 的多波束实时动态聚焦波束形成方法[J]. 振动与冲击, 2014, 33（3）: 83-88.
[58] 郑兆宁, 向大威. 水声信号被动检测与参数估计理论[M]. 北京: 科学出版社, 1983.
[59] Whalen A D. Detection of Signals in Noise[M]. Salt Lake City: Academic Press, 1971.
[60] 张帆, 丁康.广义检波解调分析的三种算法及其局限性研究[J]. 振动工程学报, 2002, （2）: 243-248.
[61] 阚成良. AUV 载多波束声呐接收系统硬件平台设计与实现[D]. 哈尔滨: 哈尔滨工程大学, 2019.
[62] 屈玉贵, 梁晓雯. 并行处理系统结构[M]. 合肥: 中国科学技术大学出版社, 1999.
[63] 张德富. 并行处理技术[M]. 南京: 南京大学出版社, 1992.
[64] 陆鑫达, 林新华, 翁楚良. 先进计算机体系结构与并行处理[M]. 北京: 电子工业出版社, 2005.
[65] 周天. 基于 SHARC 阵列的嵌入式声呐信号模拟器[D]. 哈尔滨: 哈尔滨工程大学, 2002.
[66] 姚蓝. 圆阵多功能多目标声呐模拟测试装置[Z]. 哈尔滨: 哈尔滨船舶工程学院科学技术档案, 1987.
[67] 杜选民, 姜亚浩. 船舶辐射噪声模拟技术研究[J]. 声学技术, 1999, 18（1）: 10-14.
[68] 笪良龙.海洋水声环境效应建模与应用[M]. 北京: 科学出版社, 2012.
[69] Silva S R. Advances in Sonar Technology[M]. Rijeka: I-Tech Education and Publishing, 2009.
[70] Kolev N. Sonar Systems[M]. Rijeka: I-Tech Education and Publishing, 2011.
[71] William M, Carey R B E. Ocean Ambient Noise Measurement and Theory[M]. New York: Springer, 2011.
[72] Etter C P. Underwater Acoustic Modeling Principles, Techniques and Applications[M]. 2nd ed. London: Taylor & Francis e-Library, 1996.
[73] Etter P C. Underwater Acoustic Modeling and Simulation[M]. 5th ed. London: CRC Press, Taylor & Francis Group, 2018.
[74] Etter P C.水声建模与仿真[M]. 3 版. 蔡志明, 译. 北京: 电子工业出版社, 2005.
[75] Ainslie M A. 声呐性能建模原理[M]. 张静远, 颜冰, 译. 北京: 国防工业出版社, 2010.
[76] APL-UW. High-Frequency Ocean Environmental Acoustic Models Handbook[R]. Washington: Applied Physics Laboratory, University of Washington, 1994.

[77] Chapman R P, Harris J H H. Surface backscattering strengths measured with explosive sound sources[J]. The Journal of the Acoustical Society of America, 1962, 34: 1592-1597.

[78] McDaniel S T. Sea surface reverberation: A review[J]. Journal of the Acoustic Society of America, 1993, 94: 1905-1922.

[79] 刘伯胜, 雷家煜. 水声学原理[M]. 2 版. 哈尔滨: 哈尔滨工程大学出版社, 2010.

[80] Lurton X, Lamarche G. Backscatter measurements by seafloor - mapping sonars Guidelines and Recommendations[C]. The GeoHab Conference, Salvador, Brazil, 2015.

[81] 徐超. 海底散射模型与多波束混响信号统计特性研究[D]. 哈尔滨: 哈尔滨工程大学, 2009.

[82] Darrell R, Jackson D P, John J, et al. High-frequency bottom backscatter measurements in shallow water[J]. Journal of the Acoustic Society of America, 1986, 80（4）: 1188-1199.

[83] 崔竹音. 一种高频海底散射模型的理论与实验研究[D]. 哈尔滨: 哈尔滨工程大学, 2017.

[84] Lamarche G , Lurton X, Verdier A L, et al. Quantitative characterisation of seafloor substrate and bedforms using advanced processing of multibeam backscatter-application to cook strait, New Zealand[J]. Continental Shelf Research, 2011, 31（2）: 93-109.

[85] Oliver C. A model of non-Rayleigh scattering statistics[J]. Optica Aota: International Journal of Optics, 1984, 31（6）: 701-722.

[86] Abraham D A, Lyons A P. Simulation of non-Rayleigh reverberation and clutter[J]. IEEE Journal of Oceanic Engineering, 2004, 29（2）: 347-362.

[87] Abraham D A ,Lyons A P. Exponential scattering and *K*-distributed reverberation[C]. Oceans 2001 MTS/IEEE - An Ocean Odyssey, Honolulu, 2001.

[88] George O , Bahl R. Simulation of backscattering of high frequency sound from complex objects and sand sea-bottom[J]. IEEE Journal of Oceanic Engineering, 1995, 20（2）: 119-130.

[89] Tucholski E J. Underwater acoustics and sonar. fall 2006, information on SP411 handouts and notes[EB/OL]. https://nanopdf.com/download/underwater-acoustics-and-sonar-sp411-handouts-and-notes-fall-2006_pdf[2019-12-01].

[90] 郭立新, 张民, 吴振森. 随机粗糙面与目标复合电磁散射的基本理论和方法[M]. 北京: 科学出版社, 2014.

[91] 程玉胜, 李智忠, 邱家兴. 水声目标识别[M]. 北京: 科学出版社, 2018.

[92] 李启虎. 声呐信号处理引论[M]. 北京: 海洋出版社, 2000.

[93] 杜选民, 周胜增, 高源. 声呐阵列信号处理技术[M]. 北京: 电子工业出版社, 2017.

[94] 周天, 李珊, 李海森, 等. 多子阵对相干算法在高分辨率多波束测深系统中的应用研究[J]. 电子与信息学报, 2010, 31（8）: 39-44.

[95] Glyyn J M. Acoustic calibration and bathymetric processing with Klein5410 sidescan sonar[D]. Durham: New Hampshire University, 2007.

[96] 陈宝伟. 超宽覆盖多波束测深技术研究与实现[D]. 哈尔滨: 哈尔滨工程大学, 2012.

[97] 李家彪. 多波束勘测原理技术与方法[M]. 北京: 海洋出版社, 1999.

[98] 李海森, 李珊, 周天, 等. 多波束回波信号可变带宽滤波算法及其 FPGA 实现[J]. 电子与信息学报, 2011, 33（10）: 2396-2401.